高等学校应用型本科管理学

“十三五”规划教材

管　理　学

（第二版）

主　审　姚　旭
主　编　迟　到
副主编　刘美艳　周　蓉
　　　　赵雪虹

中国金融出版社

责任编辑：丁　芊　黄　羽
责任校对：张志文
责任印制：陈晓川

图书在版编目（CIP）数据

管理学（Guanlixue）/迟到主编．—2版．—北京：中国金融出版社，2017.2
高等学校应用型本科管理学“十三五”规划教材
ISBN 978－7－5049－8805－8

Ⅰ.①管…　Ⅱ.①迟…　Ⅲ.①管理学—高等学校—教材　Ⅳ.①C93

中国版本图书馆CIP数据核字（2016）第281531号

出版发行　中国金融出版社
社址　北京市丰台区益泽路2号
市场开发部　(010)63266347，63805472，63439533（传真）
网上书店　http://www.chinafph.com
　　　　(010)63286832，63365686（传真）
读者服务部　(010)66070833，62568380
邮编　100071
经销　新华书店
印刷　北京市松源印刷有限公司
尺寸　185毫米×260毫米
印张　23.5
字数　520千
版次　2012年7月第1版　2017年2月第2版
印次　2017年2月第1次印刷
定价　49.00元
ISBN 978－7－5049－8805－8

前　言

管理具有普遍性，只要有人存在的地方就会有管理。管理的思想来源于实践，经过科学的概括、抽象和加工，形成了一门指导人类实践活动的科学。所以说，管理学是研究人类社会管理活动的基本规律和一般方法的科学。在普通高等院校，管理学是一门基础学科，这就需要概念精准，理论系统，分析方法科学。本书适合本科院校经管类专业学生在校学习和作为考研教材，也可以作为管理类培训教材。

作为普通高等院校使用的教材，本书具有如下特点：

1. 在内容上，理论系统，结构完整。

国内外管理学的书籍非常多，但大多数是国外翻译过来的教材，内容不系统，多见模块化，不易快速地掌握管理的基本原理和管理活动的过程。本书以四大管理职能为主线，按照管理的基础理论、管理的发展、管理的四大职能、未来管理的趋势等内容，比较系统全面地论述了管理学的基本理论和方法。

2. 在方法上，突出以学生为中心。

本书坚持以学生为本的现代教学理念，在要求学生熟悉管理学基本概念、理论的基础上，学会理论联系实际。

3. 在结构上，体现了理论联系实际。

每章都有导读案例，根据近年发生的事件、案例，结合管理学的理论，引出管理理论的内容，可读性强，有利于增强对管理的认知。

本书由哈尔滨金融学院从事多年管理学教学的教师共同编写。姚旭教授担任主审，迟到副教授任主编，负责全书框架、章节的设计及全书的定稿。全书共分为十二章，教材撰写的具体分工如下：迟到负责第一章、第二章、第三章、第四章的编写；刘美艳负责第五章、第六章、第七章的编写；周蓉负责第八章、第九章、第十章的编写；赵雪虹负责第十一章、第十二章的编写；李宏鹏参编。

本教材的编写得到了哈尔滨金融学院管理系系主任姚旭教授的大力支持与帮助，中国金融出版社编辑对本书的出版也给予了极大帮助，在此一并表示诚挚的谢意！

由于作者水平有限，教材中不足之处在所难免，恳请专家、学者与读者不吝指教。我们会虚心学习，继续努力，将来使教材更加完善。

编者
2016 年 12 月

目　　录

第一章　管理概述 …… 1
【本章概要】 …… 1
【重点内容】 …… 1
【案例导入】 …… 1
第一节　管理的基本理论 …… 2
一、什么是管理 …… 2
二、管理过程 …… 3
三、管理的性质 …… 4
四、管理学的特点 …… 7
五、管理的环境 …… 8
六、管理的基本方法 …… 9
第二节　管理者 …… 10
一、管理者的定义 …… 10
二、组织中不同层次的管理者 …… 11
三、管理者应具备的技能 …… 12
四、怎样成为一名成功的管理者 …… 13
五、管理者角色 …… 15
【本章知识导图】 …… 17
【课后实践活动】 …… 18
【课后案例分析】 …… 18

第二章　管理实践与理论的发展 …… 21
【本章概要】 …… 21
【重点内容】 …… 21
【案例导入】 …… 21
第一节　早期的管理实践和管理思想 …… 21
一、传统的管理实践 …… 22
二、传统的管理思想 …… 23
三、传统管理的特点 …… 26
第二节　古典管理理论 …… 26
一、泰罗与科学管理理论 …… 27

二、法约尔的一般管理理论 …… 30
三、韦伯理想的行政组织体系理论 …… 33
四、甘特及其甘特图 …… 33
五、古典管理理论的主要贡献 …… 36
第三节 行为科学理论 …… 36
一、行为科学的产生 …… 36
二、行为的含义 …… 39
三、个体行为特征 …… 39
四、群体及群体的行为特征 …… 40
第四节 现代管理理论 …… 43
一、现代管理理论产生的原因 …… 43
二、孔茨划分的各学派主要观点 …… 45
三、管理理论发展的趋势 …… 49
【本章知识导图】 …… 54
【课后实践活动】 …… 54
【课后案例分析题】 …… 55

第三章 计划职能 …… 56
【本章概要】 …… 56
【重点内容】 …… 56
【案例导入】 …… 56
第一节 计划职能的基础概念 …… 57
一、计划职能的含义、地位和作用 …… 57
二、计划职能的性质、特征 …… 58
三、计划职能的意义 …… 59
四、计划的种类 …… 60
五、计划工作的原理 …… 64
第二节 计划的制订 …… 65
一、计划制订遵循的原则 …… 65
二、计划制订的要领 …… 66
三、计划制订的程序 …… 66
第三节 几种常见的计划形式及其编制方法 …… 72
一、计划书法 …… 73
二、滚动计划法 …… 76
三、网络图与关键路径法 …… 76
四、目标管理法 …… 78
【本章知识导图】 …… 82

【课后实践活动】 …… 83
【课后案例分析题】 …… 83

第四章　决策 …… 85
【本章概要】 …… 85
【重点内容】 …… 85
【案例导入】 …… 85
第一节　决策的基本问题 …… 86
一、决策的含义及重要性 …… 86
二、决策的有效性标准 …… 87
三、决策的特点 …… 87
四、决策的类型 …… 88
五、决策的原则 …… 92
六、计划与决策的关系 …… 92
第二节　决策的过程及影响因素 …… 93
一、决策过程 …… 93
二、决策的影响因素 …… 97
第三节　决策方法 …… 98
一、定性决策方法 …… 98
二、定量决策技术 …… 101
【本章知识导图】 …… 107
【决策计算练习题】 …… 108
【课后案例分析题】 …… 108

第五章　组织 …… 111
【本章概要】 …… 111
【重点内容】 …… 111
【案例导入】 …… 111
第一节　组织的相关概念 …… 112
一、组织的含义 …… 112
二、组织的相关概念 …… 113
第二节　组织结构的类型 …… 132
一、直线制组织 …… 132
二、职能制组织 …… 133
三、直线职能制组织 …… 134
四、矩阵制组织 …… 135
五、事业部制组织 …… 136

六、集团控股型组织 …… 137
七、网络型组织 …… 138
第三节 组织文化 …… 139
一、组织文化的概念及特征 …… 139
二、组织文化的结构与功能 …… 140
三、组织文化的内容与类型 …… 141
四、组织文化的建设 …… 147
第四节 组织变革 …… 148
一、组织变革的动力 …… 148
二、组织变革的类型和目标 …… 149
三、组织变革的方法 …… 151
四、组织变革的过程 …… 151
五、组织变革的阻力及克服 …… 152
【本章知识导图】 …… 154
【课后案例分析题】 …… 154

第六章 人力资源管理 …… 157
【本章概要】 …… 157
【重点内容】 …… 157
【案例导入】 …… 157
第一节 人力资源管理概述 …… 158
一、人力资源管理的含义 …… 158
二、人力资源管理的重要性 …… 159
三、人力资源管理的发展历程 …… 159
四、人力资源管理的特点及发展趋势 …… 160
第二节 人力资源管理的过程 …… 162
一、人力资源规划 …… 162
二、招聘与解聘 …… 163
三、甄选 …… 169
四、定向 …… 173
五、员工培训 …… 173
六、绩效考核 …… 175
第三节 员工薪酬 …… 179
一、薪酬概念及分类 …… 179
二、薪酬的作用 …… 180
三、不变薪酬与可变薪酬 …… 180
四、国内外员工薪酬福利介绍 …… 181

五、薪酬福利的重要性 …… 183
六、薪酬规划 …… 184
【本章知识导图】 …… 188
【课后案例分析题】 …… 188

第七章　领导 …… 191
【本章概要】 …… 191
【重点内容】 …… 191
【案例导入】 …… 191
第一节　领导的相关概念 …… 192
一、领导的含义及实质 …… 192
二、领导体制的发展 …… 194
三、领导结构 …… 197
四、领导者的影响力 …… 197
第二节　领导理论及领导方式 …… 200
一、领导特性理论 …… 200
二、人性假设理论 …… 201
三、领导方式理论 …… 203
四、领导权变理论 …… 206
第三节　当代领导方式 …… 209
一、领袖魅力型领导 …… 209
二、变革型领导 …… 210
三、后英雄时代领导 …… 213
四、提高领导者效率的方式 …… 216
【本章知识导图】 …… 218
【课后案例分析题】 …… 218

第八章　激励 …… 221
【本章概要】 …… 221
【重点内容】 …… 221
【案例导入】 …… 221
第一节　激励理论 …… 222
一、激励的含义、作用和类型 …… 222
二、马斯洛需要层次理论 …… 224
三、双因素理论 …… 227
四、成就需要理论 …… 229
五、期望理论 …… 230

六、公平理论 …… 231
七、强化理论 …… 232
第二节　激励的方式和原则 …… 233
一、激励的方式 …… 233
二、激励的原则 …… 237
第三节　挫折理论 …… 238
一、挫折的含义 …… 238
二、挫折产生的原因 …… 239
三、挫折的作用 …… 240
四、挫折的自我防御机制 …… 240
五、正确对待受挫折的人 …… 242
【本章知识点导图】 …… 243
【课后案例分析题】 …… 244

第九章　沟通 …… 246
【本章概要】 …… 246
【重点内容】 …… 246
【案例导入】 …… 246
第一节　沟通的相关概念 …… 247
一、沟通的含义 …… 247
二、沟通的作用 …… 248
三、沟通的过程 …… 248
四、沟通方式及优缺点 …… 249
第二节　沟通渠道 …… 251
一、沟通渠道含义及类型 …… 251
二、正式沟通渠道 …… 251
三、非正式沟通渠道 …… 254
第三节　沟通障碍及有效沟通的方法 …… 255
一、沟通障碍的含义 …… 256
二、沟通障碍产生的原因 …… 256
三、有效沟通的基础 …… 257
四、有效沟通的方法 …… 258
第四节　冲突管理 …… 260
一、冲突的定义 …… 260
二、冲突产生的原因 …… 260
三、冲突的类型 …… 261
四、冲突的管理 …… 262

【本章知识点导图】 …… 265
【课堂模拟实践】 …… 266
【课后案例分析题】 …… 266

第十章　控制 …… 268
【本章概要】 …… 268
【重点内容】 …… 268
【案例导入】 …… 268
第一节　控制的相关概念 …… 269
一、控制的含义 …… 269
二、控制与计划、组织、领导的关系 …… 269
三、控制的内容和作用 …… 270
四、控制的类型 …… 271
第二节　控制过程 …… 276
一、制定标准 …… 276
二、衡量绩效 …… 278
三、纠正偏差 …… 280
第三节　控制方法与技术 …… 282
一、预算控制 …… 282
二、非预算控制 …… 285
【本章知识导图】 …… 290
【课堂模拟实践】 …… 291
【课后案例分析】 …… 291

第十一章　现代企业管理 …… 293
【本章概要】 …… 293
【重点内容】 …… 293
【案例导入】 …… 293
第一节　企业概论 …… 295
一、企业的起源 …… 295
二、企业的演变 …… 295
三、企业的现代含义 …… 297
四、企业的特征 …… 297
五、企业类型的划分 …… 299
六、企业的法律形式 …… 300
七、创立新企业 …… 304
第二节　现代企业制度 …… 309

一、现代企业制度概述 …… 309
二、现代企业产权制度 …… 312
三、公司法人治理结构 …… 314
第三节 企业战略管理 …… 317
一、企业战略 …… 317
二、企业战略体系 …… 317
三、企业战略的主要内容 …… 318
第四节 企业文化 …… 320
一、什么是企业文化 …… 320
二、企业文化的五要素 …… 321
三、企业文化的构成 …… 322
四、企业文化的建设 …… 323
第五节 人力资源管理 …… 325
一、人力资源管理的含义 …… 325
二、人力资源管理的内容 …… 326
三、人力资源管理的趋势 …… 327
四、人才招聘和选拔 …… 328
第六节 市场营销管理 …… 330
一、市场营销的概念 …… 330
二、营销观念的演变 …… 331
三、营销观念的新发展 …… 332
四、市场营销管理 …… 333
【本章知识导图】 …… 336
【课后思考与练习】 …… 336

第十二章 未来管理 …… 338
【本章概要】 …… 338
【重点内容】 …… 338
【案例导入】 …… 338
第一节 中国企业管理现状 …… 340
一、管理不规范，随意性强 …… 340
二、企业缺乏长远的战略目标 …… 340
三、顾客导向还是企业导向 …… 340
四、人治还是法治 …… 340
五、用人还是培养人 …… 341
六、企业文化建设有待深入 …… 341
第二节 中国企业管理发展趋势 …… 341

一、管理科学化 …………………………………………………………………… 341
二、管理制度化 …………………………………………………………………… 342
三、分权化 ………………………………………………………………………… 342
四、民主化 ………………………………………………………………………… 343
五、教育化 ………………………………………………………………………… 344
第三节　未来管理五大职能模块 ………………………………………………… 344
一、基于愿景和战略的计划职能 ………………………………………………… 345
二、内外资源整合的组织职能 …………………………………………………… 348
三、尊重、激励员工的领导职能 ………………………………………………… 350
四、高效执行的控制职能 ………………………………………………………… 353
五、面向可持续增长的创新职能 ………………………………………………… 355
【本章知识导图】 ………………………………………………………………… 358

参考文献 ………………………………………………………………………… 359

第一章 管理概述

【本章概要】

本章从管理理论的基本概念入手，来介绍管理基本理论及管理者的相关概念及理论。

【重点内容】

1. 管理的概念；
2. 管理的重要性；
3. 管理的性质；
4. 管理者的含义、管理者的分类及不同类型管理者应具备的技能；
5. 管理环境；
6. 管理对象与管理环境；
7. 管理机制与管理方法。

【案例导入】

事件一

2014 年 12 月 31 日 23 时 35 分，正值跨年夜活动，因很多游客、市民聚集在上海外滩迎接新年，上海市黄浦区外滩陈毅广场东南角通往黄浦江观景平台的人行通道阶梯处底部有人失衡跌倒，继而引发多人摔倒、叠压，致使拥挤踩踏事件发生，造成 36 人死亡，49 人受伤。

2015 年 1 月 21 日，上海市公布“12·31”外滩拥挤踩踏事件调查报告，认定这是一起对群众性活动预防准备不足、现场管理不力、应对处置不当而引发的拥挤踩踏并造成重大伤亡和严重后果的公共安全责任事件。

（资料来源：光明网，http：//newsogmw. cn.）

事件二

2015 年 1 月 2 日 13 时 14 分，位于黑龙江省哈尔滨市道外区太古头道街的北方南勋陶瓷大市场的三层仓库起火，过火面积 1.1 万平方米。发生火灾的仓库位于一栋总层高

11 层的居民楼，其中 1 ~3 层为仓库，4 ~11 层为居民楼。火灾扑救过程中，起火建筑多次坍塌，坍塌面积 3 000 平方米，共造成 5 名消防战士牺牲，14 人受伤，其中 1 人为仓库保安，其余均为消防官兵。事故造成 549 户 2 000 多名居民以及部分的临街商户受灾。

以上事故发生的根本原因是，相关管理部门和管理人员缺乏管理意识，对管理活动部署不及时，归根结底一句话：管理出现了问题。

通过以上事件的简介，我们不难看出管理在我们的生活中、在我们的社会中体现出的重要性。

（资料来源：哈尔滨市公布仓库大火初步调查结果，责任人被控制［N/OL］. 人民网，2015 -01 -03. http：//hlj. people. com. cn/n/2015/0103/c220024 -23424164. html. ）

第一节　管理的基本理论

一、什么是管理

我们从基于资源的角度出发，来探讨管理。所有的组织，在其运营过程中，都会涉及这四种资源：人力资源、财务资源、物质资源和信息资源。人力资源包括才能和劳动力；财务资源包括组织保持运营和长期运营所需的资本；物质资源包括原材料、办公场所和制造设施与设备；信息资源是制定有效决策所必需的有用数据。在这里，我们对完全不同类型的组织的资源给出示例（见表 1 -1）。

表 1 -1　　组织利用资源的例子

组织	人力资源	财务资源	物质资源	信息资源
壳牌石油	公司经理、钻井平台工人	利润、股东投资	炼油厂、办公楼	销售预测、办公室公告
州立大学	教师、行政人员	校友捐款、财政拨款	计算机、校园设施	研究报告、政府出版物
市政府	市政人员、警察	税收收入、政府拨款	卫生设备、市政建设	经济预测、犯罪统计
杂货店	职员	利润、所有人的投资	房产、展架	供应商价格目录、竞争对手的报纸广告

管理者的责任就是把上述各种不同的资源加以组合和协调，以实现组织的目标。例如，一位壳牌公司的经理在作出有关下一季度生产和分销多少汽油的决策时，所需要的资源包括经理和钻井平台工人的智力、用于再投资的利润、现有的炼油厂和办公设施以及销售预测。作为纽约市的市长（管理者），在发动一个大型的预防犯罪的项目时所需要的资源包括警察、政府拨款、现有的警察局和详细的犯罪统计数据。

管理者们如何来组合和协调各种资源呢？他们通过执行四种基本职能来完成这一工作：计划、组织、领导和控制。

因此，我们给管理下的定义是：管理就是对组织所拥有的资源进行计划、组织、领导和控制，进而有效地实现组织目标的过程。

“组织所拥有的资源”，这里的“组织”是指一个群体，一个以结构化或协作形式共同工作来实现一系列目标的群体。例如，我们生病要去医院（组织），上学要去学校（组织），消费或购买商品、服务要去企业（组织）。

管理定义里的“资源”就是上面我们提到的人力资源、财务资源、物质资源和信息资源等资源。

定义中的最后一句非常重要，它强调了管理的基本目标：以有效的方式实现目标。有效包含效率和效果。所谓效率（efficiency），是指正确地完成一项任务，即正确地做事，用一定的投入获得最大的产出，或者用最小的投入获得一定的产出。我们投入的都是一些稀缺的资源，诸如人员、资金、设备等，所以我们必须关心这些资源的使用效率。在管理活动中，我们都想最少地使用资源，实现成本的节约。所谓效果（effectiveness），指的是做正确的事，通过完成工作任务从而帮助组织达到既定目标。效率关注的是做事的“手段”，效果关注的是结果，是组织所达到的“目标”（见图1－1）。

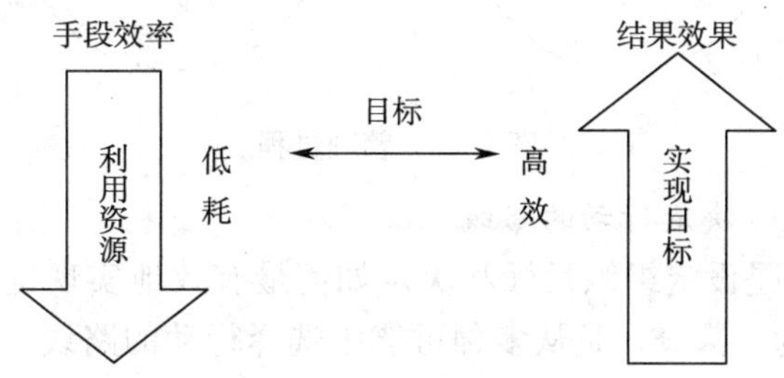

图1－1　效率与效果

尽管效率和效果是两个不同的概念，但两者密切相关。例如，如果不考虑做事情的效率，就很容易达到效果。例如，汽车生产厂家如果不考虑材料成本和人工成本，都可以生产出更高级的汽车；一些政府办事部门，办事效果比较好，却经常招致社会的舆论批评，原因是效率十分低下。因此，低效的管理，要么是既无效率又无效果，要么就是为达到某种效果而不考虑效率。有效的管理应该是兼顾达到目标并尽可能地提高效率。

二、管理过程

管理的定义中，提到了管理工作包括四项基本职能，即计划、组织、领导和控制，这四项职能构成了本书内容的框架。在这里，对管理的职能做一个基本介绍，给出它们的基本定义和相互关系。

以阿里巴巴为例，创始人马云必须创造一组清晰的目标和计划，清楚地表明他们希望公司成什么样子，接下来的工作是创造出有效的组织帮助实现这些目标和计划。作为公司领导人，要特别关注员工和公司的业绩。该公司所进行的所有这些活动就是图1－2所示的4项基本活动：设定目标属于计划活动；建立组织属于组织活动；管理员工属于领导活动；监督绩效属于控制活动。

管理工作并不像潮汐一样来按照我们给的顺序进行，如周一进行规划、周二决策、周三组织、周四领导、周五控制。事实上，在任何一个时间点，管理者们可能同时在进行不同的活动。图1－2中的实线告诉我们的是在理论上管理如何实现的，而虚线表现的是管理的真正现实。

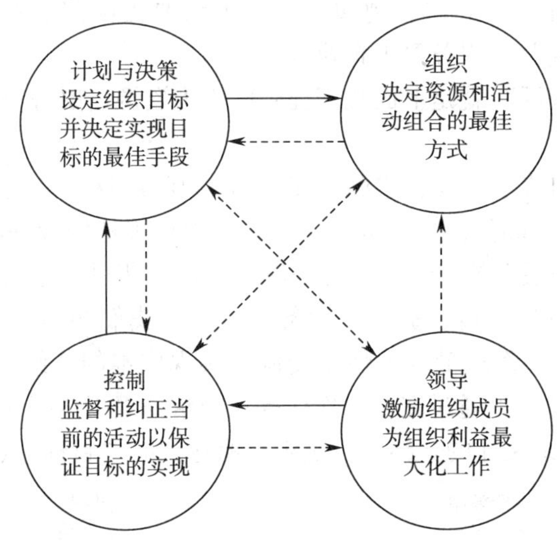

图1-2 管理过程

（一）计划与决策：决定行动的路线

计划（planning）是设定组织目标和决定如何最有效地实现这些目标。决策（decision making）是计划的一部分，是从多种可能中选择行动的路线。计划和决策通过为未来的行动指明方向而保持管理的效率。换句话说，组织的目标和计划有助于管理者们清楚地了解应当如何分配时间和资源。1997 年，乔布斯回归苹果公司，他采取的第一步行动就是设计出一组新的公司目标，将公司的精力聚焦在核心竞争力上，同时规划新的业务战略振奋公司的精神。

（二）组织：活动与资源的协调

目标设定的工作计划完成之后，下一个管理职能就是组织人力和必要的资源来实施计划。具体地说，组织（organizing）是决定如何对活动和资源进行组合。

（三）领导：人员的管理和激励

领导（leading）是带领组织成员共同工作促进组织利益的一组过程。

（四）控制：对活动进行监督和评估

控制（controlling）是对组织朝着目标前进的过程进行监督。在组织朝着目标努力的过程中，管理者们必须对进展实施监督，以确保按时到达“终点”。

三、管理的性质

（一）管理的重要性

随着社会经济的进步和发展，管理所起的作用越来越大，主要表现在以下几个方面：

1. 管理具有广泛性

管理适合于任何类型的组织，如企业、行政机关、学校、医院、军队等都需要管理。因此，管理具有广泛性的作用。当然，由于组织性质和组织目标不同，管理方式会有所差别，但所有类型的组织，其管理的原理和管理的方法都具有许多共性。

2. 管理具有效益性

管理的效益性主要体现在：一个组织的效益与管理水平的高低密切相关，通常管理水平越高，组织的效益越大。管理在社会经济中，实际上起到放大和增效的作用，即放大组织中人力、物力、财力等要素的作用，增加各要素之间的效应。管理的效益性可以比作一个三极管。三极管的发射极，即输入极为各种资源以及科学技术等投入；集电极，即输出极为组织创造的经济效益；基极就是管理。有效的管理可以充分发挥资源潜力，为组织创造更多的经济效益；反之，无效的管理会给企业带来损失，甚至使企业破产。

3. 管理是生产力要素

通常人们认为，生产力的构成要素中只包含劳动者、劳动对象和劳动手段三个物质要素。随着社会化大生产的发展，人们发现管理使生产力的三个物质要素有机结合起来构成现实的生产力。管理成为现实生产力的要素已被大量的事实所证明，并被越来越多的人们认可。甚至有人提出，生产力除了包括三个物质要素之外，还包括两个非物质要素，即管理和科学技术。科学技术必须体现在三个物质要素之中，才能成为现实的生产力。管理体现在组织三个物质要素，组织得好，将产生正效果；组织得不好，将产生负效果。

（二）管理的二重性

马克思在分析资本主义管理的性质和职能时指出：凡是直接生产过程具有结合过程的形态，而不表现为独立生产者的孤立劳动的地方，都必然会产生监督劳动和指挥劳动。不过它具有二重性。马克思论述的管理的二重性的主要内容是：（1）任何社会的管理都具有二重性：管理的自然属性和管理的社会属性；（2）管理的二重性表现为合理组织生产力和维护生产关系两种管理职能；（3）“指挥劳动”是同生产力直接相联系的，是由共同劳动的社会化性质产生的，是进行社会化大生产的一般要求和组织劳动协作过程的必要条件，它体现了管理的自然属性；（4）“监督劳动”是同生产关系直接相联系的，是由共同劳动所采取的社会结合方式的性质产生的，是维护社会生产关系和实现社会生产目的的重要手段，它体现了管理的社会属性。

1. 自然属性

管理的自然属性是由共同劳动的社会化性质决定的、与生产力相联系的、不以人们的意志为转移也不因社会制度不同而改变的一种客观存在的性质。正如马克思在百余年前的论证：一切规模较大的直接社会劳动或共同劳动，都或多或少地需要指挥，以协调个人的活动，并执行生产总体的运动（不同于这一总体的独立器官的运动）所产生的各种一般职能。一个单独的提琴手是自己指挥自己，一个乐队就需要一个乐队指挥。

人类的任何活动都需要管理，这是由人类的共同劳动的社会化性质决定的。管理是人类社会活动的客观需要，如果没有管理，社会的生产、交换、分配活动都不可能正常进行，社会劳动过程就会发生混乱。管理也是生产力，任何社会、任何企业，其生产力水平的高低取决于各种经济资源是否得到有效利用以及社会劳动者的积极性是否得到充分发挥，而这两者都依赖于管理。对具有同样资源和劳动力的社会和企业，之所以表现出不同的生产力水平和经营效果，原因主要在于管理水平不同。因此，管理是生产力。

由于管理贯穿于各种社会活动中，从这一点上讲体现的是管理的一般职能，但是这些一般职能是需要通过管理的基本职能表现的。

2. 社会属性

管理的社会属性是由共同劳动所采取的社会结合方式的性质决定的，是同生产关系直接相联系的，是由维护社会生产关系和实现社会生产这一目的决定的一种性质。管理的社会属性实际上体现的就是“为谁管理’的问题。在漫长的人类历史中，管理历来是为统治者实现社会生产目的服务的，因此，管理就必然是维护生产关系的。

马克思曾对资本主义社会作过深刻的论述：资本家的管理不仅是一种社会劳动过程的性质产生并属于社会劳动过程的特殊职能，同时也是剥削社会劳动过程的职能，因而也是由剥削者和他所剥削的原料之间不可避免的对抗决定的。

随着社会经济的发展，在资本主义社会，管理的社会属性已经不能简单地体现为资本家剥削工人的工具。因为管理者在行使管理职能时，既要满足资本家及所有股东对股息和红利的要求，又要满足职工物质和精神的需要；既要保证扩展企业实力的需要，又要考虑到广大消费者的利益；既要追求企业的最大利润，又要处理好企业与政府的关系。但是，从本质上讲，管理仍没有改变剥削性，只是披上了一层公平和民主的面纱，从形式上看更巧妙了。

在社会主义社会中，管理的社会属性体现为任何组织和个人在行使管理职能时，都要从全社会的整体利益出发，自觉地让局部利益服从全局利益，让个人利益服从集体利益。我国随着经济体制改革的深入，公有制的形式正在向多样化方向发展，但是，管理的社会属性并没有发生根本改变。管理是为人民服务的，管理的目的就是为了使人与人之间的关系，国家、集体和个人之间的关系更加协调。任何管理者都应当成为人民的公仆，人民应当真正成为社会组织的主人。

管理二重性的理论是指导人们认识和掌握管理特点和规律，实现管理目标的有力武器。只有认识和掌握管理二重性的原理，才能分清不同社会制度下管理的共性和个性，正确处理学习与创新的关系。

（三）管理的科学性与艺术性

1. 管理是一门科学

管理是人类重要的社会活动，存在着客观规律性。管理作为一门科学，就是指人们发现、探索、总结和遵循客观规律，在逻辑的基础上，建立系统化的理论体系，并在管理实践中应用管理原理与原则，使管理成为在理论指导下的规范化的理性行为。如果不承认管理的科学性，不按规律办事，违反管理的原理与原则，随心所欲地进行管理，必然受到规律的惩罚，导致管理的失败。

2. 管理是一门艺术

管理虽然可以遵循一定的原理或规范办事，但它绝不是“按图索骥”的照章操作行为。管理理论作为普遍适用的原理、原则，必须结合实际应用才能奏效。管理者在实际工作中，面对千变万化的管理对象，因人、因事、因时、因地制宜，灵活多变地、创造性地运用管理技术与方法，解决实际问题，从而在实践与经验的基础上，创造了管理的艺术与技巧，这就是所谓管理是一门艺术的含义。

3. 管理是科学与艺术的结合

管理既是科学又是艺术，这种科学与艺术的划分是大致的，没有明确的界限。说它是科学，是强调其客观规律性；说它是艺术，则是强调其灵活性与创造性。而且，这种科学性与艺术性在管理的实践中并非截然分开，而是相互作用，共同发挥管理的功能，促进目标的实现。

四、管理学的特点

管理学是系统研究管理活动的普遍规律和基本原理、一般方法的科学。具有以下特点：

（一）管理学是一门综合性的学科

管理活动是非常复杂的，管理者作为管理活动的主体，需要具备广泛的知识才能进行有效的管理活动。例如，作为公司的总经理，要处理决策、计划、生产等问题，因此必须具备统计学、工艺学、数学、经济学等知识；同时，作为总经理要处理与人有关的问题，因此，必须具备心理学、社会学、生理学、伦理学等知识。可见，管理活动的复杂性、多样性决定了管理学内容的综合性，管理学是一门综合性的学科。

管理学主要涉及的学科有哲学、心理学、人类学、社会学、经济学、历史、生理学、伦理学、数学、统计学、运筹学、系统论、会计学、理财学、工艺学、计算机应用、教育学和法学等。因此，管理者要在掌握管理知识的同时，具备广博的知识，以提高管理工作的有效性。

（二）管理学是一门实践性很强的学科

管理学作为一门科学，它的很多思想来源于实践，通过科学的概况和总结，形成能够反映管理内在规律的理论，再来指导实践。主要体现在它以反映客观规律的管理理论和方法为指导，有一套分析问题、解决问题的科学的方法论。管理学发展到今天，已经形成了比较系统的理论体系，揭示了一系列具有普遍应用价值的管理规律，来指导实践中的管理活动。

（三）管理学是一门不精确的学科

科学分为精确学科和不精确学科。精确学科是指在给定条件下能够得出确定结果的学科。例如，数学就是一门精确学科，只要给出一定的条件，按照一定的方法就能得出确定的结果。但是，管理学不同，在已知条件完全相同时，有可能产生截然不同的结果。例如，两个企业，即使在生产条件、资源等完全相同的情况下，其产生的经济效果也可能相差甚远。

造成管理学是一门不精确学科的原因主要是影响管理效果的因素很多，并且这些因素是不确定的。如国家的政策、法规，自然资源的变化，竞争者的决策，人的心理等因素的不确定性。

随着科学技术的发展，特别是数学和计算机科学的发展，定量分析在管理中得到了广泛的应用，但是，无论如何，管理学都不可能成为一门精确的学科。

（四）管理学是一门应用性学科

管理者要想实施有效的管理活动，不仅要掌握一定的管理知识和理论，而且要能熟练灵活地将所掌握的管理知识用于实践。这一点与其他学科不同，例如，学会了数学方法，就能解数学方程；学会了化学方程式，就能做化学实验。但是，如果管理者仅仅掌握一定的管理知识和理论，即使背会了所有的管理原理，也不一定能有效地进行管理活动。因此，管理学是一门应用性很强的学科。

管理学的应用性使管理者必须要在掌握管理知识的基础上，通过实践和应用，培养灵活运用管理知识的技能。管理不可能脱离实践，管理理论必须与管理实践相结合。

五、管理的环境

组织作为一个与外界保持密切联系的开放系统，需要与外界环境不断地进行各种资源和信息的交换，其运行和发展不可避免地受到种种环境力量的影响。管理者的行为受现实环境的严格制约，环境是任何管理者在任何时刻都必须面对的事实。

管理环境分为外部环境和内部环境，外部环境一般有政治环境、社会文化环境、经济环境、技术环境和自然环境。内部环境有人力资源环境、物力资源环境、财力资源环境以及内部文化环境。

（一）环境的概念

斯蒂芬·P. 罗宾斯将环境定义为对组织绩效起着潜在影响的外部机构或力量。环境是组织生存发展的物质条件的综合体，它存在于组织界限之外，并可能对管理当局的行为产生直接或间接影响。

（二）外部环境

外部环境是组织之外的客观存在的各种影响因素的总和。它是不以组织的意志为转移的，是组织的管理必须面对的重要影响因素。

对非政府组织来说，政治环境包括一个国家的政治制度，社会制度，执政党的性质，政府的方针、政策、法规法令等。文化环境包括一个国家或地区的居民文化水平、宗教信仰、风俗习惯、道德观念、价值观念等。经济环境是影响组织，特别是企业的重要环境因素，它包括宏观和微观两个方面。宏观经济环境主要指一个国家的人口数量及其增长趋势以及国民收入、国民生产总值等。通过这些指标能够反映国民经济的发展水平和发展速度。微观经济环境主要指消费者的收入水平、消费偏好、储蓄情况、就业程度等因素。科技环境反映了组织物质条件的科技水平。科技环境除了直接相关的技术手段外，还包括国家对科技开发的投资和支持重点、技术发展动态和研究开发费用、技术转移和技术商品化速度、专利及其保护情况等。自然环境，包括地理位置、气候条件及资源状况。地理位置是制约组织活动的一个重要因素。

对于不同的组织有一般的共同环境，同时也要在一定的特殊领域内活动。一般环境对不同类型的组织均产生某种程度的影响，而与具体领域有关的特殊环境则直接、具体地影响着组织的活动。如企业需要面对的特殊环境包括现有竞争对手、潜在竞争对手、替代品生产情况及用户和供应商的情况。外部环境与管理相互作用，一定条件下甚至对管理有决定作用。外部环境制约管理活动的方向和内容。无论什么样的管理目的，管理活动都必须从客观实际出发。脱离现实环境的管理是不可能成功的。“靠山吃山，靠水吃水”一定程度上反映了外部环境对管理活动的决定作用。同时外部环境影响管理的决策和方法。当然，管理对外部环境具有能动的反作用。

（三）内部环境

内部环境是指组织内部的各种影响因素的总和。它是随组织产生而产生的，在一定条件下内部环境是可以控制和调节的。人力资源对于任何组织都始终是最关键和最重要的因素。人力资源的划分根据不同组织、不同标准有不同的类型。比如企业人力资源根据他们所从事的工作性质的不同，可分为生产工人、技术工人和管理人员三类。物力资源是指内部物质环境的构成内容，即在组织活动过程中需要运用的物质条件的拥有数量和利用程度。财力资源是一种能够获取和改善组织其他资源的资源，是反映组织活动条件的一项综合因素。财力资源指的是组织的资金拥有情况、构成情况、筹措渠道、利用情况。财力资源的状况决定组织业务的拓展和组织活动的进行等。文化环境是指组织的文化体系，包括组织的精神信仰、生存理念、规章制度、道德要求、行为规范等。

内部环境随着组织的诞生而产生，对组织的管理活动产生影响。内部环境决定了管理活动的可选择的方式方法，而且在很大程度上影响到组织管理的成功与失败。

（四）环境的不确定性

环境是不断变化的，而且大多数变化，管理当局不可预测，因此环境具有一定的不确定性。根据环境不确定性的程度，我们可以把环境分为动态环境和稳态环境。动态环境是指组织环境要素大幅度改变的环境；反之，则称之为稳态环境。在稳态环境中，组织所处的环境较为简单，确定性较强，管理当局易于在稳态环境中做决策。任何一个组织都希望自己处于一个较为稳定的环境之中。从某种程度上讲，这也有利于组织发展。但组织并不总是处于稳态环境中，组织经常面临环境的变化，如突然出现的竞争者、竞争对手新的技术突破、竞争对手出人意料的经营决策等。

环境的不确定性可以从两个角度来衡量。一是环境的复杂性。复杂性程度可用组织环境中的要素数量和种类来表示。在一个复杂性环境中，有多个外部因素对组织产生影响。通常外部因素越少，环境复杂性越低，不确定性越小。一般而言，一个组织要与之打交道的顾客、供应商、竞争者及政府机构越少，组织环境的不确定性就越小。二是环境的多变性，即组织环境中的变动是稳定的还是不稳定的。它不仅取决于环境中各构成因素是否发生变化，而且还与这种变化的可预见性有关。可预测的快速变化还是管理者必须应付的不确定性。当我们谈到环境多变性时，我们通常是指不可预见的变化。例如，啤酒酿造公司一般在第二、第三季度要创造一年中 3/5 ~ 4/5 的营业额，第四季度营业额便急剧下降。对于这种可预见的消费需求变化并不会使啤酒酿造公司的环境具有不确定性。环境的不确定性威胁着一个组织的成败，因此管理者应尽力将这种不确定性降至最低程度。

六、管理的基本方法

管理方法是在管理活动中为实现管理目标、保证管理活动顺利进行所采取的工作方式。管理方法一般分为管理的法律方法、行政方法、经济方法、教育方法。

（一）管理的法律方法

通过各种法律、法令、条例和司法仲裁工作，调整社会经济的总体活动和各企业单位在微观活动中所发生的各种关系，以保证和促进社会经济发展的管理方法。体现全体人们的意志，并维护他们的根本利益，代表他们对社会经济、政治、文化活动实行强制性的统一的管理。

（二）管理的行政方法

依靠行政组织的权威，运用命令、规定、指示、条例等行政手段按照行政系统和层次，以权威和服从为前提，直接指挥下属工作的管理方法。通过行政组织的职务和职位来进行管理，特别强调职责、职权、职位而并非个人的能力或特权。

行政方法的特点是：权威性——行政方法所依托的基础是管理机关和管理者的权威。强制性——行政权力机构和管理者所发出的命令、指示等对管理对象具有程度不同的强制性，行政方法就是通过这种强制性来达到指挥与控制的目的。垂直性——行政方法是通过行政层次来实施的，基本上属于“条条”的纵向垂直管理。

（三）管理的经济方法

经济方法是根据客观经济规律，运用各种经济手段，调节不同主体之间的关系，以获得较高的经济效益和社会效益的管理方法。不同的经济手段在不同的领域中发挥的作用不同。

管理的经济方法的实质是围绕物质利益，运用各种经济手段正确处理好国家、集体与劳动者个人三者之间的经济关系，最大限度地调动各方面的积极性、主动性、创造性和责任感。

（四）管理的教育方法

教育方法是按照一定的目的、要求对受教育者从多方面施加影响的一种有计划的活动。管理工作的任务是不断地提高人的政治思想素质、文化知识素质、专业水平素质。

教育的主要内容：人生观及道德教育，爱国主义和集体主义教育，民主、法治、纪律教育，科学文化教育，组织文化建设。组织文化是指组织员工在较长时期的生产经营实践中逐步形成的共有的价值观、信念、行为准则及具有相应特色的行为方式、物质表现的总称。在组织文化建设的指导思想上，必须突出管理的人本原理，坚持“以人为本”的原则。

第二节　管理者

一、管理者的定义

美国管理学大师德鲁克给“管理者”下的定义为：在一个现代的组织里，每一个知识工作者如果能够由于他们的职位和知识，对组织负有贡献的责任，因而能够实质性地影响该组织经营及实现成果的能力者，即为管理者。这一定义强调，作为管理者首要的标志是必须对组织的目标负有贡献的责任，而不是权力；只要共同承担职能责任，对组织的成果有贡献，他就是管理者，而不在于他是否有下属人员。依据这一分析，管理者的定义应为：管理者是指履行管理职能，对实现组织目标负有贡献责任的人。

二、组织中不同层次的管理者

（一）纵面

从纵面，即按管理层次划分，大多数人都把管理人员分为高级、中级和第一线（又称基层或作业线）管理人员。

1. 高级管理人员

它指一个组织中最高领导层的组成人员，他们在一个组织内的管理人员中占的数量很小，主要包括企业组织中的董事会董事、总裁、总经理和副总经理以及其他高级职员等。高级管理人员负责制定组织目标、总战略、掌握方针政策和评价整个组织的业绩。他们在对外交往中，往往以代表组织的“官方”身份出现。

2. 中级管理人员

这一层管理人员的数量较大，包括分厂、分公司的厂长、经理，总公司下属分部经理等。他们的主要职责是执行高级管理层作出的计划和决策，把高层制定的战略目标付诸实现。他们负责向最高管理层直接报告工作，同时负责监督和协调第一线管理人员的工作。与高级管理层相比，他们更注意组织日常的管理事务。最新的调查研究报告表明：如果中级管理人员被授权的话，组织内生产和改革的步伐都会进行得更快。

3. 第一线管理人员

他们主要包括车间主任、工长、基层单位主管人、监督人和办公室负责人等。他们的主要职责是给下属人员分派具体工作任务、监督下属人员的工作情况、协调下属人员的活动，使大家都能完成既定的目标。他们直接向中层管理人员报告工作。

（二）横面

从横面，即按管理工作的性质与领域划分，一般有以下类型的管理人员。

1. 市场管理人员

他们的基本工作都与市场有关——市场调查分析、产品促销、市场推广、广告宣传、顾客服务、营销策划、网络销售等。市场经济条件下，市场对企业的重要性决定了市场管理人员的重要作用。

2. 财务管理人员

他们基本上都与组织的金融资源打交道。具体来说，财务管理的主要职责包括资金的筹措、预算、核算、投资和财务监控等。

3. 生产管理人员

他们的主要工作包括：建立能为组织制造产品和提供服务的系统；负责制订计划和控制组织日常的生产活动、生产规划、质量控制、工厂及设备的选择和布局等。现在，越来越多的人都更为注意改进生产工艺、提高产品质量、保护及充分利用有限的资源等问题，这就使生产管理人员在企业组织中的地位变得越来越重要。

4. 人事管理人员

人事管理人员主要职责是从事对人力资源的管理。具体地说，人事部门是从事人力资源的计划、招聘和选择组织所需要的合格人才，并对这些人才进行有效的培训和合理的使用，建立合理而有效的业绩评估、晋升、奖励和惩罚以及报酬制度等。在市场经济条件下，企业之间的竞争本质上是人才的竞争。随着国内外对人才竞争态势的日趋加剧，人事部门的工作将会变得越来越繁多和重要。

5. 行政管理人员

对一个组织来说，行政管理人员也是极为重要的。比起从事某一专业方面的管理人员来说，他们从事的工作更加综合化，管理实践的面更广，因此，他们更富有各个方面的管理经验，对管理职能也更加熟悉。

6. 其他方面的管理人员

除了上述的各种管理人员以外，在国内外的企事业单位还有其他专职的管理人员。例如，公共关系管理人员，主要负责处理公共关系方面的事务；研究与开发方面的管理人员，他们专门负责协调科技人员和工程师，以便进行科技项目和新产品的开发。

三、管理者应具备的技能

一个管理人员要想把计划、组织、领导、控制和创新这些管理职能付诸实践，要想在变化万千的复杂环境中进行有效管理，实现组织目标，获得成功，就必须使自己具备必要的管理技能。这些管理技能主要包括以下三个方面。

（一）技术技能

技术技能是指管理人员掌握与运用某一专业领域内的知识、技术和方法的能力。技术技能包括：专业知识、经验；技术、技巧；程序、方法、操作与工具运用熟练程度等。这些是管理人员对相应专业领域进行有效管理所必备的技能。

特别是第一线管理人员，技术技能尤为重要。第一线管理人员大部分时间都是从事训练下属人员或回答下属人员有关具体工作方面的问题。因此，他们必须知道如何去做自己下属人员所做的各种工作。只有这样，才能成为下属所尊重的有效的管理人员。例如，工厂的生产车间主任，就必须懂得有关操作机器设备方面的知识，要懂得各种操作技术，而且还要负责给下属人员做示范，教会他们，在组织车间工人的生产和各种活动中，还要有正确的工作方法。

（二）人际技能

一个管理者的大部分时间和活动都是与人打交道的：对外要与有关的组织和人员进行联系、接触；对内要联系下属，了解下属，协调下属，还要善于激励引导下属人员的积极性（做人的工作）。所有这些都要求管理人员必须具备人际关系方面的技能。许多实践证明，人际关系技能是管理者必须具备的技能中最重要的一种技能。这种技能对各层次的管理人员都具有同等重要的意义。

（三）概念技能

这是指一个管理者进行抽象的思考、形成概念的能力。作为一个管理者需要快速敏捷地从混乱而复杂的环境中辨清各种因素的相互联系，能抓住问题的实质，并根据形势和问题果断地作出正确的决策。概念技能包括：对复杂环境和管理问题的观察、分析能力；对全局性的、战略性的、长远性的重大问题处理与决断的能力；对突发性紧急处境的应变能力等。其核心是一种观察力和思维力。这种能力对于组织的战略决策和发展具有极为重要的意义，是组织高层管理者所必须具备的、也是最为重要的一种技能。

上述三种技能，对任何管理者来说，都是应当具备的。但不同层次的管理者，由于所处位置、作用和职能不同，对三种技能的需要程度则明显不同。高层管理者尤其需要概念技能，而且，所处层次越高，对这种概念技能要求越高。这种概念技能的高低，成为衡量一个高层管理者素质高低的最重要的尺度。而高层管理者对技术技能的要求就相对低一些。与之相反，基层管理者更重视的却是技术技能。由于他们的主要职能是现场指挥与监督，所以若不掌握训练的技术技能，就难以胜任管理工作。当然，相比之下，基层管理者对概念技能的要求就不是太高。

四、怎样成为一名成功的管理者

要做好自己所承担的管理工作，并获得成功，当然要学好管理学和管理学科中其他相关课程的基本思想、理论和方法，指导自己的管理工作实践，在实践中加以创造性地运用，不断总结，不断提高。做到这一点是完全必要的，但是还不够。

（一）要具有优秀的品德

自党的十一届三中全会以来，改革开放使我国的经济建设快速发展。目前又面临着两个根本性转变的重大时刻，往往在变革的时候、社会向前发展的时候，总会涌现出一大批杰出的英雄人物，其中包括优秀的企业家，同时也总会有昙花一现的人物。这些人物风光一时，最终还是被历史无情地淘汰，究其原因，挡不住金钱的诱惑而贪婪成性、追求享乐而无穷尽地挥霍国家或集体的财富、权钱交易、自我恶性膨胀……根子还是人生观的问题——为什么活在世界上。正确解决人生观是具备优秀品德的首要之点。

一个人具有什么样的品德，核心是他有什么样的价值观。价值观是抽象的，它体现了每个人对周围客观存在的、影响自身发展的各种事物的重要性的看法和评价，从他的思想观念和行为准则上表现出来。中华民族的腾飞将是一个较长时间的过程，振兴中华、匹夫有责，作为管理者更要有强烈的使命感和紧迫的责任感，把小我融合到振兴中华的伟业中去，把远大的理想落实到本职工作中，怀着强烈的进取心，渴望在管理工作的岗位上有所作为，踏踏实实，勇挑重担，克服种种困难，在工作中作出贡献。

（二）要有丰富的知识

我们已经论述过管理学是一门综合性强的科学，在学习管理学时要涉及许多学科。在管理工作的实践中，也要接触到管理学科和其他学科的知识。

以企业为例，要做好管理工作就要熟悉本企业相关的许多工程技术方面的知识。计算机在企业中的应用越来越广泛，办公自动化（Office Automation，OA）、管理信息系统（Management Information System，MIS）、决策支持系统（Decision Support System，DSS）等，已经成为管理工作中不可缺少的组成部分，这就需要管理者熟练掌握使用计算机的能力和其他管理工作中的业务知识。要有心理学方面的知识，用于协调上下、左右的关系，做好人的工作。要掌握政治、经济方面的知识，以学好和掌握好党的方针、政策和国家的有关法规，把握经济发展的规律。

特别要强调的是掌握法律知识。市场经济在某种意义上可以说是法制经济，在市场经济体制中的企业与企业间、企业与消费者间的关系和行为要靠法律来规范。我国在历史上就是一个法制不健全的国家，在“文化大革命”以后，特别是近年来，全国人大加紧制定各项法律，各省市人大也纷纷出台了许多地方性的条例，在全国持续展开了法制教育，这都是为了使国家和经济能在一个健全的法律体系中正常运行。与企业有关的法律，如《公司法》《合同法》《反不正当竞争法》《专利法》等越来越健全。企业要在法律允许的范围内运行，需要管理者自觉学习法律方面的知识，同时也要会运用法律武器来维护企业的正当权益。在市场经济错综复杂的情况下，企业被人钻了法律的空子而上当受骗的案例不在少数，这也迫使管理者非要认真学习法律知识不可。

也许你会说，我的本职工作是管理工作而不是去当一个执业的律师，不可能熟知各种法律的条文。但是管理工作需要管理者学习法律方面的知识，树立法制观念，这样一旦有了问题你就去找企业聘请的法律顾问或律师事务所的律师征求意见和寻求法律上的帮助。特别是企业在采取重大行动时、在签订重大合同时，事先都要详细征求律师的意见，避免因可能会出现的漏洞而造成的损失和遗憾。

（三）要有良好的心理素质

一个人具有很高的智商和很强的能力，未必能在他的事业中获得成功，这说明还有一个因素——心理素质在起着很重要的作用。而这一点往往容易被人所忽略。

一个管理者在日常工作中可能由于疏忽而造成了失误；可能在与同事交往中，一片好意被人误解；也可能遇到了新问题，在新产品开发中、在开拓新市场中、在工作中采用新方法时能大胆创新，但未获成功；在解决困难的过程中，遇到了挫折，在与对手竞争中，遭到了失败。诸如此类，举不胜举。此时，首先遇到的问题是：在困难、误解、风险、失败、挫折面前，你能否承受住巨大的压力。能，则还有前进和成功的可能；否，为压力所压垮，什么也谈不上。在人的一生中，遭受挫折和失败是常事，而能否以良好的心理素质来承受各种压力就不是人人都能做到的，再加上一些客观原因，事业上的成功者只是少数。

良好的心理素质要求要有很强的自我控制能力，一个人也会有顺利的时候、成功的时候；自己的好主意、好办法，不能被别人接受，甚至遭到拒绝，下级未能按指示办，把事情办砸了；在工作中、生活中，遇到了不顺心的事；到了一个新环境，人生地不熟，焦虑不安。这时人的情绪往往波动大，这就需要有很强的自我控制能力才行，控制情绪、控制言行。在承受压力的同时，也需要自我控制能力。

在工作中也要承受压力，要能自我控制；在个人生活中、在家庭生活中，也是如此。但是一个人不可能永远在压力下生活，这就需要自我调节、有张有弛。以乐观的态度看待人生，看待竞争和压力，适时调节一下自己的生活，参加一些娱乐活动，休几天假养精蓄锐。适当地转移一下自己的兴奋点，阅读几本书，做些手工。

除了要具有优秀的品质、丰富的知识和良好的心理素质外，注意自己的穿着、仪表、举止和谈吐也都是必要的。

（四）重视实践

成功的管理者不可能是天生的。承认一个人的天赋在成长过程中的作用，但是更要强调教育和实践的作用。在学校里接受教育，学习各种知识，打好基础。走上工作岗位后，再回校深造。因此，接受教育是成长过程中不可缺少的，但又不是为了学习而学习，学是为了用，从这一点上说，实践是成长的关键。

管理者要在事业中获得成功，必须要在管理工作的实践中经受磨练，积累经验，增长才干，不断学习，不断提高素质，舍此别无他法。

五、管理者角色

明茨伯格在《管理工作的本质》中这样解释说："角色这一概念是行为科学从舞台术语中借用过来的。角色就是属于一定职责或者地位的一套有条理的行为。"根据他自己和别人的研究成果，得出结论说，经理们并没有按照人们通常认为的那样按照职能来工作，而是进行别的很多的工作。明茨伯格将经理们的工作分为10种角色。这10种角色分为三类，即人际关系方面的角色、信息传递方面的角色和决策方面的角色。

（一）人际角色

人际角色直接产生自管理者的正式权力的基础。管理者所扮演的三种人际角色是代表人角色（作为"头头"必须行使一些具有礼仪性质的角色）、领导者角色（管理者和员工一起工作并通过员工的努力来确保组织目标的实现）、联络者角色（与组织内个人、小组一起工作，与外部利益相关者建立良好的关系所扮演的角色）。

1. 代表人角色

这是经理所担任的最基本的角色。由于经理是正式的权威，是一个组织的象征，因此要履行这方面的职责。作为组织的首脑，每位管理者有责任主持一些仪式，比如接待重要的访客、参加某些职员的婚礼、与重要客户共进午餐等等。很多职责有时可能是日常事务，然而，它们对组织能否顺利运转非常重要，不能被忽视。

2. 领导者角色

由于管理者是一个企业的正式领导，要对该组织成员的工作负责，在这一点上就构成了领导者的角色。这些行动有一些直接涉及领导关系，管理者通常负责雇佣和培训职员，负责对员工进行激励或者引导，以某种方式使他们的个人需求与组织目的达到和谐。在领导者的角色里，我们能最清楚地看到管理者的影响。正式的权力赋予了管理者强大的潜在影响力。

3. 联络者角色

这指的是经理同他所领导的组织以外的无数个人或团体维持关系的重要网络。通过对每种管理工作的研究发现，管理者花在同事和单位之外的其他人身上的时间与花在自己下属身上的时间一样多。这样的联络通常都是通过参加外部的各种会议、参加各种公共活动和社会事业来实现的。实际上，联络角色是专门用于建立管理者自己的外部信息系统的——它是非正式的、私人的，但却是有效的。

（二）信息角色

管理者负责确保和其一起工作的人具有足够的信息，从而能够顺利完成工作。整个组织的人依赖于管理结构和管理者以获取或传递必要的信息，以完成工作，如监控者角色（持续关注内外环境的变化以获取对组织有用的信息，接触下属或从个人关系网获取信息，依据信息识别工作小组和组织潜在的机会和威胁）、传播者的角色（分配作为监督者获取的信息，保证员工具有必要的信息，以便切实有效完成工作）、发言人的角色（把角色传递给单位或组织以外的个人，让股东、消费者、政府等相关者了解感到满意）。

1. 监控者角色

作为监控者，管理者为了得到信息而不断审视自己所处的环境。他们询问联系人和下属，通过各种内部事务、外部事情和分析报告等主动收集信息。担任监控角色的管理者所收集的信息很多都是口头形式的，通常是传闻和流言。当然也有一些董事会的意见或者是社会机构的质问等。

2. 信息传播者角色

组织内部可能会需要这些通过管理者的外部个人联系收集到的信息。管理者必须分享并分配信息，要把外部信息传递到企业内部，把内部信息传给更多的人知道。当下属彼此之间缺乏便利联系时，管理者有时会分别向他们传递信息。

3. 发言人角色

这个角色是面向组织的外部的。管理者把一些信息发送给组织之外的人。而且，经理作为组织的权威，要求对外传递关于本组织的计划、政策和成果信息，使得那些对企业有重大影响的人能够了解企业的经营状况。例如，首席执行官可能要花大量时间与有影响力的人周旋，要就财务状况向董事会和股东报告，还要履行组织的社会责任等。

（三）决策角色

处理信息并得出结论。管理者以决策让工作小组按照既定的路线行事，并分配资源以保证计划的实施。如企业家角色（对作为监控者发现的机会进行投资，以利用这种机会）、危机处理者角色（处理组织运行过程中遇到的冲突或问题）、资源分配者角色（决定组织资源（财力、设备、时间、信息等）用于哪些项目）、谈判者角色（花费了大量时间，对象包括员工、供应商、客户和其他工作小组，进行必要的谈判，以确保小组朝着组织目标迈进）。

1. 企业家角色

企业家角色指的是经理在其职权范围之内充当本组织变革的发起者和设计者。管理者必须努力组织资源去适应周围环境的变化，要善于寻找和发现新的机会。作为创业者，当出现一个好主意时，总裁要么决定一个开发项目，直接监督项目的进展，要么就把它委派给一个雇员。这就是开始决策的阶段。

2. 危机处理者角色

企业家角色把管理者描述为变革的发起人，而危机处理者角色则显示管理者非自愿地回应压力。在这里，管理者不再能够控制迫在眉睫的罢工、某个主要客户的破产或某个供应商违背了合同等变化。在危机的处理中，时机是非常重要的。而且这种危机很少在例行的信息流程中被发觉，大多是一些突发的紧急事件。实际上，每位管理者都必须花大量时间对付突发事件，没有组织能够事先考虑到每个偶发事件。

3. 资源分配者

管理者负责在组织内分配责任，他分配的最重要的资源也许就是他的时间。更重要的是，经理的时间安排决定着他的组织利益，并把组织的优先顺序付诸实施。接近管理者就等于接近了组织的神经中枢和决策者。管理者还负责设计组织的结构，即决定分工和协调工作的正式关系的模式，分配下属的工作。在这个角色里，重要决策在被执行之前，首先要获得管理者的批准，这能确保决策是互相关联的。

4. 谈判者角色

组织要不停地进行各种重大的、非正式化的谈判，这多半由经理带领进行。对在各个层次进行的管理工作的研究显示，管理者花了相当多的时间用于谈判。一方面，因为经理的参加能够增加谈判的可靠性；另一方面，因为经理有足够的权力来支配各种资源并迅速作出决定。谈判是管理者不可推卸的工作职责，而且是工作的主要部分。

两三个人不可能分享一个管理职位，除非他们能像一个实体一样行动。也就是说，他们不能分割这 10 种角色，除非他们能非常小心地将它们结合起来。这 10 种角色形成了一个完全角色，是一个整体，它们是互相联系、密不可分的。没有哪种角色能在不触动其他角色的情况下脱离这个框架。比如，人际关系方面的角色产生于经理在组织中的正式权威和地位；这又产生出信息方面的 3 种角色，使他成为某种特别的组织内部信息的重要神经中枢；而获得信息的独特地位又使经理在组织作出重大决策（战略性决策）中处于中心地位，使其得以担任决策方面的 4 种角色。我们说这 10 种角色形成了一个完全角色，并不是说所有的管理者都给予每种角色同等的关注。不过，在任何情形下，人际的、情报的和决策的角色都不可分离。这 10 种角色表明，经理从组织的角度来看是一位全面负责的人，但事实上却要担任一系列的专业化工作，既要是通才又要是专家。

【本章知识导图】

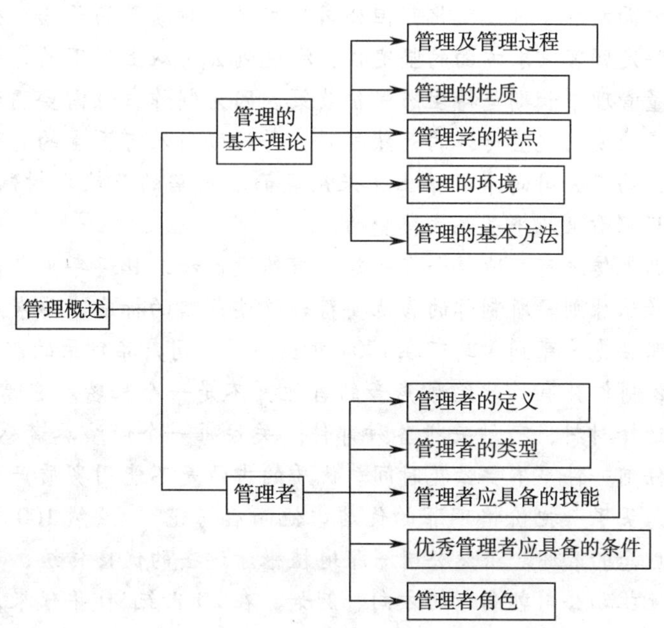

【课后实践活动】

管理者的采访

把学生分成小组，3～5人一组，以小组为单位，采访一位管理者（基层、中层或高层），并撰写采访报告，报告内容含该管理者的角色、职责、应具备的技能等。

【课后案例分析】

甜美的音乐

马丁吉他公司成立于1833年，位于宾夕法尼亚州拿撒勒市，被公认为是世界上最好的乐器制造商之一，就像Steinway的大钢琴、Rolls Royce的轿车，或者Buffet的单簧管一样。马丁吉他每把的价格超过10 000美元，却是你能买到的最好的东西之一。这家家族式的企业历经艰难岁月，已经延续了六代。目前的首席执行官是克里斯琴·弗雷德里克·马丁四世，他秉承了吉他的制作手艺。他甚至遍访公司在全世界的经销商，为它们举办培训讲座。很少有哪家公司像马丁吉他一样有这么持久的声誉，那么，公司成功的关键是什么？一个重要原因是公司的管理和杰出的领导技能，它使组织成员始终关注像质量这样的重要问题。

马丁吉他公司自创办起做任何事都非常重视质量。即使近年来在产品设计、分销系统以及制造方法方面发生了很大变化，但公司始终坚持对质量的承诺。公司在坚守优质音乐标准和满足特定顾客需求方面的坚定性，渗透到公司从上到下的每一个角落。不仅如此，公司在质量管理中长期坚持生态保护政策。因为制作吉他需要用到天然木材，公司非常审慎和负责地使用这些传统的天然材料，并鼓励引入可再生的替代木材品种。基于对顾客的研究，马丁公司向市场推出了采用表面有缺陷的天然木材制作的高档吉他，然而，这在其他厂家看来几乎是无法接受的。

马丁公司使新老传统有机地整合在一起。虽然设备和工具逐年更新，雇员始终坚守着高标准的优质音乐原则。所制作的吉他要符合这些严格的标准，要求雇员极为专注和耐心。家庭成员弗兰克·亨利·马丁在1904年出版的公司产品目录的前言里向潜在的顾客解释道："怎么制作具有如此绝妙声音的吉他并不是一个秘密。它需要细心和耐心。细心是指要仔细选择材料，巧妙安排各种部件。关注每一个使演奏者感到惬意的细节。所谓耐心是指做任何一件事不要怕花时间。优质的吉他是不能用劣质产品的价格造出来的。但是谁会因为买了一把价格不菲的优质吉他而后悔呢？"虽然100年过去了，但这些话仍然是公司理念的表述。虽然公司深深地植根于过去的优良传统，现任首席执行官马丁却毫不迟疑地推动公司朝向新的方向。例如，在20世纪90年代末，他作出了一个大胆的决策，开始在低端市场上销售每件价格低于800美元的吉他。低端市场在整个吉他产业的销售额中占65%。公司DXM型吉他是1998年引入市场的，虽然这款产品无论外观、品位和感觉都不及公司的高档产品，但顾客认为它比其他同类价格的绝大多数吉他产品的音色都要好。马丁为他的决策解释道："如果马丁公司只是崇拜它的过去而不尝试任何新事物的话，那恐怕就不会有值得崇拜的马丁公司了。"

马丁公司现任首席执行官马丁的管理表现出色，销售收入持续增长，在2000年接近6亿美元。位于拿撒勒市的制造设施得到扩展，新的吉他品种不断推出。雇员们描述他的管理风格是友好的、事必躬亲的，但又是严格的和直截了当的。虽然马丁吉他公司不断将其触角伸向新的方向，但却从未放松过对尽其所能制作顶尖产品的承诺。在马丁的管理下，这种承诺决不会动摇。

【问题】

1. 根据管理者应具备的三大技能理论，你认为哪种管理技能对马丁四世最重要？解释你的理由。

2. 根据明茨伯格的管理者角色理论，说明马丁在分别扮演什么管理角色？解释你的选择。

（1）当马丁访问马丁公司世界范围的经销商时；

（2）当马丁评估新型吉他的有效性时；

（3）当马丁使员工坚守公司的长期原则时。

【知识点链接】

管理是否有效，在很大程度上取决于管理人员是否真正具备了一名管理者所必须具备的管理技能。美国的管理学专家卡特兹提出，有效的管理者应具备技术技能、人际技能和概念技能。一般来讲，概念技能对高层管理者最重要，因为由高层管理者所作的计划、决策等都需要概念技能。技术技能对基层管理者特别重要，因为其最接近现场作业。由于管理工作的工作对象是人，因此人事技能是所有层次上的管理者必须掌握的基本技能。

明茨伯格提出了一个管理者在做什么的分类框架。他认为，管理者实际上在扮演三大方面10种不同的但高度相关的角色。人际关系角色包含了人与人（下级和组织外的人）以及其他具有礼节性和象征性的职责，具体角色包括挂名首脑、领导者和联络者。信息传递角色包括接受、收集和传播信息，具体角色包括监听者、传播者和发言人。决策制定角色是作出抉择，包括企业家、混乱驾驭者、资源分配者和谈判者。

【案例分析】

1. 从案例中，我们知道马丁是首席执行官，属于高层管理者。作为高层管理者，概念技能对马丁最主要。因为他必须制订指导性计划和吉他公司的发展愿景。这种管理技能往往来自组织的高层，即高层管理者马丁。除此马丁还必须具备一定的人际技能，以便其将这些公司的指导性计划和发展愿景与中、基层管理者以及操作者进行沟通，取得他们的支持，从而带来组织的成功。马丁需要最少的是技术技能，他应该会雇用有必备技术技能的员工去制造质量卓越的马丁吉他。然而雇用能满足组织宗旨和计划的员工是一项困难的工作，因此这种技能必须来自马丁。

2. 根据明茨伯格的管理者角色理论，我们看到：

（1）当马丁访问马丁公司世界范围的经销商时，他在扮演挂名首脑、领导者、传播者和监听者。当马丁代表公司环世界访问时，他在扮演挂名首脑；当马丁访问经销商，并向他们展示坚定的、值得追随的领导风采时，他在扮演领导者；当马丁将公司总部的信息传递给各个经销商，并提供给他们最新的公司信息时，他在扮演传播者；当马丁访问各个经销商时，由于他能汇集各个经销商的信息给公司总部，以便改进产品和服务，因此他在扮演监听者。

（2）当马丁评估新型吉他的有效性时，他在扮演企业家和混乱驾驭者。作为企业家，马丁站在技术前沿，寻求公司的发展机会，带领公司达到新的水平。马丁在评估新型吉他的有效性时，他要在多种设计方案间进行比较，选择最终方案是否与新型吉他相匹配，这时他在扮演混乱驾驭者。

（3）当马丁使员工坚守公司的长期原则时，他在扮演领导者、谈判者和资源分配者。马丁吉他的长期原则是公司过去、现在乃至将来发展的关键因素。马丁作为领导者，他重申并使员工始终聚焦于该目标上。他还可以运用这些原则处理各种冲突和资源配置，这时他在扮演谈判者和资源分配者。

第二章
管理实践与理论的发展

【本章概要】

本章按照管理发展的过程，对早期管理理论及实践、古典管理理论和现代管理理论进行了阐述。

【重点内容】

1. 泰罗及其科学管理理论；
2. 法约尔及其一般管理理论；
3. 韦伯及其行政组织理论；
4. 梅奥及其霍桑实验；
5. 行为科学与群体的研究；
6. 现代管理理论的产生及发展。

【案例导入】

丁谓一举三得

宋代一场大火烧毁了皇宫。皇帝命大臣丁谓负责皇宫修复工程。该工程量相当大，用料多，且运输距离遥远，正常工期将长达 25 年。而丁谓经过巧妙运筹，制订一个综合方案：将宫前的几条主要街道挖成渠道，从中取土就地烧制建筑用砖瓦；同时引汴水入渠，由水路使用竹排、木筏将远道而来的建筑材料直接运到施工现场；待皇宫竣工后，再将工程废料填入水渠中，修复道路。这样一举三得，不但节省了巨额资金，而且大大缩短了工期，大获成功。

可见，在古代，人们就具有了管理思想，并付诸实践。

（资料来源：中国早期管理思想案例，http：//wenku. baidu. com/link? ur）

第一节　早期的管理实践和管理思想

管理活动是人类活动的内容之一，特别是人类组成集体以实现凭借个人力量无法实现的目标以后，管理就成了不可或缺的重要活动。随着管理实践的日益丰富，人类的管理思想也逐渐形成，而随着管理思想的系统化的归纳、总结，也就形成了管理理论，管理理论又在指导实践中得到不断地验证、完善。也就是说，在早期历史上，很长一段时间，人们在从事管理活动时，并没有科学的管理理论的指导。只有当人们开始去探讨他们在干些什么，思考如何干好的时候，管理思想才出现，而当人们把对管理活动规律性的认识上升为系统化、条理化的知识体系时，管理作为一门科学才诞生。了解早期的管理实践和管理思想，是为了追溯现代管理思想的起源，更好地掌握现在的管理理论。从古埃及建造的金字塔、中国修建的长城，直到威尼斯的兵工厂管理，可以看出管理思想的发展轨迹；从古巴比伦的《汉谟拉比法典》到 18 世纪、19 世纪的经济学家的专著，都可以发现管理思想的不断深化的过程。

一、传统的管理实践

管理活动是一项历史悠久的人类社会活动，自从有了人类的社会活动，就有了人类的管理活动。管理实践和管理思想的形成是与经济、技术活动密切联系在一起的，如 16 世纪的意大利的繁荣与其管理实践、管理思想相辅相成；18 世纪的英国工业革命造就了一批对管理理论卓有贡献的思想家；20 世纪美国的经济成就与其管理理论和实践都为世人所瞩目；20 世纪 80 年代日本的经济奇迹与世界上对日本管理模式的推崇也是紧密相关的。

（一）古代埃及的管理思想

古埃及人建造的金字塔，其宏伟的建筑规模足以证明早期人类的管理能力和组织能力。胡夫金字塔大约由 230 万块石块砌成，外层石块约 115 000 块，平均每块重 2.5 吨，像一辆小汽车那样大，而大的甚至超过 15 吨。假如把这些石块凿成平均一立方英尺的小块，把它们沿赤道排成一行，其长度相当于赤道周长的三分之二。据古希腊历史学家希罗多德的估算，修建胡夫金字塔一共用了 30 年时间，每年用工 10 万人。金字塔一方面体现了古埃及人民的智慧与创造力，另一方面也成为法老专制统治的见证。现代著名管理学家 P. 德鲁克认为，那些负责修建埃及金字塔的人是历史上最优秀的管理者，因为他们当时在时间短、交通工具落后及科学手段缺乏的情况下创造了世界上最伟大的奇迹之一。

首先，埃及人已经有了计划观念和组织观念。据记载，金字塔的建造历时 20 年之久，有 10 多万人参加劳动。如此规模宏大、旷日持久的建筑活动，如果没有严密的组织和精细的计划是不可思议的。据猜想，在工程兴建之前，埃及人已经绘制出这项工程的蓝图，并对建筑的方式，所需的人力、时间、材料来源以及工程进度等，进行了规划和设想。

其次，埃及人已经具有分工与协作的思想。建筑金字塔需要进行各种不同性质的工作，要完成这些工作就必然要进行劳动分工。因为要把平均重约两吨半的石块一层层砌在高达 146 米的金字塔上，只有集体的协作劳动才能完成。

（二）古罗马帝国的管理

古罗马帝国的兴盛，在很大程度上归功于其有效的组织。罗马帝国强盛时期的疆域，西起英国，东至叙利亚，包括整个欧洲和北非，人口约 5 000 万。公元 284 年，戴克利即位后，实行了一种把集权与分权很好地结合起来的连续授权制度。他把整个罗马划分为4个大区，4个大区又划分为13个省，13个省又划分为100个郡。他自己兼任一个大区的领导，其他3个大区分别授权他人管辖。大区的首脑再授权给“总督”管辖各个省，总督授权给“郡长”管辖各郡。但对所属郡长的授权，只以内政方面的权物为限，而驻在各省的兵力由中央统治。

这样，戴克利在原有组织结构即大帝和郡长之间，增设了两个层次，其原有的郡长的重要性相对地降低，没有足够的力量来反抗中央政权；同时，分布全国的100个郡长通过授权来管辖本郡的民政事务，能够较好地适应地方特点，从而使得中央的集权控制和地方的分权管理得以很好地结合。这种基本观念，在现行的中央集权的组织中仍旧存在。

（三）中国长城的修建

万里长城始建于公元前200多年，服役者40多万人，全长6 700公里，蜿蜒于崇山峻岭和荒漠的戈壁滩上。在当时的建筑条件下，如此浩大的工程，体现了当时的管理组织工作水平和能力。

二、传统的管理思想

早期的组织主要是家庭、部落、教会、军队和国家，占统治地位的价值观，流行的文化、信仰是反对商业，反对获取成就，厌恶追求利润，人们注重的不是改善现世的命运，而是等待来世的幸福。因而管理在那时并不能发展成为一个自成一体的独立研究领域，管理思想也是零散的、不系统的，主要是从治国角度出发的，专门集中于商业的思想是微乎其微的；而且，管理思想主要集中于如何保持安定、维持现状方面，与现代管理理论追求组织成长和繁荣是有所区别的。这种现象在我国历史上尤其突出。总之，正如丹尼尔·雷恩所说的：“在这种尚未工业化的环境下，很少或者完全没有创立正式的管理思想体系的需要。”

（一）古巴比伦王国的《汉谟拉比法典》

古巴比伦王国于公元前2000年左右就颁布了一部法典——《汉谟拉比法典》。该法典共有282条，内容几乎无所不包，其中许多条款都涉及了经济管理思想，如最低工资：“某人租用他人之耕牛、牛车及驶车人者，应每天付给谷物180KA（当时的重量单位），以为工资”。

（二）古希腊罗马的管理思想

古希腊罗马是世界近代文明的发源地。希腊哲人苏格拉底认为，管理主要是对人的管理，只有那些知道如何雇佣人的人才能在管理上取得成功。而管理就像合唱队的指挥或军队的首领一样，他不必精通各种乐器，但只要能找到最精通这行的人，并把他们组织起来、协调起来，就能从事有效的管理。管理者应该做什么事，并能够做到，这样，就能把他主持的事情做好。

（三）我国传统的管理思想

我国是一个具有几千年文明史的国家，我国古代各族人民以自己的智慧和辛勤劳动创造了许多举世闻名的劳动成果。这些成果的取得，正是我国古代各族人民管理思想的应用和管理实践的结果。下面所列举的是我国早期的管理思想的一部分。

1. 我国古代的经营思想

在古代，人们就认识到要以利息和利润作为经营管理的两大法则；要开展竞争，反对国家垄断；要掌握经营的有利时机，善于预测未来的变化；要注意经营短线产品而避开长线产品。西汉时期，司马迁在《史记》中透过农工商贸、官吏军士、赌徒歌女、猎人渔夫、医士工匠等从事各种活动的复杂社会现象，得出“天下熙熙，皆为利来；天下攘攘，皆为利往”。他指出：“农不出则乏其食，工不出则乏其事，商不出则三宝绝，虞不出则财匠少。财废少而山泽不辟矣。此四者民所衣食之源也。”也就是说，农、工、商要顺利发展，就必须获得足够的利润。

明朝年间的丘浚对宋人真德秀的《大学衍义》进行修补，编成《大学衍义补》一书。在此书的开篇《总论朝廷之政》中，丘浚主张商业应当完全由民间去经营。他说：“大抵民自为市，则物之良恶，钱之多少，易于通融准折取舍；官与民为市，物必以其良，价必有定数，又有私心诡计百出其间，而欲行之有利而无弊，难矣。”

春秋时期的军事家孙武在其著作《孙子兵法》中提出了许多很有价值的思想，不但对指导军事活动，而且对指导管理活动都具有十分重要的意义。他在《谋攻篇》中说：“知彼知己，百战不殆；不知彼而知己者，一胜一负；不知彼，不知己，每战必殆。”他在《虚实篇》中说：“水因地制流，兵因敌而制胜。故兵无常势，水无常形，能因敌变化而取胜者，谓之神。”

2. 古代的用人思想

在用人方面，我国古代人民就注意到要选贤任能，要用人所长，要论功行赏、奖赏分明，要使人能充分发挥其才能。这方面的著述是非常充分的。春秋战国时期的墨子对当时王公大人重用骨肉之亲而不问德行的做法非常不满，主张用人应当是“尚贤”。他指出，国家在用人时应“不辨贫富、贵贱、远迩、亲疏，贤者举而尚之，不肖者抑而废之”。而在采用贤哲时，要先“听其言，迹其行，察其所能”，然后才能授予适当的官职，也就是说要根据各人的才能大小来授官，“可使治国者使治国，可使长官者使长官，可使治邑者使治邑”。

唐太宗李世民在坐上皇位后，任用贤能，励精图治，出现了“商旅野次，无复盗贼，囹圄常空，马牛布野，外户不闭”的大好形势。他认为“致安之本，惟在得人”，“能安天下者，惟在用得贤才”。对于人才，他主张“量才授职，务省官员”，不论出身、经历，不计亲疏恩仇。

（四）尼古拉·马基雅维利的管理四原则

尼古拉·马基雅维利是意大利早期的政治思想家和历史学家，堪称为早期管理思想最有贡献者之一。他写作的范围很广，包括政论、历史、剧本和诗等，其中最著名的是《君主论》（又译为《霸术》《罗马史论》《佛罗伦萨史》）。

在这些著作中，他论述了与管理有关的原则，即管理四原则：

第一，群众认可。所有的政府，不论是君主制、贵族制或民主制，持续存在必须依赖于群众的支持。这事实上就是后来巴纳德所提出的权力接受理论。

第二，凝聚力。领导人必须致力于一个组织内部的凝聚力，同时，领导还必须对他周围的朋友及随从给予奖酬，以维系他们的忠诚。

第三，讲究领导方法。凡是领导，必须能以身作则，培养博爱、仁慈、正义等品德，作为他人的表率。

第四，生存意志。只有具备生存的意志，一个君主才能经常保持警觉，对敢于推翻他的权力，采取迅速而有力的反击。当处于存亡关头时，有权采取严酷的措施；在必要时，可以抛开所有的道德借口，背弃任何已不再有用的誓言。

尼古拉·马基雅维利所提出的管理原则是围绕“治国”而提出的，但同样也适用于管理其他组织，所以对管理思想的发展有相当大的影响。

（五）早期经济学家对管理思想的贡献

1. 詹姆斯·斯图亚特

詹姆斯·斯图亚特是英国重商主义的代表之一，他提出了劳动分工的概念，指出了工作方法研究和刺激工资的作用：“如果给一个人每天的劳动规定一定的量，他就会以一种固定的速度工作，永远不想改进他的方法；如果他是计件付酬的，他就会想出一千种办法来增加其产量……我就用这点来解释古代和现代工业之间的差异。”

2. 亚当·斯密

亚当·斯密是英国工场手工业开始向机器大工业过渡时期的经济学家、古典政治经济学的杰出代表和理论体系的建立者。他在代表作《国富论》中，以工人制造大头针为例，详细阐述了劳动分工的作用：“一个劳动者，如果对这种职业（针的制造由于分工而成为一种专门职业）没有受过相当训练，又不知怎样使用这种职业上的机械（使这种机械有发明的可能的，恐怕也是分工的结果），那么纵使竭力工作，也许一天也制造不出一枚针，要做二十枚，当然是决不可能的。但按照现在经营的方法，不但这种作业全部已经成为专门职业，而且这种职业分成若干部门，其中有大多数也同样成为专门职业。一个人抽铁丝，一个人拉直，一个切截，一个人削尖铁丝的一端，一个人磨另一端，以便装上回头。做圆头需要有两三种不同的操作。装回头，涂白色，乃至包装，都是专门的职业。这样，针的制造分为十八种操作。有些工厂，这十八种操作分由十八个专门工人担任。固然，有时一人也兼任两三门。我见过一个小工厂，只雇用十个工人，因此在这一工厂中有几个工人担任两三种操作。像这样一个小工厂的工人，虽很穷困，必需的机械设备虽很简陋，但他们如果勤勉努力，一日也能成针十二磅。”“有了分工，同数量劳动者就能完成比过去多得多的工作量。其原因有三：第一，劳动者的技巧因业专而日进；第二，由一种工作转到另一种工作，通常损失不少时间，有了分工，就可以免除这种损失；第三，许多简化劳动和缩减劳动的机械的发明，使一个人能够做许多人的工作。”

3. 让·巴蒂斯特·萨伊

萨伊是法国庸俗经济学的创始人，他的代表作有《政治经济学概论》《政治经济学问答》和《政治经济学教程》等。他提出了“供给自行创造需求”（即所谓的萨伊定律）学说，第一个明确地把管理作为生产的第四个要素而同土地、劳动力、资本相提并论。

三、传统管理的特点

20 世纪以前的管理的历史发展过程，从认识的角度来说，这整个过程我们都可以将其称为经验管理。经验管理虽然属于前科学管理阶段，但并不是说管理科学产生之后经验管理的情形就不存在了。实际上，这种管理一直到现在仍然存在。现实中，凡对管理没做专门的研究，在管理中没采用科学的方法，仅凭管理者的经验或传统习惯进行的管理，都属于经验管理。经验管理是管理发展过程中的一个历史阶段，同时也是现实管理中仍然存在的一种现象。分析一下经验管理的特点，对说明管理的历史和现状都是有必要的。

经验管理主要有以下特点：

一是管理关系简单。表现在两方面：即一方是管理者，另一方是被管理者。管理者从事管理，被管理者从事操作。尽管在某些阶段上管理者也参与操作，但被管理者却不能参与管理工作。管理关系简单的另一种表现形式是管理的层次简单，一般只存在从上到下的直线层次，没有形成纵横交错的复杂的管理结构。

二是管理方式单一。管理者只是单方面向被管理的作业人员发出命令，被管理的作业人员只能机械地服从命令。管理方式就是命令与服从。它的缺陷是反馈机制极不健全，由此带来不能及时有效地实施管理中的调节和控制。

三是管理手段落后。管理无周密的计划，程序混乱，法规不完备，没有切实起作用的监督检查制度，管理手段主要是运用单纯的奖惩，管理者不能有效地控制事态的发展，形成放任自流的管理。

四是对管理的认识肤浅。管理者只凭经验或陈规进行管理，未能自觉地对管理工作进行科学的分析研究。即使出现了由于管理失误而造成损失的事件，也不能通过总结教训来进行管理改革，而仍是墨守成规，周而复始，有时有所变化也只是微小的改良，不能从根本上实现管理方式的变革。

在经验管理的漫长历史中，人们对管理的认识也是逐步提高的，在军事、行政、经济等某些领域或某些环节，也曾对局部的管理问题做过一些研究，提出过某些有价值的见解。这些研究和见解是现代管理学的重要思想资料，在现代管理中仍有其借鉴作用。但是，由于对管理的研究是零碎的，没能形成系统的科学知识。在现代条件下，经验管理作为一种历史的传统仍在起作用，在这种传统的束缚下，人们往往忽视对管理科学的研究，致使管理的改革受到重重阻挠，新的管理理论和方法遭到非议。从经验管理到科学管理，也就是将管理经验上升到理论，在管理理论的指导下进行科学的管理。

第二节 古典管理理论

古典管理理论在内容上主要包括三个方面：泰罗的科学管理理论、法约尔的一般管理理论和韦伯理想的行政组织体系理论。泰罗、法约尔和韦伯被后人称为“古典管理理论的三大先驱人物”。另外，在这一时期，甘特及甘特图的发明对管理的发展也作出了巨大的贡献。

一、泰罗与科学管理理论

（一）科学管理之父——泰罗

弗雷德里克·温斯洛·泰罗（Frederick Winslow Taylor），出生于美国费城一个富有的律师家庭，中学毕业后考上大学法律系，但不幸因眼疾而被迫辍学。1875 年，他进入一家小机械厂当徒工，1878 年转入费城米德瓦尔钢铁厂当机械工人，他在该厂一直干到 1897 年。在此期间，由于工作努力、表现突出，很快先后被提升为车间管理员、小组长、工长、技师、制图主任和总工程师，并在业余学习的基础上获得了机械工程学士学位。在米德瓦尔钢铁厂的实践中，他感到当时的企业管理当局不懂得用科学方法来进行管理，不懂得工作程序、劳动节奏和疲劳因素对劳动生产率的影响。而工人则缺少训练，没有正确的操作方法和适用的工具。这都大大影响了劳动生产率的提高。为了改进管理，他在米德瓦尔钢铁厂进行各种试验。1898—1901 年间，又受雇于伯利恒钢铁公司继续从事管理方面的研究。后来，他取得了一种高速工具钢的专利。1901 年后，他更以大部分时间从事咨询、写作和演讲等工作，来宣传他的一套管理理论：科学管理，即通常所称的“泰罗制”，为科学管理理论在美国和国外的传播作出了贡献。

泰罗的研究工作，是在他担任米德瓦尔钢铁厂的工长时开始的。从 1881 年开始，他进行了一项“金属切削试验”，由此研究出每个金属切削工人工作日的合适工作量。经过两年的初步试验之后，给工人制定了一套工作量标准。他自己认为，米德瓦尔的试验是工时研究的开端。

1898 年，泰罗受雇于伯利恒钢铁公司期间，进行了著名的“搬运生铁块试验”和“铁锹试验”。搬运生铁块试验，是在这家公司的 5 座高炉的产品搬运班组大约 75 名工人中进行的。由于这一研究，改进了操作方法，训练了工人，其结果使生铁块的搬运量提高 3 倍。“铁锹试验”首先是系统地研究铲上的负载应为多大的问题，其次研究各种材料能够达到标准负载铁锹的形状、规格问题，与此同时还研究了各种原料装锹的最好方法的问题。此外，还对每一套动作的精确时间做了研究，从而得出了一个“一流工人”每天应该完成的工作量。这一研究的结果是非常出色的，堆料场的劳动力从 400 ~ 600 人减少为 140 人，平均每人每天的操作量从 16 吨提高到 59 吨，每个工人的日工资从 1. 15 美元提高到 1. 88 美元。泰罗在米德瓦尔钢铁厂开始进行的金属切削试验延续了 26 年之久，进行的各项试验达 3 万次以上，80 万磅的钢铁被试验用的工具削成切屑，总共耗费约 15 万美元。试验结果发现了能大大提高金属切削机工产量的高速工具钢，并取得了各种机床适当的转速和进刀量以及切削用量标准等资料。

综上所述，这些试验集中于“动作”“工时”的研究以及工具、机器、材料和工作环境等标准化研究，并根据这些成果制定了每日比较科学的工作定额和为完成这些定额的标准化工具。泰罗一生致力于“科学管理”，但他的做法和主张并非一开始就被人们所接受，而是日益引起社会舆论的种种议论。于是，美国国会于 1912 年举行对泰罗制和其他工场管理制的听证会，泰罗在听证会上做了精彩的证词，向公众宣传科学管理的原理及其具体的方法、技术，引起了极大的反响。

（二）科学管理理论的主要内容

1. 制定工作定额

科学管理的中心问题是提高效率。泰罗认为，要制定出有科学依据的工人的“合理的日工作量”，就必须进行工时和动作研究。方法是选择合适且技术熟练的工人，把他们的每一项动作、每一道工序所使用的时间记录下来，加上必要的休息时间和其他延误时间，就得出完成该项工作所需要的总时间，据此定出一个工人“合理的日工作量”，这就是所谓工作定额原理。

2. 挑选“第一流的工人”

所谓第一流的工人，泰罗认为：“每工种类型的工人都能找到某些工作使他成为第一流的，除了那些完全能做好这些工作而不愿做的人”。在制定工作定额时，泰罗是以“第一流的工人在不损害其健康的情况下维护较长年限的速度”为标准的。这种速度不是以突击活动或持续紧张为基础，而是以工人能长期维持正常速度为基础。泰罗认为，健全的人事管理的基本原则是：使工人的能力同工作相配合，管理当局的责任在于为雇员找到最合适的工作，培训他成为第一流的工人，激励他尽最大的努力来工作。

3. 实施标准化管理

要使工人掌握标准化的操作方法，使用标准化的工具、机器和材料，并使作业环境标准化，这就是所谓标准化原理。泰罗认为，必须用科学的方法对工人的操作方法、工具、劳动和休息时间的搭配，机器的安排和作业环境的布置等进行分析，消除各种不合理的因素，把各种最好的因素结合起来，形成一种最好的方法，他把这叫作是管理当局的首要职责。

4. 实行差别的计件工资制度

为了鼓励工人努力工作、完成定额，泰罗提出了这一原则。这种计件工资制度包含三点内容：一是通过工时研究和分析，制定出一个有科学依据的定额或标准。二是采用一种叫做“差别计件制”的刺激性付酬制度，即计件工资率按完成定额的程度而浮动，例如，如果工人只完成定额的 80%，就按 80% 工资率付酬；如果完成了定额的 120%，则按 120% 工资率付酬。三是工资支付的对象是工人而不是职位，即根据工人的实际工作表现而不是根据工作类别来支付工资。泰罗认为，这样做，既能克服消极怠工的现象，更重要的是能调动工人的积极性，从而促使工人大大提高劳动生产率。

5. 强调工人和雇主之间的“精神革命”

工人和雇主两方面都必须认识到提高效率对双方都有利，都要来一次“精神革命”，相互协作，共同为提高劳动生产率而努力。在前面介绍的“铁锹试验”中，每个工人每日的平均搬运量从 16 吨提高到 59 吨，工人每日的工资从 1. 15 美元提高到 1. 88 美元。而每吨的搬运费从 7. 5 美分降到 3. 3 美分，对雇主来说，关心的是成本的降低；而对工人来说，关心的则是工资的提高，所以泰罗认为这就是劳资双方进行“精神革命”，从事协调与合作的基础。

6. 计划职能同执行职能分开，变传统的经验工作法为科学工作法

所谓经验工作法是指每个工人用什么方法操作、使用什么工具等，都由他根据自己

的或别人的经验来决定。泰罗主张明确划分计划职能与执行职能，由专门的计划部门来从事调查研究，为定额和操作方法提供科学依据；制定科学的定额和标准化的操作方法及工具；拟订计划并发布指示和命令；比较“标准”和“实际情况”，进行有效的控制等工作。至于现场的工人，则从事执行的职能，即按照计划部门制定的操作方法和指示，使用规定的标准工具，从事实际的操作，不得自行改变。

7. 实行“职能工长制”

泰罗主张实行“职能管理”，即将管理的工作予以细分，使所有的管理者只承担一种管理职能。他设计出八个职能工长，代替原来的一个工长，其中四个在计划部门，四个在车间。每个职能工长负责某一方面的工作。在其职能范围内，可以直接向工人发出命令。泰罗认为这种“职能工长制”有三个优点：（1）对管理者的培训所花费的时间较少；（2）管理者的职责明确，因而可以提高效率；（3）由于作业计划已由计划部门拟订，工具与操作方法也已标准化，车间现场的职能工长只需进行指挥监督，因此非熟练技术的工人也可以从事较复杂的工作，从而降低整个企业的生产费用。后来的事实表明，一个工人同时接受几个职能工长的多头领导，容易引起混乱。所以，“职能工长制”没有得到推广。但泰罗的这种职能管理思想为以后职能部门的建立和管理的专业化提供了参考。

8. 在组织机构的管理控制上实行例外原理

泰罗等人认为，规模较大的企业组织和管理，必须应用例外原理，即企业的高级管理人员为了减轻处理纷乱烦琐的日常事物的负担，把例行的一般日常事务授权给下级管理人员去处理，自己只保留对例外事项（重要事项）的决定和监督权。这种以例外原理为依据的管理控制原理，以后发展成为管理上的分权化原则和实行事业部制管理体制。

泰罗在管理方面的主要著作有《计件工资制》（1895 年）、《车间管理》（1903 年）、《科学管理原理》（其中包括在国会上的证词，1912 年）。泰罗通过这一系列的著作，总结了几十年试验研究的成果，归纳了自己长期管理实践的经验，概括出一些管理原理和方法，经过系统化整理，形成了“科学管理”的理论。泰罗在管理理论方面做了许多重要的开拓性工作，为现代管理理论奠定了基础。由于他的杰出贡献，他被后人尊为“科学管理之父”，这个称号并被铭刻在他的墓碑上。

（三）对泰罗科学管理理论的评价

1. 科学管理理论的贡献

（1）创造了以科学调查研究制定管理活动的管理理论，开辟了不依靠经验而是运用科学方法进行管理的新纪元；

（2）强调了劳动组织的科学性、合理性，并把生产过程专门化，建立了以标准化为特征的大规模生产管理制度。

2. 科学管理理论的局限性

（1）对工人的看法是错误的，认为工人是“经济人”，工作只是为了挣工资；

（2）重视技术因素，忽略人群的社会因素，否定工人的自主性；

（3）工人工作的标准化和专业化加快了脑力与体力的分离；

（4）科学管理只涉及个别作业的效率问题，未涉及企业经营管理的全局问题。

（四）科学管理理论的其他代表人物

泰罗的科学管理理论在20世纪初得到了广泛的传播和应用，影响很大。因此，在他同时代和他以后的年代中，有许多人也积极从事于管理实践与理论的研究，丰富和发展了“科学管理”理论。其中比较著名的有：

1. 卡尔·乔治·巴思（Carl George Barth）

美籍数学家。他是泰罗最早、最亲密的合作者，为科学管理工作作出了很大贡献。他是个很有造诣的数学家，其研究的许多数学方法和公式，为泰罗的工时研究、动作研究、金属切削试验等研究工作提供了理论依据。

2. 亨利·甘特（Henry L. Gantt）

美国管理学家、机械工程师。甘特是泰罗在创建和推广科学管理时的亲密合作者，他与泰罗密切配合，使“科学管理”理论得到了进一步的发展。特别是他的“甘特图”（Gantt Chart），是当时计划和控制生产的有效工具，并为当今现代化方法PERT（计划评审技术）奠定了基石。他还提出了“计件奖励工资制”，即除了按日支付有保证的工资外，超额部分给予奖励；完不成定额的，可以得到原定日工资，这种制度补充了泰罗的“差别计件工资制”的不足。此外，甘特还很重视管理中人的因素，强调“工业民主”和更重视人的领导方式，这对后来的人际关系理论有很大的影响。

3. 吉尔布雷斯夫妇（Frank B. Gilbreth and Lillian M. Gilbreth）

美国工程师弗兰克·吉尔布雷斯与夫人（心理学博士莉莲·吉尔布雷斯）在动作研究和工作简化方面作出了特殊贡献。他们采用两种手段进行时间与动作研究：（1）工人的操作动作分解为17种基本动作，吉尔布雷斯称之为“therbligs”（这个字即为吉尔布雷斯英文名字母的倒写）；（2）用拍影片的方法，记录和分析工人的操作动作，寻找合理的最佳动作，以提高工作效率。通过这些手段，他们纠正了工人操作时某些不必要的多余动作，形成了快速准确的工作方法。与泰罗不同的是，吉尔布雷斯夫妇在工作中开始注意到人的因素，在一定程度上试图把效率和人的关系结合起来。吉尔布雷斯毕生致力于提高效率，即通过减少劳动中的动作浪费来提高效率，被人们称之为“动作研究之父”。

4. 哈林顿·埃默森（Harrington Emerson）

美国早期的科学管理研究工作者，从1903年起就同泰罗有紧密的联系，并独立地发展了科学管理的许多原理。如他对效率问题做了较多的研究和实践，提出了提高效率的12条原则：（1）明确的目的；（2）注意局部和整体的关系；（3）虚心请教；（4）严守规章；（5）公平；（6）准确、及时、永久性的记录；（7）合理调配人、财、物；（8）定额和工作进度；（9）条件标准化；（10）工作方法标准化；（11）手续标准化；（12）奖励效率。在组织机构方面，提出了直线和参谋制组织形式等等。另外，他还在职工的选择和培训、心理因素对生产的影响、工时测定等方面也作出了贡献。

二、法约尔的一般管理理论

亨利·法约尔，法国人，1860年从圣艾蒂安国立矿业学院毕业后进入康门塔里—福尔香堡采矿冶金公司，成为一名采矿工程师，并在此度过了整个职业生涯。从采矿工程师后任矿井经理直至公司总经理，由一名工程技术人员逐渐成为专业管理者，他在实践中逐渐形成了自己的管理思想和管理理论，对管理学的形成和发展作出了巨大的贡献。

法约尔 1916 年问世的名著《工业管理与一般管理》，是他一生管理经验和管理思想的总结。他认为他的管理理论虽然是以大企业为研究对象，但除了可应用于工商企业之外，还适用于政府、教会、慈善团体、军事组织以及其他各种事业。所以，人们一般认为法约尔是第一个概括和阐述一般管理理论的管理学家。他的理论概括起来大致包括以下内容。

（一）企业的基本活动

法约尔指出，任何企业都存在着六种基本的活动，而管理只是其中之一。这 6 种基本活动是：（1）技术活动（指生产、制造、加工等活动）；（2）商业活动（指购买、销售、交换等活动）；（3）财务活动（指资金的筹措和运用）；（4）安全活动（指设备维护和职工安全等活动）；（5）会计活动（指货物盘存、成本统计、核算等）；（6）管理活动（其中又包括计划、组织、指挥、协调和控制五项职能活动）。

（二）管理的五项职能

在企业六种基本活动中，管理活动处于核心地位，即企业本身需要管理，同样的，其他五项属于企业的活动也需要管理，如图 2－1 所示。

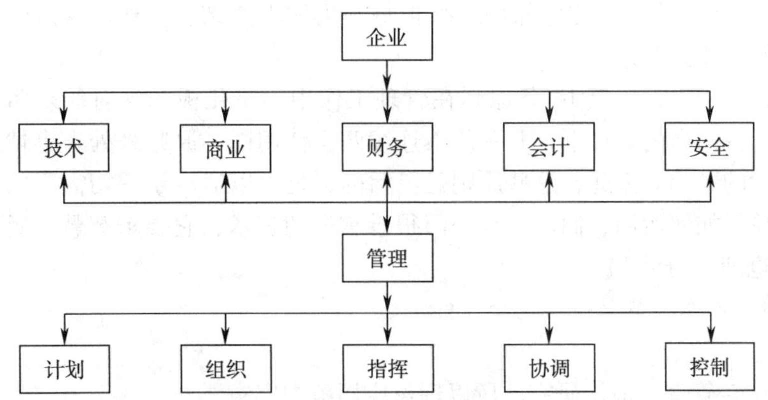

图 2－1　法约尔提出的管理五项职能

（三）法约尔的 14 条管理原则

法约尔根据自己的工作经验，归纳出简明的 14 条管理原则。

1. 分工。他认为这不仅是经济学家研究有效地使用劳动力的问题，而且也是在各种机构、团体、组织中进行管理活动所必不可少的工作。

2. 职权与职责。他认为职权是发号施令的权力和要求服从的威望。职权与职责是相互联系的，在行使职权的同时，必须承担相应的责任，有权无责或有责无权都是组织上的缺陷。

3. 纪律。纪律是管理所必需的，是对协定的尊重。这些协定以达到服从、专心、干劲，以及尊重人的仪表为目的。就是说，组织内所有成员通过各方所达成的协议对自己在组织内的行为进行控制，它对企业的成功与否极为重要，要尽可能做到严明、公正。

4. 统一指挥。指组织内每一个人只能服从一个上级并接受他的命令。

5. 统一领导。指一个组织，对于目标相同的活动，只能有一个领导、一个计划。

6. 个人利益服从整体利益。即个人和小集体的利益不能超越组织的利益。当二者不一致时，主管人员必须想办法使他们一致起来。

7. 个人报酬。报酬与支付的方式要公平，给雇员和雇主以最大可能的满足。

8. 集中化。这主要指权力的集中或分散的程度问题。要根据各种情况，包括组织的性质、人员的能力等，来决定“产生全面的最大收益”的那种集中程度。

9. 等级链。指管理机构中，最高一级到最低一级应该建立关系明确的职权等级系列，这既是执行权力的线路，也是信息传递的渠道。一般情况下，不要轻易地违反它；但在特殊情况下，为了克服由于统一指挥而产生的信息传递延误，法约尔设计出一种“跳板原则”，也叫“法约尔天桥”。

10. 秩序。指组织中的每个成员应该规定其各自的岗位，“人皆有位，人称其职”。

11. 公正。主管人员对其下属仁慈、公平，就可能使其下属对上级表现出热心和忠诚。

12. 保持人员的稳定。如果人员不断变动，工作将得不到良好的效果。

13. 首创精神。这是提高组织内各级人员工作热情的主要源泉。

14. 团结精神。指必须注意保持和维护每一集体中团结、协作、融洽的关系，特别是人与人之间的相互关系。

法约尔强调指出，以上 14 条原则在管理工作中不是死板和绝对的东西，这里全部是尺度问题。在同样的条件下，几乎从不连续两次使用同一原则来处理事情，应当注意各种可变因素的影响。因此，这些原则是灵活的，是可以适应于一切需要的，但其真正的本质在于懂得如何运用它们。这是一门很难掌握的艺术，它要求智慧、经验、判断和注意尺度（也即“分寸”）。

（四）对法约尔一般管理理论的评价

1. 贡献

（1）强调对管理一般性研究，所以理论应用范围广；

（2）对管理职能的划分，提高了人们对管理活动内在规律的认识；

（3）比科学管理理论更具有一般性。

2. 不足

（1）管理原则过于片面，让实际管理工作者无从遵守；

（2）许多原则存在对立；

（3）为行为科学和管理科学的研究留下了巨大空间。

（五）在学校进行管理教育的必要性和可能性

法约尔认为，人的管理能力可以通过教育来获得，可以也应该像技术能力一样，首先在学校里，然后在车间里得到。为此，他提出了一套比较全面的管理理论，首次指出管理理论具有普遍性，可以用于各个组织之中。他把管理视为一门科学，提出在学校设置这门课程，并在社会各个领域宣传、普及和传授管理知识。

综上所述，法约尔关于管理过程和管理组织理论的开创性研究，其中特别是关于管理职能的划分以及管理原则的描述，对后来的管理理论研究具有非常深远的影响。此外，他还是一位概括和阐述一般管理理论的先驱者，是伟大的管理教育家，后人称他为“经营管理之父”。

三、韦伯理想的行政组织体系理论

马克斯·韦伯是德国著名的社会学家，他对法学、经济学、政治学、历史学和宗教学都有广泛的兴趣。他在管理理论上的研究主要集中在组织理论方面，主要贡献是提出了所谓理想的行政组织体系理论。这集中反映在他的代表作《社会组织与经济组织》一书中。这一理论的核心是组织活动要通过职务或职位而不是通过个人或世袭地位来管理。他也认识到个人魅力对领导作用的重要性。他所讲的“理想的”，不是指最合乎需要，而是指现代社会最有效和最合理的组织形式。之所以是“理想的”，因为它具有如下一些特点：

（1）明确的分工。即每个职位的权利和义务都应有明确的规定，人员按职业专业化进行分工。

（2）自上而下的等级系统。组织内的各个职位，按照等级原则进行法定安排，形成自上而下的等级系统。

（3）人员的任用。人员的任用要完全根据职务的要求，通过正式考试和教育训练来实行。

（4）职业管理人员。管理人员有固定的薪金和明文规定的升迁制度，是一种职业管理人员。

（5）遵守规则和纪律。管理人员必须严格遵守组织中规定的规则和纪律以及办事程序。

（6）组织中人员之间的关系。组织中人员之间的关系完全以理性准则为指导，只是职位关系而不受个人情感的影响。这种态度，不仅适用于组织内部，而且适用于组织与外界的关系。

韦伯认为，这种高度结构的、正式的、非人格化的理想行政组织体系是人们进行强制控制的合理手段，是达到目标、提高效率的最有效形式。这种组织形式在精确性、稳定性、纪律性和可靠性方面都优于其他组织形式，能适用于所有的各种管理工作及当时日益增多的各种大型组织，如教会、国家机构、军队、政党、经济企业和各种团体。韦伯的这一理论，对泰罗、法约尔的理论是一种补充，对后来的管理学家们，尤其是组织理论学家则有很大的影响，他被称为“组织理论之父”。

四、甘特及其甘特图

1. 甘特

甘特是人际关系理论的先驱者之一，科学管理运动的先驱者之一，甘特图（Gantt Chart）即生产计划进度图的发明者。

亨利·劳伦斯·甘特（Henry Laurence Gantt，1861—1919），出生于美国马里兰州的

一个农民家庭，南北战争使美国防止了分裂，却导致了甘特家庭的贫穷。幼年的艰辛，使甘特明白了勤勉、俭朴、自省、奋斗的意义所在。1880 年，当他在霍普金斯大学以优异成绩毕业时，他明白，大学的学习所得还远远不够。于是，他一边在自己原来的母校麦克多纳预备学校任教，一边在史蒂文斯技术学院继续学习，到 1884 年，他成为一名机械工程师。在麦克多纳从事自然科学和机械技术教学的经历，对他日后的职业生涯有着重大影响。1887 年，甘特来到米德维尔钢铁厂任助理工程师，在这里，他结识了泰罗，并在后来和泰罗一起去了西蒙德公司和伯利恒公司。此后，甘特同泰罗密切合作，共同研究科学管理问题，直到离开伯利恒为止。1902 年以后，甘特离开了泰罗，独立开业当咨询工程师，并先后在哥伦比亚、哈佛、耶鲁等大学任教。第一次世界大战期间，甘特放弃了赚钱的企业咨询，为政府和军队充当顾问，对造船厂、兵工厂的管理进行了深入的研究。因为甘特在战争期间的贡献，他获得了美国联邦政府的服务优异奖章。

甘特是泰罗创立和推广科学管理制度的亲密的合作者，也是科学管理运动的先驱者之一。甘特提出了任务和奖金制度，发明了甘特图，即生产计划进度图。甘特非常重视工业中人的因素，因此他也是人际关系理论的先驱者之一。甘特是在泰罗指导下开始从管理研究的，并为帮助泰罗创立科学管理原理作出过重大贡献，但他后来离开了泰罗的研究行列。他要比泰罗更关心工人的利益。甘特与泰罗的合作是在争吵和论辩中发展起来的。亨利·甘特作为泰罗的助手，与巴思完全不同。在泰罗的众多追随者之中，甘特是一位举足轻重的人物。他与泰罗共事多年，并且深得“泰罗制”的思想精髓。但是，与泰罗相比，他处理问题的方法要渐进或者说温和得多，这一点泰罗是不大满意的。在泰罗眼里，甘特似乎有点态度暧昧，因此，二人经常发生一些争执。尽管如此，甘特仍然是泰罗创立和推广科学管理的最重要的合作者之一。由于甘特的思想方法以及处事风格上与泰罗的不一致，所以，管理史学家丹尼尔·A. 雷恩把他称为“最不正统的”追随者。世界上的事情往往比较奇妙，像巴思和泰罗的那种关系固然是合作的典范，但像甘特和泰罗的关系又何尝不是典范？如果说，巴思是一种“粉丝”式的合作，那么甘特就是一种智者式的合作。他们都对各自的工作有深刻的理解，也都很钦佩对方的成就。在对管理学的贡献上，甘特不亚于泰罗，具有独特的意义。

2. 奖励工资制

在企业管理方面，甘特提出的奖励工资制有着很大影响，人们一般称之为“任务加奖金制”（task work with bonus）。泰罗的“差别计件工资制”着眼于工人个人，甘特则与泰罗不同，着眼于工人工作的集体性，所提出的“任务加奖金制”具有集体激励性质。甘特认为，泰罗的办法促进了管理者与工人之间的合作，但不能促进工人与工人之间的合作，而是促使工人进行单干。甘特在他的《劳动、工资和利润》中，论述了他的“任务加奖金制”设想。按照“任务加奖金制”的设想，工人在规定时间内完成规定定额，可以拿到规定报酬，另加一定奖金（如 50 美分）；如果工人在规定时间内不能完成定额，则不能拿到奖金；如果工人少于规定时间完成定额，则按时间比例另加奖金。另外，每一个工人达到定额标准，其工长可以拿到一定比例的奖金；一名工长领导下的工人完成定额的人数越多，工长的奖金比例就越高。假如一个工长领导 10 名工人，其中有 5 人能够完成定额，则工长拿 0.05×5=0.25 美元的奖金。但如果有 9 人完成定额，则工长拿 0.1×9=0.9 美元奖金。甘特所设计的这种奖金制度，对于工人来说形成了基本工资的保证，对于工长来说矫正了他们的管理方式。过去，工长对工人处于对立状态，而甘特的办法第一次把管理者培训工人的职责和工长的利益结合了起来。工人完成定额后给工长发奖金，使工长由原来的监工变成了工人的老师和帮助者，把关心生产转变成关心工人。这一点使甘特的设想成为人类行为早期研究的一个标志。按照甘特自己的说法，工长奖金的目的就是“使能力差的工人达到标准，并使工长把精力放在最需要的地方和人身上”。

对于甘特的奖励工资制，泰罗曾给予很高的评价，他说，甘特的这一制度性质稍微温和一些，这就使它灵活得多，在“差别计件工资制”不适用的多数情况下，也能适用。在科学管理的推行过程中，从旧有的计日制工资下的缓慢工作速度，过渡到科学化的高速工作，肯定会有一段困难而微妙的转变。甘特的制度在这里特别有用，它可以使工人们从原来计日制下的缓慢步伐，平稳地逐渐加速过渡到新的制度之中。因此，泰罗认为，甘特的奖励工资制，在旧有的计日工资制与新的“差别计件工资制”之间搭起了一座桥梁。另外，在某一岗位工作不稳定或任务多样化的情况下，甘特的制度可以减少工人的心理压力。后来的管理学家，对甘特这一制度的评价，同泰罗有所不同。

3. 甘特图

甘特为管理学界所熟知的，是他发明的甘特图（Gantt Chart）。甘特过去当过教员，因而他注意用图表方法对管理进行生动地说明。在早期，他用水平线条图说明工人完成任务的进展情况，每天把每个工人是否达到标准和获得奖金的情况用水平线条记录下来，达到标准的用黑色加以标明，未达到标准的用红色加以标明。这种图表对管理部门和工人本人都有帮助，因为图表上记载了工作的进展情况以及工人未能得到奖金的原因。管理部门能够根据图表指出缺点所在，并把进展情况的资料告诉工人；而工人则能直观地看到自己的工作成效。由于这种绘图办法提高了工作效率，甘特又进一步扩大了这种图表的范围，在图表上增加了许多内容，包括每天生产量的对比，成本控制，每台机器的工作量，每个工人实际完成的工作量及其与原先对工人工作量估计的对比情况，闲置机器的费用，以及其他项目，使这种图表发展为一种实用价值较高的管理工具。

在第一次世界大战期间，甘特利用图表管理的方法获得了重大突破。当时，他在陆军部担任顾问，对如何掌握包括各个部门在内的庞杂工作问题进行了反复思考。对陆军部来说，时间的安排十分重要，然而那里的管理部门却缺乏控制和协调私人承包商与政府机构之间的工作的必要资料。甘特提出：工作控制中的关键因素是时间，时间应当是制订任何计划的基础。解决时间安排问题的办法，是绘出一张标明计划和控制工作的线条图。这种图表，就是在管理学界享有盛誉的甘特图表。

甘特图表的实质，是为了表明如何通过各种活动来恰当安排工作的程序和时间，以完成该项工作。管理人员能够从甘特图表所提供的信息中看出哪一项工程或产品落后于预定的计划，然后采取行动加以纠正，以便使工程赶上计划的安排，或者将货物延运的时间以及预计能够完成的日期通知雇主。

管理学界有人认为，甘特用图表帮助管理进行计划与控制的做法是当时管理技术上的一次革命。有了它，管理部门就可以从一张事先准备好的图表上，看到计划执行的进展情况，并可以采取一切必要行动使计划能按时完成，或使计划在预期的许可延误范围内得以完成。甘特咨询公司的一名成员华莱士·克拉克对这种图表管理法专门写了一本书《甘特图表：管理的一个行之有效的工具》。这本书后来被翻译成多种文字，并在全世界产生了广泛的影响。之后所有的控制生产的图表和表格几乎都从甘特最初的工作中得到了启发，现代网络技术中的关键线路法和计划评审技术，仍然以计划和控制时间与成本的原则为基础，其基本思想就是源于甘特图表。

五、古典管理理论的主要贡献

古典管理理论学派是管理思想史上的第一个学派，因受资本主义发展需要而产生，故管理思想有很多缺陷，但对管理理论的形成和发展起到了巨大的作用：

（1）把管理的重要性和普遍性提出来了；

（2）指出管理原则存在社会之中，通过科学方法能够实现；

（3）提出了一些管理原则和职能；

（4）奠定了管理学的发展基础。

第三节　行为科学理论

一、行为科学的产生

（一）行为科学产生的原因

1. 社会民主的要求

随着资本主义的发展，无产阶级的觉悟不断提高，他们不仅要求经济状况的改善，而且越来越要求政治上的民主权利。工人发展到有组织的向资本家进行罢工斗争。为了改善劳资关系，调和阶级矛盾，维护资本主义的发展，以专门研究人的关系、重视人的因素的行为科学应运而生。

2. 科学技术发展的必然结果

科学的发展，生产规模的扩大，机械化水平的提高，对生产者水平的要求也在提高，强调了脑力劳动的重要性，强化了人在生产中的地位和作用，人力的发展和应用的好坏，决定经济发展的前途，在客观上也推动了对“人的因素”的深入研究。

3. 经济管理发展的必然趋势

“泰罗制”的产生，使科学管理代替了经验管理。但古典学派只重视“物”和“正式组织”的因素，不重视“人”和“非正式组织”，认为劳资双方都是“经济人”，通过霍桑实验使劳动者认识到人不仅是“经济人”也是“社会人”。这种“社会人”学说就是人际关系学派产生的理论基础。

（二）行为科学的产生过程

1. 梅奥及其霍桑试验

梅奥是澳大利亚人，1899 年在大学取得逻辑学和哲学硕士学位，后来研究医学，成为一名精神病理学的副研究员。后来移居美国在大学任教，从事工业心理研究。

关于霍桑试验，具体情况如下：

时间：1924—1932年，历时8年。

地点：美国西部电气公司下属的霍桑工厂。

原因：霍桑工厂生产电话、电报设备。该厂有较完善的娱乐设施，医疗制度和养老金制度等，但工人仍愤愤不平，生产成绩也不够理想。

试验课题：生产效率与工作物质条件之间的关系。

试验单位：美国国家研究委员会组成一个专家小组。

试验共分四个阶段。

第一阶段：工场照明试验（1924—1927年）。该试验是选择一批工人分为两组：一组为“试验组”，先后改变工场照明强度，让工人在不同照明强度下工作；另一组为“控制组”，工人在照明度始终维持不变的条件下工作。试验者希望通过试验得出照明度对生产率的影响。但试验结果发现，照明度的变化对生产率几乎没有什么影响。这个试验似乎以失败告终。但这个试验得出了两条结论：（1）工场的照明只是影响工人生产效率的一项微不足道的因素；（2）由于牵涉因素太多，难以控制，且其中任何一个因素足以影响试验结果，故照明对产量的影响无法准确测量。

第二阶段：继电器装配室试验（1927年8月至1928年4月）。旨在试验各种工作条件的变动对小组生产率的影响，以便能够更有效地控制影响工作效果的因素。研究小组做了材料供应、工作方法、工作时间、劳动条件、工资、管理作风与方式等各个因素对工作效率影响的实验，比如增加工间休息，公司负责供应午餐和茶点，缩短工作时间，实施每周5天工作制，实行团体计件工资制，并允许女工在工作时间自由交谈。结果发现无论各个因素如何变化，产量都是增加的。由于督导方法的改变，使工人的工作态度也有所变化，因而产量增加。

第三阶段：大规模的访问与调查（1928—1931年）。两年内，他们在上述试验的基础上，进一步开展了全公司范围的普查与访问，调查了2万多人次，发现所得结论与上述试验所得相同，即“任何一位员工的工作绩效，都受到其他人的影响”。于是研究进入第四阶段。

第四阶段：接线板接线工作室试验（1931—1932年）。以集体计件工资制刺激，企图形成“快手”对“慢手”的压力以提高效率，历时6个月。公司当局给他们规定的产量标准是焊合7 312个接点，但他们完成的只有6 000～6 600个接点。试验发现，工人既不会为超定额而充当“快手”，也不会因完不成定额而成“慢手”，当他们达到他们自认为是“过得去”的产量时就会自动松懈下来。其原因是，生产小组无形中形成默契的行为规范，即工作不要做得太多，否则就是“害人精”；工作不要做得太少，否则就是“懒惰鬼”；不应当告诉监工任何会损害同伴的事，否则就是“告密者”；不应当企图对别人保持距离或多管闲事；不应当过分喧嚷、自以为是和热心领导等等。根本原因则有三：一是怕标准再度提高；二是怕失业；三是为保护速度慢的同伴。这一阶段的试验，还发现了“霍桑效应”，即对于新环境的好奇和兴趣，足以导致较佳的成绩，至少在初始阶段是如此。

通过四个阶段历时近 8 年的霍桑试验，梅奥等人认识到，人们的生产效率不仅要受到生理方面、物理方面等因素的影响，更重要的是受到社会环境、社会心理等方面的影响。这个结论的获得是相当有意义的，这对“科学管理”只重视物质条件，忽视社会环境、社会心理对工人的影响来说，是一个重大的修正。

2. 人际关系学说

根据霍桑试验的结果，梅奥于 1933 年出版了《工业文明中的人类问题》一书，提出了与古典管理理论不同的观点，形成了人际关系学说。它的主要观点是：

（1）工人是“社会人”，而不是单纯追求金钱收入的“经济人”。作为复杂的社会系统成员，金钱并非刺激积极性的推动力，他们还有社会、心理方面的需求，比如安全感、归属感等方面的需要，而后一方面所形成的动力随着生产力的进步，对效率更有影响。

（2）企业中除了正式组织外，还存在非正式组织。正式组织为非正式组织的形成创造了条件。这是因为正式组织为人们聚集在一起发生关系创造了条件。比如相同的工作场所、共同的生产经营活动、一定的组织层次和结构既为相互接触创造了条件，也提供了接触和交往的限度。有了正式组织，人与人之间的接触才具有持续、反复的特征，非正式组织的生长发育才有条件。这种非正式组织是企业成员在其共同的工作过程中，由于具有相同的社会感情而形成的非正式团体，如价值、爱好、行为观等。这种无形组织有它特殊的感情、规范和倾向，左右着成员的行为。古典管理理论仅注重正式组织的作用，这很不够。非正式组织不仅存在而且同正式组织相互依存，对生产率的提高有很大影响。非正式组织的特征是：①自然性。②功利性。组织最重要的作用是满足个人的不同需要。③软约束。有全体成员都应该遵守的行为规范，但这种行为一般是不成文的、约定俗成的和非强制性的。④内聚性。因为非正式组织是自发形成的，感情相容、相互认同是将组织联系在一起的纽带，所以非正式组织一般具有较强的内聚性。⑤自然领袖。非正式组织的领袖大都是自然形成的。他在组织中具有举足轻重的地位，其影响力和号召力甚至比正式组织中主要领导人物的影响力、号召力还要强。

（3）提高职工的“满意度”。新型的领导在于通过对职工的“满意度”的增加来提高士气，生产率的升降主要取决于工人的士气，即工作的积极性、主动性与协作精神，而士气的高低则取决于人群关系对工人的满足程度，即他的工作是否被上级、同伴和社会承认，满足程度越高，士气也越高，生产效率也就越高。

（三）行为科学的正式命名

继梅奥的人际学说之后，有很多学者从心理学、社会学等角度致力于这方面的研究。行为科学应用在管理学上，主要是对工人在生产中的行为及这些行为产生的原因进行分析研究。包括人的本性和需要、行为的动机、人际关系等。

人际关系理论是从第二次世界大战以后，才真正影响到企业管理的。许多企业先后把心理学、社会学运用到管理中，调动人的积极性，20 世纪 50 年代初，行为科学才真正成为一门独立的科学。1949 年，在芝加哥大学召开的一次跨学科的讨论会上提出运用现有的学科知识，来研究人的行为产生的规律性问题，会上有人提议，把这种综合各学科知识系统研究人类行为的科学叫做“行为科学”。1953 年，美国福特基金会邀请了一批著名学者，经慎重讨论，正式采用“行为科学”这个名称。1956 年，美国出版第一本行为科学杂志，从此行为科学风靡全球，为资本主义经济发展作出了贡献。美国是研究和应用行为科学最早的国家，通用汽车公司雇用 320 名行为科学方面的专家。在欧洲、日本，行为科学也受到重视，尤其在日本，行为科学同日本独特的文化结合在一起，并运用到企业管理中。

行为科学，也称人际关系学、管理心理学、组织行为学。它是由心理学、社会学、人类学等学科组成的学科群，是运用上述学科的理论知识，从个体和群体的心理活动特征出发，专门研究人的行为规律以及如何正确处理人际关系，如何有效地激发人的积极性的一门综合性学科。

行为科学的特点在于它涉及的理论和基础知识很多。这是因为人是世界上最复杂的生灵，人的行为受到心理、社会、自然等多种条件的影响和制约。因此，研究人的行为规律必须借助于各方面的知识，必须涉及一切与研究人的行为有关的学科，如解剖学、生理学、心理学、社会学、经济学、法学等。但在众多的学科中，人类学、心理学、社会学是行为科学的三根支柱。

二、行为的含义

人的行为是多学科研究的课题。哲学家、心理学家、生理学家等从各自研究的角度给行为下了定义。

生理学家认为：行为一般是指可以观察到肌肉和外分泌腺的活动，是身体的某一部分的运动以及由泪、唾液等状态表现出来的活动。

哲学家认为：行为就是人类日常生活中所表现的一切活动。

心理学家和行为学家认为：行为是在外部刺激的影响下，经由内部经验折射而产生的反应活动（主观意识）。

三、个体行为特征

人的行为是有目的、有意识的活动，主要有以下特征：

（一）目的性

人的行为具有一定的目标取向，没有目标的行为是毫无意义的行为。人们在从事具体行为之前，要对行为将要解决什么问题进行设计，这是一个确立目标的过程。行为的目标性规定了行为的方向，并成为控制行为过程的内在的参照模型。如果行为达到了预期的目的，符合内在的参照模型，那么行为就是成功的；否则，就要对行为进行调整、修正，采取新的行为，或调整参照模型。

（二）社会性

个体生活在社会环境之中，处于一定的社会关系下，个体的任何行为都离不开社会。个体的理想、信念、价值观、需求和个性是在社会环境中形成的，受社会的影响；个体为实现自身目标也必须从社会中获取资源，获取帮助，同他人合作并产生各种社会关系。因此，人的行为不是能脱离社会的孤立的个人行为，而是一种具有明显社会性的行为。

（三）自主性

人的行为受外部环境的影响和制约，但人的行为不是自发的、被动的、盲目的行为，而是自觉自主的行为。人不仅可以认识世界，发现和揭示事物的本质，而且可以改变世界，影响和改变周围的环境，并根据周围的环境主动调节自身行为，以适应环境变化的需要。

（四）连续性

人的行为是一种持续不断的过程。人的行为受思想的支配，而思想观念一旦形成，具有相对稳定性。从一段相对长的时间看，人的行为具有连续性、一致性，人们可以根据一个人的一贯表现分析判断他的思想、动机，掌握其思想特点，对症下药实施管理。

（五）持久性

人的需要是无止境的，旧的需要满足了，新的需要又产生了；低层次的需要满足了，高层次的需要又出现了。人的行为总是在不断地满足需求。同时，个人总是为实现一定的目标而学习、工作和生活，而且对这种价值目标的追求也是无止境的，小的目标实现了，就会追求新的更大的目标。

（六）可塑性

人的思想、观念不是一成不变的，人的精神状态也不是恒定的，受思想驱动的人的行为也会随着时间、地点、条件的变化而作出相应的改变。而且，由于主客观条件的限制，人的目标和需求不可能一次实现，人的能力不可能最大限度地发挥。因此，个体具有较大的潜能和可塑性，尤其是青年人受心理、生理条件的影响，其行为变化快、强度大，情绪起伏波动较大，其热情需要引导，思想需要教育，行为需要指导。

四、群体及群体的行为特征

（一）群体的定义

在社会生活中，我们经常会看到各种各样的人群。例如，一辆公共汽车上的乘客，街上围观吵架的人们，等等。这些是群体吗？在组织行为学的意义上，这些并不是群体，群体不是简单的一群人的集合。

群体通常被定义为，由两个或两个以上相互作用、相互依赖的个体组成的具有相对稳定的关系模式的集合体，这些个体拥有共同的利益或目标，他们自认为自己属于这个群体并与群体之外的其他个体相区别。

例如，一个大型企业的董事会，一个社区的老年业余秧歌队，一个保护环境的志愿者小组，这些都是群体。

（二）群体的分类

群体的类型很复杂，按照不同的标准可以对群体作出不同的分类。

1. 按群体构成的原则和方式，可以把群体分为正式群体和非正式群体

正式群体（formal group）是指有明文规定的、由一定社会组织认可和组织结构确定的、职务分配很明确的群体。非正式群体（informal group）是指没有明文规定、没有正式结构、不是由组织确定的，在成员的某种共同利益基础上，为满足社会交往的需要，

在工作环境中自然形成的群体。

2. 按群体在社会上发挥作用的大小，可以把群体划分为参照群体和一般群体，参照群体又称标准群体或示范群体

这种群体的标准、目标和规范可以成为人们行为的指南，成为人们努力追求达到的标准和学习的榜样。如以某英雄模范人物命名的班组、车号，或某些英雄模范群体，这些群体起着无形的典型示范作用，人们会把自己的行为与这些群体的标准进行对照，如果不符合这些标准，就会改正自己的行为。参照群体在社会上发挥着表率作用，其标准和目标成为人们的向往和追求。相对于参照群体而言，一般群体是指那些大量存在于社会上的众多的不足以成为人们行为楷模的普通群体。

3. 按群体规模的大小，可以把群体划分为大群体和小群体

这种划分具有相对的意义。车间相对于工厂是小群体，而相对于班组是大群体。一般地，大群体包含许多小群体。小群体更多地是指成员有直接的、个人间的、面对面的接触和联系的规模较小的群体，这些群体的成员容易在感情上和心理上接近。

4. 以群体是否实际存在，可以把群体划分为假设群体和实际群体

所谓假设群体是指实际并不存在，只是为研究、分析问题的需要划分出来的群体，所以也叫统计群体。假设群体可以按照不同的特征来划分，比如，按年龄划分，一个单位的成员可以划分为青年人、中年人、老年人三种群体。同年龄的人可能没有直接交往过，甚至互不相识，但共同的年龄特点可能使他们有共同的社会心理特征。所谓实际群体是指客观存在的群体，群体成员之间有着直接或间接的联系，由共同的目标和活动而结合在一起，如同一班级的学生、同一班组的工人。

（三）群体行为特征

当个体处在一个群体中时，他们的态度、行为表现、工作绩效都会出现一定的变化，与他们单独存在时有明显的不同。下面就介绍一些群体行为中的典型现象。

1. 社会助长作用

（1）什么是社会助长作用。我们可能会注意到，有时在别人在场的情况下，个人的绩效会提高，而有时在别人面前个人的绩效会下降。所谓社会助长作用，就是指由于别人在场或者与别人一起活动时所带来的工作效率和绩效的提升。与社会助长相对的是社会抑制（Social Inhibition），是指由于别人在场或者与别人一起活动时所带来的工作效率和绩效的降低。也有很多人认为，社会助长作用本身就包括了助长和抑制两个方面，因此提到社会助长作用时也就包含了正反两种情况。

（2）社会助长作用的经典实验。最早用科学方法揭示社会助长作用的是美国心理学家特里普利特。他在1897年的研究中发现，别人在场或在群体中活动会促进人们的行为效率。他让被试在三种情况下骑车完成25英里的路程：第一种情况，单独骑行；第二种情况，让一个人跑步伴同；第三种情况，与其他人竞赛。结果发现，单独骑行平均时速为24英里，有人伴跑时速为31英里，竞争情境时速为32.5英里。

（3）社会助长作用的机制。人们为什么在群体情境中会产生社会助长作用呢？一个比较著名的对社会助长作用机制的解释就是社会助长作用的内驱力理论。这个理论最早

是由社会心理学家扎琼克于1965年提出的，弗里德曼等人在1981年以后又进一步作出了研究和解释。内驱力通常被认为是机体内部的一种紧张状态，这种紧张会唤起个体比较高的兴奋状态，激发了人们的竞争和被评价意识。弗里德曼认为，人在社会化过程中，已经学会了将社会情境当做竞争情境看待。因此，当他人在场或与他们一起活动时，个体的行为变成了由高度自我意识支配的自我表现过程，个体希望获得积极的社会评价，在这种情况下，个体就更容易表现出高绩效。这就是社会助长作用的原理。

2. 社会惰化作用

（1）什么是社会惰化作用。有一个非常经典的故事叫做“三个和尚没水喝”，这个故事中隐含了群体中一种较为普遍存在的倾向：当人们在群体中工作时不如单独工作时努力，而且随着群体规模的增大，个人的努力会降低。

当人们从事可叠加性的工作任务（即个人的贡献可以互相累加增加群体的工作产出）时，随着群体规模的增大，个体的贡献倾向于下降的现象，叫做社会惰化或社会惰化作用。

（2）社会惰化作用的经典实验。研究者们早已注意到了社会惰化的现象，并用实验加以研究。1930年，心理学家谢达尔用实验的方法研究发现，随着共同完成一件事情的人数增加，每个人所做的努力程度会逐步下降。实验发现，如果一个人独自参加实验，平均拉力可达63千克；如果群体一起参加，则参加的人数越多，每个人贡献的平均拉力越小。例如，两个人参加时，平均拉力下降到了59千克；8个人参加时，平均拉力下降到了31千克。

（3）产生社会惰化作用的原因。对于社会惰化作用，一个解释就是群体责任的扩散。因为在一个群体工作任务中，是以群体的整体的工作绩效作为评价标准的，个人努力和群体绩效之间的关系不被衡量，在这种情况下，个人的努力程度就降低了。还有一种解释与社会助长作用的原理类似，即认为个人的评价效率降低，个体所付出的努力因此下降。

3. 从众行为

（1）什么是从众行为。从众行为（Conformity Behaviour）就是个体在群体的引导或压力之下，观念或行为朝向与多数人相一致的方向变化。在社会生活中，我们经常会看到一些从众的现象，例如，买东西时选择买的人多的品牌购买，在一个已经扔了很多垃圾的风景区继续扔更多的垃圾等。在组织中也有一些典型的从众行为。例如，开会举手表决时，跟随多数人一起举手；在一个办公室里很多人在聊天，原本埋头工作的人也加入到聊天者的行列等。

（2）从众行为的经典实验。研究从众行为的一个经典实验是美国心理学家阿什所做的线段实验。他将七八个被试编成一组，这里只有一个真正的不知情的被试，其他人都是虚假被试，虚假被试会按照主试事先的安排作出行为表现。被试的任务是判断一张卡片上的一条线段与另一张卡片上三条线段中的哪一条一样长。在正常情况下，人们都很容易判断出来。但是当虚假被试故意作出一致的错误判断时，真实被试中有37%的人放弃自己的正确判断而顺从群体的错误判断。

（3）产生从众行为的原因。对从众行为的一种解释是偏离焦虑。偏离群体、标新立异的做法常常会使人面临群体的压力甚至遭受惩罚。无论是文化观念还是历史上的先例都使人们认识到了这一点。因此当一个人的行为偏离群体使他常常会感到孤立、不安和恐惧，这就是偏离焦虑。为了克服偏离焦虑，个体就会倾向于作出与群体一致的行为反应。研究表明，群体总是喜欢和接受与群体一致的成员，厌恶、拒绝，甚至制裁偏离群体的成员。在社会心理学家沙赫特的一个实验研究中，他故意安排了三名假被试加入一个6人群体，对某个事物表明态度。其中一名假被试采取与群体一致的态度；另一名假被试开始态度偏离群体，后来取得一致；另一名假被试始终保持偏离群体的态度。之后，让这几名假被试接受群体的评价。结果表明，群体喜欢和接受从众者，厌恶和拒绝偏离者，而对于开始偏离后来改变态度的成员，群体倾向于将他作为普通成员看待。

产生从众行为的另外一个原因是行为参照。根据社会比较理论，在情境不确定的情况下，其他人的行为最具有参照价值。多数人一致的行为往往构成了一个最可靠的参照系统，人们依据这个参照系统作出自己的行为表现，这就是从众。许多不法商贩雇佣“托儿”进行不正当促销使人上当就是利用了产生从众行为的行为参照作用。

（4）从众的类型

人们发现从众行为有着不同的类型。主要有以下三种类型：

①真从众。不仅外显行为上与群体保持一致，内心看法也认同于群体。

②权宜从众。个体虽然在外显的行为上表现得与群体一致，但内心却怀疑群体的行为或观念是错误的，只是迫于群体的压力，才暂时与群体保持一致。一旦群体压力不存在，比如脱离了这个群体，还是会表现出自己的真实态度的。

③不从众。不从众有两种情况：一种是内心看法与群体一致，但由于特殊原因，故意表现出与群体不一致的行为；另一种是内心想法与群体不一致，行动上也表现出与群体不一致。

第四节　现代管理理论

第二次世界大战以后，管理理论的发展进入了一个新的阶段。与前面几个历史阶段不同的是，这个阶段没有哪一种理论能在这个时期的理论发展过程中起主导的作用。在现代管理理论阶段，出现了一种被称为“管理理论丛林”的现象，即出现了各种管理理论学派同时并存的现象。

一、现代管理理论产生的原因

（一）第二次世界大战后资源积累的完成又提出了提高效率的要求

在20世纪初，资本主义的发展和资源积累的完成提出了提高企业生产效率的要求，从而促进了科学管理理论的产生。20世纪30年代经济危机的发生，使得管理研究的重点转向如何满足人在社会和心理方面的需求以调动人的工作积极性上来。第二次世界大战结束后，资本主义世界的经济得到了迅速的发展，资本主义世界的资源又以前所未有的速度堆积起来。这种资源积累的完成同样向管理提出了如何对这些资源进行有效利用的问题。

企业数量和企业规模的发展要求能形成新的管理理论来解决这种发展带来的新的管理问题。特别是进入20世纪50年代后，资本主义市场的性质由卖方市场变成了买方市场，使得资本主义市场的竞争十分激烈，要求企业根据消费者的需求来生产产品。它要求企业不能单纯考虑企业内部的管理问题，更重要的是要考虑企业与外部市场的关系。资本主义世界经济的这种发展变化要求管理理论必须把企业看成是一个属于环境超系统的子系统。正是反映这种经济发展的要求，现代管理理论侧重于从系统的观点出发研究企业与外部环境之间的关系，探讨企业在与外部环境的相互关系中如何才能提高生产效率，促进企业的生存和发展。

（二）科学技术的发展对管理提出了新的问题，同时也为管理理论的发展提供了新的思想、方法和手段

第二次世界大战结束以后，世界科学技术得到了迅速的发展，如电子技术、通信技术和计算机技术得到了迅速的发展。同时还产生和发展了许多新的学科，如控制论、信息论和系统论“三论”的形成，数学与运筹学的发展。现代社会科学技术的发展极大地促进了社会的发展和进步，也对管理提出了许多新的问题。

这是因为现代科学技术的发展，极大地扩展了社会生产的空间范围和社会生产的规模，人们如果再采用传统的管理思想、管理方法、管理工具和管理手段，就不能有效地进行现代化大生产。如生产空间范围的扩大，要求管理能解决生产过程中的信息联系和信息沟通的问题；生产规模的扩大和生产联系的复杂与紧密，要求管理能有效地处理生产过程中的大量数据资料，使生产过程能顺利地有效地进行。现代科学技术的发展在对管理提出新的要求的同时，也为管理理论的发展提供了新的思想、方法、工具和手段。如系统理论的发展为管理理论的发展提供了系统分析的思想；电子计算机技术的发展为管理处理大量的数据资料提供了可能性。

实际上，正是由于现代科学技术的发展，原来从事各个学科研究的许多学者把自己学科的理论和方法应用于管理理论的研究，才形成了现代管理理论的各个理论学派同时并存的“管理理论丛林”的现象。

（三）人们对“人”的本性认识的不断深化促进了管理理论的发展

任何一种管理理论，都是基于对人的本性的某种认识而提出的。科学管理理论是基于对人的“经济人”的认识而提出的，而对人的“社会人”的认识促使了人际关系学说的产生。第二次世界大战以后，随着社会的进步和人们生活水平的提高，人类本身的需求结构也在发生变化，人类在从事社会活动过程中也在不断地完善自己。因此人类在社会活动过程中会不断地产生新的需求，在完善自身的过程中也要求不断地认识自己。

正是人类对自身认识的不断深化，促进了人们对管理活动规律性认识的深化，促进了管理理论的发展。如巴纳德认为，人是有自由意志、有个人人格、有决策能力的“决策人”，因此，管理者在管理过程中应该既考虑到组织目标的实现，又考虑到组织成员个人目标的实现。这种把组织目标与个人目标结合起来的思想在管理思想发展史上具有里程碑的意义。决策学派的主要代表人物西蒙却认为人是“管理人”。这种“管理人”

的认识认为，人不是一种只会完成分配给他的工作的无生机的工具，也不是只会进行理性分析的机械人，人的学习、记忆、习惯等心理因素对人的行为决策起着重要的影响作用。从这一观点出发，西蒙认为，人们不是单纯从事有逻辑有意识的决策行为，还包括无意识的习惯行为。所以，西蒙特别重视人的“刺激—反应”的行动方式。他认为人的反应性的、习惯性的行动不是不合理的，而是有其合理性的。正是基于这种认识，西蒙把管理决策分成程序化决策与非程序化决策。对于那些经常出现和大量出现的管理问题，把处理和解决这种问题的方法制度化、标准化和程序化，然后交给下级人员去处理，即采取程序化决策。而对于那些不经常出现的重大经营决策问题，则采取量体裁衣的解决方式，即采取非程序化的决策方式，由组织中的高层管理者集中精力处理。

二、孔茨划分的各学派主要观点

第二次世界大战后，与行为科学并行发展的还有一种理论，主要是把数学方法、电子计算机技术、系统论、控制论等广泛地运用到管理上来，形成一系列新的组织管理理论、方法和技术。有人把这种理论称之为“管理科学”。

管理科学实际上是泰罗科学管理理论的继续与发展。它们都是采用科学的方法探求有效的工作方法和方案，以达到最高的工作效率。所不同的是，管理科学的研究突破了操作方法、作业水平的范围，而向整个组织的所有活动方面扩展，对管理进行整体性、系统性、全面性的研究。其基本特征是：以系统的观点，运用数学、统计学的方法和计算机技术，为现代管理的决策提供科学的依据，通过计划与控制，以解决各项生产、经营问题。

管理理论在经历了古典理论、行为科学理论和管理科学理论的发展后，20 世纪 50 年代又出现了两种趋向，即分散的趋向与统一的趋向。分散的趋向表现为出现各种各样的管理学说。他们从不同的方向、不同的角度，采用不同的方法论进行研究。统一的趋向表现为有的管理学家企图把各种不同的学说兼容并蓄，融为一体，创立新的统一的理论。美国管理学家孔茨将管理理论的各个流派称之为“管理理论丛林”。1961 年，他提出了六个学派；到 1980 年，孔茨又认为，这一“丛林”又枝叶繁生，至少可划分为十个学派。尽管各学派彼此相互独立，但他们的基本目的是相同的。

1. 经验学派

经验学派又称案例学派，其代表人物是美国管理学家彼德·德鲁克和欧内斯特·戴尔。这一学派的中心是强调管理的艺术性。他们认为，古典管理理论和行为科学都不能完全适应企业发展的实际需要，有关企业管理的科学应该从企业管理的实际出发，以大企业的管理经验为主要研究对象，加以概括和理论化，不必企图去确定一些原则，只要通过案例研究分析一些成功经理人员的成功经验和他们解决特殊问题的方法，便可以在相仿的情况下进行有效的管理。

经验学派的主要观点是：

（1）关于管理的性质，他们认为管理是管理人员的技巧，是一个特殊的、独立的活动和知识领域。

（2）关于管理的任务，他们认为作为管理人员的经理，有两项别人无法替代的特殊任务：一是必须造成一个“生产的统一体”；二是在作出每一个决策和采取每一行动时，要把当前利益和长远利益协调起来。

（3）提倡实行目标管理。

2. 群体行为学派

这个学派同人际关系行为学派密切相关，以致常常被混同。但它关心的主要是一定群体中的人的行为，而不是一般的人际关系和个人行为；它以社会学、人类文化学、社会心理学为基础而不是以个人心理学为基础。

这个学派着重研究各种群体的行为方式，从小群体的文化和行为方式到大群体的行为特点，均在研究之列。有人把这个学派的研究内容称为“组织行为”研究，其中“组织”一词被用来表示公司、企业、政府机关、医院以及任何一种事业中一组群体关系的体系和类型。

这个学派的最早代表人物和研究活动就是梅奥和霍桑试验。德国学者卡特·卢因（1890—1947）于1944年首先提出“团体动力学”的概念来描述团体中人与人相互接触、影响所形成的社会关系，对以后的团体行为的研究产生了较大影响。后来美国管理学家克里斯·阿吉里斯（1923—2013）在1957年发表的《个性与组织：互相协调的几个问题》一文中提出所谓“不成熟—成熟交替循环的模式”指出，“如果一个组织不为人们提供使他们成熟起来的机会，或不提供把他们作为已经成熟的个人来对待的机会，那么人们就会变得忧虑、沮丧，甚至还会按违背组织目标的方式行事”。他认为，如何解决个体成长和组织原则之间的矛盾是管理者长期面对的挑战，领导者的任务之一就是努力减少这种不协调，从而提高组织运行的效率。

3. 管理科学学派

管理科学学派又称为数量学派，是泰罗的“科学管理”理论的继承和发展。管理科学学派正式作为一个管理学派，是在第二次世界大战以后形成的。这一学派的特点是利用有关的数学工具，为企业寻找一个有效的数量解，着重于定量研究。

管理科学学派认为，管理就是制定和运用数学模型与程序的系统，用数学符号和公式来表示计划、组织、控制、决策等合乎逻辑的程序，求出最优的解答，以达到企业的目的。该学派还主张利用计算机管理，提高管理的经济效益。

4. 社会协作系统学派

社会协作系统学派是以组织理论为研究重点，从社会学的角度来研究组织。这一学派的创始人是美国的管理学家切斯特·巴纳德，他的代表作是1937年出版的《经理的职能》一书。巴纳德把组织看作是一个社会协作系统，即一种人的相互关系系统。这个系统的存在取决于三个条件：（1）协作效果，即组织的目标是否顺利达成；（2）协作效率，即在实现目标的过程中，协作成员损失最小而心理满足最高；（3）组织目标和环境相适应。

巴纳德还指出，在一个正式组织中要建立这种协作关系，必须满足以下三个条件：（1）共同的目标；（2）组织中每一成员都有协作的意愿；（3）组织内部有一个能够彼此沟通的信息系统。此外，巴纳德对管理者提出了如下责任要求：（1）规定目标；（2）善于使组织成员为实现组织目标作出贡献；（3）建立和维持一个信息联系系统。

5. 决策理论管理学派

决策理论管理学派是在社会系统管理学派的基础上，吸收行为科学管理学派的观点，运用计算机技术和运筹学的方法发展起来的。决策理论管理学派的代表人物是美国管理学家、诺贝尔经济学奖获得者赫伯特·西蒙，他于1960年发表的《管理决策的新科学》是决策理论管理学派的“圣经”。

在《管理决策的新科学》一书中，西蒙从逻辑实证主义出发，对传统的管理理论中的命令统一原则、特殊化原则、管理幅度原则和集团化原则等展开了严厉的批判，提出了一系列新的、与众不同的观点。

（1）管理就是决策。西蒙认为，管理就是决策，决策贯穿于整个管理过程。组织是作为决策者的个人所构成的系统，组织活动的本质是决策，对组织活动的管理包含着各种类型的决策。

（2）决策的过程。管理的实质是决策，它是由一系列相互联系的工作构成的一个过程。这个过程包括4个阶段：情报活动、设计活动、抉择活动、审查活动。

（3）决策的准则。用“令人满意的原则”代替了传统决策的“最优化原则”。他认为，不论是个人还是组织的决策实践，寻找可供选择的方案都是有条件的，不是漫无限制的，所以“最优化”的实现在很多情况下是不现实、不经济的，而“满意原则”则显得更为合理、现实。

6. 社会—技术系统学派

社会—技术系统学派是在第二次世界大战后兴起的一个较新的管理学派，是社会系统学派的进一步发展。这一学派是由英国的特里斯特等人通过对英国的达勃姆煤矿现场作业组织进行研究的基础上形成的。他们经过研究认为，许多矛盾的产生是由于只把组织看成一个社会系统，而没有看到它同时又是一个技术系统，而技术系统对社会系统有很大的影响；只有使社会系统和技术系统两者协调起来，才能解决这些矛盾从而提高劳动生产率，而管理者的一项重要任务就是确保这两个系统相互协调。

7. 管理系统学派

管理系统学派是运用系统科学的理论、范畴及一般原理，分析组织管理活动的理论。其代表人物有美国的卡特斯、罗森茨韦克等。

系统管理学派的主要理论观点是：组织是一个由相互联系的若干要素所组成的人造系统；组织是一个为环境所影响，并反过来影响环境的开放系统。组织不仅本身是一个系统，同时又是社会系统的分系统，它在与环境的相互影响中取得动态平衡。

系统管理和系统分析在管理中被应用，提高了管理人员对影响管理理论和实践的各种相关因素的洞察力。该理论在20世纪60年代最为盛行，但由于它在解决管理的具体问题时略显得不足而稍有减弱，但仍然不失为一种重要的管理理论。

8. 权变理论管理学派

权变理论是20世纪70年代在经验主义学说的基础上进一步发展起来的管理理论。权变理论认为管理中不存在普遍适用的“最佳管理理论”，有效的管理是根据组织的内外因素灵活地应用各种管理方法解决管理问题的过程。

权变理论的基本观点主要包括以下几方面：

（1）权变管理思想结构。管理同环境之间存在着一定的函数关系，但不一定是因果关系。这种函数关系可以解释为“如果—就要”的关系，即“如果”某种环境或情况存在或发生，“就要”采用某种管理思想。

（2）权变理论的组织结构观点。把组织看成一个既受外界环境影响，又对外界环境施加影响的“开放系统”。组织内部结构的设计，必须与组织任务的要求、外在环境要求以及组织成员的需要等互相一致，组织才能有效。

（3）权变的人事观点。在人事方面的权变观点也以权变管理思想为基础，认为在不同的情况下要采取不同的管理方法，不能千篇一律。

（4）权变理论的领导方式观点。权变理论学派认为不存在一种普遍适用的“最好的”或“不好的”领导方式，一切以组织的任务、个人或小组的行为特点以及领导者和职工的关系而定。

权变理论的出现，对于管理理论有着新的发展和补充，主要表现在它比其他一些管理学派与管理实践的联系更具体，与客观实际更接近一些。但是，权变理论仅仅限于考察各种具体的条件和情况，而没有用科学研究的一般方法来进行概括，只强调特殊性，否认普遍性，只强调个性，否认共性。

9. 经理角色学派

经理角色学派是20世纪70年代在西方出现的一个管理学派。它以经理所担任的角色的分析为中心，来考虑经理的职务和工作，以提高管理效率。该学派的主要代表人物是加拿大麦克吉尔大学管理学院教授明茨伯格。

这一学派认为经理一般都担任10种角色，源于经理的正式权力和地位。10种角色可以归为三类：

（1）人际关系方面的角色，包括挂名首脑的角色、领导的角色、联络者的角色；

（2）组织信息中枢的角色，包括信息接受者的角色、信息传播者的角色、发言者的角色；

（3）决策方面的角色，包括企业家角色、故障排除者角色、资源分配者角色、谈判者角色。

经理角色理论受到了管理学派和经理们的重视，但是经理的工作并不等于全部管理工作，管理中的某些重要问题，经理角色理论也没有详细论述。

10. 管理过程学派

管理过程学派又叫管理职能学派、经营管理学派。这一学派是继古典管理学派和行为科学学派之后最有影响的一个学派，创始人是古典管理学家法约尔，而以提出“管理理论的丛林”而闻名于世的孔茨本人，则是这一学派的集大成者。

管理过程学派的研究对象是管理过程和职能。他们认为，各个组织以及组织中各层次的管理环境都是不同的，但是管理却是一种普遍而实际的过程，同组织的类型或层次无关。

该学派的理论依据是：

（1）管理是一个过程。可以通过分析管理人员的职能，从理论上很好地进行分析。

（2）根据在企业中长期从事管理的经验，可以总结出一些管理基本原理，这些基本原理对认识和改进管理工作都能起到一定的说明和启示作用。

（3）可以围绕这些基本原理展开有益的研究，以确定其实际效用，增加在实践中的作用和适用范围。

（4）这些基本管理只要还没有被实践证明不正确或被修正，就可以为形成一种有用的管理理论提供若干要素。

（5）管理是一种可以依靠原理的启发而加以改进的技能，就像生物学和物理学中的原理一样。

（6）管理人员的环境和任务受到文化、物理、生理等方面的影响，但也吸收同管理有关的其他学科的知识。

管理理论发展到现在，虽然经历了许多阶段，分出许多的学派，但基本上可归为两大类：一类是强调组织的作用和技术作用，把人看成为“经济人”和“机械人”，因而在管理思想上是以生产为中心，采用等级制的专制式的管理方式，强调正式组织的作用，强调专业化，要求有明确的分工、明确的权力路线和职责范围，主张严格的纪律和服从。它利用组织、技术等手段，计划和控制人们的活动，以达到组织的目标。另一类是强调人的行为，强调人群关系，强调工作集体的影响，基本上把人看作是“社会人”。因此，在管理思想上是以人为中心，侧重于采用参与制的民主管理方式，重视非正式组织的作用，强调自主，强调满足被管理者个人的需求与欲望，以激励、启发、调动职工的创造性和积极性，从而达到组织的目标.

三、管理理论发展的趋势

（一）当前企业经营和管理环境的变化及其对管理理论的影响

20 世纪 80 年代以来，特别是在 90 年代的中后期，科学技术迅猛发展。信息技术的快速发展和国际互联网络的形成，使得知识和信息在世界范围内的广泛传播和共享成为可能，这极大地促进了全球化和世界经济的一体化。同时，随着知识产业、特别是高科技产业的发展，知识在推动社会进步和经济增长中的作用也越发明显和重要，知识正在渐渐取代货币资本、劳动力、原材料等有形资源而成为经济增长中最关键性的生产要素。知识经济的时代已经来临。随着知识经济在全球范围内的兴起，管理的环境也在日益发生着巨大的变化，而这一变化又对管理产生了巨大的影响。

1. 资源环境的变化及其对管理理论的影响

从资源环境来看，稀缺的经济资源如土地、原材料、资本等等在 21 世纪将更加紧张，同时人类要求改善生存环境的呼声也越来越高，因此，经济的增长不可能更多地寄希望于稀缺的经济资源之上。而知识资源则相对丰富，在知识经济时代，它表现为知识生产的速度将大大加快，而且，知识借助于信息技术将在全世界得到更加合理和有效的应用。由于科学技术的突飞猛进，知识正在不断地减少单位产出对原材料、劳动、资本、空间及时间的需求，在新创造的财富的全部资源中，知识已经成为最重要的资源。

知识资源不同于传统管理理论与实践的基石——实物资产和金融资产，从世界范围来看，知识资源极易改变且处于不断地扩张之中。你可以出卖你所拥有的知识资源，但卖掉后你仍然拥有它，即知识资源可以廉价地复制，这是与一般资源所根本不同的。此外，知识资源的使用不会引起边际报酬递减。知识资源所具有的这些独特的特征以及知识资源在知识经济时代对经济增长所起的巨大作用，将对管理理论提出一系列新的课题。

2. 技术环境的变化及其对管理理论的影响

从技术环境来看，20 世纪的后 20 年是科学技术突飞猛进的 20 年，象征着人类对自然界以及对人类社会认识的最新成就的高科技如雨后春笋般涌现，层出不穷，令人目不暇接。

随着人类知识生产的日新月异，随着高科技产业化进程的加快，随着高科技在各个产业的渗透以及在全球范围的迅速扩散，一方面，企业提供的产品和服务中的知识含量大大增加，加大了企业提供产品和服务的难度以及企业生产经营和管理上的复杂性。因此，在知识经济中，从技术上来讲，对企业的要求越来越高。随着知识技术密集型产品和服务越来越成为经济增长的主渠道，企业之间技术上的竞争以及相应的管理上的竞争将更加成为制胜的焦点。相应地，对企业来说，小批量、多品种、高效灵活和非标准化的柔性生产将取代工业经济时代的大批量、流水生产和标准化，成为知识经济时代的主要生产方式。另一方面，高科技尤其是信息技术又为管理的变革与发展提供了技术上的可能性和保证。

随着计算机和网络在企业的普及以及信息的收集、处理、存储和传输、决策支持系统、人工智能、网络技术等等这些信息科学技术在企业中的应用，对企业的产品及服务的设计、生产、销售等都将产生划时代意义的影响。如企业在管理信息系统（MIS）的基础上，采用计算机辅助设计与制造（CAD/CAM），建立计算机集成制造系统（CIMS）；在开发决策支持系统（DSS）的基础上，通过人机对话实施计划与控制，从物料资源规划（MRP）发展到制造资源规划（MTP—11）和企业资源规划（ERP）；进行集开发、生产和实物分销于一体的适时生产（JIT），不断消除浪费的精细生产，供应链管理中的快速响应和敏捷制造，无污染的清洁生产和绿色制造，以及通过网络协调设计与生产的并行工程等。这些新的生产方式都将引起管理理论的深刻变革。

3. 市场环境的变化及其对管理理论的影响

从市场环境来看，一方面，消费者由于知识素质的提高、收入的增加以及选择范围的扩大，其主要消费将越来越多地转向知识密度较高的产品和服务，而且消费者要求越来越多，期望越来越高。就产品而言，消费者需要的是产品、服务、信息的一体化。为了提升消费者价值，企业必然将产品以及信息和服务配合起来混合经营，向消费者提供一个集产品、服务、信息为一体的产品平台。哪家企业如果不这么做，其消费者将很快转而去找能这样做的另一家企业。因此，在知识经济时代，新的企业间的竞争必然围绕产品、服务和信息一体化展开。新的市场需求特点，要求企业改变以往那种注意力主要集中在产品的硬件功能和价格上的做法；必须对消费者需求的迅速变化和多样性能够作出及时的反应。随之而来的产品迅速更新换代，设计和产品的生命周期变短，服务与信息质量的进一步提高等，都将给企业带来前所未有的压力。另一方面，市场竞争在全球经济一体化的大趋势下亦将更加激烈和白热化。技术变革的日新月异与世界范围内的迅速扩散使企业进入新的市场领域更为容易，一种新的产品、新的技术一旦问世，很快便会在世界上最适宜的地方进行高质量低成本的生产。同时，原有的各个国家依靠政府设置的市场壁垒随着经济全球化中不断降低的关税和世界范围内取消管制的趋势而逐渐土崩瓦解，无国界经营将是知识经济时代企业经营的显著特点。激烈的竞争将迫使企业不断地细分市场。为了满足市场需要，对企业来说，小批量、多品种、高效灵活和非标准化的柔性生产将成为知识经济时代的主要生产方式。与此相适应，对企业组织灵活性的要求也越来越高，企业组织的灵活机动化、虚拟化、高效化将成为一种新的趋势。

（二）知识经济时代管理理论的特点

管理理论明显带着时代的烙印，这是由当时的经济技术水平和人们的思想观念等所决定的。信息技术的发展完全改变了企业的经营过程，为了适应知识经济发展的要求，企业必须采取一些新的管理观念和管理方式。下面，我们将从六个方面来探讨面向知识经济的管理理论发展的新特点。

1. 管理信息化

20 世纪 80 年代以来，随着信息技术的迅速发展以及在企业管理中的普遍应用，管理信息化的趋势在不断加快。信息化管理一般是指在企业中利用现代化的信息设备，实现管理信息的生产、存储、处理、传输、共享以及决策的规模化的过程。管理的信息化有助于实现远距离面对面的交流，减少信息传递层次，减少信息传递失真的可能性；有助于提高信息传递的及时性和企业决策者决策的科学性；有助于大幅度提高企业的工作效率；有助于为企业提供更为有利的生存空间和外部环境，解决困扰企业发展的技术不足、管理低效、规模不经济等问题；有助于使信息与人的认识能力尤其是人所掌握的非编码化知识有机结合，使人的潜能得以释放，从而有效地实现企业的经营目标。

实现信息化管理，必须借助于能为信息交流和知识共享提供方便的基础设施网络。对企业来说，现代信息技术及其设施的拥有和利用已成为评价及管理信息化程度以及企业综合竞争力的一个重要尺度。

2. 企业界限模糊化

随着信息技术的高度发达和在企业中的广泛应用，面对日益激烈的市场竞争，企业一方面通过“借脑”和“集智”，越来越多地借助于外部的人才资源来弥补自身智力资源的不足，通过功能的虚拟化，即借用外部力量来改善自身较弱的部门的功能，使之与企业其他的优势功能相结合以提高自身的竞争力；另一方面，通过与其他相关企业的合作，各自发挥自己的优势，联合开发一种或几种产品并最终把这些产品推向市场。由此，一种新的组织形式——虚拟企业应运而生。

虚拟企业一般是指由两个或两个以上独立的公司组成的临时的合作伙伴关系，是一种共享技术、分担费用、联合开发、建立在信息网络基础上的组织形式。虚拟企业以完成某个项目为目标而临时合作，项目的分解不再以时间顺序的串行工程为基础，而是应用并行工程，把项目分解为一个个工作模块。承担每个工作模块的各方在彼此平等合作的基础上有充分独立的自主权，各个工作模块并行工作，项目主持者通过在项目进行中的不断沟通、协调，从而保证各模块工作成果能够互相衔接。这样，既缩短了开发时间，又节约了开发成本，参与工作的各方都受益，市场整体竞争力得以提高。虚拟企业的形式是灵活的、流动的，参与的双方或多方是跨空间的互利的合作。一旦合作目标达成，这种关系便会结束。

企业人员的虚拟化、功能的虚拟化以及虚拟企业的出现，模糊了企业的界限，拓宽了企业的管理视野，使企业内外资源相互配合，形成更大的综合优势，促进了企业的快速发展。

3. 从“物本管理”到“人本管理”

在工业经济时代，主要以任务管理为中心目标，人员管理居于辅助、配合的地位。而在知识经济时代，由于内外部环境都处于迅速的变化之中，企业任务也必须随着环境的变化而不断加以调整。在一个较长时期内，企业的任务只能是在较高的层次上，以较为空泛、笼统的形式存在，具体的工作任务和个人所从事的工作必须由项目组及其成员在具体工作中加以确定和调整。这样，以任务为管理的中心便不再可能。为了实现处于动态变化之中的目标，管理必须转移到以人员管理为中心上来，即实现从以物为本到以人为本的转变。

所谓人本管理，就是以人为本的管理。这种管理思想既把人视为管理的主体，也把人和人际关系作为重要的管理内容，认为人是企业中最重要的资源。实现从以物为本到以人为本的转变，在考核和激励方式上也需要进行根本的转变。在工业经济时代，由于企业任务可以明确地加以确认和分解，企业主要以经营业绩作为评价员工贡献和确定员工报酬水平的依据。在知识经济时代，对员工的考核方式从单纯考核工作业绩过渡到综合考核项目组工作业绩和单个员工对企业和项目组的各项具体贡献，如掌握技能的多少、个人努力的程度等。

4. 重视知识管理

如前所述，知识在推动社会进步和经济增长中的作用越来越明显和重要，它正渐渐取代货币资本、劳动力和原材料等有形资源而成为经济增长中的最关键性生产要素。因此，未来的企业必将高度重视知识管理。

所谓知识管理，是通过改变员工的思维模式和行为方式，建立起知识共享与创新的企业内部环境，运用集体的智慧提高应变和创新的能力，最终达到目标。

知识管理的目标主要有以下三个：

（1）构建全员参与的以知识的积累、生产、获取、共享和利用为核心的企业战略。企业战略是指引企业去迎接挑战、利用机会、发挥优势的保证。在以知识为最重要经营资源和主要消费品的今天，衡量企业成功的尺度在于知识（产品和服务中知识的数量和质量），而不是有形资产或是库存。因此，只有从战略上重视知识这种关键性生产要素，并努力实施知识战略，才是管理之本。

（2）促进人力资源、信息、知识和经营过程的紧密结合。在企业日常的生产经营活动中，信息、知识和人的认识能力的结合将导致新知识的产生。同时，知识（原有知识和新知识）和信息反过来又会改善企业的经营过程，从而提高企业的经营业绩。

（3）管理知识资产。知识作为一种资产或是资本，要像对其他经营资源那样对其进行有效的管理。知识资产的管理步骤包括知识资产的分类、评估、投资和新知识档案的集中及知识资产的利用。

5. 建立学习型组织

外部环境的动态性，使企业生存的风险大为增加，因此，提高企业适应外部环境的能力是管理理论的又一重点。1990 年，美国麻省理工大学斯隆管理学院的彼得·圣吉教授撰写的《第五项修炼——学习型组织的艺术和实务》，引起了管理理论界的瞩目。从此，建立学习型组织成为管理理论和实践的热点。

建立学习型组织首先要根除原组织机构中的一些陋习和作风。彼得·圣吉提出了学习型组织的五项修炼技能，这就是：

（1）系统思考。系统思考是为了看见事物的整体。进行系统思考一是要有系统的观点；二是要有动态的观点。系统思考不仅是要学习一种思考方法，更重要的是在实践中反复运用，从而可以从任何局部的蛛丝马迹中看到整体的变动。

（2）超越自我。超越自我既是指组织要超越自我，也是指组织中的个人要超越自我。超越自我不是不要个人利益，而是要有更远大的目标，要从长期利益出发，从全局的整体利益出发。

（3）改善心智模式。不同的人，对同一事物的看法不同，是因为他们的心智模式不同。人们在分析事物时，需要运用已有的心智模式作为基础。但是，如果已有的心智模式不能反映客观事物，就会作出错误的判断。特别是企业的领导层出现这种情况时，小则使企业经营出现困难，大则给企业带来灾难性影响。改善心智模式的方法，一是反思自己的心智模式；二是探询他人的心智模式，从自己与别人的心智模式的差别中完善自己的心智模式。

（4）建立共同愿景。愿景是指对未来的愿望、景象和意象。企业作为一个组织，是以个人为单元的。如果企业建立了全体员工共同认同的目标，就能发挥每个人的力量。共同愿景的建立不是企业领导单方面的设计，而是对每一个人的利益的融合。提高愿景的建立不仅不要求牺牲个人利益，而且要为个人留下选择空间，这样员工才能为自己的选择而努力。

（5）团队学习。团队学习是发展员工与团体的合作关系，使个人的力量能通过集体发挥作用，避免无效的矛盾和冲突，让个人的智慧成为集体的智慧。深度会谈是团队学习的一种形式。深度会谈是对企业的重大而又复杂的议题，进行开放性的交流，使每一个人不仅表达自己的看法，也了解别人的观点，通过交流，减少差异，从而能够相互配合。

6. 企业再造

学习型组织是企业自我变革的渐变，而企业再造则是企业自我变革的剧变。企业再造的目的在于提高企业竞争力，从业务流程上保证企业能以最小的成本、高质量的产品和优质的服务提供给企业的客户；企业再造的实施方法是，以先进的信息系统和信息技术为手段，以顾客中长期需要为目标，通过最大程度地减少对产品增值无实质作用的环节和过程，建立起科学的组织结构和业务流程，使产品的质量和规模发生质的变化。

企业再造的基本内容是以企业的生产作业或服务作业的流程为审视对象，从多个角度，重新审视其功能、作用、效率、成本、速度、可靠性、准确性，找出其不合理的因素。它不是对现有流程进行改进或改造，而是实行变革性、革命性的创造，通过重新设计，以效率和效益为中心重新构造企业的生产流程或服务流程，以达到业绩上的质的飞跃和突破。

企业再造强调在以顾客为导向和服务至上的信念下，对企业的整个运作流程进行根本性的重新思考，并加以彻底的改革。再造革命的推动力和目的可以用三个“C”表示：顾客（Customer）、竞争（Competition）和变化（Change）。现在的顾客有更多的选择，更精明、老练和挑剔，而企业间的竞争已经是生死攸关，无论是生产技术还是顾客偏好，变化速度都大大加快。因此，企业必须把重点从过去的计划、控制和增长，转到速度、创新、灵活、质量、服务和成本上来，目的是为了留住顾客、赢得竞争和适应变化。

【本章知识导图】

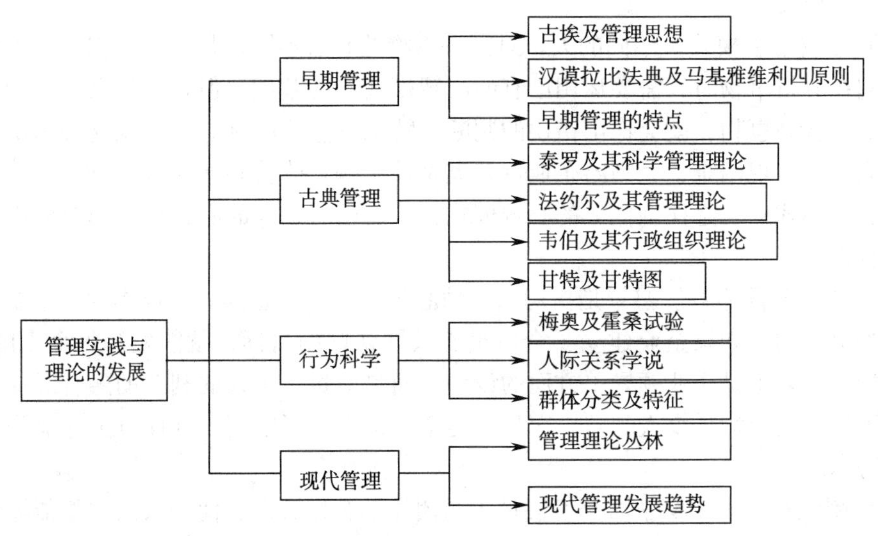

【课后实践活动】

关于古典管理理论先驱人物的事迹查询。每6~10人一组，查到的资料上传到公共平台共享。每小组结合当代社会存在的某个管理问题写出一篇感悟，并根据所学的管理学基础知识写出解决办法。

【课后案例分析题】

联合邮包服务公司

联合邮包服务公司（UPS）雇用了15万员工，平均每天将900万包裹发送到美国各地和180个国家和地区。为了实现他们的宗旨“在邮运业中办理最快捷的运送”，UPS的管理当局系统培训他们的员工，使他们以尽可能高的效率从事工作。UPS的工业工程师们对每一位司机的行驶路线都进行了时间研究，并对每种运货、暂停和取货活动都设立了标准。这些工程记录了红灯、通行、按门铃、穿过院子、上楼梯、中间休息喝咖啡的时间，甚至上厕所的时间，将这些数据输入计算机中，从而给出每一位司机每天工作中的详细时间标准。

为了完成每天取送130件包裹的目标，司机们必须严格遵循工程师设计的程序。当他们接近发送站时，他们松开安全带，按喇叭，关发动机，拉起紧急制动，把变速器推到一档上，为送货完毕的启动离开做好准备，这一系列动作严丝合缝。然后，司机从驾驶室出溜到地面上，右臂夹着文件夹，左手拿着包裹，右手拿着车钥匙。他们看一眼包裹上的地址把它记在脑中，然后以每秒3英尺的速度快步走到顾客的门前，先敲一下门以免浪费时间找门铃。送货完毕后，他们在回到卡车上的路途中完成登录工作。

【问题】

1. 本文主要体现了什么管理理论？是谁提出来的？
2. 这一管理理论的指导思想有哪些？
3. 这一管理理论主要有哪些内容？
4. 你如何评价这一管理理论？

【知识点链接】

泰罗的科学管理理论的内容，以及对该理论的科学性和局限性的评价。

【案例分析】

1. 本文体现了科学管理理论，它是由泰罗提出来的。

2. 这一管理理论的指导思想有：（1）科学管理的中心问题是提高劳动生产率；（2）实现最高工作效率的手段是用科学的管理替代传统管理。

3. 这一理论的主要内容有：（1）制定科学的作业方法；（2）科学地选择和培训工人；（3）实行有差别的计件工资制；（4）将计划职能和执行职能分开；（5）实行职能工长制；（6）在管理上实行例外原则。

4. 对一理论的评价，主要是考核学生综合分析管理理论的能力，只要在答案中涉及正面（科学性等）、负面（局限性等）两个方面的评价和分析，就可酌情给分。

第三章
计划职能

【本章概要】

本章先介绍计划的基本概念及相关的计划原理，然后介绍计划的编制及编制方法。

【重点内容】

1. 了解计划的类型，理解计划的程序；
2. 掌握环境分析与界定问题的基本模型与方式方法；
3. 掌握创造性思维与方法；
4. 编制计划的方法与程序。

【案例导入】

东京《东京都长期愿景》——2015年2月公布，目标年2030年。

该计划明确提出东京都的长远目标为“世界第一城市”，即“能为居民提供最大幸福”的城市，目标是在社会福利、经济活力、城市基础设施、艺术文化振兴等各方面超过伦敦、纽约、巴黎等城市。

该计划列出了为实现愿景所需达到的基本目标及相关战略，进一步提出为实现各目标而计划采取的各项政策，同时制订了一个为期三年的实施计划。

基本目标1：举办史上最佳的奥运会和残奥会

都市战略1：成熟都市，把握东京的优势，成功举办体育盛会；

都市战略2：通过用户至上的基础设施系统来展现城市；

都市战略3：传递日本人的东京魅力；

奥运城市东京的魅力：226家米其林三星餐厅，930座火车站，117米巨型摩天轮等。

基本目标2：实现东京的可持续发展；

都市战略4：实现安全、安心的都市；

都市战略5：实现福祉先进的都市；

都市战略6：实现世界领先的全球都市；

都市战略7：实现为下一代预备的环境美好、基础设施发达的都市。

以上告诉我们，如果你在2020年东京奥运会前后去东京，将体验到一个“70%的居民参加体育活动，滨河空间优美宜人，40%的居民参与志愿服务活动，大街上外国游客数量众多而他们可以获得多语种的贴心热情服务以及令人满意的免费WiFi，房屋抗震能力强，年轻父母可以得到各种育儿帮助无需为照料孩子而精疲力尽，长者亦安详舒适，新能源使用比例高，365 天空气质量优良，游客们可以在安全便捷的前提下去水滨和岛屿感受自然风光”的奥运城市。如果这样的愿景能够实现，相信远道而来的运动员、观众和本地居民都会有好心情，这应该也会是一届能给人留下美好印象的奥运会吧。原来东京的“世界第一”目标，并非经济的高歌或钢铁都市的荣耀，而是如此的舒适、亲民。眺望长远的风景，而立足于近期的大事件来制定具体详实的规划指标，这是相对于雄心勃勃勾勒 2040 年蓝图的纽约，东京为我们展现的另一种姿态和路径。

（资料来源：http：//www. wtoutiao. com/p/1982ony. html. ）

第一节　计划职能的基础概念

计划经常被称为管理的首要职能，因为它为管理的其他职能，即组织、领导和控制打下了基础。

一、计划职能的含义、地位和作用

（一）计划职能的含义

在汉语中，“计划”，既可以是名词，也可以是动词。从名词意义上说，计划是指用文字和指标等形式所表述的，在未来一定时期内组织以及组织内不同部门和不同成员，关于行动方向、内容和方式安排的管理文件。计划既是决策所确定的组织在未来一定时期内的行动目标和方式在时间和空间的进一步展开，又是组织、领导、控制和创新等管理活动的基础。从动词意义上说，计划是指为了实现决策所确定的目标，预先进行的行动安排。这项行动安排工作包括：在时间和空间两个维度上进一步分解任务和目标；选择任务和目标的实现方式；规定进度；检查与控制行动结果等。我们有时用“计划工作”表示动词意义上的计划内涵。因此，计划工作是对决策所确定的任务和目标提供一种合理的实现方法。

从管理角度上来定义，计划职能有其广义上的概念和狭义上的概念。

广义的计划职能是指管理者制订计划、执行计划和检查计划执行情况的全过程；狭义上的计划职能是指管理者事先对未来采取的行动所作的谋划和安排。

（二）计划职能的地位

计划职能在各项管理职能中的地位集中体现在首位性上。这种首位性一方面是指计划职能在时间顺序上处于计划—组织—领导—控制四大管理职能的始发或第一职能位置上；另一方面是指计划职能对整个管理活动过程及其结果所施加的影响具有首要意义。

（三）计划职能的作用

1. 计划是实施管理活动的依据。为实现组织目标而实施管理活动，首先必须进行科学的筹划和周密的安排，进行制订计划，并以计划为依据，组织实施管理活动。

2. 计划可以增强管理的预见性，规避风险，减少损失。通过计划，管理者对未来因素深入分析，进行预测，可以防患于未然。

3. 计划有利于在明确的目标下统一员工的思想行动。计划职能制定出的全体员工的共同行动目标与方案，将从思想和行动上使全体员工协调一致，增强凝聚力，发挥集体优势。

4. 计划有利于合理配置资源，提高效率，取得最佳经济效益。通过科学运筹，精心设计，选择最优化的决策与实施方案，有利于合理分配资源，最大限度地发挥各种资源的效用，提高工作的有效性，获取最佳效益。

计划工作给组织提供了通向未来目标的明确道路，给组织、领导和控制等一系列管理工作提供了基础。计划工作也着重于管理创新，有了计划工作这座桥，本来不会发生的事，现在就可能发生了，模糊不清的未来变得清晰实在。虽然我们几乎不可能准确无误地预知未来，那些不可控制的因素可能干扰最佳计划的制订，这使得我们不可能制订出最优计划，但是如果我们不进行计划工作，就只能听任自然了。

无论在名词意义上还是在动词意义上，计划内容都包括“5W1H”，计划必须清楚地确定和描述这些内容：

What——做什么？目标与内容。

Why——为什么做？原因。

Who——谁去做？人员。

Where——何地做？地点。

When——何时做？时间。

How——怎样做？方式、手段。

二、计划职能的性质、特征

（一）计划职能的性质

在管理的四项职能中，计划工作具有承上启下的作用。一方面，计划工作是决策的逻辑延续，为决策所选择的目标活动的实施提供了组织实施保证；另一方面，计划工作又是组织、领导、控制和创新等管理活动的基础，是各项组织活动的依据。所以，计划具有以下四个性质。

1. 计划工作是为实现组织目标服务的

任何组织任何时候都必须具有生存的价值、存在的使命。决策活动为组织确立了存在的使命和目标并且进行了实现方式的选择。计划工作是对决策工作在时间和空间两个维度上进一步的展开和细化。所谓在时间维度上进一步展开和细化，是指计划工作把决策所确立的组织目标及其行动方式分解为不同时间段（如长期、中期、短期等）的目标及其行动安排；所谓在空间维度上进一步展开和细化，是指计划工作把决策所确立的组织目标及其行动方式分解为组织内不同层次（如高层、中层、基层等）、不同部门（如生产、人事、销售、财务等部门）、不同成员的目标及其行动安排。组织正是为了通过有意识的合作来完成群体的目标而生存的。因此，组织的各种计划及其各项计划工作都必须有助于完成组织的目标。

2. 计划工作是管理活动的桥梁，是组织、领导和控制等管理活动的基础

如果说决策工作确立了组织生存的使命和目标，描绘了组织的未来，那么计划工作就是一座桥梁，它把我们所处的此岸和我们要去的彼岸连接起来，给组织提供了通向未来目标的明确道路，给组织、领导和控制等一系列管理工作提供了基础。

未来的不确定性和环境的变化使行动犹如大海航行，想要时刻保持正确的航向，就必须明白自己所处的位置，明确自己行动的目标。这不仅要求组织的一般成员了解组织的目标和实现目标的行动安排，而且更要求组织的主要领导人员明确组织的目标和实现目标的行动路径（而不至于因日常琐事和一连串的转弯而迷失方向）。计划工作的目的就是使所有的行动保持同一方向，促使组织目标实现。

3. 计划工作具有普遍性和秩序性

所有管理人员，从最高层管理人员到第一线的基层管理人员都要订计划，做计划工作。虽然计划工作的特点和广度由于管理人员所处的部门、层级的不同而有所不同，但是计划工作是全体管理人员的一项职能。当然，计划工作的普遍性中蕴含着一定的秩序。这种秩序随着不同组织的性质不同而有所不同。最主要的秩序表现为计划工作的纵向层次性和横向协作性。虽然所有管理人员都订计划，做计划工作，但第一线的基层管理人员的工作计划不同于高层管理人员制订的战略计划。在高级管理人员计划组织的总方向时，各级管理人员必须随后据此拟订各自的计划，从而保证实现组织的总目标。另外，实现组织的总目标不可能仅通过某一类型活动就可以完成（比如仅销售活动），而需要多种多样的活动相互协作和相互补充才可以完成。在高级管理层计划组织的总方向时，各层级的管理人员必须随后制订相互协作的计划。

4. 计划工作要追求效率

可以用计划对组织的目标的贡献来衡量一个计划的效率。贡献是指扣除制订和实施这个计划所需要的费用和其他因素后，能得到的剩余。在计划所要完成的目标确定的情况下，同样可以用制订和实施计划的成本及其他连带成本（如计划实施带来的损失、计划执行的风险等）来衡量效率。如果计划能得到最大的剩余，或者如果计划按照合理的代价实现目标，这样的计划就是有效率的。特别要注意的是，在衡量代价时，不仅要用时间、金钱或者生产等来衡量，而且还要衡量个人和集体的满意程度。

实现目标有许多途径，我们必须从中选择尽可能好的方法，以最低的费用取得预期的成果，保持较高的效率，避免不必要的损失。计划工作强调协调、强调节约，其重大安排都经过经济和技术的可行性分析，可以使付出的代价尽可能合算。

（二）计划职能的特征

计划职能是管理职能中最基本的职能，其主要特征如下：

1. 目的性，即计划工作旨在有效地达到某种目标；

2. 主导性，即管理过程中的其他职能只有在计划工作确定了目标后才能进行，计划职能在管理职能中居首要地位；

3. 普遍性，即计划工作在各级管理人员的工作中是普遍存在的；

4. 效率性，即某项计划以合理的代价实现目标。

三、计划职能的意义

（一）预见性

这是计划职能最明显的特点之一。计划不是对已经形成的事实和状况的描述，而是在行动之前对行动的任务、目标、方法、措施所作出的预见性确认。但这种预想不是盲目的、空想的，而是以上级部门的规定和指示为指导，以本单位的实际条件为基础，以过去的成绩和问题为依据，对今后的发展趋势作出科学预测之后而产生的。可以说，预见是否准确，决定了计划制订的成败。

（二）针对性

计划一是根据党和国家的方针政策、上级部门的工作安排和指示精神而定；二是针对本单位的工作任务、主客观条件和相应能力而定。总之，从实际出发制订出来的计划，才是有意义 、有价值的计划。

（三）可行性

可行性是和预见性、针对性紧密联系在一起的，预见准确、针对性强的计划，在现实中才真正可行。如果目标定得过高、措施无力实施，这个计划就是空中楼阁；反过来说，目标定得过低，措施方法都没有创见性，实现虽然很容易，但并不能因此而取得有价值的成就，那也算不上有可行性。

（四）约束性

计划一经通过、批准或认定，在其所指向的范围内就具有了约束作用，在这一范围内无论是集体还是个人都必须按计划的内容开展工作和活动，不得违背和拖延。

四、计划的种类

按照不同的标志来划分，计划的种类有不同的划分方法，划分出的种类也不同。在我们日常应用中，计划与策划易混淆，二者也具有一定的关联关系。

（一）计划的分类

1. 按计划表现形式分类

计划分为宗旨、目标、战略、政策、规则、规划和预算等。

2. 按企业职能分类

计划分为销售计划、生产计划、供应计划、新产品开发计划、财务计划、人事计划、后勤保障计划等。

3. 按制订计划的管理层次分类

计划分为企业计划、中层部门计划、基层单位计划。企业计划是由企业的高层管理人员根据企业的发展目标和发展规划制订的长期的战略计划。中层部门计划是部门负责人根据所在部门需承担的责任和需要完成的任务而制订的计划。而基层单位计划是基层部门根据当前的任务制订的计划，一般来说属于短期的战术计划。

4. 按计划的期限分类

计划分为长期计划、中期计划、短期计划。长期通常指 5 年以上，短期一般指 1 年以内，中期则介于两者之间。

5. 按计划的内容分类

计划分为专项（专题）计划和综合计划。专项计划是针对某一专项任务或某一重大项目而制订的计划。综合计划涉及的是企业全体问题的、综合发展的计划。

6. 按计划内容的明确性标准分类

计划分为具体性计划和指导性计划。具体性计划具有明确规定的目标，不能模棱两可。比如，企业销售部经理打算使企业销售额在未来 5 个月中增长 10%，他会制定明确的程序、预算方案以及日程进度表，这便是具体性计划。指导性计划只规定某些一般的方针和行动原则，给予行动者较大自由处置权，它指出重点但不把行动者限定在具体的目标上或特定的行动方案上。比如，一个增加销售额的具体计划可能规定未来 5 个月内销售额要增加 10%，而指导性计划则可能只规定未来 5 个月内销售额要增加 8% ~12%。相对于指导性计划而言，具体性计划虽然更易于执行、考核及控制，但是缺少灵活性，它要求的明确性和可预见性条件往往很难满足。

7. 按工作的重复性分类

计划分为程序性计划与非程序性计划。

西蒙把组织活动分为两类：一类是例行活动，指一些重复出现的工作，如定货、材料的出入库等。有关这类活动的决策是经常反复的，而且具有一定的结构，因此可以建立一定的决策程序。每当出现这类工作或问题时，就利用既定的程序来解决，而不需要重新研究。这类决策叫程序化决策，与此对应的计划是程序性计划。另一类活动是非例行活动，不重复出现，比如新产品的开发、生产规模的扩大、品种结构的调整、工资制度的改变等等，处理这类问题没有一成不变的方法和程序，因为这类问题或在过去尚未发生过，或因为其确切的性质和结构捉摸不定或极为复杂，或因为其十分重要而需用个别方法加以处理。解决这类问题的决策叫做非程序化决策，与此对应的计划是非程序性计划。

（二）企业的基本计划类型

就企业而言，通常计划分为战略计划、生产经营计划和作业计划三种基本类型。

1. 战略计划

也叫战略规划，决定企业在未来一个时期的工作目标和发展方向，是企业最重要的一种计划。战略计划一般由高层管理人员制订。它有三个显著的特点：

（1）长期性。战略计划一般涉及未来 3 ~5 年、5 ~10 年、10 ~15 年甚至更长的时间。

（2）普遍性。战略计划的涉及面广，相关因素多，既包括企业内的各部门和环节，也包括企业的外部环境。

（3）权威性。战略计划是一种宏观指导计划，对企业的所有其他计划具有指导、约束作用。

2. 生产经营计划

企业生产经营计划是企业在战略计划的指导下，根据企业的经营目标、方针、政策等制订的计划。

生产经营计划的特点是整体性和系统性。生产经营计划一般包括利润计划、销售计划、生产计划、成本计划、物资供应计划等。另外，生产计划一般多以年度计划为主。

3. 作业计划

作业计划是企业生产经营计划的实施计划，是企业的短期计划。

作业计划一般是由基层管理人员或企业负责计划工作的职能人员制订，指标具体，任务明确。

（三）计划与策划

计划与策划是既相通、又有差异的两个概念。二者关系如下：

1. 计划与策划都是对未来活动或行为所进行的谋划，二者的本质含义是相同的，在实际操作中又常常是相通的。

2. 广义上，计划包括策划，作为活动，策划是计划中的一个关键环节；作为文书，策划书是计划书的一种形式。

3. 狭义上，计划与策划又是有所区别的，作为不同于常规计划的策划，它更强调策划对象的专门性，如某项活动、某个专项工作等；同时，策划也具有筹划的对策性、构思的创新性等特点，当一份计划书也具有这些特点时，就可以把计划书称为策划书了。

（四）计划的层次体系

上面我们根据不同标准来划分计划的类型。由上文讨论可知，一个计划包含组织将来行动的目标和方式。计划与未来有关，是面向未来的，而不是过去的总结，也不是现状的描述；计划与行动有关，是面向行动的，而不是空泛的议论，也不是学术的见解。面向未来和面向行动是计划的两大显著特征。认识这一点，我们就能够理解计划是多种多样的。哈罗德·孔茨和海因·韦里克从抽象到具体，把计划分为一种层次体系：（1）目的或使命；（2）目标；（3）战略；（4）政策；（5）程序；（6）规则；（7）方案；（8）预算（如图 3－1 所示）。

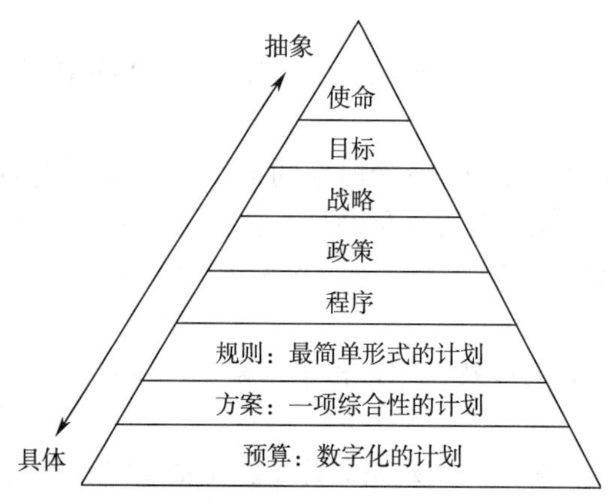

图 3－1　计划的层次体系

孔茨和韦里克的分类对于我们理解计划及其计划工作是有裨益的。下面简要分析各种形式的计划。

1. 目的或使命

目的或使命指明一定的组织机构在社会上应起的作用、所处的地位。它决定组织的性质，决定此组织区别于彼组织的标志。各种有组织的活动，如果要使它有意义的话，至少应该有自己的目的或使命。比如，大学的使命是教书育人和科学研究，研究院所的使命是科学研究，医院的使命是治病救人，法院的使命是解释和执行法律，企业的目的是生产和分配商品和服务。

2. 目标

组织的目的或使命往往太抽象，太原则化，它需要进一步具体为组织一定时期的目标和各部门的目标。组织的使命支配着组织各个时期的目标和各部门的目标，而且组织各个时期的目标和各部门的目标是围绕组织存在的使命所制定的，并为完成组织使命而努力。虽然教书育人和科学研究是一所大学的使命，但一所大学在完成自己使命时会进一步具体化不同时期的目标和各院系的目标，比如最近 3 年培养多少人才、发表多少论文等。

3. 战略

战略是为了达到组织总目标而采取的行动和利用资源的总计划，其目的是通过一系列的主要目标和政策去解决和传达一个组织期望自己成为什么样的组织。战略并不打算确切的概述组织怎样去完成它的目标，这些属于无数主要的和次要的支持性计划的任务。

4. 政策

政策是指导或沟通决策思想的全面陈述书或理解书。但不是所有政策都是陈述书，政策也常常会从主管人员的行动中含蓄地反映出来。比如，主管人员处理某问题的习惯方式往往会被下属作为处理该类问题的模式，这也许是一种含蓄的、潜在的政策。政策能帮助事先决定问题处理方法，这一方面减少对某些例行事件处理的成本，另一方面把其他计划统一起来了。政策支持了分权，同时也支持上级主管对该项分权的控制。政策允许对某些事情有酌情处理的自由，一方面我们切不可把政策当做规则，另一方面我们又必须把这种自由限制在一定的范围内。自由处理的权限大小一方面取决于政策自身，另一方面取决于主管人员的管理艺术。

5. 程序

程序是制订处理未来活动的一种必需方法的计划。它详细列出完成某类活动的切实方式，并按时间顺序对必要的活动进行排列。它与战略不同，它是行动的指南，而非思想的指南；它与政策不同，它没有给行动者自由处理的权力。出于理论研究的考虑，我们把政策与程序区分开来，但实践工作中，程序往往表现为组织的规章制度。比如，一家制造业企业处理订单的程序、财务部门批准给客户信用的程序、会计部门记载往来业务的程序等，这些都表现为企业的规章制度，也即政策。组织中每个部门都有程序，并且在基层，程序更加具体化，数量也更多了。

6. 规则

规则没有酌情处理的余地。它详细地阐明了必需行动或非必需的行动，其本质是一种必须或无须采取某种行动的管理决策。规则通常是最简单形式的计划。

规则不同于程序。其一，规则用于指导行动但不说明时间顺序；其二，可以把程序看作是一系列的规则，但是一条规则可能是也可能不是程序的组成部分。比如，“禁止吸烟”是一条规则，但和程序没有任何联系；一种规定顾客服务的程序可能表现为一种规则，如在接到顾客需要服务的信息后 30 分钟内必须给予顾客答复。

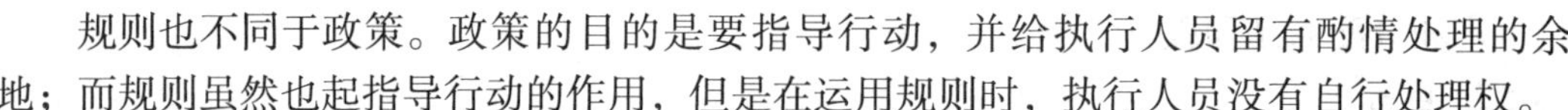

规则也不同于政策。政策的目的是要指导行动，并给执行人员留有酌情处理的余地；而规则虽然也起指导行动的作用，但是在运用规则时，执行人员没有自行处理权。

必须注意的是，就性质而言，规则和程序均旨在约束行为；但只有在不要组织成员行使他们的自行处理权时，才应该使用规则和程序。

7. 方案（或规划）

方案是一个综合性的计划，它包括目标、政策、程序、规则、任务分配、采取的步骤、要使用的资源，以及为完成既定行动方针所需的其他因素。一项方案可能很大，也可能很小。通常情况下，一个主要方案（规划）可能需要很多支持计划。在该主要方案进行之前，必须把这些支持计划制订出来，并付诸实施。所有这些计划都必须加以协调和安排时间。

8. 预算

预算是一份用数字表示预期结果的报表。预算通常是为规划服务的，但其本身可能就是一项规划。

五、计划工作的原理

编制计划是一项科学性、预见性、系统性、创新性和艺术性都很强的管理活动，同时又是一项困难而复杂的任务。为了提高计划编制的水平，在计划的编制过程中，应遵循以下一些基本原理。需要说明的是，这些原理的名称并不太确切，本书在括号中给出了另一名称以便于读者理解。

（一）限制因素原理（木桶原理）

所谓限制因素，是指妨碍决策目标实现的因素。限制因素原理是指在决策过程实施中，只要抓住这些限制因素，解决了这些瓶颈问题，即使其他因素不改善，也可以使决策实施结果得到显著提高。限制因素原理也称为“木桶原理”，即假设木桶直径不变，一个由多块木板构成的木桶所盛的水量，取决于木桶壁上最短的那块木板。这一原理旨在说明，管理者在编制决策实施计划时，应深入了解那些对决策目标实现起主要限制作用的瓶颈因素，并针对这些因素制定工作重点，设置重点任务、重点目标和重点考核指标，配备主力人员来解决这些问题，这样才能为实现整个决策目标扫清障碍。

（二）许诺原理（短期许诺原理）

许诺原理是指任何一项计划都是对完成某项工作所作出的许诺，许诺越大越多，计划的期限就越长，所涉及的各种不确定性因素就越多，实现许诺的可能性就越小。这一原理涉及计划期限的问题。一般而言，一项详细计划实施的期限不能太长，一方面计划期太长实现所许诺的任务的把握将会降低；另一方面，计划期太长所花费的计划费用将会大幅提高，而效果也未必理想。更明确地说，即使决策是一项长期决策，也不需要一次性编制出该决策的长期的具体实施计划。我们可以在长期决策的指导下，采取分期计划、短期许诺和分步实施的方式，或者通过编制滚动计划（稍后将介绍）来实现长期决策。这样的计划所提出的许诺更加现实、更加稳妥，而且也更有利于实现长期决策的许诺。

（三）灵活性原理（留有余地原理）

由于计划实施过程中将面临内、外部环境的各种不确定因素的影响，因此在决策实施计划编制时，就应当增加计划的灵活性，不能提出过高的目标或许诺，要留有余地，降低实施难度，提高完成计划的“余量”，从而降低未来意外事件所引起的损失或失败的危险性。这就是计划的灵活性原理。

计划的灵活性原理对于组织的管理决策非常重要，它关系到对决策目标的许诺能否最终实现。如果一个组织的计划总是过于“刚性”，实施难度很大，结果老是完不成，这必将影响员工的士气，降低管理者的威信，并影响以后各项计划的执行，形成恶性循环和不良的组织文化。当然，提高计划灵活性也要把握好“度”。我们不能总是以推迟决策目标的完成时间来确保计划的灵活性，也不能把增加灵活性作为工作松懈的“依据”。否则，即使增加了计划的灵活性，结果还是无法完成任务。因此，在计划的实际编制活动中，管理者必须很好地把握“灵活性”的尺度。“灵活性”太小，则计划实施时适应变化的能力就会太低，当环境发生较大变化时就可能导致计划的失效；而“灵活性”太大，则计划实施过程中将付出低效率的代价，最终将无法实现决策目标。因此，管理者在计划编制活动中，既要留有余地，减少计划实施中的不确定性因素带来的风险，又要对这种余地进行适当的控制，以提高计划实施时的效率和效果。

另外，在执行这种具有一定灵活性的计划时，管理者必须意识到，延迟是一种灵活，提前也是一种灵活，而且是更重要的灵活。也就是说，在工作进展顺利时，管理者和执行者都不能松懈，要尽量提前完成任务，以便把时间留给受到阻力时去“灵活”，或者把前面被“灵活”掉的时间赶回来。这样才能最终按期完成决策的目标。

（四）改变航道原理（计划修订原理）

改变航道原理也是一种增加灵活性的方法，但它和灵活性原理不同。灵活性原理是指在编制计划时，所提出的目标或许诺（包括任务及完成时间等）不能太高，要留有余地；而改变航道原理是指计划执行过程中要有灵活性，可以修订计划，但不降低原计划的总目标。

由于情况在不断变化，而计划不可能“未卜先知”，因此就需要我们实时检查计划的执行情况，对发生的偏差进行及时纠正。当通过各种纠偏措施还是无法完成计划时，就需要根据现实实际情况对计划进行调整或修订，而不能被计划所束缚住。但是这种修订并不改变计划的总体目标，只是调整实现目标的进程。这就如同舵手在航行时必须经常核对和修正航线，一旦遇到情况就应绕道而行，但最终还得到达预定的目的地。

虽然改变航道原理并不是一种直接针对编制计划的原理，但是这一原理要求管理者在编制计划时要注意计划“进程”或“航道”的可修改性，以便于在实施过程中进行计划的修订。

第二节　计划的制订

一、计划制订遵循的原则

（一）科学性原则

1. 研究国家有关政策法规。

2. 研究同行业竞争对手的情况。

3. 研究消费心理和消费趋势。

4. 研究资源及潜力。

（二）统筹兼顾的原则

在制订计划时，要全面考虑到计划系统中所有的各个构成部分及其相互关系，同时还要考虑到计划系统和相关系统的关系，按照系统内外的必然联系，进行统一筹划。

（三）重点原则

在制订计划时，不仅要全面考虑计划的各个方面问题，同时还要分清主次和轻重缓急，抓住计划的关键性问题、关键要素，以及计划执行中的关键环节。

（四）综合平衡原则

在制订计划时，为实现计划目标，根据客观规律的要求，合理地确定各种比例关系。

（五）弹性原则

该原则是指计划能够根据客观环境的发展变化作出相应的调整和变动，是在实际管理活动中的适应性、应变能力与动态的管理对象相一致的性质。

计划的弹性包括两方面的含义：

1. 在制订计划时要留有充分的余地，使计划具有适度修改的伸缩性。

2. 计划目标在执行过程中的灵活性。

二、计划制订的要领

1. 明确制订计划的目标与依据

要落实上级的总体战略，配合全局；要保证计划利于任务的实现，利于企业的长期发展。

2. 抓住四个环节，按科学程序运作

要遵循科学的程序制订计划，编制计划书。要抓住四个关键环节：

（1）要搞好内外环境分析，是制订计划的前提和基础；

（2）运用创造性思维和创造性技法，是制订计划的灵魂；

（3）采用科学的决策方法，制定正确的决策，是制订计划的核心；

（4）编制科学的计划文本，是做好计划的基础性保证。

3. 着重关注中基层管理者负责的计划类型

中基层管理者主要负责制订年度及年度以下时间段的业务（工作）计划和解决某个问题、开展某项工作的专案计划。主要包括年度生产经营计划或工作计划、企业某一职能管理（营销、生产、技术、财务、开发等）计划、企业下属基层部门的生产作业计划，以及解决问题或开展某项专门工作的计划等。

三、计划制订的程序

计划编制本身也是一个过程。为了保证编制的计划合理，能实现决策的组织落实，计划编制必须采用科学的方法。

虽然可以用不同标准把计划分成不同类型，计划的形式也多种多样，但管理人员在编制任何完整的计划时，实质上都遵循相同的逻辑和步骤：分析环境，预测未来；制定目标；设计与选择方案；编制计划。

（一）分析环境，预测未来

在做计划时，管理者首先要考虑组织的各种环境因素，这是制订计划的依据。既要分析组织的内部环境，又要分析组织的外部环境；既要考虑组织的现实环境，又要考虑组织的未来环境。只有通过对各种环境因素的分析，才能够分析与界定企业在管理中存在的问题，从而确定可行性目标，进行正确的决策。

进行企业经营环境分析，主要包括外部环境分析和内部环境分析两大部分。外部环境分析包括对一般环境的分析和任务环境的分析。外部环境分析主要是找出企业经营的机会，以便抓住机会促进发展，同时要发现威胁、规避风险。企业内部环境分析主要是发现劣势，找出优势，弱化劣势，加强优势。这就是有名的SWOT分析，代表分析企业优势（Strength）、劣势（Weakness）、机会（Opportunity）与威胁（Threat）。

1. 企业外部经营环境分析

（1）一般环境

企业外部经营环境中的一般环境，是企业经营所共同面对的环境，对每一个企业的经营活动都产生虽然间接但却极为重要的影响作用。对企业经营环境影响较大的一般环境主要有：①经济环境；②技术环境；③政治与法律环境；④社会与心理环境等。

（2）任务环境

企业的任务环境是某一个或某一类企业开展经营活动所直接面临的环境，主要是指产业环境。与一般环境相比，任务环境对企业经营的影响更为直接。任务环境中最直接、最明显影响企业经营的是市场。

任务环境主要包括：①产品市场；②顾客；③竞争者；④供应商；⑤金融机构与融资渠道；⑥相关法律与法规；⑦政府主管部门等。要特别注意分析本企业在整个行业的竞争中所处的地位。

产业环境（任务环境）的分析模型——五力分析法。美国学者迈克尔·波特提出了产业竞争结构的分析模型，通过对五种竞争力的研究来分析任务环境。他认为，一个产业的竞争状态取决于五种基本的竞争力量。

这五种竞争力量就是：

①新加入者的威胁，这是指潜在的竞争对手进入本行业的可能性；

②替代品的接近程度，替代品是指具有相同或相近功能的产品或服务，它们在使用上是可以相互替代的；

③购买者的议价能力，这是指顾客和用户在交易中讨价还价的能力；

④供应商的议价能力，这是指企业的供应商向企业提供产品或原材料时的讨价还价能力；

⑤现有企业的竞争，企业所处的行业同行企业之间的正面竞争。

系统地考察这五种竞争力，就可以正确地估价所在产业的竞争结构，如图3-2所示。

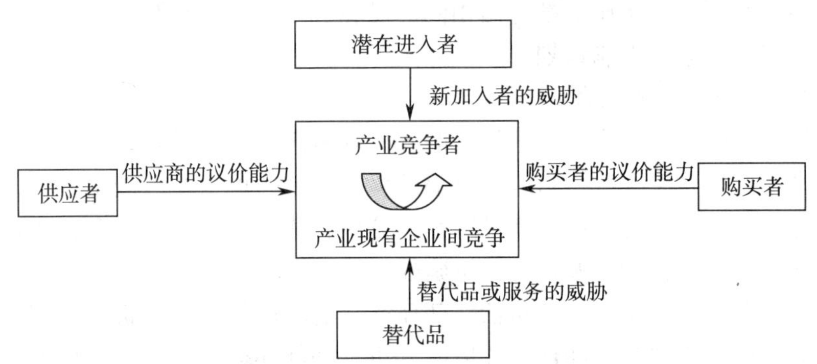

图 3－2　五种竞争力分析模型

这五种竞争力反映了一般产业的竞争构成因素，具有普遍性。在当代我国企业的经营中，还应该注意高新科学技术的因素、信息与互联网的影响，特别是各级政府的政策取向等。

（3）外部环境分析的关键

外部环境分析的关键是要找出发展的机会与面临的威胁。①发现并抓住机会。这里的机会是指能为企业经营带来运作空间与发展潜力的商业机会。机会不但能为企业带来好的经营运作，而且是企业有能力把握的。因此，企业必须在环境分析的基础上，抓住机会，努力开发，以获得经营上的更大成功。②发现并规避威胁。这里讲的威胁是指企业所面临的经营环境可能给企业带来不利或危害的因素。企业应及早发现，千方百计地加以规避。

2. 企业内部经营环境分析

企业内部经营环境是企业开展经营活动的基础，对企业的战略决策及经营绩效具有重要意义。

（1）企业内部经营环境分析的基本内容：

①分析经营的各种营运范畴。企业的经营活动是由一系列具有特定功能的营运活动或领域构成的。透过这些营运功能的分析，就可以挖掘出本企业的竞争优势，并发现隐忧。企业的营运范畴主要包括市场营销、研发管理、生产与作业管理、财务与会计管理、人力资源管理等。

②分析企业制度与组织结构。企业制度、组织结构、领导方式等因素是影响企业经营成果的重要因素。科学有效的结构与体制本身，就是企业的竞争优势；结构与体制的僵化与落后，就是企业的最大隐忧。

③分析企业的文化因素。企业的文化是一个企业区别于其他企业的重要特质之一，对经营活动具有很大的影响，构成了企业经营的重要内部环境。主要包括企业精神、士气、人际关系、凝聚力与向心力等。

④在分析的基础上，找出企业的竞争优势与劣势。

（2）企业内部环境分析模型与方法——价值链分析

价值链分析是分析企业内部经营环境的重要方法。价值链分析是建立在企业的经营是为客户创造价值的理念基础上的。企业的一切生产经营活动都是为顾客创造价值，同时也为企业创造利润。要提高经营效率与效益，就要在每个经营环节上千方百计地增加价值。

价值链，也称增值链，是指企业创造价值的一系列经营活动所组成的链条。价值链是由一系列生产经营活动构成的。波特将价值活动区分为两大类：①基本活动，主要有内部后勤、生产经营、外部后勤、市场营销、服务，是对创造价值直接作出贡献的活动。②辅助活动，主要有技术开发、人力资源管理、企业基础设施和采购，是为创造价值作出间接贡献的活动，如图 3－3 所示。

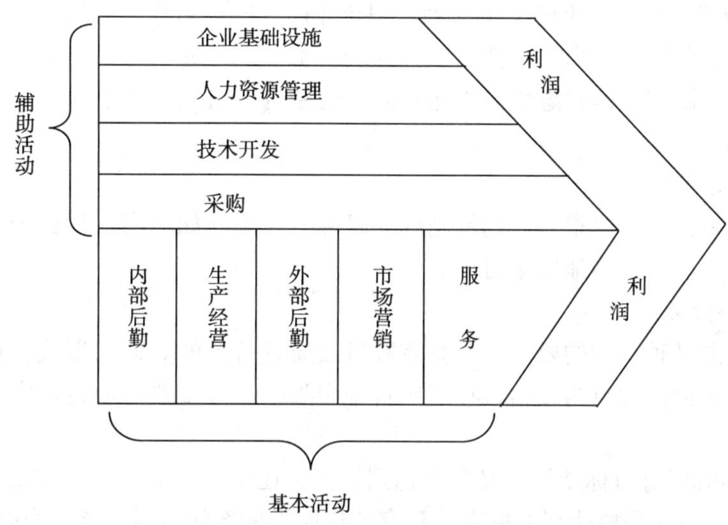

图 3－3　企业内部环境分析模型

价值链分析，就是对上述企业这种经营活动（含基本活动与辅助活动）领域与环节，进行深入地分析，一方面可以对每一项价值活动进行分析，另一方面是对各项价值活动之间的联系进行分析。通过分析，找出优势与劣势，提高价值的创造能力。

3. 通过环境分析，排除企业隐忧，建立竞争优势

（1）企业建立竞争优势的基础

主要有如下四个方面：①质量。生产经营适应顾客需要的高质量产品，是形成企业竞争优势的最重要的基础。②效率。效率主要是指经济地使用资源，降低产品的成本，从而形成竞争优势。③创新。创新可以为企业带来生机与活力，只有坚持不断创新的企业，才能在激烈的竞争中永葆优势。④顾客。顾客作为价值的认知者和评价者，是企业的衣食父母，是企业经营效益的源泉。只有向顾客提供满意的产品，与顾客保持密切而稳定的联系，真正获得顾客的认可与惠顾，才能建立更加稳定而强大的竞争优势。

（2）建立竞争优势的策略。在进行系统的价值链分析的基础上，要发掘企业的竞争优势，采取正确的策略，不断增强企业的竞争优势。波特提出的构建企业竞争力优势的策略主要有三个：①成本领先策略。即通过先进的技术与管理，显著地提高生产效率，大幅度地降低成本，使本企业的成本明显低于竞争对手，从而获得竞争优势。②产品差

异化策略。即通过需求调研与产品开发，向市场提供紧密适应顾客需求、具有特殊功能或鲜明特色的优质产品，使得本企业的产品与竞争对手的产品区别开来，从而形成竞争优势。③集中化策略。即主攻某个特殊的顾客群或某个细分市场，以求在狭窄的市场面构建经营优势。

（3）企业的劣势分析

导致企业失败的隐患和劣势主要有：①企业经营环境情况不明，缺乏清晰的战略。②技术落后，没有优势的产品结构与品牌。③营销乏力，不能有效地占领市场。④组织结构与管理机制僵化，管理观念与管理方式落后。⑤企业惯性严重，缺乏创新与活力。

（4）企业劣势的消除策略。①深刻认识企业隐忧的严重危害，树立危机意识。②深入分析企业内部环境，找出并正视企业存在的劣势。③通过改革、重组、调整、加强等多种手段，堵塞漏洞，消除隐忧。④建立完善的结构与机制，从根本上消除隐忧的重复发生。

（二）制定目标

目标是计划的核心要素。计划就是确立目标，并筹划如何实现目标的过程。科学地制订计划，首先必须正确地制定目标。

1. 目标的含义

目标是提醒某种目的的要求的、具有数量或质量特征的具体化形式。目标是组织及其成员所有行为的出发点与归宿，在组织管理中处于十分重要的地位。完整的目标包括以下含义：

（1）目标既要有目标项目，又要有达到标准，还应有完成时限。如提高利润是目标项目，那么提高2%是要达到的标准。只有项目而无标准的目标不能成为有效的目标。

（2）目标是质与量的统一。完整的目标，既有质的规定性，又有量的界限，如年内达到这一目标。

（3）目标是有时间期限的。目标的实现一定要有明确的完成时限。

完整的目标应该是：目标 = 目标项目 + 达到标准（质与量） + 完成时限

2. 目标的制定

目标的制定是一项极为重要的工作，应遵循正确的原则，有可靠的依据，按照科学的程序进行。

（1）制定目标的原则

①明确性原则。目标的内容必须清楚明确，不能含糊不清。

②先进性原则。目标的水平必须先进，具有激励性。

③可行性原则。设立的目标，不但标准可以达到，而且目标的项目不宜过多，并充分考虑主观条件和客观条件的限制，一定要具有可操作性。

④定量化原则。表示目标的各种指标或标准要尽可能定量化，便于测量。对于一些不好直接量化的，尽可能采取一些方法技术，使其转化为可量化的。

（2）制定目标的依据

①从本组织的宗旨出发，结合组织内外部环境，这是制定组织目标最基本的依据。

②可以根据前一阶段未实现的目标或标准的问题点，以及出现的新问题来确定目标。

③根据市场竞争的需要制定目标。

④根据上级部门提出的要求、部署或社会的形势要求制定目标。

⑤根据与国内外先进水平比较的差距制定目标。

（3）制定目标的程序

制定目标的基本程序可以分为“由上而下”“由下而上”和“上下结合”等。对于业务较为简单的小企业或中基层单位制订计划，可以采用“由上而下”的程序，由企业上层或部门主管提出总目标，再层层下达。而业务复杂的大企业则必须先由各部门制定目标，然后汇总再综合为企业的总目标。

（4）获得员工对目标的认可

目标既是鼓舞员工奋斗的武器，又是需要员工的努力来实现的，因此，企业或部门制定的目标，必须最大限度地获得员工的理解、认可与支持。这就要求制定目标时要做到以下几点：

①制定目标时要充分考虑员工的需求；

②制定过程尽可能让员工参与；

③发布目标，让员工知晓与了解；

④目标的实现过程要尽可能实现员工的自主管理和自我控制。

这样才能形成有效和可能获得成功的目标。

（三）设计与选择方案

为实现目标，要选择正确的实施途径与方法，合理配置人、财、物等各种资源，制订系统的计划方案。这一步骤是计划职能的中心环节，而其中最关键的是方案创意的形成与科学的决策。

1. 制订富有创意的可供选择的多个方案

计划的灵魂是创新，实质过程是运筹。必须通过创新，拿出有“创意“的方案，并通过科学的运筹，形成系统的、可操作性的工作方案。

（1）创意的含义。创意是创造性思维的成果，是创新在计划职能中的体现，是决定计划价值的核心要素。创意是指在创造性思维活动过程中所创造的、用以解决问题或谋划未来的独特设想与构思。它是以创造性思维活动为前提与基础的，对所谋划的事项提出全新、独特的设想与构思，是关于要解决问题的思路、对策、途径或方案等。

创造性思维主要有发散型思维、收束型思维和灵感思维三种形式。发散型思维是指为解决某一问题而最大限度地放开思路，从多视角、多方向、多途径寻求解决问题方法的一种开放性思维方式；收束型思维是指利用已有的知识和经验，将众多信息、经验进行分析、整理和综合，以便实现最优化和系统化的思维方式；灵感思维是人的意识在外部偶然机遇下的作用而产生的，是一种显现意识与潜在意识交互作用而产生的思维形式。

（2）科学运筹，制订方案。首先，科学地安排计划要素。保证为实现组织目标而制订的方案与不断变动的组织内外环境相互衔接与适应；管理方案必须切实可行，对实现目标有效，富有创意；注意管理行为成本最低。其次，合理配置资源。要做到按目标、任务分配资源，处理好重点目标与一般目标的关系；做到资源使用的有效性与经济性，以尽可能小的投入获得尽可能大的产出。最后，对组织多项活动，要做到周密计划、科学安排、有机协调，以保证取得预期效果。

（3）做好预案工作。在对管理方案进行设计时，一定要注意方案在实施中可能遇到的意外：目标变化、任务变化、主客观环境变化。为了有效应对这些变化，在方案制订过程中，要预先留有余地和运作空间，使方案具有较大弹性；并拟订突发事故或意外出现时的基本对策和处理措施，准备几套备用方案。

2. 在分析组织内部、外部条件的基础上，评价各种方案、选择方案

评价方案，要注意考虑以下几点：第一，认真考察每一个方案的制约因素和隐患；第二，要用总体的效益观点来衡量方案；第三，既要考虑到每一个方案的有形的可以用数量表示出来的因素，又要考虑到无形的不能用数量表示出来的因素；第四，要动态地考察方案实施的效果，既要考虑执行方案所带来的利益，还要考虑实施所带来的损失，特别注意那些潜在的、间接的损失。评价方法分为定性和定量两类。

这一阶段的最后一步是按一定的原则选择出一个或几个较优的方案。

评价方案、选择方案、确定方案等内容详见决策（第四章）的内容。

（四）编制计划

1. 制订主要计划

制订主要计划就是将所选择的计划用文字形式表达出来，作为管理文件。计划要清楚地确定和描述“5W1H”的内容，即 What（做什么）、Why（为什么做）、Who（谁去做）、Where（何地做）、When（何时做）、How（怎样做）。

2. 制订派生计划

基本计划还需要派生计划的支持。比如，一家公司年初制订了“当年销售额比上年增长 15%”的销售计划，与这一计划相连的有许多计划，如生产计划、促销计划等。再如，当一家公司决定开拓一项新的业务时，这个决策是要制订很多派生计划的信号，比如雇用和培训各种人员的计划、筹集资金计划、广告计划等。

3. 制订预算，用预算使计划数字化

在作出决策和确定计划后，最后一步就是把计划转变成预算，使计划数字化。编制预算，一方面是为了计划的指标体系更加明确，另一方面是使企业更易于对计划执行进行控制。定性的计划往往在可比性、可控性和进行奖惩方面比较困难，而定量的计划则具有较硬的约束。

第三节　几种常见的计划形式及其编制方法

对于不同组织和不同决策问题的实施计划的内容和形式是各不相同的。有以文字表述为主的计划，也有以表格、图示或图表合一为主要表现形式的计划，而每一种计划形式的编制方法也各不相同。下面，首先介绍计划书的基本内容，然后介绍几种常用的计

划形式及其编制方法。

一、计划书法

大部分企业的计划都是以计划书的形式呈现的，所以这里简要介绍一下计划书的编制。

（一）计划书的格式

不同类型的计划，计划书的格式会有所不同，但是，一些基本的内容与项目是共同的。计划按照用途与思路的不同，大致可以划分为两种框架类型：基本框架模式与问题框架模式。

1. 计划书基本框架模式。一般的计划均采用这种模式，主要用于社会组织及其下属部门的年度及以下时间段的工作计划。

其主要内容结构为：①内外环境（背景）分析；②确定工作目标（任务）；③制订行动（工作）方案，包括工作内容、要求、途径、措施等；④资源配置方案，包括执行人、资金预算、物资配备、完成时限等。重要的工作计划书最开始的部分通常还要提出工作的指导思想，如图 3－4 所示。

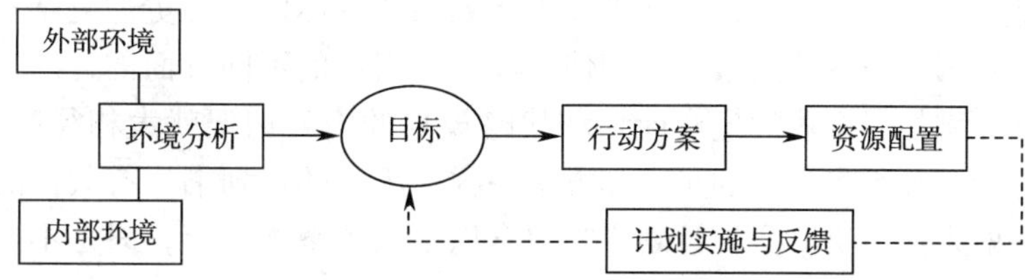

图 3－4　计划书基本框架模式

2. 计划书的专案（问题）框架模式

这是指为解决特定问题或开展某项工作而拟订专案计划所采用的模式。其主要内容结构为：

（1）对所要解决的问题或专项任务进行分解与界定。要分析和确定管理问题，就是要具体地分析和确定管理问题的状态与趋势、形成原因，以及所处的内外环境和条件等内容。重点界定以下问题：

①确定问题的性质与程度。首先，从定性角度确定属于何种性质的问题，如可控、不可控，是质变还是量变。其次，要全面评估该问题所造成的影响、后果与危害。

②找出原因，挖掘根源。针对问题找出造成问题的原因，针对原因解决问题。并在诸多原因中找出主要原因，并深入挖掘造成问题的根源，如历史根源、社会根源等。

③问题相关的条件与环境。弄清楚问题的环境与条件，问题才会被确定。

④明确解决问题的方向与思路。

问题分析与界定的方法有：①信息搜集法。主要包括数据资料搜集法、访谈法、现场调查法和工作报告法。②观察方法。主要包括全面观察法与局部观察法、直接观察法与间接观察法、感官观察法与抽象观察法。③分析方法。主要有分解法、因果分析法、比较分析法、归纳法、演绎法和类推法。④鱼刺图法。该方法在寻找问题形成原因、问题影响因素等方面具有特殊价值。鱼刺图以所要分析的问题为鱼刺主干，然后在鱼刺的主干两侧画出若干小鱼刺，每根鱼刺代表导致问题的一种成因或影响因素；根据需要，小鱼刺还可以生出更小鱼刺，代表更次一级的原因或影响因素。这种方法将层次多、原因复杂的问题直观化、条理化，是一种重要的分析问题的手段。

（2）分析主客观环境，把握有利与不利条件。运用 SWOT 分析方法，找出解决问题的有利条件和存在的障碍。

（3）寻求与确定解决问题或完成任务的路径或行动目标。

（4）制定解决问题或完成任务的方案与措施。

3. 计划书的基本项目

一般性的最基本的计划书项目，主要包括：（1）封面（标题）；（2）序言；（3）正文，主要包括环境或问题分析、行动目标、工作方案、资源配置等内容；（4）附件，主要有计划指标体系、计划进度表及其他相关资料。

（二）计划书的具体内容

前面已经说过，计划书的内容包括 Why、What、When、Where、Who 和 How 六个方面。但这只是一种粗略的说法，实际管理中计划书的具体内容要更加复杂和多变。不同类型的组织计划书的内容差别很大，即使是同一个组织的不同方面的计划书，其内容也有很大的区别，例如，企业的生产计划和战略规划的内容构架就大相径庭。尽管如此，就像不同类型的决策具有类似的步骤和方法一样，不同的计划书也有共性的基本内容和基本要求。一般来说，决策实施计划应当包含以下八项基本内容，只是不同的计划有不同的侧重点和不同的表述方式。

1. 上一期计划执行情况的总结与问题分析

为便于计划的编制和执行，首先要总结一下上一期计划执行的情况，总结其成功的经验和失误的教训，分析目前的问题和今后可能出现的困难。通过分析，理清问题的性质、严重性、影响面，以及历史、现状和发展的趋势等，分析产生问题的原因等。例如，企业要编制明年的生产计划，需要先分析今年生产计划的执行情况。如果今年难以按期完成生产任务，要分析哪些产品的生产进度滞后了，偏差有多大，原因是什么，是设备问题还是原材料供应问题。如果今年有望顺利或提前完成预定任务，需要总结一下经验，以便指导下一期计划的编制和执行。

2. 内部系统与外部环境分析

组织的内部系统与外部环境总是处于不断地变化之中，在进行新一期计划的编制时，需要对这些新变化进行分析和预测。对于战略决策还需要在此基础上分析组织的优势、劣势、机会和威胁，并针对上面所分析的问题和原因进一步找出更深层次的根本原因。例如，企业在编制营销计划时，需要对企业内部生产和销售系统的发展情况，以及企业外部的市场需求、消费者的意见、消费倾向的变化、竞争对手的动态等进行分析和预测。

3. 决策与计划的目标

用比较准确的语言和具体数据阐述决策目标的要求，这是编制计划书的依据，既是决策的目标也是计划的目标，是决策及其计划实施的出发点和归宿点。目标要尽可能具体和准确，最好要能够定量考核，尤其要避免提出空洞、抽象和含糊不清的目标。对于多目标决策问题，需要分析各目标之间的关系，给出目标重要性的排序和说明，以及在目标发生冲突时的处理方法等。对于一些比较重要的决策问题（如战略决策），通常还需要提出制订和实施该决策方案及其计划的意义和作用、指导思想或理论依据、基本原则和战略定位等内容，作为决策目标的支撑内容。

以上三项内容解决了计划书中“Why——为什么做”的问题。

4. 总体方案

对实现决策目标的总体决策方案进行阐述，包括总体方案的内容、要求和总体时间安排。以战略规划为例，要说明组织将采取成本领先战略还是差异化战略，是进攻型战略还是防御型战略，或其他战略类型。如果采用成本领先战略，还要进一步说明是选择哪一类成本领先战略，如简化产品型战略、改进设计型战略、材料节约型战略、人工费用降低型战略、生产创新及自动化型战略等，或者将几种成本领先战略综合使用。此外，还要阐述与成本领先战略相配套的其他职能战略，如生产战略、财务战略、研发战略等方面的相应措施。

前面四项内容通常在决策制定时，就已经分析过了。这里所做的工作就是将这些内容进一步补充、完善和整理后写入计划书，为执行者提供指导信息。

5. 任务分解

对于较大的决策问题，仅仅提供总体方案是难以实施的。为增强方案的可操作性和实施的有效性，需要将比较复杂的方案进行分解，分解成一些便于操作和相对独立的具体任务或工序。然后还要指出各项任务的目标和考核指标等要求，以及哪些任务是重点任务或重点工序。

以上两部分阐述的是“What——做什么”的问题。

6. 进度与地点安排

根据总体方案的时间要求，对于分解后的各项任务进行进度和地点的安排，指出各项任务实施的时间和地点要求，以及相互关联的任务之间的时间和地点的衔接。如果这些任务之间的相互衔接关系比较复杂，难以用文字的方式表达清楚，则可以借助计划表或网络图等形式或工具，用更加科学化和工程化的方式进行明确表达。后面我们将要介绍这些计划工具。这部分计划内容说明了“When——何时做”和“Where——何地做”的问题。

7. 工作分工

这里需要对总体方案和各项任务进行分工，包括整体计划的执行部门和负责人，以及各项任务的执行部门或执行者及其责任人。这种分工是十分重要的，只有将工作任务明确到部门和人员，才能做到职责分明，才能激励组织的相关员工和管理者为实现该计划而各司其职、努力完成任务，同时也便于对计划实施情况进行检查、督促和考核。这部分内容说明了“Who——谁去做”的问题。

8. 实施方法与保障措施

对于执行难度比较大的任务，还需要说明实施的方法，例如，执行任务的技术路线、需要使用的仪器设备、市场调研或收集数据的方法、产品试验的程序、信息处理的方式等。此外，对于比较重大的决策问题，还需要提出完成计划的保障措施和经费预算等。这些保障措施包括人力资源保障、资金保障、物资保障、组织保障、制度保障、管理保障和科技保障等。这部分内容说明的是“How——怎么做”的问题。

二、滚动计划法

计划，尤其是长期计划，在实施过程中，常常由于一些主观和客观的原因，如市场商品供求情况发生了新的变化，计划本身存在缺陷，或者计划实施不当等，使得计划不合时宜。这时，需要对原计划进行调整，从而使得组织活动更加符合环境的要求。因此，对于长期计划，一次性编制得过于详细是没有意义的，而滚动计划可以很好地解决这一难题。滚动计划法是按照“近细远粗”原则编制一定时期内的计划，然后定期按照计划的执行情况和环境变化，调整和修订未来的计划，并逐期向后移动，把短期计划、中期计划和长期计划结合起来的一种计划方法。

图3－5给出了滚动计划的示例。由图3－5可以看出，近期的详细计划实施完毕后，根据执行情况和内外部因素的变动情况对原计划进行修正和细化，此后根据同样的原则逐期滚动，每次修正都向前滚动一个年份。

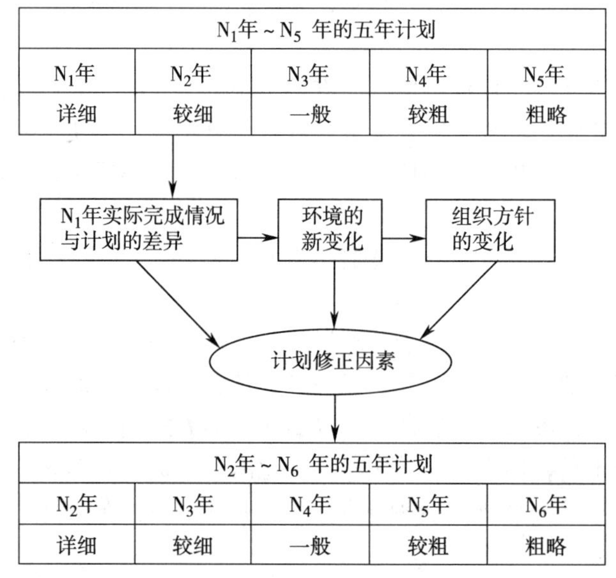

图3－5　滚动计划示例

这种方法的优点在于：（1）相对缩短了计划期限，增加了计划的准确性，提高了计划工作的质量，使计划更加切合实际。（2）长期、中期和短期计划能够相互衔接，既保证了长期计划的指导作用，使得各期计划能够基本保持一致，又保证了计划的灵活性，特别是在环境迅速变化的情况下，有助于提高组织的应变能力。

三、网络图与关键路径法

当计划中的任务或工序个数很多，而且各任务之间存在着密切的时间序列关系时，以关键路径法（Critical Path Method，CPM）等技术为基础的网络图，能够较好地解决这一问题。

关键路径法是一种网络图方法，由雷明顿—兰德公司（Remington—Rand）和杜邦公司（Dupont）在1957年提出。关键路径法的步骤如下：（1）对决策方案进行任务分解，确定达到决策方案要完成的所有任务（或工序，见表3－1）。（2）确定这些任务的先后顺序以及各自耗费的时间。（3）按照任务的先后顺序从开始到结束，绘制网络图（称为CPM网络图，见图3－6）。在CPM网络图中，箭头代表各个任务；箭头上方标明了任务的序号，下方标出的数字为该项任务的计划时间；圆圈表示任务的起止节点，圈内数字是节点编号。（4）在网络图的基础上，找出图中的关键路径。所谓路径（Path）是指从网络图的始点出发，顺箭头方向到达终点的一条通道。而关键路径（Critical Path）是指在CPM网络图的各条路径中，完成本路径上的各项任务所需要的时间最长的那条路径。

表3－1　　建筑施工任务的工序结构

工序编号	工序内容	计划时间（周）	前一工序
A	审查设计和批准动工	10	—
B	打地基	6	A
C	立屋架和砌墙	14	B
D	浇筑楼板	6	C
E	安装窗户	3	C
F	搭建屋顶	2	C
G	室内布线	5	D、E、F
H	铺地板和嵌墙板	4	D
I	安装门和内部装饰	8	G、H
J	验收和交接	1	I

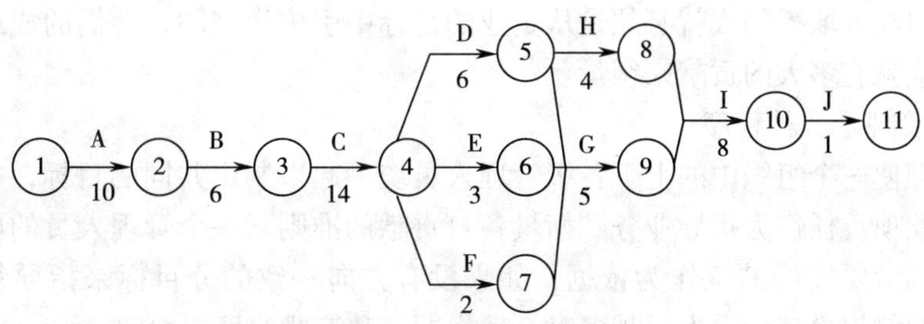

图3－6　建筑施工计划的CPM网络图

表3－1为一建筑施工任务的工序分解表。该工程任务共分为10项工序A～J，各工序之间具有一定的相互衔接关系。由表3－1给出的信息可以绘制出该计划的CPM网络图（见图3－6）。在图3－6中，比较各条路径的长度，可以找出关键路径是A－B－C－D－G－I－J，因为该路径所需的时间为10＋6＋14＋6＋5＋8＋1＝50（周），是CPM网络图的各路径中最长的。

对网络计划技术的评价：网络计划技术虽然需要大量而繁琐的计算，但在计算机广泛运用的时代，这些计算已大都程序化了。这种技术之所以被广泛地运用是因为它有一系列的优点。

（1）该技术能清晰地表明整个工程的各个项目的时间顺序和相互关系，并指出了完成任务的关键环节和路线。因此，管理者在制订计划时可以统筹安排，全面考虑，又不失重点。在实施过程中，管理者可以进行重点管理。

（2）可对工程的时间进度与资源利用实施优化。在计划实施过程中，管理者调动非关键路线上的人力、物力和财力从事关键作业，进行综合平衡。这既可节省资源又能加快工程进度。

（3）可事先评价达到目标的可能性。该技术指出了计划实施过程中可能发生的困难点以及这些困难点对整个任务产生的影响，有利于管理者准备好应急措施，从而减少完不成任务的风险。

（4）便于组织与控制。管理者可以将工程，特别是复杂的大项目，分成许多支持系统来分别组织实施与控制，这种既化整为零又聚零为整的管理方法可以实现局部和整体的协调一致。

（5）易于操作，并具有广泛的应用范围，适用于各行各业以及各种任务。

四、目标管理法

目标管理是美国管理学家彼得·德鲁克1954年提出的。我国企业于20世纪80年代初开始引进目标管理法，并取得较好成效。

（一）目标管理基本思想

1. 企业的任务必须转化为目标

企业管理人员必须通过这些目标对下级进行领导，并以此来保证企业总目标的实现。对于那些工作成就和成果直接地、严重地影响企业的生存和繁荣的部门，目标更是必需的。部门经理取得的成就必须是从企业的目标中引申出来的，他们的成果必须用他们对企业的成就有多大的贡献来衡量。

2. 目标管理是一种程序

目标管理使一个组织中的上下各级管理人员统一起来制定共同的目标，确定彼此的责任，并将此项责任作为指导业务和衡量各自贡献的准则。一个管理人员的职务应该以达到公司目标所要完成的工作为依据；如果没有方向一致的分目标来指导每个人的工作，那么企业的规模越大、人员越多时，发生冲突和浪费的可能性就越大。

3. 重视分目标

每个企业管理人员或工人的分目标就是企业总目标对他的要求，同时也是这个企业管理人员或工人对企业总目标的贡献。只有每个人的分目标都完成了，企业的总目标才有完成的希望。

4. 自我管理

管理人员和工人必须学会依据设定的目标进行自我管理，他们以所要达到的目标为依据，进行自我指挥、自我控制，而不是由他的上级来指挥和控制。企业管理人员对下级进行考核和奖惩也是依据这些分目标。

（二）目标的性质

目标表示最后结果，总目标需要由子目标来支持。这样，组织及其各层次的目标就形成了一个目标网络。作为任务分配、自我管理、业绩考核和奖惩实施依据的目标具有如下特征：层次性、网络性、多样性、可考核性、可接受性、富有挑战性和伴随信息反馈性。

1. 目标的层次性

组织目标形成一个有层次的体系，从广泛的组织战略性目标到特定的个人目标。这个体系的顶层是组织的愿景和使命陈述，第二层次是组织的任务。在任何情况下，组织的使命和任务必须转化为组织的总目标和战略，总目标和战略更多地指向组织较远的未来，并且为组织的未来提供行动框架。这些行动框架必须进一步细化为更多具体的行动目标和行动方案。在目标体系的基层是分公司的目标、部门和单位的目标、个人目标等。

在组织目标的层次体系中，不同层次的主管人员参与不同类型目标的建立。董事会和最高层主管人员主要参与确定企业的使命和任务目标，并且也参与在关键领域中更具体的总目标的确定。中层主管人员如副总经理、营销经理或生产经理，主要是建立关键领域的目标、分公司的和部门的目标。基层主管人员主要关心的是部门和单位的目标以及他们的下级人员目标的制定。对于组织任何层次的人员来说，都应该有个人目标，包括业绩和个人发展目标。

2. 目标的网络性

如果说目标体系是从整个组织的角度来考察组织目标的话，那么，目标网络则是从某一具体目标实施规划的整体协调方面来进行考察。目标与计划方案，通常均形成所希望的结果和结局的一种网络。如果各种目标不相互关联、不相互协调且也互不支持，则组织成员往往出于自利而采取对本部门有利而对整个公司却不利的途径。目标网络的内涵表现为以下四点：第一，目标和计划很少是线性的，即并非当一个目标实现后接着去实现另一个目标，如此等等。目标和规划形成一个互相联系着的网络。第二，主管人员必须确保目标网络中的每个组成部分要相互协调。不仅各种规划的执行要协调，而且完成这些规划在时间上也要协调。第三，组织中的各个部门在制定自己部门的目标时，必须要与其他部门相协调。一家公司的一个部门似乎很容易制定完全适合于它的目标，但这个目标却可能在经营上与另一个部门的目标相矛盾。第四，组织制定各种目标时，必须要与许多约束因素相协调。

3. 目标的多样性

任务和企业的主要目标通常是多种多样的。同样，在目标层次体系中的每个层次的具体目标也可能是多种多样的。有人认为，一位主管人员不可能有效地追求更多的目标，以2~5个为宜。其理由是，过多的目标会使主管人员应接不暇从而顾此失彼，甚至可能会使主管人员过于注重小目标而有损于主要目标的实现。也有人认为，主管人员可能同时追求多达10~15个重要目标。但这个结论是可疑的，如果目标的数目过多，其中无论哪一个没有受到足够的重视，则计划工作是无效的。因此，在考虑追求多个目标的同时，必须对各目标的相对重要程度进行区分。

4. 目标的可考核性

要让目标可以考核就要将目标量化。目标量化可能会损失组织运行的一些效率，但是对组织活动的控制、成员的奖惩会带来很多方便。目标可考核表达的是这样一个意思：人们必须能够回答“在期末，我如何知道目标已经完成了?”比如，获取合理利润这一目标，可以最好地指出公司是盈利还是亏损的，但它并不能说明应该取得多少利润。因为在不同人的思想里对“合理”的解释是不同的，对于下属人员是合理的东西，可能完全不被上级领导所接受。如果意见不合，下属人员一般无法争辩。如果我们将此目标明确地量化为“在本会计年度终了实现投资收益率10%”，那么它对“多少”“什么”“何时”都作出了明确回答。

有时要用可考核的措辞来说明结果会有更多的困难，对高层管理人员以及政府部门尤其如此。但原则是：我们只可能规定明确的、可考核的目标。

5. 目标的可接受性

根据美国管理心理学家维克多·弗鲁姆（Victor Vroom）的期望理论，人们在工作中的积极性或努力程度（激发力量）是效价和期望值的乘积，其中效价指一个人对某项工作及其结果（可实现的目标）能够给自己带来的满足程度的评价，即对工作目标有用性（价值）的评价；期望值指人们对自己能够顺利完成这项工作可能性的估计，即对工作目标能够实现的概率的估计。因此，如果一个目标要对其接受者产生激发作用，那么对于接受者来说，这个目标必须是可接受的，是可以完成的。对一个目标接受者来说，如果目标超过其能力所及的范围，则该目标对其是没有激励作用的。

6. 目标的挑战性

同样根据弗鲁姆的期望理论，如果一项工作完成所达的目的对接受者没有多大意义的话，接受者是没有动力去完成该项工作的；如果完成一项工作，对接受者来说，是件轻而易举的事件，那么接受者也没有动力去完成该项工作。教育学中有一原则叫“跳一跳，摘桃子”，说的就是这个道理。

目标的可接受性和挑战性是对立统一的关系，但在实际工作中，我们必须把它们统一起来。

7. 伴随信息反馈性

信息反馈是把目标管理过程中目标的设置、目标实施情况不断地反馈给目标设置和实施的参与者，让他们时时知道组织对自己的要求及自己的贡献情况。如果建立了目标再加上反馈，就能更进一步加强员工工作表现。

综上所述，设置目标一般要求目标的数量不宜太大，能涵盖工作的主要特征，并尽可能地说明必须完成什么和何时完成，如有可能，也应明示所期望的质量和为实现目标的计划成本。此外，目标应能促进个人职业上的成长和发展，对员工具有挑战性，并在目标管理过程中有必要适时地向员工反馈目标完成情况。

（三）目标管理的过程

孔茨认为，目标管理是一个全面的管理系统，它用系统的方法把许多关键管理活动结合起来，并且有意识地瞄准并有效地和高效率地实现组织目标和个人目标。

在理想的情况下，这个过程开始于组织的最高层，总经理给这一过程积极支持，并给组织以指导。但是目标设置开始于最高层并不是必然的。它可以从分公司一级开始，也可以在某职能部门一级甚至更低层开始。例如，某一公司的目标管理首先开始在一个分公司建立，随后逐级建立到管理的最低层而形成一个互相联系、互相支持的目标网络。在分公司经理的领导和指导下，无论在获利性、成本降低、改善经营等方面都取得了成功。不久，其他一些分公司经理和企业总经理也产生了兴趣，并力图履行类似的目标管理计划。

1. 制定目标

制定目标包括确定组织的总体目标和各部门的分目标。总体目标是组织在未来从事活动要达到的状况和水平，其实现有赖于全体成员的共同努力。为了协调这些成员在不同时空的努力，各个部门的各个成员都要建立与组织目标相结合的分目标。这样就形成了一个以组织总体目标为中心的一贯到底的目标体系。在制定每个部门和每个成员的目标时，上级要向下级提出方针和目标，下级要根据上级的方针和目标制订目标方案，在此基础上进行协商，最后由上级综合考虑后作出决定。

目标可以设置为任何期限的——一季、一年、五年，或在已知环境下的任何适当期限。在大多数情况下，目标设置可与年度预算或主要项目的完成期限相一致。在制定目标时，主管人员也要建立衡量目标完成的标准，如果制定的是定量的、可考核的目标，无论是时间、成本、数量、质量等这些衡量标准一般都要写到目标里去。在制定目标系列时，主管人员和下级应该一起行动，而不应该不适当地强制下级制定各种目标。

2. 明确组织的作用

理想的情况是，每个目标和子目标都应有某一个人的明确责任。然而，几乎不可能去建立一个完美的组织结构以致每一特定的目标都成为某个个人的责任。例如，在制定一种新产品投入的目标中，研究、销售和生产等部门的主管人员必须仔细地协调他们的工作。组织通常采用设立一名产品主管人员来统一协调各种职能。

3. 执行目标

组织中各层次、各部门的成员为完成分目标，必须从事一定的活动，活动中必须利用一定的资源。为了保证他们有条件组织目标活动的开展，必须授予相应的权力，使之有能力调动和利用必要的资源。有了目标，组织成员便会有明确努力的方向；有了权力，他们便会产生强烈的与权力使用相应的责任心，从而能充分发挥他们的判断能力和创造能力，使目标执行活动有效地进行。

4. 评价成果

成果评价既是实行奖惩的依据，也是上下左右沟通的机会，同时还是自我控制和自我激励的手段。成果评价既包括上级对下级的评价，也包括下级对上级、同级关系部门相互之间以及各层次组织成员对自我的评价。上下级之间的相互评价有利于信息、意见的沟通，从而有利于组织活动的控制；横向的关系部门相互之间的评价，有利于保证不同环节的活动协调进行；而各层次组织成员的自我评价则有利于促进他们的自我激励、自我控制以及自我完善。

5. 实行奖惩

组织对不同成员的奖惩是以上述各种评价的综合结果为依据的。奖惩可以是物质的，也可以是精神的。公平合理的奖惩有利于维持和调动组织成员饱满的工作热情和积极性；奖惩有失公正，则会影响成员的工作积极性。

6. 制定新目标并开始新的目标管理循环

成果评价与成员行为奖惩，既是对某一阶段组织活动效果以及组织成员贡献的总结，也为下一阶段的工作提供了参考和借鉴。在此基础上，组织成员及各个层次、部门制定新的目标并组织实施，即展开目标管理的新一轮循环。

【本章知识导图】

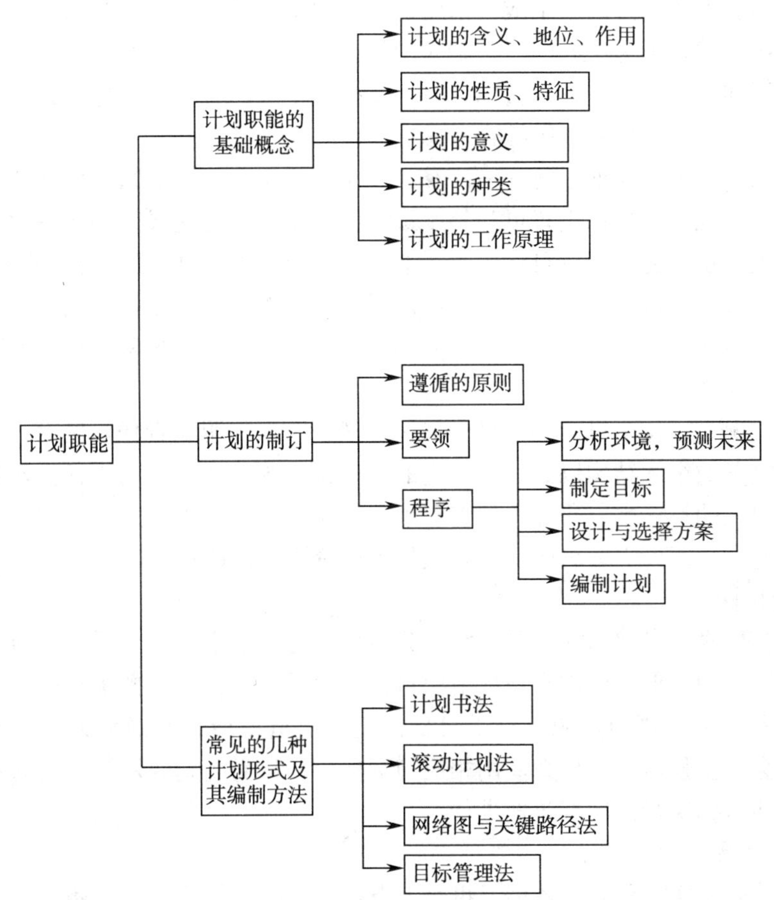

【课后实践活动】

每人写一篇论文，题目《我的大学生活要这样度过》，按照所学的计划职能基础知识和相关理论，给大学生活做个计划，并给出相应的实施方案。字数要求1 500字以上。

【课后案例分析题】

分分钟钟提高效率

美国某钢铁公司总裁舒瓦普向一位效率专家利请教："如何更好地执行计划的方法?"。利声称可以给舒瓦普一样东西，在10分钟内能把他公司的业绩提高50%。接着，利递给舒瓦普一张白纸，说："请在这张纸上写下你明天要做的6件最重要的事"。舒瓦普用了约5分钟时间写完。利接着说："现在用数字标明每件事情对于你和公司的重要性次序。"舒瓦普又花了约5分钟做完。利说："好了，现在这张纸就是我要给你的。明天早上第一件事是把纸条拿出来，做第一项最重要的。不看其他的，只做第一项，直到完成为止。然后用同样办法对待第2项、第3项……直到下班为止。即使只做完一件事，那也不要紧，因为你总在做最重要的事。你可以试着每天这样做，直到你相信这个方法有价值时，请将你认为的价值给我寄支票。"

一个月后，舒瓦普给利寄去一张2.5万美元的支票，并在他的员工中普及这种方法。5年后，当年这个不为人知的小钢铁公司成为世界有名的钢铁公司之一。

【问题】

1. 为什么总裁舒瓦普有计划却难以执行？效率专家利的方法的关键在哪里？

2. 效率专家利认为"即使只做完一件事，那也不要紧，因为你总在做最重要的事"。你认为制订计划光是做最重要的事够吗？

3. 效率专家利执行计划的方法使这个不为人知的小钢铁公司成为世界有名的钢铁公司之一。为什么计划能有这么大的作用？

【知识点链接】

计划是管理的首要职能，是一切工作的基础。人们常把计划比喻成管理的"宪法"，可见计划的重要性。计划工作，实际上就是事先决定做什么、如何做，以及由谁去做的问题。制订计划应遵循重点、统筹、连锁、发展、便于控制和经济原则。

【案例分析】

1. 计划工作的内容不仅要制定目标，还包括原因、人员、时间、地点、手段等。总裁舒瓦普没有列出执行计划的具体时间、地点等，当然难以执行，而效率专家利恰恰抓住了这些关键，即即时、即地要实现的目标是什么，马上完成这些紧急计划。

2. 效率专家利的做法说明制订计划应遵循重点原则，切忌“眉毛胡子一把抓”，否则将难以有效地制订、执行计划。除重点原则外，我们在制订计划时还应遵循统筹、连锁、发展、便于控制和经济原则。如果一味地强调重要，就一直盯着做，而事实上难以完成或荒废了太多时间与精力，则得不偿失。

3. 计划作为管理的首要职能，是组织实施的纲要，为控制提供标准，领导在计划实施中确保计划取得成功。计划的作用主要表现在：弥补不肯定性和变化带来的问题；有利于管理人员把注意力集中于目标；有利于提高组织的工作效率；有利于有效地进行控制。

第四章
决　策

【本章概要】

本章先介绍决策涉及到的基本概念，重点阐述决策的基本方法。

【重点内容】

1. 掌握决策的含义、特点和类型；
2. 了解决策制定过程及决策的影响因素；
3. 了解各种决策分类方法；
4. 掌握确定性、风险性和不确定性决策；
5. 掌握头脑风暴法；
6. 了解专家会议法；
7. 理解德尔菲法；
8. 绘制决策树并运用决策树进行决策。

【案例导入】

谁是谁非

爱美服装有限公司是一家中日合资的小型服装企业，1993 年建成并投产，企业员工 300 余人，中方控股，生产订单由日方提供，产品 80% 以上返销日本。1998 年以前，公司每年利润在 200 万元（人民币）左右，员工人均年收入 1 万元左右，对内地企业来说，效益算是比较好的。

好景不长。1998 年以来，由于公司内部的人事问题和劳资纠纷问题，企业的发展遭受很大的冲击。

公司经理班子中，经理姓张，有一位副经理姓刘，均系中方人员。张经理是个事业心很强的人，作风泼辣，个性刚强，既懂管理，又通技术。日方董事是投资商的胞弟，叫福冈。此人好耍小聪明，瞧不起张经理，在业务上经常与张经理争执。特别是在产品单价、产品质量、交货期等重大问题上，福冈总是置中方利益于不顾，甚至故意刁难，不考虑张经理的意见。而张经理在产品单价等涉及中方利益的大是大非的问题上毫不相让，据理力争。因此，张经理与日方董事福冈的矛盾越来越尖锐。尽管张经理在生活上处处关照福冈，关系仍无好转。

中方的刘副经理是个没有主见、轻重不分、惧怕日方、颇有私欲的人。他发现张经理与日方福冈先生因工作不和后，主动接近福冈，吹嘘自己如何本事大，甚至讨好日方福冈，其用意不言而喻。

福冈正在想办法排挤张经理，见刘副经理讨好自己，便生一计：以撤单相威胁，逼张经理辞职，由刘副经理取而代之。

为达目的，福冈开始利用一线工人做文章，伺机制造各种麻烦，刺激甚至伤害工人利益，导致工人罢工，转而把罢工责任全部推到张经理身上，提出要张经理辞职的要求。

矛盾已经到了非解决不可的地步。公司董事长杨某准备召开董事会，便给日方投资商发了传真。谁知投资商正在生病住院，派一代表来中国参加董事会。杨董事长不知来者底细，不知如何决策这件事。

（1）假如你是杨董事长，你将作出何种决定？

（2）假如你是张经理，你该怎么办？

（资料来源：wenku. baidu. com/view/96a8d311f18583d04964. 2010 - 05 - 14）

第一节　决策的基本问题

决策是管理工作的基本要素之一。有人曾对高层管理者做过一项调查，要他们回答三个问题："你每天花时间最多的是哪些方面？""你认为你每天最重要的事情是什么？""你在履行你的职责时感到最困难的工作是什么？"结果，绝大多数人的答案只有两个字："决策"。决策是管理的核心。可以认为整个管理过程都是围绕着决策的制定和实施而展开的。诺贝尔经济学奖获得者西蒙甚至强调性地指出，"管理就是决策"，决策贯穿于管理过程的始终。

一、决策的含义及重要性

（一）决策的含义

"决策"一词通常有名词和动词两种含义。从名词角度来理解，所谓决策就是指人们作出的决定、选择或抉择。从这个概念推演开来，动词意义上的决策很容易被理解为人们在不同方案中所进行的抉择。但这样理解决策概念未免有些简单，也无益于切实提高人们的决策水平。因此，在管理学研究中，决策是作为"决策制定过程"来理解的，而不仅仅指选择方案，它还包括调研分析、运用科学的理论和方法设计方案、选择优化方案。

从管理学角度，我们给决策下一个定义：决策是指为实现组织目标，在调研分析的基础上，运用科学理论和方法进行设计行动方案，然后通过分析、判断从若干个准备行动的方案中选择一个满意的、合理的方案，用以实施的管理行为。从广义上讲，决策包括调查研究、预测、分析研究问题、设计与选择方案，直至付诸实施等一系列活动。从狭义上讲，决策仅指对未来行动方案抉择过程。

决策是为了解决某个问题，为达到一定目标而采取的决断行为，是一个过程。总是决策者先经过调查预测确定行动目标，然后围绕目标制订若干方案，再经过比较分析，最后作出最优的方案的抉择。所以决策是由决策者一系列相互关联行为所构成的过程。

（二）决策的重要性

决策的重要性体现在以下两个方面：

1. 决策是计划职能的核心。做计划，最核心的环节是进行决策。

2. 决策事关工作目标能否实现，乃至组织的生存与发展。因为决策失误，必然会导致管理与经营的失败。

二、决策的有效性标准

一项决策是好是坏、效果如何，必须得到及时准确的评价，以便于改进决策工作。评价决策工作有效性的主要标准有：

（1）决策的质量或合理性。即所作出的决策在何种程度上有益于实现组织的目标。

（2）决策的可接受性。即作出的决策在何种程度上是下属乐于接受并付诸实施的。

（3）决策的时效性。即作出与执行决策所需要的时间和周期长短。

（4）决策的经济性。即作出与执行决策所需要的投入是否在经济上是合理的。

以上四个方面的要求必须在决策效果评价中得到综合考虑。有时，一项决策的质量确实很高，但花费了很长时间才制定出来，而且不易得到实施，或者实施的成本过高，这样的决策并不会给组织带来好的效果。

三、决策的特点

概括地说，组织中进行的决策具有下述几个主要特点：

（一）目标性

任何决策都必须根据一定的目标来作出。目标是组织在未来特定时限内完成任务所预期要达到的水平。没有目标，人们就难以拟订未来的活动方案，评价和比较这些方案也就没有了标准，对未来活动效果的检查更失去了依据。旨在选择或调整组织在未来一定时间内活动方向、内容或方式的组织决策，比纯粹个人的决策，更具有明确的目的性或目标性。也正是从这种目标性角度，我们说组织决策是一种理性的决策。

（二）可行性

组织决策的目的是为了指导组织未来的活动。组织的任何活动都需要利用一定资源。缺少必要的人力、物力和技术条件的支持，理论上非常完善的决策方案也只会是“空中楼阁”。因此，决策方案的拟订和选择，不仅要考察采取某种行动的必要性，而且要注意实施条件的限制。组织决策应该在外部环境与内部条件结合研究和寻求动态平衡的基础上来作出。

（三）选择性

决策的实质是选择，或者说“从中择一”。没有选择就没有决策，而要能有所选择，就必须提供可以相互替代的多种方案。事实上，为了实现相同的目标，组织总是可以从事多种不同的活动。这些活动在资源需求、可能结果及风险程度等方面均有所不同。因此，组织决策时不仅要具有选择的可能，即提出多种备选方案，而且还要有选择的依据，即提供选择的标准和准则。从本质上说，决策目标与决策方案两者都是经由“选择”而确定的。

（四）满意性

选择组织活动的方案，通常根据的是满意化准则，而不是最优化准则。最优决策往往只是理论上的幻想，因为它要求：（1）决策者了解与组织活动有关的全部信息；（2）决策者能正确地辨识全部信息的有用性，了解其价值，并能据此制订出没有疏漏的行动方案；（3）决策者能够准确地计算每个方案在未来的执行结果；（4）决策者对组织在某段时间内所要达到的结果具有一致而明确的认识。

（五）过程性

决策是一个过程，而非瞬间行动。决策的过程性特点可以从两个方面去考察。

首先，组织决策不是一项决策，而是一系列决策的综合。通过决策，组织不仅要选择业务活动的内容和方向，还要决定如何具体地展开组织的业务活动，同时还要决定资源如何筹措，组织结构如何调整，人事如何安排。只有当这一系列的具体决策已经制定、相互协调，并与组织目标相一致时，才能认为组织的决策已经形成。

其次，这一系列决策中的每一项决策，其本身就是一个包含了许多工作、由众多人员参与的过程，从决策目标的确定，到决策方案的拟订、评价和选择，再到决策方案执行结果的评价，这些诸多步骤构成了一项完整的决策。决策不是指作出选择或抉择的那一瞬间，而是一个“全过程”的概念。如果说决策工作的重点是对拟采用的方案作出抉择，但抉择要有可选择的余地，就必须事先拟订出多个备选的方案，只有在分析、评价、比较各备选方案优劣的基础上才可能有选择的行为，而要拟订备选方案，先要判断、调整组织活动，改变原先决策的必要性，制定调整后应达到的组织目标。因此，决策过程实际上包括了许多步骤的工作。

（六）动态性

决策的动态性，首先与其过程性相联系。一项决策不仅是一个过程，而且是一个不断循环的过程。作为过程，决策是动态的，没有真正的起点，也没有真正的终点。其次，决策的主要目的之一是使组织的活动适应外部环境的变化。然而，外部环境是在不断发生变化的，决策者必须不断监视和研究这些变化，从中找到组织可以利用的机会，并在必要时作出新的决策，以及时调整组织的活动，从而更好地实现组织与环境的动态平衡。

四、决策的类型

决策的种类很多，并且有许多的划分方法，常见的划分方法有以下几种。

（一）按决策的作用范围划分

可分为战略性决策、管理性决策和业务性决策。

1. 战略性决策

战略性决策指有关组织长期发展等重大问题的决策。战略决策影响管理全局，是对营销活动整个系统在较长时期内起实质性作用的一些有关企业全局性、长期性的管理方向和方针等方面的重大问题的决策。例如，管理目标、产品开发、技术更新改造等。

2. 管理性决策

管理性决策指有关实现战略目标的方式、途径和措施的决策。战术是实现战略决策的比较短期的具体的决策，重点解决如何组织企业内部力量提高管理效能的问题，如设备更新的选择、新产品定价等。

3. 业务性决策

业务性决策指组织为了提高日常活动效率而作出的决策，是实现某一局部目标而作出的决策，又称作业决策。其目的是更好地执行战术决策而在日常活动中对日常业务活动进行的安排，如作业计划的制订、库存控制定额的制定等。

（二）按制定决策的层次来划分

按决策者在企业中的地位划分，可以分为高层决策、中层决策和基层决策。

1. 高层决策

高层决策指组织中最高层管理人员所作的决策。它所解决的问题通常是全局性的以及与外界环境有密切联系的重大问题。

2. 中层决策

中层决策指组织内处于高层和基层之间的中层管理人员所作的决策。一般来说，中层决策多是战术决策。

3. 基层决策

基层决策指组织基层管理人员所作的决策。这类决策多是指业务性决策，主要是解决作业中的问题。

（三）按决策的重复程度来划分

按决策问题是否重复出现划分，可分为程序化决策和非程序化决策。

1. 程序化决策

程序化决策指按原已规定的程序、处理方法和标准进行的决策，把决策过程标准化，又称为常规决策。如订货、制订生产作业计划、原材料采购等。

2. 非程序化决策

非程序化决策指对不经常发生的业务工作和管理工作，没有决策规范所遵循的决策。如解决突发事件、新产品开发、企业转产、多种经营等。这类决策一般都非常重要，但又没有一套常规化的办法和程序，所以又称为非常规决策。

（四）按决策问题具备的条件划分

按决策所具备的条件和结果的确定程度来划分，决策可以分为确定型决策、风险型决策和不确定型决策。

1. 确定型决策

确定型决策指各种可行方案所需要的条件已经完全确定情况下的决策。这种决策比较容易作，只要比较各个方案的结果，从中择优选取就可以作出决策。

2. 风险型决策

风险型决策是各种可行方案所需要的条件大部分是已知的，但每一方案的执行都会面临几种不同的状态，各种状态的出现都有一定的概率是可以预测到的，决策时存在着风险，因而称为风险型决策。

3. 不确定型决策

不确定型决策指各种可行方案的几种环境状态出现是未知的，并且其出现概率也是不可预测的或只能靠主观概率判断作出决策。

(五) 按决策的时态来划分

按决策时态划分，可分为静态决策和动态决策。

1. 静态决策

静态决策指一次性决策，即对所处理的问题一次性敲定处理办法。如，公司决定购买一批办公用品。

2. 动态决策

动态决策指对所处理的问题进行多期决策，在不断调整中决策。如，公司分三期进行投资项目的决策。

(六) 按决策主体不同来划分

按决策主体不同来划分，可分为个体决策与群体决策。

1. 个体决策

个体决策的决策者是单个人，所以也称为个人决策。

2. 群体决策

群体决策的决策者可以是几个人、一群人，甚至扩大到整个组织的所有成员。从广义上说，当决策全过程的活动涉及两个或两个以上的人时，不论这人是一般性地参与决策，还是真正在作出决策，这时的决策就是一种群体决策。但狭义上的群体决策，仅局限于若干人参加“抉择”活动的情形。比如，某项决策可能由一人负责收集信息并进行初步的加工整理，另一些人负责拟订备选方案，而最后由某一个主管人员选定一个方案，这时的决策过程尽管也需要多人参与工作，但主要活动（即抉择或决定）仍由单个人来完成，所以在严格意义上仍是一种个体决策。“厂长负责制”企业中的决策就主要是由厂长个人作出方案抉择的，尽管其决策过程中可能接受“工厂管理委员会”这类智囊机构的咨询意见；相比之下，“董事会制”下的决策则是一种群体决策，由集体作出决策方案的选择。

在现代组织中，由于经营环境的日益复杂多变和组织成员素质的普遍提高，群体决策方式较之个体决策方式已越来越受到重视，但群体决策方式是否能广泛推广和应用并取得预期的效果，实际上与组织文化特征有密切的关系。在东方文化中，组织生活被看作是个人生活中不可缺少的部分，个人与同事、与上级的关系不仅是单纯的工作和服从，而且还带有很深的情感联系。他们倾向于以集体方式开展活动，并崇尚个人对组织目标的认同。日本企业大多数的决策是以自上而下和自下而上相结合的方式，依靠集体力量作出的。相对而言，西方文化崇尚自我独立意识和个人能力至上观念。这些根深蒂固的价值观导致在日本等国家中较自然实现的民主管理和集体决策方式，在美国等西方国家的实际推行中却遇到了传统文化的阻碍。由于这个原因，美国等国家的企业中许多重大经营问题的决策通常都在高层管理人员中间作出，决策时即便采取群体择案的方式，参加者也往往并没有低层次的管理人员和一般员工。

(七) 根据决策者的决策依据来划分

根据决策者是基于经验还是基于科学分析作出决策，可以将决策方法区分为经验决策和科学决策。

1. 经验决策

经验决策，是指决策者主要根据其个人或群体的阅历、知识、智慧、洞察力和直觉判断等人的素质因素而作出决策。古往今来，纵然有许多的成功事例是借助于一般经验决策取得的，但这种决策方法的主要缺陷表现为：决策优劣过于依赖决策者的个人因素，组织兴衰成败都与少数决策者紧密相连，“其人存，则其政举；其人亡，则其政息”。在决策问题越来越复杂、越来越不确定、决策影响越来越深远和广大的今天，单纯凭个人经验办事已经很不适用，于是科学决策法便应运而生。

2. 科学决策

科学决策是指以科学预测、科学思考和科学计算为根据来作出决策。美国耗资300多亿美元的“阿波罗”登月计划的成功，就是运用科学决策的范例。科学决策离不开定量分析方法的开发和应用，但过分地追求决策问题的数学化、模型化、计算机化这些“硬”的决策技术，将使科学决策走向“死胡同”。在决策问题存在不确定性的条件下，依靠“软”专家的直觉判断和定性分析，可能比定量方法更有助于形成正确的决策。美国著名的兰德咨询公司在20世纪50年代接受美国空军委托的“苏联对美国发动核袭击，其袭击目标会在什么地点及后果如何”课题时，发现使用数学模型很难准确计算出结果，遂改用专家估计的办法，依靠其独创的行为集合法成功地综合了众多专家的智慧和直觉判断。从此以后，这种定性决策技术就被冠以“德尔菲法”而广泛地应用于复杂问题的决策过程中。

（八）按决策解决问题的性质来划分

按决策解决问题的性质划分，可以将决策分成初始决策与追踪决策。

1. 初始决策

初始决策指组织对从事某种活动或从事该种活动的方案所进行的初次选择。

2. 追踪决策

追踪决策则是在初始决策的基础上对组织活动方向、内容或方式的重新调整。如果说初始决策是在对组织内外环境的某种认识基础上作出的，追踪决策则是由于这种环境条件发生了变化，或者是由于组织对环境特点的认识发生了变化而引起的。显然，组织中的大部分决策都属于追踪决策。

与初始决策相比，追踪决策具有如下特征：

（1）回溯分析。初始决策是在分析当时条件与预测未来的基础上制定的，而追踪决策则是在原来方案已经实施但发现环境条件有了重大变化或与原先的认识有重大差异的情况下进行的。因此，追踪决策必须从回溯分析开始。回溯分析，就是对初始决策的形成机制与环境条件进行客观分析，列出需要改变决策的原因，以便有针对性地采取调整措施。

（2）非零起点。初始决策是在有关活动尚未进行从而对内外环境没有产生任何影响的前提下进行的。追踪决策则不然。它所面临的条件与对象都已经不是处于初始状态，而是随着初始决策的实施受到了某种程度的改造、干扰和影响。这种影响主要表现在两个方面：第一，随着初始决策的实施，组织与外部协作单位已经建立了一定的关系。比如，企业为了开发某种产品，已经组织了原料供货渠道，已经向有关厂家订购了生产这种产品必需的某种设备，等等。第二，随着初始决策的实施，组织内部的有关部门和人员已经开展了相应活动。在这些活动开展中，有关部门和人员不仅对自己的劳动成果或初步的劳动成果以及对这种劳动本身产生了一定的感情，而且他们在组织中的命运也可能在很大程度上与这些活动的继续进行联系在一起了。

(3) 双重优化。初始决策是在已知的备选方案中择优，而追踪决策则需要双重优化。也就是说，追踪决策所选的方案，不仅要优于初始决策——因为只有在原来的基础上有所改善，追踪决策才有意义，而且要在能够改善初始决策实施效果的各种可行方案中，选择最优或最满意的决策方案。可以说，第一重优化是追踪决策的最低的基本要求，第二重优化则是追踪决策应力求实现的根本目标。

五、决策的原则

企业要想合理地进行决策，必须遵循一定的原则。企业在进行决策时，应以企业利益最大化为基本原则，除此之外，还应遵循下列原则。

(一) 系统性原则

企业是一个系统，其中各个环节紧密相连。因此，决策必须通过系统调查、科学预测，从整个企业管理活动的整体出发，不断谋求企业内外部环境和企业管理目标的动态平衡。

(二) 科学性原则

企业的决策必须建立在科学的基础上，必须有科学的依据，要遵循科学的决策程序，确定科学有效的决策标准，采用科学的决策方法，建立科学的决策控制系统，做好决策工作。

(三) 可行性原则

企业决策应从实际出发，认真研究方案的可行性，采用定性和定量相结合的方法，对每个方案进行可行性分析，以保证决策方案行之有效。

(四) 对比优化原则

对比优化原则是科学决策必须遵循的原则。决策总是在若干有价值的方案中选择一个，选择的最优方案应力求以尽可能少的投入，取得尽可能多的收益。

(五) 民主性原则

决策方案要在民主的基础上制订，要充分发挥职工和“智囊”在决策过程中的作用，集中他们的智慧，做好决策。

(六) 创新性原则

决策与企业的生存与发展关系密切，涉及诸多情况和问题。进行决策时，既要有技术、经济分析能力，又要有创新观念，敢于不断探索，勇于开拓和创新。这样，才能制订和选出合理方案。

六、计划与决策的关系

计划与决策是两个既相互区别、又相互联系的概念。主要体现在以下两点：

(一) 两者是相互区别的

决策是关于组织活动方向、活动内容和活动方式的选择或调整。任何一个组织，都因一定的社会需要而存在。因此，在从事这项活动之前，必然要对活动方向、内容和方式进行选择。可见，决策是管理的首要职能。而计划是对组织内部一定时期内不同成员行动任务的具体安排，是在决策的基础上进行的工作。

（二）计划和决策是相互联系的

1. 决策是计划的前提，计划是决策的延续。决策为计划的任务安排提供了依据，计划为决策目标的实施提供了保证。

2. 计划与决策是相互渗透的，有时甚至是无法分割的。因为在决策的制定过程中，实际上已经孕育着决策的实施计划，而计划的编制过程，实际上是决策的组织落实过程，也是对决策进行更为详细的检查、修订的过程。

所以说，计划与决策是两个既相互区别，又相互联系的概念。

第二节　决策的过程及影响因素

一、决策过程

决策是个“全过程”的概念。决策过程包括了如下阶段的工作：

（一）研究环境，发现问题

决策是为了解决一定的问题而制定的，没有发现组织运行中存在的问题，就没有必要制定新的决策来使组织活动作出调整和改变。因此，决策者首先要研究组织的现状，发现存在的问题。

所谓问题，是应有状况与实际状况之间的差距。有差距，就表明组织存在某种的问题，需要作出决策来予以解决。这里，差距或问题，可以是消极的，即组织被迫要去应对的，如来自外界不可预料事件的一次威胁，或者组织内部出现的一个故障或麻烦。但更重要的，需要组织通过新的决策去处理的“问题”还常常应该从积极的意义上去理解，如组织内部条件改善后要力求把握的发展机会，或者外部环境中出现的有利于组织的变化。面对这些积极的或消极的问题，决策者不能等闲视之，不闻不问，而应该能够及时地发现问题、采取对策。研究组织活动中存在的不平衡，要着重思考以下方面的问题：

（1）组织在何时何地已经或将要发生何种不平衡？这种不平衡会对组织产生何种影响？

（2）不平衡的原因是什么？其主要根源是什么？

（3）针对不平衡的性质，组织是否有必要改变或调整其活动的方向与内容？

分析组织活动中的问题，确定不平衡的性质，把不平衡作为决策的起点，是组织各层次管理者的共同职责。这不仅由于管理者要对其所管理组织或单位的活动效果负责，而且由于他们的素质训练和概念技能，促使他们能比较敏感地发现组织中的问题或不平衡的关键所在。

（二）确定决策目标

分析了改变组织活动的必要性以后，还要研究针对所存在的问题而将要采取的措施需要符合哪些要求，必须达到何种的效果。这也就是说，决策者要明确决策的目标。

明确决策目标，不仅为方案的制订和选择提供了依据，而且为决策的实施和控制、为组织资源的分配和各种力量的协调提供了标准。

明确决策目标，要注意以下几方面要求：

1. 提出目标的最低和理想水平

也即明确组织改变活动方向和内容至少应该达到的状况和水平，以及希望实现的理想目标水平。决策不仅要保证实现最低限度的要求，还要力争达到既定约束条件下所能达到的最好状态。

2. 明确多元目标间的关系

任何组织在任何时候都不可能只有一种目标，而更多地具有多元或多重的目标。多元目标之间本身就存在既相互关联又相互排斥的关系，而且在不同时期，随着组织活动重点的转移，这些目标的相对重要性也不一样。诚然，在特定时期，决策只能选择其中一项为主要目标。可是，考虑到多元目标之间的关系，决策者在选择了主要目标后还必须在决策中尽可能地兼顾其他的目标，并明确主要目标与非主要目标的关系，以避免在决策实施中将组织的主要资源和精力投放到非主要目标的活动上。

3. 限定目标的正负面效果

既定目标的执行既可能给组织带来有利的贡献，也可能产生不利的影响。限定目标的正负面效果，就是要把目标执行的有利结果和不利结果加以界定和权衡，规定不利结果在何种水平范围内是允许的，一旦超过这个水平组织就应当停止原目标活动的执行，以控制决策的不利影响。

4. 保持目标的可操作性

不论是明确组织必须达到的最低目标还是希望实现的理想目标，也不论是确定组织的总体目标还是各职能部门的分目标，都必须符合三个特征：（1）可以计量或衡量；（2）规定有时间期限；（3）可确定责任者。只有符合这些基本特征，所制定的目标才可以作为决策和行动的依据。

（三）拟订各种行动方案

决策需要进行正确的选择，这就必须提供多种备选方案。可以认为，在决策过程中，拟订可替代的方案要比从既定方案中进行选择更为重要。如果备选方案的制订存有缺陷，那么，决策就很难达到优化或者满意化。数量不止一个的可行方案的拟订，奠定了选择或抉择的基础，所以，它们常被称作是“备选”方案。为了使在所拟订方案基础上进行的选择具有实质意义，这些备选的不同方案必须是能够相互替代、相互排斥的，而不能是相互包容的。因为，如果某个方案需要采取的行动包容在另一个方案中，那么这种交叉就导致方案之间的比较和选择难以公正地进行。

备选或替代方案产生的过程，可大致分为以下步骤：

（1）在研究环境和发现不平衡的基础上，根据组织的宗旨、使命、任务和消除不平衡的目标，提出改变的初步设想。

（2）对提出的各种改进设想加以集中、整理和归类，形成内容比较具体的若干个可以考虑的初步方案。

（3）对初步方案进行筛选、修改和补充以后，对留下的可行方案做进一步完善处理，并预计其执行的各种结果，如此便形成了有一定数量的可替代的决策方案。可供选择的替代方案数量越多，被选方案的相对满意程度就越高，决策质量就越有保障。

（4）在拟订备选方案阶段，组织要广泛发动群众，充分利用组织内外的专家，发动他们献计献策，以产生尽可能多的改变设想和形成尽可能多的备选方案。

（四）比较和选择方案

在实际决策工作中，方案的拟订、比较和选择往往交织在一起，因为方案的拟订不是一次性完成，而是需要渐进地、不断地加以补充和完善。某一个较好的方案通常都是在与其他方案的比较中，在受到其他方案的启发下形成的。这个过程说明了决策步骤的不可分割性。决策者要进行选择，先要了解各种方案的优点和缺点。为此，需要对不同方案进行评价和比较评价。

1. 比较的主要内容

（1）方案实施所需的条件是否已经具备，建立和利用这些条件需要组织付出何种成本。

（2）方案实施能给组织带来何种长期和短期的利益。

（3）方案实施中可能遇到的风险及活动失败的可能性。

根据上述方面的比较，就可辨别出各方案的差异和相对优劣。在此基础上进行决策时，要从能产生综合优势的角度来选择方案，并且要准备好环境发生预料中的变化时可以启用的备用方案。制订备用方案的目的，是对可预测到的未来变化准备充分的必要措施，以避免临时仓促应变可能造成的混乱。

2. 在方案比较和选择过程中应注意的问题

在方案比较和选择过程中，决策者以及决策的组织者要注意处理好下述几个方面的问题：

（1）要统筹兼顾。不仅要注意决策方案中各项活动之间的协调，而且要尽可能保持组织与外部结合方式的连续性，要充分利用组织现有的结构和人员条件，为实现新的目标服务。

（2）要注意反对意见。一种观点、一种方案，要想取得完全一致的意见几乎是不可能的，再好的方案也可能有反对者。决策过程中只有一种声音往往是非常可怕的。决策的组织者要充分注意方案评价和选择过程中的反对意见，因为反对意见不仅可以帮助人们从更广泛的角度去考虑问题，使所制订的方案更加完善，而且可以提醒大家去防范一些可能会出现的弊病。国外有些企业在制定重大决策时，甚至成立专门的唱“对台戏”的反对班子，在两方面意见的针锋相对、相互交流中产生更好的决策。

（3）要有决断的魄力。任何方案都有其支持者和反对者。赞同方案的人都可以列出一大堆的理由来说明该方案的优势。在众说纷纭的情况下，决策者要在充分听取各种意见的基础上，根据自己对组织任务的理解和对形势的判断来作出果敢的决断。议而不决，拖延时间，常会使组织失去采取行动的最好时机。而且，现实地说，任何决策要想取得完完全全的思想统一也是不太可能的，听任无休止的争论持续下去，最后也未能形成没有任何反对意见的决策。所以，决策者要能妥善地掌握“议”与“断”的度，该“议”时不要独裁专断，该“断”时切忌迟疑不决、优柔寡断。

3. 方案选择的方法

（1）经验判断法。这是一种最古老的传统的方法，20 世纪 40 年代前的管理决策基本上都是依靠经验判断法。今天，虽然数学方法、物理模型、网络模型方法等已经被引入经营决策中，但经验判断的方法仍然是不可缺少和忽视的。尤其是一些涉及社会、心理等复杂和非计量性因素多的决策，需要依赖决策者的经验判断。

（2）归纳法。归纳法是指在方案众多的情况下，把方案归纳成几大类，先选择最好的一类，再从中选出最好的方案。如选择厂址的决策，往往采取这种方法。这种方法的优点是可以较快地缩小选择范围，缺点是可能漏掉最优方案。因为最优方案也可能处在不是最好的那个类别中。不过在不允许进行全面对比的情况下，这个办法仍然常被采用，因为按此方法选出的方案一般还是比较满意的。

（3）数学法。数学法是在 20 世纪 50 年代以后发展起来的一种方案选择方法，由于在控制变量属于连续型的情况下，经验判断方法很难直接找到最优方案或满意方案，要借助于数学方法。运用数学方法，可以使决策达到精确化。但到目前为止，尚有许多复杂的决策，用数学方法还解决不了，要综合运用多种选择方案的方法加以解决。

（4）试验法。试验法是指先选择少数几个典型进行试点，然后总结经验作为最后决策的依据。社会问题的决策，虽然不可能创造出像实验室那样人为的典型条件，但对重大问题的决策，尤其是对新情况、新问题及无形因素起重大作用的不便用数学方法分析的决策，试验法也不失为一种有效的方法。

（五）执行方案

将所选择的方案付诸实施是决策过程中至关重要的一步。方案一旦选定以后，组织应该着手制订实施方案的具体措施和步骤。通常而言，决策方案执行过程应做好以下工作：

1. 制定相应的具体措施，保证方案的正确执行；

2. 确保有关决策方案的各项内容为参与实施的人充分接受和彻底了解；

3. 运用目标管理方法，把决策目标层层分解，落实到每一个执行单位和个人；

4. 建立重要工作的报告制度，以便随时了解方案进展情况，及时调整行动。

（六）检查处理

一项复杂的决策方案的执行通常需要较长的时间，在这段时间中情况可能会发生变化，所以，必须通过定期的检查评价，及时掌握决策执行的情况，将有关信息反馈到决策机构，以便采取措施进行处理。决策者跟踪决策实施情况，取得各种反馈信息的目的，一方面是为了及时地采取措施，纠正行动与既定目标的偏离，以保证既定目标的实现；另一方面，对客观条件发生重大变化而导致原决策目标确实难以实现的，则要进一步寻找问题，确定新的决策目标，重新制订可行的决策方案并进行评估和选择。

以上步骤表明，决策是一个有一定顺序的、条理化的过程，而不是在瞬间选定某一方案的单纯的决断。确实，如果所有可能的方案都已被设计好，决策者的工作便是从这些备选方案中挑选方案。但事实上，决策者首先需要做大量的调查、研究和分析预测工作，然后确定目标，找出各种可行的方案，并进行方案的评价、权衡和选择，最后将选定的方案付诸执行。这些步骤结合起来便组成了一个完整的决策过程。在这个过程中，每一阶段都相互影响着，并时常产生一些大大小小的反馈。虽然为了研究和介绍的方便，我们在理论上常把决策过程划分成不同的阶段，但在实际工作中应该注意，决策过程的各步骤往往是相互联系、交错重叠的，不能将决策的各个步骤工作截然分割。

二、决策的影响因素

（一）环境

环境对组织决策的影响是不言而喻的。这种影响是双重的。

环境的特点影响着组织的活动选择。比如，就企业而言，则需对经营方向和内容经常进行调整：位于垄断市场上的企业，通常将经营重点致力于内部生产条件的改善、生产规模的扩大以及生产成本的降低；而处在竞争市场上的企业，则需密切注视竞争对手的动向，不断推出新产品，努力改善营销宣传，建立健全销售网络。对环境的习惯反应模式也影响着组织的活动选择。即使在相同的环境背景下，不同的组织也可能作出不同的反应。而这种调整组织与环境之间关系的模式一旦形成，就会趋向固定，限制着人们对行动方案的选择。

（二）过去决策

今天是昨天的继续，明天是今天的延伸。历史总是要以这种或那种方式影响着未来。在大多数情况下，组织决策不是在一张白纸上进行初始决策，而是对初始决策的完善、调整或改革。组织过去的决策是目前决策过程的起点；过去选择的方案的实施，不仅伴随着人力、物力、财力等资源的消耗，而且伴随着内部状况的改变，带来了对外部环境的影响。“非零起点”的目前决策不能不受到过去决策的影响。过去的决策对目前决策的制约程度要受到它们与现任决策者的关系的影响。如果过去的决策是由现在的决策者制定的，而决策者通常要对自己的选择及其后果负管理上的责任，因此会不愿对组织活动进行重大调整，而倾向于仍把大部分资源投入到过去方案的执行中，以证明自己的一贯正确。相反，如果现在的主要决策者与组织过去的重要决策没有很深的渊源关系，则会易于接受重大改变。

（三）决策者对风险的态度

风险是指失败的可能性。由于决策是人们确定未来活动的方向、内容和目标的行动，而人们对未来的认识能力有限，目前预测的未来状况与未来的实际状况不可能完全相符，因此在决策指导下进行的活动，既有成功的可能，也有失败的危险。任何决策都必须冒一定程度的风险。组织及其决策者对待风险的不同态度会影响决策方案的选择。愿意承担风险的组织，通常会在被迫对环境作出反应以前就已采取进攻性的行动；而不愿承担风险的组织，通常只能对环境作出被动的反应。愿冒风险的组织经常进行新的探索，而不愿承担风险的组织，其活动则要受到过去决策的严重限制。

（四）组织文化

组织文化制约着组织及其成员的行为以及行为方式。在决策层次上，组织文化通过影响组织成员改变态度而发生作用。任何决策的制定，都是对过去在某种程度上的否定；任何决策的实施，都会给组织带来某种程度的变化。组织成员对这种可能产生的变化会怀有抵御或欢迎两种截然不同的态度。在偏向保守、怀旧、维持的组织中，人们总是根据过去的标准来判断现在的决策，总是担心在变化中会失去什么，从而对将要发生的变化产生怀疑、害怕和抗御的心理与行为；相反，在具有开拓、创新气氛的组织中，人们总是以发展的眼光来分析决策的合理性，总是希望在可能产生的变化中得到什么，因此渴望变化、欢迎变化、支持变化。显然，欢迎变化的组织文化有利于新决策的实施，而抵御变化的组织文化则可能给任何新决策的实施带来灾难性的影响。在后一种情况下，为了有效实施新的决策，必须首先通过大量工作改变组织成员的态度，建立一种有利于变化的组织文化。因此，决策方案的选择不能不考虑到改变现有组织文化而必须付出的时间和费用的代价。

（五）时间

美国学者威廉·R. 金和大卫·I. 克里兰把决策类型划分为时间敏感决策和知识敏感决策。时间敏感决策是指那些必须迅速而尽量准确的决策。战争中军事指挥官的决策多属于此类，这种决策对速度的要求远甚于质量。例如，当一个人站在马路当中，一辆疾驶的汽车向他冲来时，关键是要迅速跑开，至于跑向马路的左边近些还是右边近些，相对于及时行动来说则显得比较次要。

相反，知识敏感决策，对时间的要求不是非常严格。这类决策的执行效果主要取决于其质量，而非速度。制定这类决策时，要求人们充分利用知识，作出尽可能正确的选择。组织关于活动方向与内容的决策，即前面提到的战略决策，基本属于知识敏感决策。

这类决策着重于运用机会，而不是避开威胁；着重于未来，而不是现在。所以，选择方案时，在时间上相对宽裕，并不一定要求必须在某一日期以前完成。但是，也可能出现这样的情况，外部环境突然发生了难以预料和控制的重大变化，对组织造成了重大威胁。这时，组织如不迅速作出反应，进行重要改变，则可能引起生存危机。这种时间压力可能限制人们能够考虑的方案数量，也可能使人们得不到足够的评价方案所需的信息，同时，还会诱使人们偏重消极因素，忽视积极因素，仓促决策。

第三节　决策方法

随着决策理论和实践的不断发展，人们在决策中所采用的方法也不断地得到充实和完善。当前，经常使用的企业经营决策方法一般可分为两大类：一类是定性决策方法，另一类是定量决策方法。前者注重于决策者本人的直觉，后者则是注重于决策问题各因素之间客观的数量关系。把决策方法分为两大类只是相对而言的。在具体使用中，两者不能截然分开。两者密切配合、相辅相成，已成为现代决策方法的一个发展趋势。

一、定性决策方法

（一）定性决策方法的一般概念

定性决策方法，又称“软”方法。是一种直接利用决策者本人或有关专家的智慧来进行决策的方法。管理决策者运用社会科学的原理并根据个人的经验和判断能力，充分发挥各自丰富的经验、知识和能力，从对决策对象的本质特征的研究入手，掌握事物的内在联系及其运行规律，对企业的经营管理决策目标、决策方案的拟订以及方案的选择和实施作出决断。这种方法适用于受社会经济因素影响较大的、因素错综复杂以及涉及社会心理因素较多的综合性的战略问题，是企业界决策采用的主要方法。

在具体的决策实践中，充分利用专家的智慧和判断力，一般来说，需要解决好以下三个方面的问题。

1. 充分发挥专家的作用

这里所谓的专家，一般是指多个专家或专家集体，即要利用专家的集体智慧。他们既可以是知识渊博的学者或学术上造诣很高的权威，也可以是对某一方面有着丰富实践经验的行家里手。要充分发挥他们的作用，应为他们创造能够畅所欲言的环境。具体要注意如下几个问题：（1）各专家是否见面，如何见面？（2）问题的性质是否完全交代清楚，如何交代？（3）相互之间的意见如何交流？（4）不同意见是否交锋，如何交锋？等等。这些都应该采用适当的形式，讲究一点艺术。否则，就达不到预期的目的。

2. 做好专家意见的数字处理

在征集专家意见的时候，提供给专家的决策问题应有利于专家直接作出判断，一般不应把内容比较复杂、需要经过计算、数据要求极其精确的问题直接交给专家。处理专家的意见时，可用数学方法归纳，通常是用专家方案中居中的数字代表专家的集体意见。

3. 做好相关的组织工作

如何选择专家，怎样让专家充分发表意见，是组织工作的关键。在确定专家的数量时，主要根据问题的复杂程度、现有情报的数量及专家对企业问题的熟悉程度等。专家的数量要适当，同时，在对所选专家了解、动员的基础上，还要给专家准备必要的资料，提出明确的要求，创造良好的工作环境。

（二）定性决策的方法

1. 专家会议法

专家会议法是根据市场竞争决策的目的和要求，邀请有关方面的专家，通过会议形式，提出有关问题，展开讨论分析，作出判断，最后综合专家们的意见，作出决定。

这种方法的优点是：通过座谈讨论，能互相启发、集思广益、取长补短，能较快全面地集中各方面的意见得出决策结论，但也有缺点。由于参加人数有限，代表往往很不充分，容易受到技术权威或政治权威的影响，与会者不能真正畅所欲言，往往形成“一边倒”，即使权威者的意见不正确，也能左右其他人的意见。由于受到个人自尊心的影响，往往不能及时修正原来的意见。因此，专家会议的方式，有时也会作出错误的市场竞争决策。

所以，采用这种方法时一定要注意：（1）参加的人数不宜太多；（2）要召开讨论式的会议，让人家尽抒己见；（3）决策者要虚心听取专家意见。

2. 德尔菲法

德尔菲法（Delphi Technique）是由美国兰德公司于20世纪50年代初发明的，最早用于预测，后来推广应用到决策中来。德尔菲是古希腊传说中的神谕之地，城中有座阿波罗神殿可以预卜未来，因而借用其名。

德尔菲法是专家会议法的一种发展，是一种向专家进行调查研究的专家集体判断。它是以匿名方式通过几轮函询征求专家们的意见，组织决策小组对每一轮的意见都进行汇总整理，作为参考资料再发给每一个专家，供他们分析判断，提出新的意见。如此反复，专家的意见日趋一致，最后作出最终结论。这种决策方法的大体过程是：

（1）拟订决策提纲。就是首先确定决策目标，如设计出专家们应回答问题的调查表，对答案的要求是：标明概率大小，对问题作出肯定回答“是”或“不是”；对判断的依据和判断的影响程度作出说明；对决策问题熟悉程度作出估计。

（2）专家的选择。这是德尔菲法的关键。所选择的专家一般是指有名望的或从事该工作数十年的有关方面的专家。选择专家的人数，一般以10～50人为宜。但一些重大问题的决策可选择100人以上。

（3）提出预测和决策。发函或请个别谈，要求每位专家提出自己决策的意见和依据，并说明是否需要补充资料。

（4）修改决策。决策的组织者将第一次决策的结果及资料进行综合整理、归纳，使其条理化，再反馈给有关专家，据此提出修改意见和提出新的要求。这一决策的修改，一般可进行三至五轮，一般以三轮为宜。

德尔菲法是个反复的反馈过程，每一轮都把上轮的回答做统计综合整理、计算所有回答的平均数和离差，在下一轮告诉大家，平均数一般为中位数，离差一般用全距或用分位数间距。

（5）确定决策结果。经过专家们几次反复修改的结果，根据全部资料，确定出专家趋于一致的决策意见。

由此可见德尔菲法具备以下三个特点：（1）匿名性。就是应邀参加决策的专家，彼此不知是谁。这就消除了“权威者”的影响，同一参加的成员可以参考第一轮的决策结果。（2）有价值性。由于不同领域的专家参加决策，各有专长，考虑问题的出发点不同，会提出很多事先没有考虑到的问题和有价值的意见。（3）决策结果的统计性。为了对决策进行定量估价，采用统计方法对决策结果进行处理，最后得到的是综合的统计的评定结果。但是，德尔菲法也存在缺点：（1）受专家组的主观制约，决策的准确程度取决于专家们的观点、学识和对决策对象的兴趣程度。（2）专家们的评价主要依靠直观判断，缺乏严格的论证。

3. 风暴式思考

风暴式思考（Brainstorming），又称头脑风暴法，是由被称之为“风暴式思考之父”的A. F. 奥斯本提出的方式，是通过专家们的相互交流，在头脑中进行智力碰撞，产生新的智力火花，使专家的讨论不断集中和精化。

风暴式思考主要吸收专家积极的创造性思维活动。其原则如下：（1）严格限制问题范围，明确具体要求以便使注意力集中。（2）不能对别人的意见提出怀疑和批评，要研究任何一种设想，而不管这种设想是否适当和可行。（3）发言要精炼，不要详细论述。

冗长的发言将有碍产生富有成效的创造性气氛。(4) 不允许参加者用事先准备好的发言稿，提倡即席发言。(5) 鼓励参加者对已经提出的设想进行改进和综合，为准备修改自己设想的人提供优先发言。(6) 支持和鼓励参加者解除思想顾虑，创造一种自由的气氛，激发参加者的积极性。

风暴式思考强调的是集体思维。研究表明：当信息分散在不同类型的人员当中时，集体决策虽然不好，却更能为人们接受；而个人决策，尽管更好，却可能会遭到那些实施的人的反对。另外，当决策是由负责实施的集体作出时，新思想就更容易为人们所接受。

风暴式思考的目的在于创造一种自由奔放思考的环境，诱发创造性思维的共振和连锁反应，产生更多的创造性思维。一般参与者以 10 ~ 15 人为宜，时间一般为 20 ~ 60 分钟，参加的人员中不宜有领导者，也不一定参加者都与所讨论的问题专业一致，可以包括一些学识渊博、对讨论问题有所了解的其他领域的专家。

4. 电子会议

最新的定性决策方法是将专家会议法与尖端的计算机技术相结合的电子会议（Electronic Meeting）。

多达 50 人围坐在一张马蹄形的桌子旁。这张桌子上除了一系列的计算机终端外别无他物。将问题显示给决策参与者，他们把自己的回答打在计算机屏幕上。个人评论和票数统计都投影在会议室的屏幕上。

电子会议的主要优点是匿名、诚实和快速。决策参与者能不透露姓名地打出自己所要表达的任何信息，一敲键盘即显示在屏幕上，使所有人都能看到。它使人们充分地表达他们的想法而不会受到惩罚，它消除了闲聊和讨论偏题，且不必担心打断别人的“讲话”。专家们声称电子会议比传统的面对面会议快一半以上。例如，菲尔普斯·道奇矿业公司采用此方法将原来需要几天的年计划会议缩短到 12 小时。

但是，电子会议也有缺点。那些打字快的人使得那些口才好但打字慢的人相形见绌；再有，这一过程缺乏面对面的口头交流所传递的丰富信息。

二、定量决策技术

现代企业管理理论和实践的一个显著特点，就是广泛运用数学方法。在企业决策中，由于采用了现代的数学方法，使决策更加精确、更加科学化。

（一）定量决策技术的一般概念

定量决策技术，又称“硬”方法，就是运用数学的决策方法。其核心是把同决策有关的变量与变量、变量与目标之间的关系，用数学关系表示，即建立数学模型，然后，通过计算求出答案，供决策参考使用。近年来，计算机的发展为数学模型的运用开辟了更广阔的前景。现代企业决策中越来越重视决策的“硬”方法的运用。因此，学会运用数学方法进行企业决策是非常重要的。

运用定量决策技术，可以把企业管理经常出现的常规问题，编成处理的程序，供下次处理类似的问题时调用。因此，这种方法经常在程序化决策中被广泛应用。同时，它可以把决策者从日常的常规管理事务中解放出来，把主要精力集中在非程序化的战略决策问题上。

（二）确定型决策的方法

确定型决策所处理的未来事件有一个最显著的特性，就是对未来情况有十分明确的把握，即事物各种自然状态是完全稳定而明确的。对此，应采取的方法一般有：数学模型法，包括线性规划、库存论、排队论、网络法；微风极值法，即利用微分求导的方法确定极大（小）值；盈亏平衡分析法，即借助盈亏平衡点进行分析的方法。这里主要介绍盈亏平衡分析法。

1. 盈亏平衡的基本模型

盈亏平衡的基本模型是研究生产、经营一种产品达到不亏不赢时的产量或收入的一种分析模型。这个不亏不赢的平衡点就是盈亏平衡点。显然，当生产量低于这个产量时，则发生亏损；当超过这个产量时，则获得利润。如图 4－1 所示，随着产量的增加，总成本与销售额随之增加，当到达平衡点 A 时，总成本低于销售额（即总收入），此时不盈利也不亏损，正对应此点的产量 Q 为平衡点产量；销售 R 即为平衡点销售额。

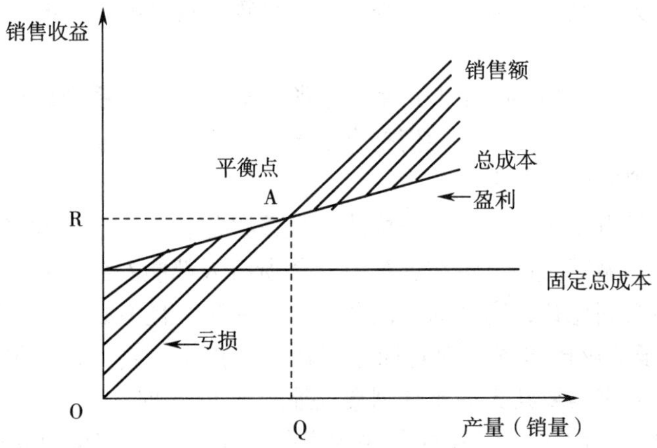

图 4－1　盈亏平衡分析基本模型

同时，以 A 点为分界，形成亏损与盈利两个区域。此模型中的成本是由固定成本和变动成本构成的。按照是以平衡产量 Q 还是以平衡点销售额 R 作为分析依据，可将盈亏平衡分析法划分为盈亏平衡点产量（销量）法和盈亏平衡点销售额法。

2. 盈亏平衡点产量（销量）法

盈亏平衡点产量法指以盈亏平衡点产量或销量作为依据进行分析的方法。其基本公式为

$$Q = \frac{C}{P - V}$$

式中：Q 为盈亏平衡点产量（销量）；C 为总固定成本；P 为产品价格；V 为单位变动成本。

当要获得一定的目标利润时，其公式为

$$Q = \frac{C + B}{P - V}$$

式中：B 为预期的目标利润；Q 为实现目标利润 B 时的产量或销量。

例： 甲厂生产一种产品。其总固定成本为 20 000 元；单位产品变动成本为 10 元，产品的销售价格为 15 元。

求：（1）该厂的盈亏平衡点产量应为多少？

（2）如果要实现利润 20 000 元时，其产量应为多少？

解：（1）$Q = \frac{C}{P-V} = \frac{20\ 000}{15-10} = 4\ 000$（件）

即，当产量为 4 000 件时，处于盈亏平衡点上。

（2）$Q = \frac{C+B}{P-V} = \frac{20\ 000 + 20\ 000}{15-10} = 8\ 000$（件）

即，当生产量为 8 000 件时，企业可获利 20 000 元。

3. 盈亏平衡点销售额法。指以盈亏平衡点销售额作为依据进行分析的方法。其公式为

$$R = \frac{C}{1-\frac{V}{P}}$$

式中：R 为盈亏平衡点销售额；其余变量同前式。

当要获得一定目标利润时，公式为

$$R = \frac{C+B}{1-\frac{V}{P}}$$

式中：B 为预期目标利润额；R 为获得目标利润 B 时的销售额；其余变量同前式。

（三）不确定型决策方法

不确定型决策就是决策者对未来事件虽有一定程度的了解，知道可能发生的各种自然状态（客观情况），但又无法确定各种自然状态可能发生的概率。这种决策，由于有些因素难以确定，因此，它主要取决于决策者的经验、智力及对承担风险的态度。这时的选择将受决策者心理导向的影响，其决策准则具有很大程度的主观随意性。不确定型的决策方法主要有乐观决策、悲观决策和后悔值决策。

例如，某企业拟订三种行动方案，以改变技术落后面貌，而产品的市场情况，以及每种情况下各种行动方案的损益值如表 4－1 所示。

表 4－1　　**行动方案损益**　　单位：万元

损益值 自然状态 / 行动方案	市场销路		
	较高 N_1	一般 N_2	低 N_3
新建 S_1	100	40	－15
改建 S_2	50	25	0
零部件协作生产 S_3	30	15	10

在本例中，如果决策者是个乐观主义者，他将采用“大中取大法”（也叫乐观决策法）。其步骤是：

（1）在各种方案的收益中取最大值。

（2）在选取最大值方案中，再选择收益最大的方案为决策方案。

依据此法，我们可得表4－2。

表4－2　　　　行动方案损益（大中取大法）　　　　单位：万元

损益值 \ 自然状态 / 行动方案	市场销路			最大收益值
	较高 N_1	一般 N_2	低 N_3	
新建 S_1	100	40	－15	100√
改建 S_2	50	25	0	50
零部件协作生产 S_3	30	15	10	30

三种方案 S_1、S_2、S_3 的最大收益值分别为100万元、50万元、30万元。因此，应选择收益值为100万元的方案为决策方案。

显然，这种决策方法是建立在最乐观的估计上的，认为未来会出现最好的结果。这一方案是最大化最大可能收益。因此，这种方法风险较大，要慎用。

假如决策者是一位悲观主义者，那么他将只想到可能会发生的最坏情况，而采用“小中取大法”（也称作悲观决策法）。其基本方法是在各行动方案的最小收益中取最大者作为决策方案。由此，我们可得表4－3。

表4－3　　　　行动方案损益（小中取大法）　　　　单位：万元

损益值 \ 自然状态 / 行动方案	市场销路			最小收益值
	较高 N_1	一般 N_2	低 N_3	
新建 S_1	100	40	－15	－15
改建 S_2	50	25	0	0
零部件协作生产 S_3	30	15	10	10√

显然，这是最坏结果中的最好行动方案。

无论遇到任何情况，该方案都能获得最大的收益值，这是一种比较稳妥的、不怎么冒险的决策方法。因此，这类决策方法也是保守的决策方法。

而希望最小化其最大“遗憾”的决策者会选择“最小后悔值法”（也称为机会损失最小值法）。这里所指的“遗憾”指的是，如果你选择了其他战略可能增加的收益。换句话说，当某种自然状态出现时，决策者由于采取甲方案而放弃乙方案，受到了损失。这样甲、乙两方案的收益值之间会产生一个差额，这一差额就是甲、乙两个方案的后悔值。运用最小后悔值法，首先找出各种自然状态下的最大收益值，进而计算出各种方案与最大的收益值之间的差额，即最大后悔值，最后选取后悔值最小的方案为决策方案。由此，得表4－4。

表4－4　　行动方案的后悔值损益（最小后悔值法）　　单位：万元

损益值 \ 自然状态 / 行动方案	市场销路			最大后悔值
	较高 N_1	一般 N_2	低 N_3	
新建 S_1	100－100＝0	40－40＝0	10－（－15）＝25	25√
改建 S_2	100－50＝50	40－25＝15	10－0＝10	50
零部件协作生产 S_3	100－30＝70	40－15＝25	10－10＝0	70

（四）风险型决策

风险型决策解决问题的最大特点是，对问题的未来情况不能事先确定，但对未发生情况的可能性即概率是可以知道的。这样，根据已知的概率就可以计算期望值。但决策者在决策时无论采用哪一个方案，都要承担一定风险。

一般来说，风险型决策应具备这样的条件：

（1）有明确的目标，如利润最大、成本最小、风险度最小等。

（2）有两个以上的可选方案。

（3）自然状态无法控制。

（4）不同行动方案在不同自然状态下的损益值可以计算出来。

（5）对自然状态的出现事先不肯定，但概率可以知道。

该类决策问题的处理一般采用以下两种方法：

1. 期望收益决策法

期望收益决策法，是通过计算不同备选方案在不同自然状态下的收益期望值的综合值——期望收益值，选择期望收益值最大的方案为最佳决策方案。该方法一般有这样两步：

第一步：先确定概率。即对未来各种自然状态的情况或自然状态出现的可能性大小作出估计。这一般是根据以往的历史资料分析、预测而得的，有时也可根据决策值作经验估计。设概率为 P，$0 \leqslant P \leqslant 1$，则 $\sum P = 1$。

第二步：确定风险函数，求出期望值。风险函数的一般数学表达式为

$$E(S_i) = \sum_{j=1}^{n} b_{ij} p_j (j = 1,2 \cdots n)$$

式中：$E(S_i)$——第 i 个方案的损益期望值；b_{ij}——第 i 个方案在第 j 种状态下的损益值；p_j——第 j 种状态下的概率；n——状态数。

例：某雪糕厂，天气的好坏对其利润的影响很大。现有两种方案，它们在天气好和天气坏的年利润，以及天气好和天气坏出现的可能性即概率值如表4－5所示，试问该厂应作何决策？

表4－5　　雪糕厂的损益值　　单位：万元

损益值 / 概率值 / 自然状态 / 行动方案	天气好	天气坏
	0.8	0.2
S_1	15	－5
S_2	5	2

根据表4－5可求出期望值V_1、V_2如下：

$$V_1 = (0.8 \times 15) + [0.2 \times (-5)] = 12 - 1 = 11(\text{万元})$$

$$V_2 = (0.8 \times 5) + (0.2 \times 2) = 4 + 0.4 = 4.4(\text{万元})$$

显然，方案1的期望值比方案2的期望值大，因为这里的决策标准是最大收益值，所以，方案1较好。

2. 树状决策法

树状决策法又称决策树法，它因运用树状图形来分析和选择决策方案而得名。决策树是进行风险型决策的重要工具之一，具有层次清晰、一目了然、计算简便等特点。因而，在决策活动中被广泛运用。

应用此法一般要经过以下三个步骤：

第一步：绘制决策树。绘制决策树，实际上是拟订各种抉择方案的过程，也是对未来可能发生的各种状况进行周密思考和预测的过程。

第二步：计算期望损益值。根据图中有关数据，计算不同备选方案在不同自然状态概率值下的损益期望值及其综合值，将综合值（期望损益综合值）填写在相应的方案枝末端的机会点上方，表示该方案的经济效果。

第三步：剪枝决策。比较各方案的期望收益值，从中选择收益值最大的方案作为最佳方案，其余选择的方案枝一律剪掉，最终剩下一条贯穿始终的方案枝，即决策方案。

例：某工程公司要对下月是否开工作出决策。已掌握的资料是：如果开工后天气好，可以按期获利4万元，如果开工后天气不好，则造成损失2万元；如果不开工，不论天气好坏都要支出费用0.2万元。下个月天气好的概率是0.4，天气不好的概率是0.6。

（1）画出决策树图，如图4－2所示。

（2）计算期望损益值。

方案1（开工方案）的期望损益值：

4×0.4＋（－2）×0.6＝0.4（万元）

方案2（不开工方案）的期望损益值：

（－0.2）×0.4＋（－0.2）×0.6＝－0.2（万元）

（3）剪枝决策。比较两个方案计算结果，开工方案的期望损益值为0.4万元，大于不开工方案，是最佳决策方案。将未被选择的方案枝剪去，这样，决策点只留下一条决策枝，即所选择的最佳方案。

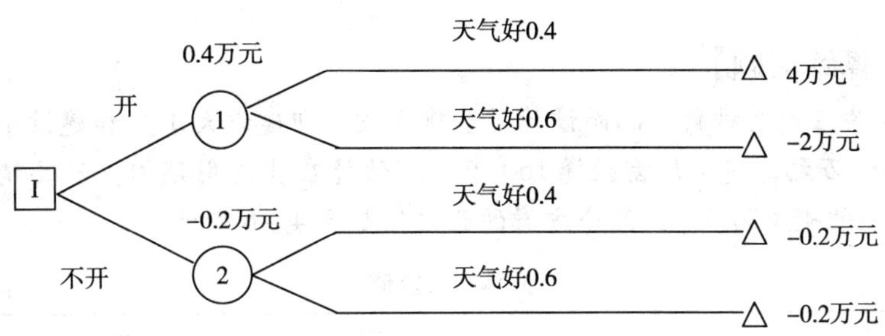

图 4-2 决策树

鉴于定性决策和定量决策技术各有长处和不足，在实际应用中，通常将定量决策方法与定性决策方法相结合，会取得更为理想的决策结果。

【本章知识导图】

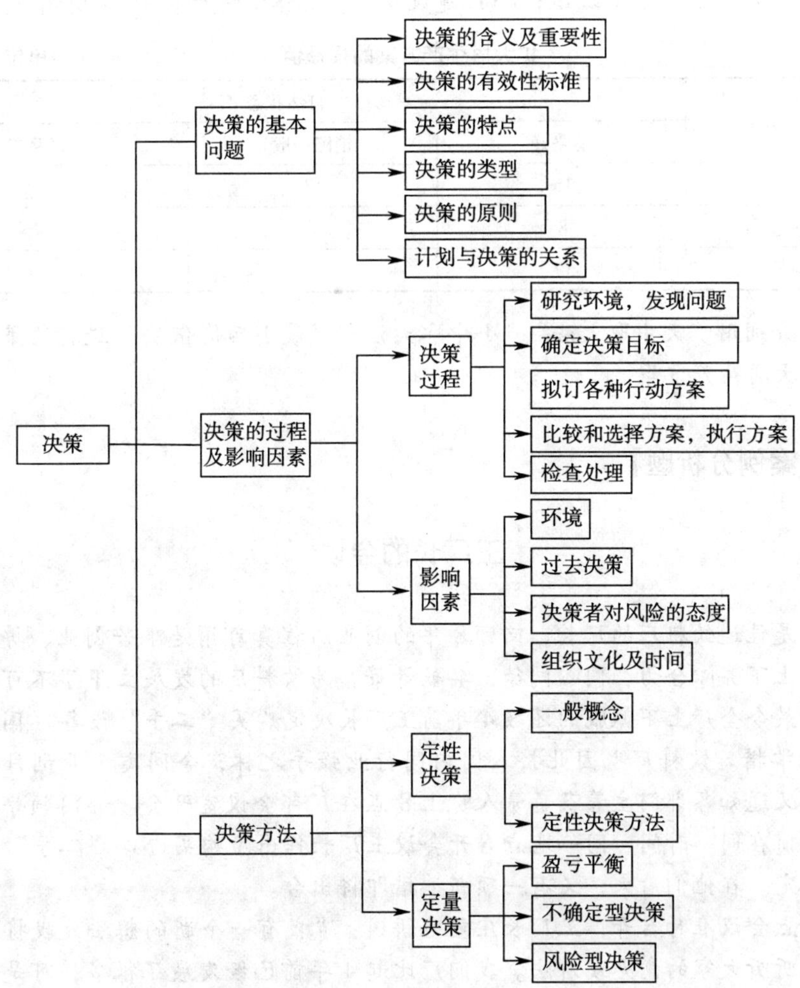

【决策计算练习题】

1. 某企业为生产某种新产品而设计了基建方案，即建设大工厂和建设小工厂，建大工厂需投资300万元，建小厂需投资160万元。估计在其使用期间，产品销路好的概率为0.8，销路差的概率为0.2，两个方案的损益值如表4-6所示。

表4-6　方案的损益值　单位：万元

自然状态	概率值	备选方案	
		建大厂	建小厂
销路好	0.8	100	40
销路不好	0.2	-20	10

要求：运用树状决策法进行决策分析，以求获得最大收益。

2. 为了适应市场需要，某无线电厂提出了扩大再生产的3种方案：(1) 对原厂进行扩建；(2) 对原厂进行技术改造；(3) 建设新厂。具体资料如表4-7所示。

表4-7　扩大再生产方案的损益值　单位：万元

扩大生产方案	自然状态		
	销路好	销路一般	销路差
扩建原厂	15	13	-4
技术改造	8	7	4
建设新厂	17	12	-6

要求：分别用“大中取大法”“小中取大法”“最小后悔值法”进行决策，应该选择哪一种扩大再生产方案。

【课后案例分析题】

王厂长的会议

王厂长是佳迪饮料厂的厂长，回顾8年的创业历程真可谓是艰苦创业、勇于探索的过程。全厂上下齐心合力，同心同德，共献计策，为饮料厂的发展立下了不可磨灭的汗马功劳。但最令全厂上下佩服的还数4年前王厂长决定购买“二手”设备（国外淘汰生产设备）的举措。饮料厂也因此挤入国内同行业强手之林，令同类企业刮目相看。今天，王厂长又通知各部门主管及负责人晚上8点在厂部会议室开会。部门领导们都清楚地记得4年前在同一时间、同一地点召开会议王厂长作出了购买进口“二手”设备这一关键性的决定。在他们看来，又有一项新举措即将出台。

晚上8点会议准时召开，王厂长庄重地讲道：“我有一个新的想法，我将大家召集到这里是想听听大家的意见或看法。我们厂比起4年前已经发展了很多，可是，比起国外同类行业的生产技术、生产设备来，还差得很远。我想，我们不能满足于现状，我们应该力争世界一流水平。当然，我们的技术、我们的人员等诸多条件还差得很远，但是我想为了达到这一目标，我们必须从硬件条件入手，即引进世界一流的先进设备，这样一来，就会带动我们的人员、带动我们的技术等一起前进。我想这也并非不可能，4 年前我们不就是这样做的吗？现在厂的规模扩大了，厂内外事务也相应地增多了，大家都是各部门的领导及主要负责人，我想听听大家的意见，然后再做决定。”会场一片肃静，大家都清楚记得，4 年前王厂长宣布他引进“二手”设备的决定时，有近 70% 成员反对，即使后来王厂长谈了他近三个月对市场、政策、全厂技术人员、工厂资金等厂内外环境的一系列调查研究结果后，仍有半数以上人持反对意见，10% 的人持保留态度。因为当时很多厂家引进设备后，由于不配套和技术难以达到等因素，均使高价引进的设备成了一堆闲置的废铁。但是王厂长在这种情况下仍采取了引进“二手”设备的做法。事实表明，这一举措使佳迪饮料厂摆脱了企业由于当时设备落后、资金短缺所陷入的困境。“二手”设备那时价格已经很低，但在我国尚未被淘汰。因此，佳迪厂也由此走上了发展的道路。

王厂长见大家心有余悸的样子，便说道：“大家不必顾虑，今天这一项决定完全由大家决定，我想这也是民主决策的体现。如果大部分人同意，我们就宣布实施这一决定；如果大部分人反对的话，我们就取消这一决定。现在大家举手表决吧”。

于是会场上有近 70% 人投了赞成票。

【问题】

1. 王厂长的两次决策过程合理吗？为什么？
2. 如果你是王厂长，在两次决策过程中应做哪些工作？
3. 影响决策的主要因素是什么？

【知识点链接】

决策是指为实现某一目标，从若干可以相互替代的可行方案中选择一个合理方案并采取行动的分析判断过程。决策是一个过程。它包括四个步骤：(1) 发现问题（确定目标)；(2) 拟订各种可行备选方案；(3) 对备选方案进行评价与选择；(4) 实施和审查方案。影响决策的主要因素有：(1) 决策者；(2) 决策方法；(3) 决策环境；(4) 组织文化；(5) 时间。

【案例分析】

1. 从案例来看，王厂长的两次决策分别是个人决策和群体决策。第一次的决策合理，因为王厂长是在掌握充分的信息和对有关情况分析的基础上作出购买进口“二手”设备的，充分发挥了个人决策的作用，效率高且责任明确。这一决策使佳迪饮料厂摆脱了企业由于当时设备落后、资金短缺所陷入的困境，并由此走上了发展之路。而第二次决策引进世界一流的先进设备的决策过程不够合理，王厂长虽然说民主决策，但群体决策的效果没有得以充分体现。由于屈从压力，存在少数人的权威作用，使群体决策成员从众现象较为明显，影响了决策的质量。

2. 作为佳迪饮料厂的厂长，第一次决策购买进口“二手”设备，采取个人决策是成功的。但由于个人决策受到有限理性——个人行为特征（如行动的持久性、知觉、成见、个人价值系统、对问题的感知方式）等的影响，所以王厂长应充分考虑企业自身的实际和外部环境因素，在信息充足、备选方案充分的前提下作出决策。由于企业规模扩大，第二次决策引进世界一流的先进设备时采取群体决策，不仅可提供更完整的信息、产生更多的方案、提高方案的接受性和合法性，而且可减少个人决策因知识所限、能力所限、个人价值观、决策环境的不确定性和复杂性等造成的影响，提高决策的质量。所以，在第二次决策时，王厂长应精心营造群体决策的氛围，引导群体决策成员积极参与、明确责任，以充分发挥群体决策的作用。

3. 影响决策的主要因素有：(1) 决策者，如决策者对风险的态度；(2) 决策方法；(3) 决策环境；(4) 组织文化；(5) 时间。决策方式的选择，主要视决策问题的性质、参与者的能力和相互作用的方式等而定。

第五章

组　织

【本章概要】

本章先介绍组织的相关概念，重点阐述组织的结构类型，再介绍组织文化和组织变革的相关理论知识。

【重点内容】

1. 掌握组织的含义；

2. 掌握组织的相关概念：管理幅度和管理层次、分权与集权、正式组织与非正式组织；

3. 掌握组织结构类型并绘制组织结构：直线制、职能制、直线职能制及矩阵制；

4. 了解并掌握组织文化的结构与功能、内容与类型；

5. 了解组织变革的动力和方法，并掌握组织变革的阻力及克服。

【案例导入】

摩西的岳父乔叟看到摩西从早到晚整天坐在那里，以色列人在他面前排起了长队，耐心地等着见他，表达自己的愿望和倾诉心中的不满。乔叟对摩西说："你这样做不太好。你和那些等着见你的人都受不了，你们会累坏的。你不应该自己一个人做这件事。"然后乔叟建议摩西在每1 000人中选出一位代表，再在其中每100人选出一位代表，每50人及每10人选出一位代表。重大事项仍然由摩西自己来决定，但琐碎的事情就由那些选出的代表来作出裁决。摩西接受了建议。从那之后，他带领以色列人向迦南进发的任务就轻松了许多。

（资料来源：《圣经旧约》第二章"出埃及记"，这被称为第一次有文献记载的管理层级制度。）

组织是管理的基本职能之一。在计划职能确定了组织的目标并对实现目标的途径作了安排后，为了使人们能够为实现目标而有效的工作，还必须对包括人、财、物和信息在内的各种资源在一定的空间和时间范围内进行有效的配置，明确组织中的每一个职位所起的作用以及职位间的相互关系，建立起一种既有分工、又有协作的集体活动的结构。此外，还需要根据组织内外诸要素的变化，不断地对组织结构作出调整和变革，以确保组织对环境的适应性。设计和维持这种结构的工作就是管理的组织职能所要承担的任务。

第一节 组织的相关概念

一、组织的含义

对于组织一词的理解，在不同的国家有不同的含义。在我国古代，组织一词的含义是编织，即将麻织成布帛。唐代著名学者孔颖达首先把组织这个词引申到社会管理中，认为组织就是把事物的构成部分组合为整体。《辞海》把组织定义为：“按照一定的目的、任务和形式加以编制。”在西方，英文中的组织一词源于医学中的“器官”，因为器官是自成系统的、具有特定功能的细胞结构。牛津大学辞典中的组织一词被定义为：“为特定目的所作的、有系统的安排。”现在这个词逐渐演变成专指人群而言。

从管理科学的角度出发，众多西方的管理学家、学者也都曾经给“组织”一词从不同的角度下过定义。

古典组织理论学家韦伯在其代表作《社会组织与经济组织》一书中提出了层级制组织类型，并对其进行了系统而全面的分析。认为组织是为达成一定目标经由分工与合作，形成不同层次的权力和责任制度，从而构成的人的集合。

美国管理学家路易斯·A. 艾伦将组织定义为：“为了使人们能够最有效地工作去实现目标而明确责任、授予权力和建立关系的过程。”

社会系统学派的代表人物切斯特·巴纳德将正式的组织定义为：“组织是一个有意识地协调二人以上的活动或力量的系统”，并认为组织的三个基本要素是共同的目标、协作意愿和信息沟通。

系统管理学派认为：“组织是开放的社会系统，具有许多相互影响共同工作的子系统，当一个子系统发生变化时，必然影响其他子系统和整个系统的工作。”这种解释是把组织作为由相互联系、相互作用的子系统构成的有机整体。

当代著名的管理大师哈罗德·孔茨和海因茨·韦里克把组织定义为：“组织意味着一个正式的有意形成的职务结构或职位结构。”这里强调的是组织角色的性质、内容及对职务结构的刻意设计。

综上所述，组织既有名词含义，又有动词含义。

从名词意义上来说，组织可以指组织机构，也就是一个有形的组织体，是执行特定使命的各种人力资源与物质资源的集合体，具体包括各类营利性组织（如工商企业和银行）和非营利性组织（如学校、科研单位等）。另外还可以指组织结构，也就是组织机构的框架体系和内部结构，这是一种无形的组织体。

从动词意义上来说，组织强调的是一种工作过程，或者将其称为管理的组织职能，就是通过建立、维护并不断改进组织结构以实现有效分工、合作的过程。分工与合作，这是管理的组织职能的两大主题。

总的来说，组织就是有意识地调整了的两个人或更多人的行为或各种力量的系统。

组织活动产生于人们在集体活动中进行合作的必要性。人类由于受到生理的、心理的和社会的种种限制，为了达到某种目的，就必须进行合作。要进行有效的合作，人们就必须清楚各自所扮演的角色和所起的作用，这种角色和作用越是明确，人们的工作就会越有效。这又意味着要进行有效的分工。

因此，从组织的概念中我们可以看出三个层面的含义：第一，组织必须具有目标。因为任何组织都是为目标而存在的，不论这种目标是明确的还是隐含的，目标是组织存在的前提，企业中的每一个组织机构的建立、撤销、合并必须服从于企业的目标。第二，组织必须有分工和合作。分工和合作关系是由组织目标限定的，组织中的每个部门都专门从事一种特定的工作，各个部门又要相互配合。只有把分工和合作结合起来才能产生较高的集体效率。第三，组织要有不同层次的权力与责任制度。分工之后要赋予每个部门、每个人相应的权力和责任，以便实现组织的目标。要完成一项工作任务，需要具有完成该项工作任务的权力，同时必须让其负有相应的责任。仅有权力而无责任，可能导致滥用权力，而不利于组织目标的实现，权力与责任是达成组织目标的必要保证。

二、组织的相关概念

（一）管理幅度与管理层次

人类对生存的需要产生了协作劳动，只要有协作劳动，就必然会产生管理活动。管理者的时间、能力、精力的有限性，就产生了每个管理者能有效管辖多少下级人员这个问题。这就是管理幅度的问题。由于每个管理者管辖人数的限制，为了使组织规模的扩张能适应人类各种社会活动的需要，就需要增加管理层次，从而就产生了管理层次的问题。

1. 管理幅度的概念

所谓管理幅度，是指上级管理者能直接有效地管辖的下级人员数。这个概念强调了两点：一是指在组织所形成的不中断的等级系列中直接上级对直接下级的管辖人数；二是指有效管辖的下级人员数。从一定意义上来讲，正是由于管理宽度的存在，当组织规模扩大到一定程度时，才产生了部门划分的必要性。

如果组织的最高领导者是一个万能的领导者，我们是否还需要有这种部门和层次的安排？答案是否定的，因为这个万能的领导者可以指挥和监督一切活动而无须他人的帮助。但现实世界的管理者做不到这一点，人类存在着身体的、生理的、心理的和社会的种种限制，使得每一个管理者只能直接指挥和监督有限的下属。

2. 管理层次的概念

所谓管理层次，是指在组织中所形成的不中断的等级系列的环节数。也就是当组织规模有限时，一个管理者可以直接管理每一个成员的活动；当规模的扩大导致管理工作量超出了一个人所能承担的范围时，为了保证组织的正常运转，管理者就必须委托他人来分担自己的一部分管理工作。随着组织规模的进一步扩大，受托者又不得不进而委托其他人来分担自己的工作，依此类推而形成了组织的等级制或层次性的管理结构。由以上分析可知，只是由于存在着管理宽度的限制，或者说因为管理者所能有效监督的下属人数是有限的，才形成了这种层次性的管理结构。

从一定意义上来讲，组织层次是一种不得已的产物，它的存在本身是带有一定的副作用的。这些副作用主要表现为：

（1）层次多意味着费用也多。层次的增加需要更多的管理者，管理者又需要辅助人员，每个人员都需要一定的设施和设备的支持，同时也加大了部门之间的协调工作量，所有这些都意味着费用的增加。

（2）层次的增加加大了沟通的难度和复杂性。信息经由层次自上而下传达时，不可避免地会产生曲解和遗漏，自下而上的信息流动同样也会变得更加复杂和困难。

（3）众多的部门和层次使得计划和控制活动更为复杂。一个在最高层显得清晰完整的计划方案会因为逐层分解而变得模糊不清。随着层次和管理者人数的增多，控制活动会更加困难，尽管此时由于计划的复杂化和沟通的困难而使控制显得更为重要。

3. 管理幅度和管理层次的关系

在组织规模一定的条件下，管理幅度和管理层次成反比例的关系。管理幅度越大，则组织的管理层次就会越少，这种类型的组织结构就称为扁平型结构，如图 5－1 所示。

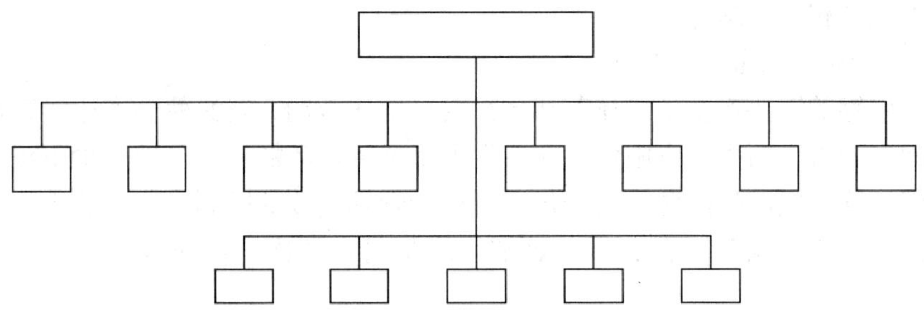

图 5－1 扁平型结构

管理幅度越小，组织的管理层次就越多，这种类型的组织结构就称为高耸型结构，如图 5－2 所示。

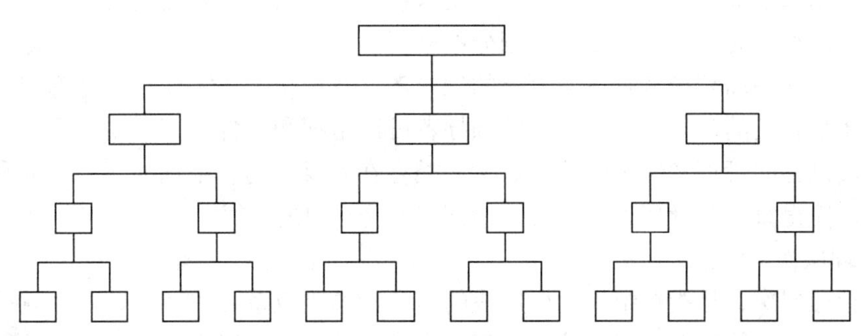

图 5－2 高耸型结构

4. 管理幅度与管理层次的确定对组织管理效率的影响

对一个组织来说，管理幅度是大些好还是小些好，也就是说是扁平型结构比较有利于提高组织的管理效率，还是高耸型结构比较有利于提高组织的管理效率？在这里，我们以高耸型组织和扁平型组织这两种极端的组织结构为代表，分析管理幅度过宽和管理层次过多对组织管理效率的正负影响。

（1）扁平型组织与管理效率。扁平型组织是指当组织的管理幅度较大而组织的管理层次比较少时的情况。从组织整体来说，它有利于组织高层管理者对组织的控制，也有利于组织中的信息沟通。但是，从每个管理者的情况来看，如果管理幅度过宽，管理人员在协调下属的工作以及在与他们有效联系方面就会遇到很大的困难。由于管理幅度大，而管理者的时间、精力和能力有限，这样管理者很难对较多的下级人员进行有效管理，就限制了管理者的管理幅度。

总的来说，扁平型组织对组织整体效率的提高是有帮助的；但是，对具体的某个部门的管理者来说，工作量会大大增加，管理效率就会受到影响。

（2）高耸型组织和管理效率。管理幅度小是不是就好些？组织的管理幅度较小，组织中形成的管理层次就会较多，形成高耸型的组织结构。从每个管理者的角度看，由于管理幅度小，则有利于上下级之间的沟通与协调，这样能提高每个管理者的管理效率。

但是从组织的整体看，由于管理幅度小形成了较多的管理层次，这就可能产生以下几个问题：第一，管理层次多，会造成组织中的管理费用支出的增加。因为较多的管理层次必然要增加主管人员以及协助其工作的参谋人员，要协调部门之间的业务工作，还要增加这些人员所需设施的费用。第二，较多管理层次会造成组织中信息传递的失真。有人形象地形容管理层次是“信息过滤器”，因为较多的管理层次使信息在组织内的传递过程中，有较多的机会被遗漏或被歪曲，每一层次的信息传递者根据自己对信息的理解，有意识、无意识地信息选择，从而造成信息在传递过程中的失真。第三，较多的管理层次使高层管理者很难实现对组织的控制。因为管理层次越多，高层管理者对处于组织基层的人员的影响力就会越小，就会增加高层管理者对整个组织控制的难度。组织中明确和完整的计划，经过层层分解和加工可能会变得面目全非，而失去了明确性和一致性。

美国管理协会曾对100家大公司做过调查，结果表明，向总经理报告工作的经理人数从1名到24名不等，其中拥有6名以下主要属员的仅26位总经理，平均数是9名。对41家规模较小的公司的调查表明，其中有25位总经理拥有7名以上主要下属人员，平均数是8名。

罗伯特·豪斯和约翰·迈因纳在查问管理幅度研究文献和调查的基础上，提出了他们的理想管理幅度。在大多数情况下，理想的控制幅度大约在5~10这个范围内；而适合于组织的最高决策层次的理想管理幅度更大，在8~10人之间；基层管理者的管理幅度应根据组织所采用的技术和已有的条件而定；在为特殊情况规定管辖的下级人数时，则必须考虑具体的因素，如成员的满意度、任务的性质和难易程度等。

琼·伍德沃德研究了100家英国公司的生产工艺与理想管理幅度之间的关系，得出的结论是：在成功的单件和小批量生产组织中，一个第一线的监督人员大约有23名下属人员，在成功的大批量生产组织中是49个，而在成功的自动化生产组织中则是13个。当一个组织偏离上述理想数字时，它就会趋向于失败。

拉尔夫·戴维斯把管理幅度分为两类：行政管理幅度和业务管理幅度。行政管理幅度是指组织中的中上层管理者所能管辖的直接下级人数。中上层管理者是指那些所管辖的下级同时又是别人的上级的管理者，也即他的下级同样也拥有指挥别人、命令别人的权力。这些人的管理幅度为3~9，这取决于管理者任务的性质、责任和组织发展速度，以及其他一些因素。业务管理幅度是指最下层的管理者的管理幅度，如小组组长、班长。戴维斯提出业务控制跨度可多达30个。

以上这些情况说明，对于管理者的有效管理幅度并没有一个统一的标准。这些不同的研究和实证给我们提供了权变的思想，即管理幅度的确定是受许多因素综合影响的，需要考虑具体情况来加以确定。

5. 影响管理幅度的因素

组织的规模的发展是必然趋势，增加的员工不是被充实到组织的某一特定的组织层次，就是充实到为管理那些新增加的工作而产生的新的组织层次中。毫无疑问，即使通过授权、员工培训、采取有效的控制计划和沟通方法，工作和员工数量的增加仍会导致管理层次的增多，因为管理幅度总是要受到多种因素的限制。

由于不同的管理幅度理论和实证结论，导致了人们对有效或理想的管理幅度理解的混乱和误解。对这种误解的修正原则是："在各个管理职位上，一个人能够有效地管理下属的人数固然是有限制的，但是在具体情况下，确切的数目则因其所依据的变量的作用相对有效管理所需要的时间的不同而不同。这一原则确实存在，不能取代，而且它对指导经理去有效地管理更多的下属和精简机构是有用处的"。

从前面的讨论可以看出，管理者的管理幅度并没有一个统一的标准，而是应该根据不同的情况来确定管理者的管理幅度。按照权变理论的观点，管理幅度是各种因素影响的结果。这些因素主要有：

（1）上下级管理者的管理能力。上级管理者的管理能力越强，其管辖的下级人员数就可以越多。如果下级管理者的管理能力越强，则上级管理者的管理幅度就可以越大。对于后一种情况，主要是因为当下级人员的能力越强时，就越是可以独立地工作，从而可以减少上级管理者协调下级人员活动的工作量，上级管理者就能有更多的时间和精力来管理更多的下级人员。

（2）职权的授予。上级管理者对下级人员的授权越是明确，下级管理人员在运用职权履行其职责时就可以较少地向上级管理者汇报和请示，这样，上级管理者就可以有更大的管理幅度。当上级管理者只进行含蓄的授权时，下级管理者在运用其职权时，可能会因为不明确其权限的范围而要经常向上级管理者请示和汇报，从而增加了上级管理者的工作量，限制了其管理的幅度。

（3）上级管理者必须承担的非管理职责。上级管理者在其工作时间里往往要承担一些非管理方面的职责，比如说会见客人，参加一些仪式或典礼等。这些方面工作的增加会占用上级管理者的时间和精力，从而限制上级管理者的管理幅度。

（4）下级管理人员管理活动的相似程度。下级人员的工作和活动的内容越是相似，上级管理者协调下级人员活动的工作就越是可以制度化、标准化和程序化，从而可以节省上级管理者的时间和精力，增加其管理的幅度。

（5）组织中新问题的发生率。组织如果是处在一个比较稳定的外部环境中，比如，组织成员所从事的是一些技术水平比较低的工作，组织的发展变化速度比较慢，则上级管理者就可以有比较大的管理幅度。因为在这种组织中，新问题的发生率较低，使上级管理者能更多地实行程序化和制度化的管理从而节省其时间和精力。

(6) 下属人员地理上的分散程度。下属人员在地域上越是集中，上级管理者就越是可以节省协调和沟通下级人员的时间和精力，从而可以增加其管理的幅度；反之亦然。

(7) 信息沟通的方法。在上下级之间进行信息沟通时，如果上级管理者通过设置参谋、助理等职位来协助上级管理者进行信息的沟通工作，如协助处理信件、起草文件、接转电话等，就可以使上级管理者有更多的时间和精力管理更多的下级人员。

(8) 管理者所在的管理层次。管理者所在的管理层次也影响了管理者的管理幅度。在较低的管理层次，工作比较标准化，因此采用一个较宽的管理幅度是可行的。但这种幅度应随着管理层次的提高而逐渐变窄。因为，随着管理层次的提高，工作的标准化变得少了，另外，与下属人员频繁联系的需要也增加了。

(二) 部门化

关于管理幅度和管理层次的说明中，我们不难发现一个组织规模扩张的困境，或者说是限制：每个管理者可以有效管辖的直接下级的人数是有限的，因此，规模的扩张只好通过设立新的部门来实现。新部门的设立就需要增加新的上级来协调部门与部门之间的关系，也就增加了新的管理层次。管理层次的确定与部门化工作实际上是同步进行的工作。

1. 部门化的概念

部门是指组织中主管人员为完成规定的任务有权管辖的一个特定的领域。它在不同的组织中有着不同的称呼，企业称为分公司、部、处等；军队称为师、团、营、连；政府机关则称为部、局、处、科等。

部门化，就是组织的部门划分，是将整个管理系统分解成若干个相互依存的基本管理单位，它是在管理劳动横向分工的基础上进行的，简单地说，就是按照一定的方法把组织中的人和事划分成可单独管理单位的过程。正如法约尔所指出的，它是“为了用同样多的努力生产更多和更好的产品的一种分工”。

一个组织建立以后，由于管理幅度的有限性，一个管理者所能直接有效管辖的下级人数是有限的，因此组织必须通过部门的建立来使组织规模的扩大能适应组织发展的要求。进行组织的部门化，其目的就在于确定组织中各项任务的分配与责任归属，以求分工合理、职责分明，有效地达到组织的目标。

部门的划分是为了实现组织的目标。在划分部门时应遵循如下一些具体的原则。

(1) 精简原则。所谓精简，就是要力求维持最少的部门。组织结构是由管理层次、部门结合而成的。组织结构要求精简，部门必须力求最少，但这是以有效地实现组织目标为前提的。现实中大概是出于美学和控制方面的原因，有人常常会追求在组织结构第一级以下的所有部门都按照完全相同的方式来设置，建立在组织结构中各级平衡并以连续性和对等性为特征的刻板结构。这是对部门划分的误解，建立组织结构的目的不是供人欣赏，也不是为了控制，而是为了有效地实现组织的目标。

(2) 弹性原则。组织结构应具有弹性，划分部门应随业务的需要而增减。在一定时期划分的部门并不是永久性的，其增设和撤销应随业务工作而定。临时出现的问题可通过设立临时部门或工作组的方式来加以解决。

（3）目标实现原则。必要的职能均应具备，以确保目标的实现。在企业中，其主要职能是生产、销售和财务等。在医院里，其主要职能是医疗服务等。这些职能都必须有相应的部门加以对应。当某一职能涉及两个以上的部门时，每一部门所承担的职能要有明确的规定。

（4）人、物平衡原则。各部门的任务指派应达到平衡，避免忙闲不均、工作量分摊不均。

（5）监督与执行的部门分立原则。承担监督检查职能的部门与承担执行职能的部门要分别设立。

2. 部门化的方法

部门化实际上是一种专业化，组织实际上是按照某种专业化的标准对组织中的人和事进行划分的，使之形成一个个可管理的单位。部门的划分具有多种方法，但必须强调的是，并不存在适合于所有情况的唯一的最佳方法。到底应采用何种划分方法，取决于所面对的具体情况，取决于在特定情景下如何才能获得最佳的结果。

在实践中发展起来的部门化划分方法非常丰富，采取何种部门化方法，可以依据以下三个标准来权衡：（1）何种方法能最大限度地利用专业计划和知识；（2）何种方法能最有效地使用机器和设备；（3）何种方法最有希望达到所要求的管理与协调。

下面将对这些部门划分的基本方法逐一加以讨论。

（1）职能部门化。根据职能划分部门是应用最广泛的方法之一，几乎所有类型组织的结构中都可以找到它的踪迹。因为任何一个企事业组织存在的目的都是要创造某种为他人所需要的物品或劳务，所以可以说生产（创造或增加物品或劳务的效用）、销售（寻找愿意按照一定价格购买物品或接受服务的顾客）和财务（资金的筹集、投资、营运、分配）是所有企事业组织的基本职能。因此，以这些基本职能为依据便可以将组织划分为生产部门、销售部门、财务部门等。

由于各种组织的活动领域不同，同一职能在不同组织中的重要程度不同，因此现实中这些职能部门在不同类型的组织中会有不同的具体名称，如图 5－3 所示。

判定业务活动是否相似的标准主要是看其业务性质是否相近，所需的业务技能是否相同以及对同一目标的实现是否具有紧密相关的作用。

依照职能进行部门划分，它的优点很明显：首先，这种方法符合专业化分工的原则，各部门都可配备该领域的专家进行工作的指导，可以提高人员的使用效率；其次，涉及的相关职工需要掌握的技术技能涉及范围较狭窄，培训和监管指导较易；再次，最高主管要对最终成果负责，从而为最高层实施严格控制提供了手段；最后，部门内部活动协调比较容易。

当然，这种划分方法也具有一定的局限性：首先，只有最高主管才能对最终成果负责，一旦出现了责任，或者进行绩效评估时，较难检查和评估；其次，容易使人们过度局限于自己所在的职能部门而忽视组织整体目标，部门间的协调比较困难，容易导致部

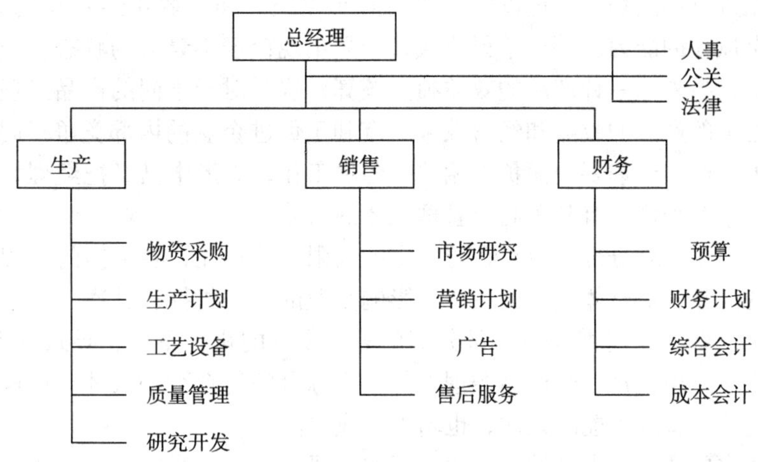

图 5-3 职能部门化

门本位主义；最后，这种结构不利于培养综合全面的管理人才，组织适应环境变化的能力较差。

这种方法主要适用于企业发展初期、规模相对较小、机构简单或者经营品种单纯的企业。

（2）产品部门化。按产品划分部门是根据产品或产品系列来组织业务活动。许多多元化经营的大企业采用这种划分部门的方法。这种方法最早是从按职能划分部门的企业中发展起来的。随着企业规模的扩大，管理工作变得越来越复杂，部门主管的工作负担也越来越重，管理宽度的限制使得他们难以通过增加直接下属的办法来解决问题，因而此时按照产品来重新组织企业活动就成为必要。在这样的结构下，有关某产品或产品系列的生产、销售、服务等职能活动方面，该产品分部的主管拥有充分的职权，同时他们也必须在很大程度上对该产品的利润负责。企业的每一个主要产品领域都有其独立的产品经理，该经理是所分管的产品线方面的专家，并对所开展的一切活动负责。与职能部门化不同，这里生产、财务、销售等都按产品进行分割，以便给予产品经理足够的自治和控制权，如图 5-4 所示。

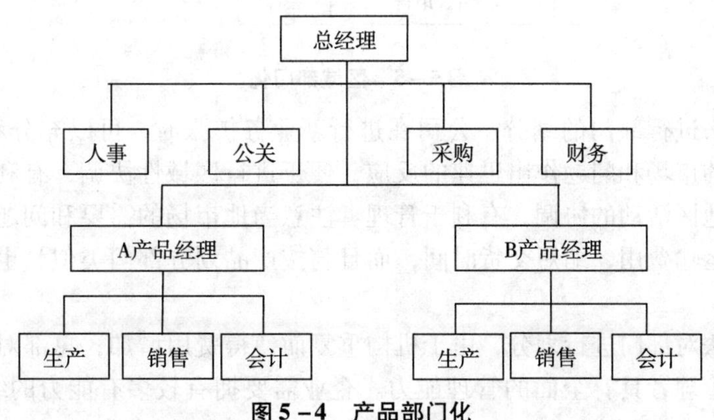

图 5-4 产品部门化

依据产品进行部门划分，可以使企业的多元化经营和专业化经营有机地结合起来，增强企业抵御风险的能力，一旦某行业或某产品出现市场不景气的状态，企业可以及时调整生产方向；另外每一种产品的效益独立核算，这样对于不同的产品经理，会努力提升自己管辖之下的产品的收益和经营效果，有利于促进企业的内部竞争；同时，对于不同的产品来说，产品经理要全面负责相关的各项工作，无形中已经把经理培养成了复合型人才，对于企业来说，有利于高层管理人才的培养。

当然，依据产品划分部门也存在着一定的局限性：首先，各部门的管理人员往往只注意本部门的产品，对整体组织欠关心，影响企业的统一指挥；其次，由于各个部门都设有独立的生产部门、销售部门、财务部门等，设置的机构重叠，导致管理成本上升；最后，对于企业来说，每一个产品经理都是一个综合的复合型的人才，这样，企业就需要较多的具有综合管理才能的人才，也增加了成本。

这种方法主要适用于大型的多元化经营的公司。

（3）区域部门化。按地域划分是经营活动在地域上比较分散的企业常常采用的一种方法。其做法是将某一地区的业务活动集中起来，并委派相应的管理者，形成区域性的部门。如图 5－5 所示，公司的业务涉及到 A、B、C、D 四个地区，每个地区都具有独立的生产部门、销售部门和财务部门。

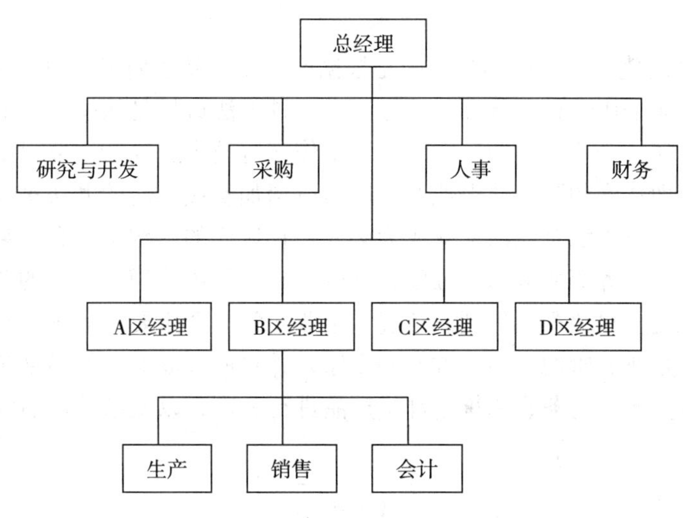

图 5－5　区域部门化

依据地域来进行部门的划分，公司在进行新业务扩张时，可以充分利用当地人才，易于对本地区的市场和问题作出迅速的反应，便于进行区域性协调，有利于鼓励地方参与决策，促进地区活动的协调，有利于管理者注意当地市场的需要和问题，生产的当地化有利于降低运输费用，缩短交货时间，而且与按产品划分部门类似，也有利于培养综合管理人员。

依照此方法对部门进行划分，由于机构重复而使得费用增加；总部对地方控制的难度较大，要求管理者具有全面的管理能力。企业需要拥有较多有能力的综合管理人员，无形中增加了企业的管理成本，同时会给高层经营管理增加困难。

这种方法主要适用于全国性或国际性的大公司或跨国公司。

（4）用户部门化。如果每个部门所服务的顾客都有一类共同的问题和要求，需要各自的专家才能予以更好地解决，那么就可以根据所服务的顾客特征进行分组。如图5－6所示，某家公司的销售活动可以细分为三个部门，分别服务于零售、批发和政府三类顾客。

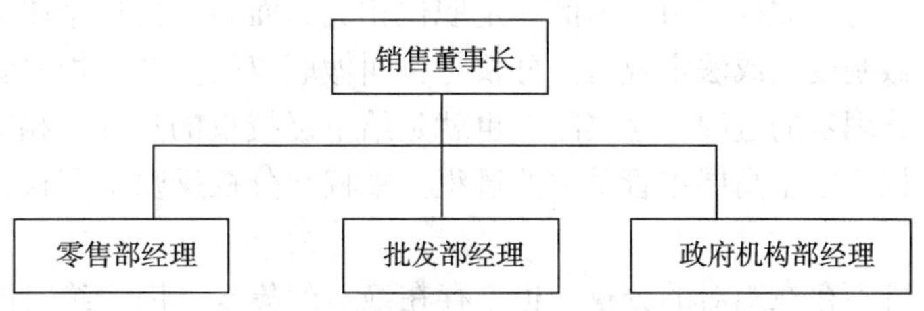

图5－6　用户部门化

这种分类方式有助于把用户的需要集中在一起，提供服务方可以对所面向的顾客有更细致的了解，发挥在特定用户领域专家们的专长。

它的缺点在于这种分类方法对用户明确区分有难度，比如做政府采购的人员同时也是家庭中的一员，平时也会以普通顾客身份出现，这样对其身份界定不一定非常明确；另外每个不同的顾客，由于种种原因，对产品的需求是存在差异的，那么不同顾客的需求存在矛盾时，就需要部门经理进行协调，这就对部门经理提出较高的要求。

这种分类方式一般适用于服务业。

（5）过程部门化。如图5－7所示，这是一家炼铝厂的各个生产部门，每个部门负责铝管制造过程的特定阶段。首先，金属被扔进巨大的熔炉中熔炼；其次，送到冲压部门，在那里被挤压成管形，再转到制管车间，轧制成各种规格和形状的管子；再次，进入精轧车间，进行切割和整理；最后到检验、包装和发运部门。每一个过程都要求不同的技能，因此按过程进行部门化可以提供同类活动归并的基础。

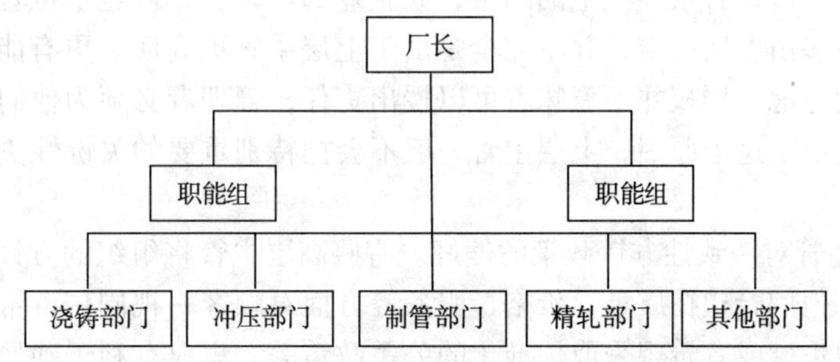

图5－7　过程部门化

按过程进行部门划分，充分利用了专业技术与技能，便于取得经济优势，而且对于部门的培训来说，可以进行非常专业的技能培训，简化了培训内容。

但是这种划分方式使得部门之间连接缺乏，容易导致部门本位主义，部门间的协作

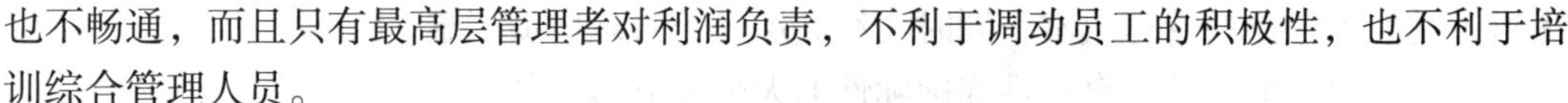

也不畅通，而且只有最高层管理者对利润负责，不利于调动员工的积极性，也不利于培训综合管理人员。

（三）集权与分权

1. 集权与分权的概念

分权和集权是用来描述职权在组织中或在指挥链上的分布情况的一对概念。所谓“职权”，就是指组织设计中赋予某一管理职位的作出决策、发布命令和希望命令得到执行而进行奖惩的权力。职权与组织内的一定职位相关，而与占据这个职位的人无关，所以它通常亦被称做制度权或法定权力。分权化也叫做职权的分散，指的就是系统地将决策权授予中下层管理者的过程。这实际上也就是给下级授权的过程。相应地，集权化则是系统地将决策权集中于高层主管手中的过程。集权和分权反映了职权在指挥链上分布的两种趋势。

在现实中，既不存在绝对的分权，也不存在绝对的集权。因为绝对的集权意味着职权全部集中在一个人手中，这样的人不需要配备下级管理者，管理组织设计也就成为多余。而绝对的分权也是不存在的，因为上层管理者一旦没有了监督和管理的权利与义务那也就没有必要设置这样的职位。管理组织的存在必然意味着某种程度的分权。集权和分权同时也是两个彼此相对、互相依存的概念。说一个组织是集权或是分权的，这意味着或者是在同它自身的过去比较，或者是在同其他的组织比较。

2. 集权与分权的影响因素

集权或者分权不能简单地用“好”或“坏”来加以判断。在成功的企业中，既有许多被认为是相对分权的企业，也有许多被认为是相对集权的企业。因此，并不存在一个普遍的标准，可以使管理者据以判断应当分权到什么程度，或是应当集权到什么程度。一个组织中职权分散或集中的程度，除了受到管理者个性的影响之外，还取决于许多其他的因素。这些影响因素主要包括：

（1）决策的重要性。这也许是影响分权程度的最重要的因素。一般来说，越是重要的决策，就越有可能由较高层次的管理者掌管。当然，衡量决策重要性的标志除了所涉及的金额之外，还可以有很多其他的因素，如企业的声誉、相对竞争位置、员工的士气等。重要的决策多由上层决定，并不完全是由于上层主管更高明、更有能力，很大程度上是出于责任的考虑。授权并不意味着可以授出责任，管理者必须为他们的下属所作的决策负责。正是出于这个原因，上层主管一般不会把特别重要的关键性决策的职权授予下属。

（2）高层主管对一致性方针政策的偏好。有些高层主管将组织的方针政策的一致性看的高于一切，他们希望在质量、价格、服务等方面对顾客一视同仁，希望对供应商采取协调一致的政策，或者希望采取标准化的公关政策等。集权有利于确保组织方针政策的一致性，所以在面临重大危机和挑战时，组织往往会采取集权的办法。另外，拥有现代化通信和控制手段的组织，在职权配置上经常会呈现两个方向的变动：重要和重大问题的决策可以实行更大程度的集权，而次要问题的决策则倾向于更大程度的分权。

（3）组织的规模。组织规模较小时，实行集权化管理可以使组织的运行取得高效率。组织规模越大，所需要作出决策的数目就越多，需要作出决策的场所也越多，协调起来也就越困难。这种情况必然会降低决策的速度，从而导致决策的成本很高。要克服这些问题，就必须分散权力。具体的做法多种多样，例如大企业常常采用事业部的形式，将过大的组织分解为若干个具有相对的自我完结性的子系统。一般认为，为了克服规模过大而造成的不经济性，根据产品、地域或流通渠道进行划分是比较有利的。

（4）组织的历史。一个组织形成的方式常常决定着其集权或分权的程度。那些通过内部的成长由小到大发展起来的企业，或者在其缔造者的监护下成长起来的企业，往往表现出一种强烈的职权集中的特征。通过兼并或收购而形成的企业则经常表现出分权的趋势。但有些情况下，企业并购也可能会导致职权的集中，这往往是因为占支配地位的集团急于接管，或者希望尽快获得合并经营的经济效果。

（5）最高主管的人生观。现实的组织中存在着各种类型的性格不同、世界观迥异的最高管理者。他们中有些人视权如命，有些人则不习惯放权，而有的则将分权看成是现代组织的生存方式，是一种取得经济效益的手段。他们的人生观必然会对各自组织中的职权的集中或分散造成重要的影响。

（6）获取管理人才的难易程度。缺乏训练有素的主管人才会限制分权的实施，因为上级主管必须将职权授予合格的下属。为了保证职权的分散，必须注重管理者的培养工作。反过来讲，职权的分散也是最好的培养管理者的手段。很多场合下，缺乏人才只是高层主管不愿分权的借口，这或许是因为他们不善于培养人才，或许是想夸大自己的作用。有的管理者认为集权可以减轻对人才需求的压力，但这样做不利于接班人的培养。

（7）控制手段。是否有合适的控制手段也是影响职权分散程度的一个重要因素。如果没有适当的反馈，不能了解所授出的职权运用是否得当，那么不管多么优秀的管理者都无法进行有效的授权。统计技术、会计控制方法、计算机技术等各方面的进展有利于促进职权的分散。

（8）组织营运的分散化。组织营运的分散化是指组织的各个部门及管理者分散在不同的地理区域。通常，这种分散化是由于诸如分工、机器设备的利用、工作的性质、原材料的利用等技术方面的原因造成的。一般来说，组织营运的分散化在一定程度上有利于促进职权的分散。但这并不意味着运营的集中就一定会导致职权的集中，地理因素对职权的集中与否并无决定性的影响。

（9）组织的变动程度。组织变动的快慢与激烈与否也影响着职权的分散程度。例如一个迅速成长的企业，面临着许多因扩张而产生的问题。在这种情况下，其高层主管往往倾向于授权给下级，并愿意承担由此带来的风险。在一些非常成熟且稳定的组织中，则存在着一种集权或再集权的趋势。例如，在许多银行、保险公司和铁路企业中，决策的权力往往是比较集中的。

（10）外界环境的影响。以上讨论的因素大多是企业组织内部的因素，许多外部的因素也影响着组织中职权的分散程度，其中最重要的因素包括法律、法规、宏观经济体制等因素。

3. 过分集权的弊端

正确地处理集权与分权的关系对于组织的生存和发展至关重要。从国内企业的实际情况来看，许多组织都普遍地存在一种过分集权的倾向。集权过度会带来一系列弊端，主要表现在：

(1) 降低决策的质量和速度。在规模相对比较大的组织中，高层主管距离生产作业活动的现场较远，如果管理权力过于集中，现场发生的问题需要经过层层请示汇报后再由高层人员作出，这样作出来的决策，不仅难以保证其应有的准确性，而且时效性也会受到影响。

(2) 降低组织的适应能力。过分集权的组织，可能使各个部门失去自适应和自调整的能力，从而削弱组织整体的应变能力。

(3) 致使高层管理者陷入日常管理事务中，难以集中精力处理企业发展中的重大问题。

(4) 降低组织成员的工作热情，并妨碍对后备管理队伍的培养。管理权力的高度集中，不仅会挫伤下层管理人员和作业人员的工作主动性和创造性，而且也使他们丧失了在实践中锻炼和提高自己能力的机会，从而可能对组织的长远发展造成不利的影响。

4. 分权的标志

考察一个组织集权或分权的程度究竟多大，最根本的标志是要看该组织中各项决策权限的分配是集中还是分散的。具体地说，判断组织集权或分权程度的标志主要有：

(1) 所涉及决策的数目和类型。组织中低层管理者可以自主做决定的事项，如果数目越多，则分权程度就越大。同时，低层管理者所作的决策越具有重要性，影响范围越广泛，组织的分权程度也越大。趋于将较多和较大的决策权集中到高层的组织是集权化的，而只集中少量重大问题决策的组织则是相对分权化的。

(2) 整个决策过程的集中程度。广义的决策是一个全过程的概念，而不仅仅指作出最终决定这一步骤。这样，组织中如果有不同的部门参与了决策信息的收集，或者决策方案的拟订和评价与决策方案的选择是相对分离的，决策制定和执行的过程受到了其他方面力量的监督，则这种组织中的决策权限就相对说来是比较分散的。而如果所有这些决策步骤都由某主管一人来承担，这样的决策就较为集权。在决定作出之后、付诸执行之前，如果必须报请上级批准，那么分权程度就降低。而且，被请示的人越多且其所处层次越高，分权程度就越小。

(3) 下属决策受控制的程度。主管人员如果对下属的活动进行高密度的监督和控制，则分权程度比较低。如果组织制定出许多细致的政策、程序、规则来对成员的决策行为加以影响，这样分权程度也降低。如果说下属的决策不受规章制度的约束，或者虽有规章制度，但内容较粗，给予人们的自由度较大，则分权程度就比较高。

5. 分权的实现途径

分权可以通过两种途径来实现：一是改变组织设计中对管理权限的制度分配；二是促成主管人员在工作中充分授权。前者是对组织中职权关系的一种再设计，是在组织变革过程中实现的；后者则是在组织运行中，通过各层领导者的权力委让行为，系统地将决策权授予给中下层管理者，使他们切切实实地得到组织制度所规定的权力。

管理者的授权行为是促进组织达到分权状态的重要途径。那么，什么是授权？管理者应该如何进行授权？

所谓授权，是指上级管理者随着职责的委派而将部分职权委让给对其直接报告工作的部属的行为。授权的本质含义就是，管理者不要去做别人能做的事，而只做那些必须由自己来做的事。任何一个管理者，其时间、精力、知识和能力都或多或少是有限度的，一个人不可能事必躬亲去承担实现组织目标所必需的全部任务。授权可以使管理者的能力在无形中得以延伸。真正的管理者必须知道如何可以有效地借助他人的力量去实现组织的目标。

科学、合理的授权过程由四个有机联系的环节构成：

（1）任务的分派。管理者在进行授权的时候，需要确定接受授权的人即受权人所应承担的任务是什么。正是从实现组织目标而执行相应任务的需要出发才产生了授权的要求。

（2）职权的授予。即根据受权人开展工作、实现任务的需要，授予其采取行动或者指挥他人行动的权力。授权不是无限制地放权，而是委任和授放给下属在某条件下处理特定问题的权力，所以，必须使受权者十分明确地知道所授予他的权限的范围。

（3）职责的明确。从受权人这一方来说，他在接受了任务并拥有所必需的权力后，相应地就有责任和义务去完成其所接受的任务，并就任务完成情况接受奖励或处罚。有效的授权必须做到使受权者“有职就有权，有权就有责，有责就有利”，并且授权前要遵循“因事择人，施能授权”和“职以能授，爵以功授”的原则正确地选择受权者，做到职、责、权、利能相互平衡。

（4）监控权的确认。授权者应该明白自己对授予下属完成的任务执行情况负有最终的责任，为此需要对受权者的工作情况和权力使用情况进行监督检查，并根据检查结果调整所授权力或收回权力。可以说，建立反馈机制、加强监督控制，这是确保授权者对受权者的行为保持监控力的一项重要措施，也是授权区别于“放任自流”做法的一个重要方面。

（四）分工与协调

对工作分工与协调关系的处理，是组织设计中的一个重要问题。传统组织设计强调工作的专业化分工，认为分工是大生产的标志，不仅作业活动要进行分工，管理活动也要实行分工，通过分工提高各方面工作的质量和效率。专业化分工成为传统组织设计的一条基本原则。

但是随着生产力水平的提高，分工的缺点也日益暴露出来，如分工带来了“本位主义”，助长了专业管理人员的片面观点；分工造成了工作的单调乏味，影响了员工的工作热情和创造性思维；分工还引起办事程序和手续的繁琐复杂，增大部门之间的协调工作量；等等。因此，分工并不是越细致越好，而应该有一个合适的“度”。对这个“度”的把握，就需要全面考虑分工带来的益处是否足以抵补员工工作积极性下降和工作过程协调成本上升等缺陷。

基于对过细分工所产生问题的认识，现代组织设计中出现了机构职能综合化和业务流程整合化的改革趋向。以事业部制取代职能型结构，就标志着企业中间管理层的直线管理机构由过去强调专业职能分工转变为将特定事业领域内的生产经营过程集中在一个相对封闭的单位内完成，增强单位内部的协调性。参谋职能机构设置中，将职能相似程度高、相互关联较强的工作合并在一起，由“综合部”来负责多项职能管理工作，这样也有利于实现相关业务的归口统一管理。比如，有些钢铁企业改变过去技术处与质量处分设的做法，设立了集技术管理与质量管理于一身的技术部，不仅把工艺质量标准的制定与质量标准的监督检查放在同一部门内，而且把按工艺阶段来设置全工艺过程改变为按产品类别来设置，成立质量管理科室（如板钢科、条钢科、钢管科等），使产品质量标准的制定与其监督执行整合到了一个科室内部。这种强化协调、削弱分工的做法，在20世纪90年代兴起的“业务流程重组”热潮中得到了最鲜明的体现。

业务流程重组（BPR），亦称业务流程再造，指的就是利用现代信息技术手段，对业务流程作根本的重新思考和彻底的重新设计，以取得质量、成本和业务处理周期等绩效指标的显著改善这样一种企业再造活动。重组、再造的实质是打破分工，将协调注入到业务流程开展中。业务流程重组最初是由两位有丰富企业咨询经验和计算机技术背景的美国学者迈克尔·哈默和詹姆斯·钱皮提出的，后来在世界范围迅速传播开来，引起了企业组织设计和运作方式的根本改变。

业务流程重组概念中包含四方面的内涵：

（1）显著。即着眼于使企业绩效获得戏剧性的、大幅度的改善而不是微小的进步。

（2）根本。即要抛弃原有的一切，重新开始，追根溯源，进行彻底的改革，而不是现有状况的改良。

（3）流程。指重组改革针对的是一系列相互关联的业务工作活动所形成的过程或流程，而不是支离破碎、彼此孤立的单项工作活动及其承担的部门或单位。

（4）重新设计。是指通过业务流程的重组、重建或者再造，使业务工作方式产生飞跃性变化，从而达到大幅度提高绩效的目的。

在以分工为导向的传统组织中，一项业务活动的开展过程往往需要由许多专业化职位或职能化部门来共同承担，从而产生了频繁的跨部门联系和协调的需要。为此，配备了层层叠叠的管理人员，并制定了细致严密的程序规则，企图通过这些上级指挥和程序规范等措施确保整个流程的工作能按部就班地进行。然而，这种“先分后合”的传统组织设计方式导致了组织中各职位、各部门的人员只是习惯于“对内”向各自所承担的局部工作负责，“对上”遵照老板的指示执行，可就是没有人能在工作中以全局的、外向的眼光对整个业务流程及其所服务的顾客负起全面责任，结果上级主管疲于协调、文山会海不断升级，终究改变不了整个流程效率低下、顾客满意度低、对市场变化反应迟缓等问题。所以，哈默等人提出，面临顾客日益挑剔、竞争日益激烈、变化日益频繁这三股力量冲击的现代企业，必须彻底改变传统的工作组织方式，从更好满足内部和外部顾客需求出发，将流程涉及的一系列跨职能、跨边界的活动集成和整合起来，也即以首尾相连的、完整连贯的一体性流程来取代以往的被各部门割裂的、片段粘合式的破碎性流程。

以IBM公司下属信用公司进行的融资业务流程重组为例，这家为客户提供购买IBM电脑、软件及服务所需贷款的信用分支机构，最初在融资业务流程上采取的是专业化分工的组织方式：当IBM地方销售员打电话要求提供融资时，首先会有14个经办员负责将他们的要求记录在一张申请单上；接着，这些融资申请单被送到楼上的信用部，由其审核该顾客的信用状况；然后，信用部会将审查结果写在融资申请单上传递至商务部，由该部门负责订立融资契约条款；之后，申请书被转到估价部，由其估算顾客的贷款利率；最后，所有的材料连同融资申请单一并转交给文书组，写成正式信贷文件后签发给地方销售员。一般情况下，整个流程平均需要六天时间，有时还可能拖至两个星期。这样耗时长久的融资申请过程，很容易使地方销售员在竞争中丢失即将到手的生意。进行流程再造以后，IBM信用公司撤换了信用审核员、估价员、契约专家及文书等专门职能的部门和人员，而代之以一个通才的“专案员”，负责每笔融资交易的整个过程，结果使流程总处理时间缩短至四个小时，从而带来了公司融资业务量上百倍地增长。

当然，并不是所有整合以后的业务流程都可以由一个像IBM信用公司“专案员”那样的通才人员来承担。在大多数的情况下，也许企业仍然需要配备各式各样的专门人才，但在流程再造后的组织中，这些专门人才不再是作为相对独立的个体，而是作为“专案组”性质的流程工作团队中的一个成员，相互协作和密切配合地完成整合设计后的某类业务流程的全部工作。这样围绕流程而组建的工作团队，需要的不单单是专门人员间的互补技能，更需要成员之间的整体意识和相互依存、相互影响的关系。实践表明，成员对团队的忠诚、奉献和责任感，成员间相互的信任和良好的沟通，教练式的领导，全体参与、协商一致的决策风格，以及有益的组织内部和外部支持环境，这些对以工作团队为基本业务单元的组织的成功运作起着至关重要的作用。

从协调、整合的角度构建了组织基本业务单元后，企业的整体结构也将随“再造”改革的深化而逐渐从以往的纵向“金字塔”型的层级制结构转变为一种横向的水平型结构。在这种新的结构中，企业内部部门之间、职能之间、专业之间的界限被打破，企业与供应商、顾客等外部单位间也建立起广泛而密切的联系、合作甚或联盟，从而在企业内外呈现出低分化程度的“无边界组织”形态。而且，再造后的企业往往授予跨职能、跨组织边界的团队以高强度的自主决策、自我管理的权力，并随着这种管理权限的授放（通常称为“授权于员工”），管理层的队伍得到大幅压缩，从而管理层次趋于扁平化。在文化价值观方面，管理者不再将员工视为“车轮上的轮齿”而视为“工作的伙伴”，也不再将外部的供应商、顾客乃至同业制造商视为“竞争的对手”而看做是“商业的伙伴”，从而信任、互动、合作成为新型组织运作的主旋律。所以，“企业再造”的倡议者们相信，以面向顾客需要为出发点的、围绕工作流程而不是部门职能来构建的水平型组织，将给面临迅速多变环境的企业提供一种前所未有的灵活适应变化的敏捷性、创新性和组织学习能力。

（五）正式组织与非正式组织

1. 非正式组织的产生

非正式组织是伴随着正式组织的运转而形成的。正式组织中某些成员，由于工作性质相近、社会地位相当，对一些具体问题的认识基本一致、观点基本相同，或者由于性格、业余爱好和感情比较相投，他们在平时相处中会形成一些被小群体成员所共同接受并遵守的行为规则，从而使原来松散、随机形成的群体渐渐成为趋向固定的非正式组织。任何组织，不论规模多大，都可能有非正式组织存在。非正式组织与正式组织相互交错地同时并存于一个单位、机构或组织之中，这是组织生活的一个现实。

2. 正式组织与非正式组织的对比

正式组织是组织设计工作的结果，是经由管理者通过正式的筹划，并借助组织图和职务说明书等文件予以明确规定的。正式组织有明确的目标、任务、结构、职能以及由此形成的成员间的权责关系，因此对成员行为具有相当程度的强制力。正式组织的基本特征有：

（1）目的性。正式组织是为了实现组织目标而有意识建立的，因此，正式组织要采取什么样的结构形态，从本质上说应该服从于实现组织目标、落实战略计划的需要。这种目的性决定了组织工作通常是紧随于计划工作之后进行的。

（2）正规性。正式组织中所有成员的职责范围和相互关系通常都在书面文件中加以明文的、正式的规定，以确保行为的合法性和可靠性。

（3）稳定性。正式组织一经建立，通常会维持一段时间相对不变，只有在内外环境条件发生了较大变化而使原有组织形式显露出不适应时，才提出进行组织重组和变革的要求。

与之对比，非正式组织是未经正式筹划而由人们在交往中自发形成的一种个人关系和社会关系的网络。机关里午休时间的扑克会、工余时间的球友会等，都是非正式组织的例子。

在非正式组织中，成员之间的关系是一种自然的人际关系，他们不是经由刻意的安排，而是由于日常接触、感情交融、情趣相投或价值取向相近而发生联系。与正式组织的特征相对应，非正式组织的基本特征是自发性、内聚性和不稳定性。

3. 非正式组织的影响作用

非正式组织的存在及其活动，既可对正式组织目标的实现起到积极促进的作用，也可能产生消极的影响。非正式组织的积极作用表现在，它可以为员工提供在正式组织中很难得到的心理需要的满足，创造一种更加和谐、融洽的人际关系．提高员工的相互合作精神，最终改变正式组织的工作情况。

非正式组织的消极作用在于：如果非正式组织的目标与正式组织目标发生冲突，则可能对正式组织的工作产生极为不利的影响；非正式组织要求成员行为一致性的压力，可能会束缚其成员的个人发展；此外，非正式组织的压力还会影响到正式组织的变革进程，造成组织创新的惰性。

4. 对待非正式组织的策略

非正式组织的存在是一个客观的、自然的现象，非正式组织对正式组织具有正、负两方面的作用。所以，管理者不能采取简单的禁止或取缔态度，而应该对它加以妥善地管理，也就是要因势利导，善于最大限度地发挥非正式组织的积极作用而克服其消极的作用。

一方面，管理者必须认识到，正式组织目标的实现，要求有效地利用和发挥非正式组织的积极作用。为此，管理者必须正视非正式组织存在的客观必然性和必要性，允许乃至鼓励非正式组织的存在，为非正式组织的形成提供条件，并努力使之与正式组织相吻合。

另一方面，考虑到非正式组织可能具有的不利影响，管理者需要通过建立、宣传正确的组织文化，以影响与改变非正式组织的行为规范，从而更好地引导非正式组织作出积极的贡献。

（六）直线与参谋

1. 直线职权与参谋职权

指挥链的存在使得组织能够行动自如。指挥链上的节点意味着一个个管理职位，占据这些职位的管理者对直接下属都行使着监督、指挥和命令的职权。人们一般把指挥链上这种上下级之间的监督和命令的职权关系称为直线职权，因为在这种情况下，在上级到下级之间有一条直通的职权线。应当说，直线职权是职权关系的最一般、最普遍的形态。

随着组织规模扩大和外界环境日益复杂，管理工作也变得越来越艰巨和困难。管理者的决策工作越来越离不开在经济、政治、技术、社会、法律等领域的高度的专业知识，仅仅依靠个人能力来进行决策显得力不从心。在这种情况下，管理者在进行决策时，就必须依靠各个领域的专业人员或专家来出主意、想办法，提供咨询和建议。这些专业人员或专家便是组织中的参谋，直线主管与参谋人员之间的这种建议和咨询的关系便是参谋职权关系。显然，直线职权是一种决策的权力，或者说是指挥和命令的权力，而参谋职权则仅限于提供咨询和建议。

区分直线和参谋有时被认为是一种部门划分，这种认识实际上是有问题的。有人认为，凡是从事与组织基本目标直接相关的活动的人员或部门属于直线人员或部门，对上述活动起辅助作用的人员或部门就是参谋人员或参谋部门。按照这种观点，生产和销售部门一般被划归为直线，而采购、核算、人事、后勤以及质管等活动均被划为参谋。这种观点极易引起混淆和矛盾。例如，采购部门会声称，没有采购就谈不上生产和销售，怎么能认为采购活动与实现组织的目标没有直接关系呢？当然，被归为参谋或辅助部门的其他部门也必定会提出同样的问题。由此可见，将参谋和直线与部门等同起来是不妥的。

从组织整体的角度来看，有的部门与其他部门之间或许的确是一种直线或参谋的关系。但是，必须明确的是，区分某一部门或某一职位是参谋还是直线的标志，是它们与其他部门或职位之间的职权关系，而不是该部门和职位的活动内容。任何一个职位都有可能既行使直线职权，也行使参谋职权。例如，对于企业的主要生产经营活动而言，公关部经理的工作一般是建议性的，因而通常被认为是行使参谋职权。但在公关部内部，他与部下之间的职权关系则是直线关系。

2. 直线部门与参谋部门

直线部门指对实现组织目标负有直接责任、对组织目标的实现起直接贡献的部门；而参谋部门则是指对组织目标的实现起间接贡献的，为实现企业的目标而协助、配合直线部门最有效地工作的一些部门。形象地说，参谋部门是帮助其他部门正确“思考”、决策的部门。正确理解这对概念，或许得从组织发展的阶段开始。

从组织规模的发展历史来看，随着组织规模的扩大，管理者不得不把自己所承担的任务和职权（或权力）部分地分派给他人来履行。这种任务和职权的分派过程往往先从一些对目标的实现起直接作用的职能开始，分派的结果是形成一个不中断的直线等级系统。而当组织规模发展到一定程度后，由于市场竞争的激烈，处于每一个等级系统的管理者为了提高自己工作的质量，需要雇用一些具有专业技术特长的人员，如市场研究员和工程师，或处理具体问题的助手如秘书等，给自己出谋划策，收集信息、资料，以便能够作出建设性的决策。这样久而久之，就形成了一些为协助直线人员有效地工作的参谋部门。

从上面的分析我们知道，组织的发展是先有了直线部门，尔后才有参谋部门的。这是因为组织要实现其组织目标，首先要有直线部门的活动。而当组织规模的发展使组织中的直线人员的工作需要他人帮助时，就形成了组织中的参谋部门。直线部门与参谋部门的关系正像穆尼所指出的，参谋部门依附于直线部门就像铁路支线依附于干线一样，即每一个参谋部门必须根据某种依赖关系从属于直线部门。

可见，判断组织中的一个部门是直线部门还是参谋部门，可以根据该部门对组织目标实现的贡献程度而定。如果一个部门对组织目标的实现起直接贡献作用，则该部门在组织中就是直线部门。如果一个部门对组织目标的实现起间接贡献作用，则该部门在组织中就是参谋部门。

那么何谓直接贡献作用？如果对于组织目标的实现来说，有了该部门的活动，组织目标就有可能实现，而没有了该部门的活动，组织目标就不可能实现，那么，该部门所起的作用就是直接贡献作用。同样地，如果对于组织目标的实现来说，有了该部门的活动，组织目标的实现可能会更加有成效，而没有了该部门的活动，组织目标的实现可能会没有成效，那么，该部门所起的作用就是间接贡献作用。也就是说，前者影响到组织目标能不能实现的问题，而后者影响到组织目标实现的有效性的问题。

根据这个判断标准，企业中的生产车间是企业的直线部门，而企业中的各个职能管理科室是企业中的参谋部门，它们是企业中的高层管理者在各个职能管理工作方面的参谋部。学校中的各个系、研究所是学校的直线部门，而学校中的教务处、科研处等是学校的参谋部门，它们是学校校长在教学与科研管理方面的参谋部。

从这个对目标实现的贡献角度来划分组织中的直线部门和参谋部门，需要注意的一点是：对于同一个组织来说，组织中的部门的性质是固定的；而对于不同的组织来说，同一部门的性质却是变动的。如制造企业中的财务部是企业高层管理者在财务管理方面的参谋部，但对于一个财务公司来说，财务部却是直线部门。

3. 直线与参谋的关系

从以上的讨论可以看出，直线与参谋的关系实际上包括直线部门与参谋部门的关系、直线职权与参谋职权的关系、直线人员与参谋人员的关系。

（1）直线部门与参谋部门的关系。由于直线部门与参谋部门的划分是相对于整个组织而言的，因此两者之间是通过为组织目标的实现而努力来发生联系的。即直线部门要为组织目标的实现作出直接的贡献，而参谋部门要为提高直线部门和直线领导的工作效率出谋献策，以保证组织目标的有效实现。

在直线部门与参谋部门之间，双方互为参谋关系，即直线部门不能直接对参谋部门下指令，参谋部门也不能直接对直线部门下指令。参谋部门在整个组织中的参谋助理作用是通过为组织的最高层管理者的决策提供各种参考性的意见而发挥的。直线部门与参谋部门之间的关系由组织的最高层管理者直接进行协调。

（2）直线职权与参谋职权的关系。在组织中，权力关系实际上是一种信息交流与沟通的关系。直线职权表现为信息的接受方一定要接受这个信息，并且要按这个信息的要求去做；而参谋职权表现为信息的接受方可以接受这个信息，也可以不接受这个信息。因此直线职权与参谋职权的关系表现为直线职权需要参谋职权的帮助，参谋职权需要直线职权的支持。也就是说，组织中的直线管理人员在行使直线职权时，需要参谋部门和参谋人员的帮助，才能作出正确的决策；而参谋人员在为直线人员的决策出谋献策时，要得到直线人员的支持，直线人员要向参谋人员提供有关组织决策的意图和有关的信息资料，才能使参谋人员为直线人员提供有用的参考意见。

（3）直线人员与参谋人员的关系。直线人员与参谋人员的身份实际上体现了组织中人与人之间的一种相对关系。在组织的等级系列中，直接上级对直接下级来说是直线人员，而不同等级系列之间的管理人员，都是互为参谋人员。参谋部门的管理人员对于组织的最高管理者来说是参谋人员。因此，从直线人员与参谋人员的关系看，具体表现为组织中上一层次的管理者与下一层次的职能管理部门的管理人员之间的关系。在这两者之间，参谋人员为直线人员的决策提供咨询和帮助，直线人员对参谋人员的工作给予指导和支持。

4. 直线与参谋的矛盾

从理论上说，设置作为直线主管助手的参谋职务，不仅有利于适应复杂管理活动对多种专业知识的要求，同时也应该保证直线系统的统一指挥。然而在实践中，直线与参谋的矛盾冲突，往往成为造成组织运行缺乏效率的重要原因之一。考察这些低效率的组织活动，通常可以发现这两种不同的倾向：要么保持了命令的统一性，但参谋作用不能充分发挥；要么参谋作用发挥失当，破坏了统一指挥的原则。这使得两者常常在实际中相互产生一种不满、对立的情绪。

5. 正确处理直线与参谋关系的意义

在组织中，正确处理直线与参谋之间的关系有下面两个意义：

（1）有利于坚持统一指挥原则。通过正确处理直线与参谋之间的关系，使组织中的各个职能管理部门与每个管理人员都能明确自己的身份与职责，从而可以避免出现多头领导和多头指挥的现象。

（2）有利于充分发挥参谋部门与参谋人员的参谋助理作用。参谋人员与参谋部门是随着组织规模的扩大和发展而产生的。它的作用就是要为组织中的直线部门与直线管理人员的工作提供意见与建议，以利于组织目标更有效的实现。因此，通过正确处理直线与参谋之间的关系，有利于直线人员和直线部门支持、配合参谋人员和参谋部门的工作，从而提高参谋人员和参谋部门的参谋助理能力。

6. 发挥参谋人员的作用应注意的问题

（1）参谋独立地提出建议。参谋人员多是某一方面的专家，应让他们根据客观情况，提出科学的建议，而不应左右他们的建议。德鲁克 1944 年受聘于美国通用汽车公司，任管理政策顾问。第一天上班时，该公司总经理斯隆找他谈话："我不知道我们要你研究什么，要你写什么，也不知道该得到什么成果。这些都是你的任务。我唯一的要求，只是希望把正确的东西写下来。你不必顾虑我们的反应，也不应怕我们不同意。尤其重要的是，你不必为了使你的建议易为我们接受而想到调和折中。在我们公司里，人人都会调和折中，不必劳你的驾。你当然也可以调和折中，但你必须先告诉我正确的是什么，我们才能做正确的调和折中。"这段话说明参谋不仅要独立地提出建议，而且要提出解决问题的方法。参谋不是问题的挑剔者，而是解决问题的倡导者。

（2）直线不为参谋所左右。参谋应"多谋"，而直线应"善断"，直线可广泛听取参谋意见，但永远要记住，直线是决策的主人。直线人员应像古人所云"周咨博询，不耻下问，运用之妙，存乎一心"。美国学者路易斯·艾伦（Louis Alan）提出六个有效发挥参谋作用的准则：

①直线人员可作最后的决定，对基本目标负责，故有最后决定权。

②参谋人员提供建议与服务。

③参谋人员可主动地从旁协助，不必等待邀请，时刻注意业务方面的情况，予以迅速的协助。

④直线人员应考虑参谋人员的建议，当最后决定时，应与参谋人员磋商，参谋人员应配合直线人员朝向目标行进。

⑤直线人员对参谋的建议，如有适当理由，可予拒绝。此时，上级主管不能受理，因直线人员有选择之权。

⑥直线人员与参谋人员均有申诉权，当彼此不能自行解决问题时，可请求上级解决。

第二节　组织结构的类型

组织结构反映了组织的各个组成部分之间的相互联系和相互作用，它是实现组织目标的框架或体制。从一定意义上来讲，关于部门划分的探讨是一种分析性的研究，这种研究在一定程度上揭示了组织结构形成的机理；而对组织结构类型的考察则是一种综合的方法，这种综合有利于我们从总体上把握组织结构的全貌。

一、直线制组织

这是一种最简单、最单纯的组织结构形式，最初广泛在军事系统中应用，后推广到企业管理工作中来。职权或命令的流向成一条直线，由上至下贯穿组织，每个下属只有一个直接上级，只接受一个上级的指挥，也只向一个上级报告。这种结构的特点是结构简单、职权集中、责任分明、指挥统一、沟通简捷。

直线制组织（如图5－8所示）的优点是管理结构简单，管理费用低，指挥命令关系清晰、统一，决策迅速，责任明确，反应灵活，纪律和秩序的维护较为容易。但是，这种组织形式要求企业的各级领导者精明能干，具有多种管理专业知识和生产技能知识。现实中，每个管理人员的精力毕竟都有限，依靠主管个人的力量很难能对问题作出深入、细致、周到的思考。因此，管理工作就往往显得比较简单和粗放。同时，组织中的成员只注意上情下达和下情上达，成员之间和组织单位之间的横向联系比较差。另外，原胜任的管理者一旦退休，他的经验、能力无法立即传给继任者，再找到一个全能型又熟悉该单位情况的管理者立即着手工作也面临困难。直线制组织的缺点就源于它对管理工作没有进行专业化分工。直线制是最原始的组织结构形式，在现实中只用于最简单的小型组织。

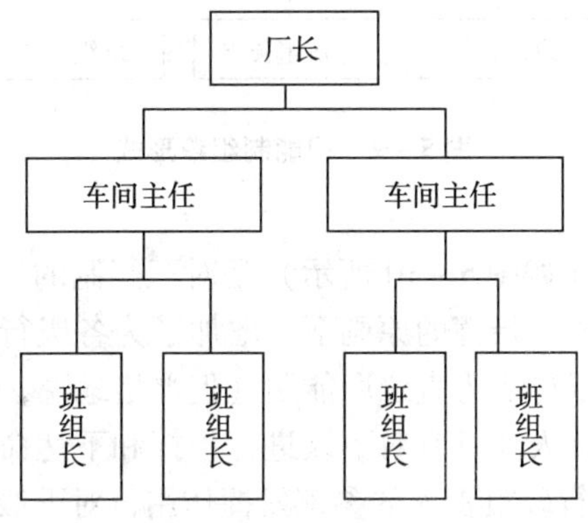

图5－8　直线制组织形式

二、职能制组织

这种结构是按职能划分部门的方式建立起来的，因而它集成了职能部门化的长处和短处。这种结构分工明确，有利于发挥职能专业化的优势，同时各个部门之间相互依赖，任何一个部门都不可能离开其他部门而独立存在。各个部门容易过分强调本部门的重要性而忽视与其他部门的配合，忽视组织的整体目标。为了使组织顺利运营，最高主管必须对各个部门活动进行有效的协调。

职能制组织形式（如图5－9所示）的主要特点是，采用专业分工的职能管理者，代替直线制的全能管理者。为此，在组织内部设立各专业领域的职能部门和职能主管，由他们在各自负责的业务范围内向直线系统直接下达命令和指示。各级单位负责人除了要服从上级行政领导的指挥外，还要服从上级职能部门在其专业领域内的指挥。

职能制的主要优点是：每个管理者只负责一方面的工作，有利于充分发挥专业人才的作用；专业管理工作可以做得细致、深入，对下级工作指导比较具体。职能机构的作用如若发挥得当，可以弥补各级行政领导人管理能力的不足。

但是，这种职能制组织有一个明显的缺点，那就是“上头千条线，下边一根针”，容易形成多头领导，削弱统一指挥。有时各职能部门的要求可能相互矛盾，造成下级人员无所适从。

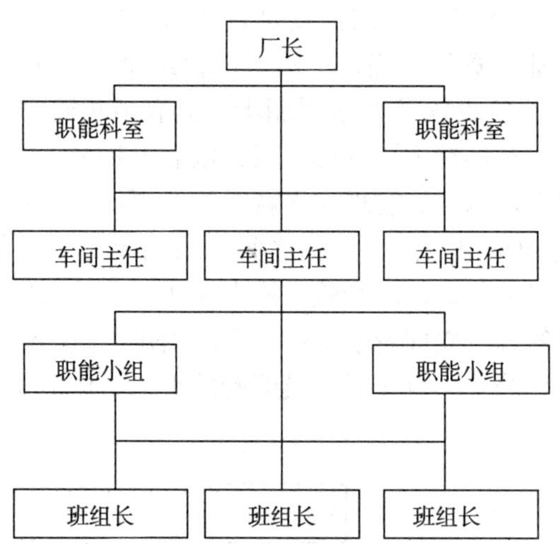

图 5－9　职能制组织形式

三、直线职能制组织

直线职能制组织形式（如图 5－10 所示）是对职能制的一种改进。它是以直线制为基础，在保持直线制组织统一指挥的原则下，增加了为各级行政领导出谋划策但不进行指挥命令的参谋部门，所以称之为直线职能制（但严格地说，宜称“直线参谋制”）。其特点是，只有各级行政负责人才具有对下级进行指挥和下达命令的权力，而各级职能机构（参谋机构）只是作为行政负责人的参谋发挥作用，对下级只起到业务指导作用。有些机构如人事、财务等部门，只有当行政负责人授予他们直接向下级发布指示的权力时，才拥有一定程度的指挥命令权，这也即前面所说的职能职权。这时的组织结构实际上演化为直线参谋制与职能制的混合形态，有些时候为准确起见而称此为“直线职能参谋制”。

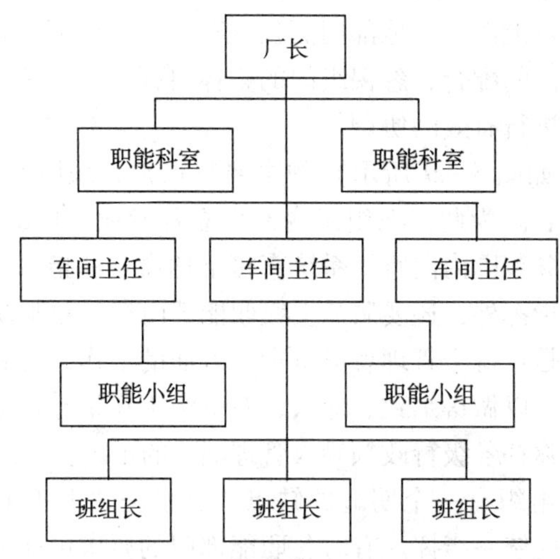

图 5－10　直线职能制组织形式

直线职能制组织形式是在综合直线制和职能制各自优点的基础上形成的，因而既有利于保证集中统一的指挥，又可发挥各类专家的专业管理作用。它的缺点是，各职能单位自成体系，往往不重视工作中的横向信息沟通，加上狭窄的隧道视野和注重局部利益的本位主义思想，可能引发组织运行中的各种矛盾和不协调现象，对企业生产经营和管理效率造成不利的影响。而且，如果职能部门被授予的权力过大、过宽，则容易干扰直线指挥命令系统的运行。另外，按职能分工的组织通常弹性不足，对环境变化的反应比较迟钝。同时，职能工作不利于培养综合型管理人才。尽管直线职能制组织形式有这些潜在的缺点，但它目前在我国绝大多数企业尤其是面临较稳定环境的中小型企业中仍得到了广泛采用。

四、矩阵制组织

矩阵制组织形式是在直线职能制垂直指挥链系统的基础上，再增设一种横向指挥链系统，形成具有双重职权关系的组织矩阵，所以称之为矩阵组织。如图 5 – 11 所示，为了完成某一项目（如航空、航天领域某型号产品的研制），从各职能部门中抽调完成该项目所必需的各类专业人员组成项目组，配备项目经理来领导他们的工作。这些被抽调来的人员，在行政关系上仍旧归属于原所在的职能部门，但工作过程中要同时接受项目经理的指挥，因此他们实际上拥有两个上级。项目组的任务完成以后，项目组便宣告解散，各类人员回到原所属部门等待分派新的任务。此时，原项目组不复存在，但新的项目组随时都可产生，所以矩阵制组织通常亦被称为“非长期固定性组织”。

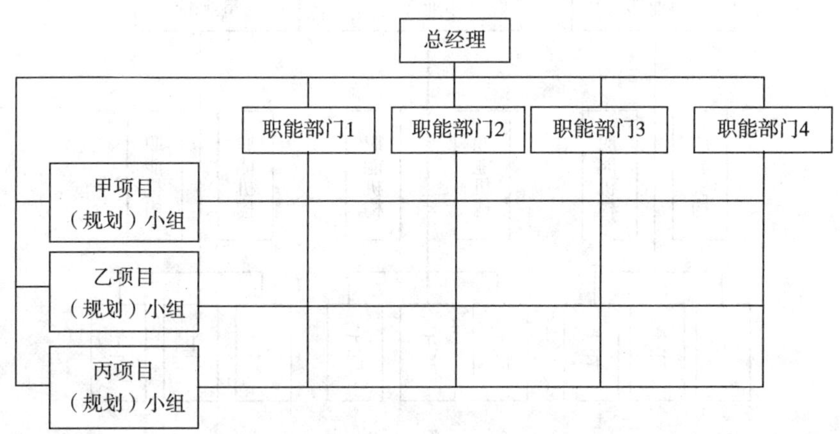

图 5 – 11　矩阵制组织形式

矩阵制组织的主要优点是：加强了横向联系，克服了职能部门相互脱节、各自为政的现象；专业人员和专用设备随用随调，机动灵活，不仅使资源保持了较高的利用率，也提高了组织的灵活性和应变能力；各种专业人员在一段时期内为完成同一项任务在一起共同工作，易于培养他们的合作精神和全局观念，且工作中不同角度的思想相互激发，容易取得创新性成果。

矩阵制组织的缺点在于：成员的工作位置不固定，容易产生临时观念，也不易树立责任心；组织中存在双重职权关系，出了问题，往往难以分清责任。

根据矩阵结构的基本特点，目前有企业已经开发出了多维组织结构形式。其中一种便是三维组织结构。它由专业职能部门、地区管理机构和产品事业部三重指挥链所构成，围绕某种产品的研发、生产和销售等重大问题，协调三方面的力量，加强相互之间的信息沟通和联系。这种三维结构适用于跨地区从事大规模生产经营而又需要保持较强的灵活反应能力的大型企业中。

五、事业部制组织

事业部制组织（如图 5－12 所示）形式是按组织的产出不同，结合分权思想而建立起来的一种组织结构形式，为在多个领域或地域从事多种经营的大型企业所普遍采用。它最初由美国通用汽车公司副总裁斯隆创立，故称之为“斯隆模型”。有的也称之为“联邦分权化”，因为它是一种分权制的企业内部组织形式。

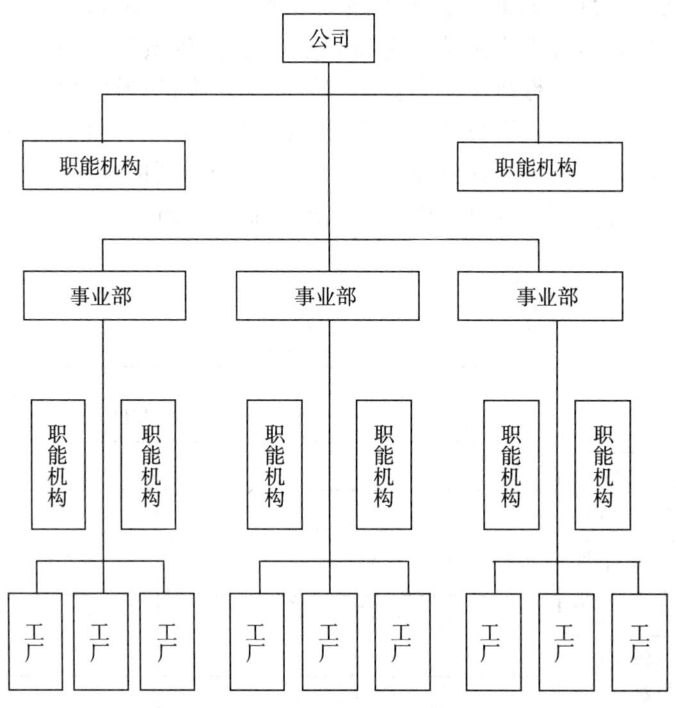

图 5－12 事业部制组织形式

事业部制是在一个企业内对具有独立产品市场或地区市场并拥有独立利益和责任的部门实行分权化管理的一种组织结构形式。其具体做法是，在总公司下按产品或地区分设若干事业部或分公司，使它们成为自主经营、独立核算、自负盈亏的利润中心。总公司只保留方针政策制定、重要人事任免等重大问题的决策权，其他权力尤其是供、产、销和产品开发方面的权力尽量下放。这样，总公司就成为投资决策中心，事业部是利润中心，而下属的生产单位则是成本中心，并通过实行“集中政策下的分散经营”，将政策控制集中化和业务运作分散化思想有机地统一起来，使企业最高决策机构能集中力量制定公司总目标、总方针、总计划及各项政策。事业部在不违背公司总目标、总方针和总计划的前提下，充分发挥主观能动性，自主管理其日常的生产经营活动。

事业部制组织形式的优点是：公司能把多种经营业务的专门化管理和公司总部的集中统一领导更好地结合起来，总公司和事业部间形成比较明确的责、权、利关系；事业部制以利润责任为核心，既能够保证公司获得稳定的收益，也有利于调动中层经营管理人员的积极性；各事业部门能相对自主、独立地开展生产经营活动，从而有利于培养综合型高级经理人才。

事业部制形式的主要缺点是：公司需要有许多对特定经营领域或地域比较熟悉的全能型管理人才来运作和领导事业部内的生产经营活动，对事业部经理的素质要求高；各事业部都设立有类似的日常生产经营管理机构，容易造成职能重复，管理费用上升；各事业部拥有各自独立的经济利益，易产生对公司资源和共享市场的不良竞争，由此可能引发不必要的内耗，使总公司协调的任务加重；总公司和事业部之间的集分权关系处理起来难度较大也比较微妙，容易出现要么分权过度，削弱公司的整体领导力，要么分权不足，影响事业部门的经营自主性。

事业部制组织形式在欧美和日本大型企业中得到了广泛采用。但成功的经验表明，采用事业部制应当具备以下一些基本条件：

1. 公司具备按经营的领域或地域独立划分事业部的条件，并能确保各事业部在生产经营活动中的充分自主性，以便能担负起自己的盈利责任。

2. 各事业部之间应当相互依存，而不能互不关联地拼凑在一个公司中。这种依存性可以表现为产品结构、工艺、功能类似或互补，或者用户类同或销售渠道相近，或者运用同类资源和设备，或具有相同的科学技术理论基础等。这样，各事业部门才能互相促进、相辅相成，保证公司总体的繁荣发达。

3. 公司能有效保持和控制事业部之间的适度竞争。因为过度的竞争可能使公司遭受不必要的损失。

4. 公司要能利用内部市场和相关的经济机制（如内部价格、投资、贷款、利润分成、资金利润率、奖惩制度等）来管理各事业部门，尽量避免单纯使用行政的手段。

5. 公司经营面临较为有利和稳定的外部环境。可以说，事业部制组织形式利于公司的扩张，但相对不利于整体力量的调配使用，因此不适宜在动荡、不景气的环境下使用。

六、集团控股型组织

现代企业的经营已经超越了企业内部边界的范围，开始在企业与企业之间结成比较密切的长期的联系。这种联系在组织结构上的表现就是形成了控股型和网络型组织形式。

控股型组织，是在非相关领域开展多种经营的企业所常用的一种组织结构形式。由于经营业务的非相关或弱相关，大公司不对这些业务经营单位进行直接的管理和控制，而代之以持股控制，这样，大公司便成为一个持股公司，受其持股的单位不但对具体业务有自主经营权，而且保留独立的法人地位。

控股型结构建立在企业资本参与关系的基础上。由于资本参与关系的存在，一个企业（通常是大公司）就对另一企业持有股权。这种股权可以是绝对控股（持股比例大于50%以上）、相对控股（持股比例不足50%但可对另一企业的经营决策发生实质性的影响）和一般参股（持股比例很低且对另一企业的活动没有实质性的影响）。

基于这种持股关系，对那些企业单位持有股权的大公司便成为了母公司，被母公司控制和影响的各企业单位则成为子公司（指被绝对或相对控股的企业）或关联公司（指仅一般参股的企业）。子公司、关联公司和母公司一道构成了以母公司为核心的企业集团。

如图5－13所示，母公司，亦称为集团公司，处于企业集团的核心层，故称之为集团的核心企业。相应地，各子公司、关联公司就是围绕该企业的集团紧密层和半紧密层的组成单位。此外，企业集团通常还有一些松散层的组成单位，即协作企业，它们通过基于长期契约业务协作关系而被联结到企业集团中。对这种契约关系，将在后面的“网络型组织”中予以介绍。

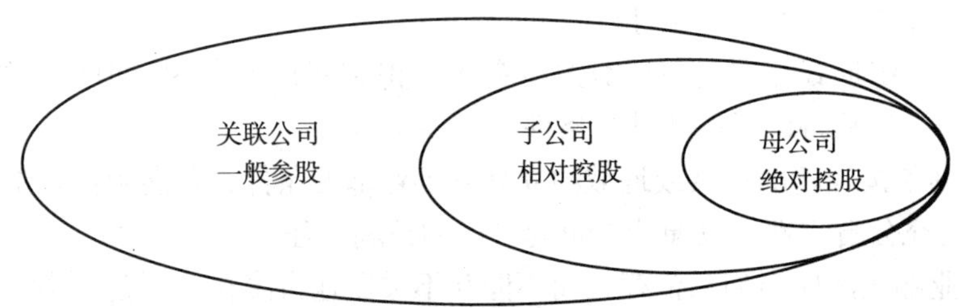

图5－13　集团控股型组织形式

集团公司或母公司与它所持股的企业单位之间不是上下级之间的行政管理关系，而是出资人对被持股企业的产权管理关系。母公司作为大股东，对持股单位进行产权管理控制的主要手段是：母公司凭借所掌握的股权向子公司派遣产权代表和董事、监事，通过这些人员在子公司股东会、董事会、监事会中发挥积极作用而影响子公司的经营决策。

七、网络型组织

网络型组织是利用现代信息技术手段而建立和发展起来的一种新型组织结构。现代信息技术使企业与外界的联系加强了，利用这一有利条件，企业可以重新考虑自身机构的边界，不断缩小内部生产经营活动的范围，相应地扩大与外部单位之间的分工协作。这就产生了一种基于契约关系的新型组织结构形式，即网络型组织。

网络型结构是一种只有很精干的中心机构，以契约关系的建立和维持为基础，依靠外部机构进行制造、销售或其他重要业务经营活动的组织结构形式，如图5－14所示。被联结在这一结构中的两个或两个以上的单位之间并没有正式的资本所有关系和行政隶属关系，但却通过相对松散的契约纽带，透过一种互惠互利、相互协作、相互信任和支持的机制来进行密切的合作。卡西欧是世界闻名的制造手表和袖珍型计算器的公司，却一直只是一家设计、营销和装配公司，在生产设施和销售渠道方面很少投资。IBM 公司在 20 世纪 80 年代初在不到一年时间内开发 PC 机成功，依靠的是微软公司为其提供软件，英特尔公司为其提供机芯。

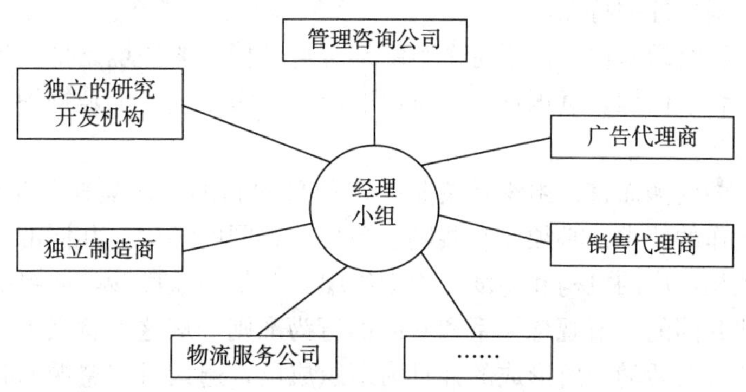

图 5－14　网络型结构组织形式

网络型结构使企业可以利用社会上现有的资源使自己快速发展壮大起来，因而成为目前国际上流行的一种新形式的组织设计。

网络型结构是小型组织的一种可行的选择，也是大型企业在联结集团松散层单位时通常采用的组织结构形式。采用网络型结构的组织，它们所做的就是创设一个“关系”的网络，与独立的制造商、销售代理商及其他机构达成长期协作协议，使它们按照契约要求执行相应的生产经营功能。由于网络型组织的大部分活动都是外包、外协的，因此，公司的管理机构就只是一个精干的经理班子，负责监管公司内部开展的活动，同时协调和控制与外部协作机构之间的关系。

第三节　组织文化

组织的成功或失败经常归因于组织文化。组织文化是被组织成员广泛认同、普遍接受的价值观念、思维方式、行为准则等群体意识的总称。组织通过培养、塑造这种文化，来影响成员的工作态度和引导工作中的行为方式，从而实现组织目标。因此，根据外在环境的变化适时变革组织文化常被视为组织成功的基础。

一、组织文化的概念及特征

（一）组织文化的基本概念

文化一词来源于古拉丁文“Culture”，本意是“耕作”“培养”“教习”“开化”的意思。在中国最早把“文”和“化”两个字联系起来的是《易经》，“观乎天文，以察时变；观乎人文，以化成天下”，意思是指圣人在考察人类社会的文明时，用诗书礼乐来教化天下，以构造修身齐家治国平天下的理论体系和制度，使社会变得文明而有秩序。

一般而言，文化有广义和狭义两种理解。广义的文化是指人类在社会历史实践过程中所创造的物质财富和精神财富的总和。其中，物质文化可称为“器的文化”或“硬文化”，精神文化可称为“软文化”。狭义的文化是指社会的意识形态，以及与之相适应的礼仪制度、组织机构、行为方式等物化的精神。文化具有民族性、多样性、相对性、沉淀性、延续性和整体性的特点。

对于任何一种组织来说，由于每个组织都有自己特殊的环境条件和历史传统，也就形成自己独特的哲学信仰、意识形态、价值取向和行为方式，于是每种组织也都形成了自己特定的组织文化。

就组织特定的内涵而言，组织是按照一定的目的和形式而建构起来的社会集合体，为了满足自身运作的要求，必须要有共同的目标、共同的理想、共同的追求、共同的行为准则以及与此相适应的机构和制度，否则组织就会是一盘散沙。而组织文化的任务就是努力创造这些共同的价值观念体系和共同的行为准则。从这个意义上来说，组织文化是组织在长期的实践活动中所形成的并且为组织成员普遍认可和遵循的具有本组织特色的价值观念、团体意识、工作作风、行为规范和思维方式的总和。

（二）组织文化的主要特征

组织文化具有以下几个主要特征：

1. 超个体的独特性

每个组织都有其独特的组织文化，这是由不同的国家和民族、不同的地域、不同的时代背景以及不同的行业特点所形成的。如美国的组织文化强调能力主义、个人奋斗和不断进取；日本文化深受儒家文化的影响，强调团队合作、家族精神。

2. 相对稳定性

组织文化是组织在长期的发展中逐渐积累而成的，具有较强的稳定性，不会因组织结构的改变、战略的转移或产品与服务的调整而随时变化。一个组织中，精神文化又比物质文化具有更多的稳定性。

3. 融合继承性

每一个组织都是在特定的文化背景之下形成的，必然会接受和继承这个国家和民族的文化传统和价值体系。但是，组织文化在发展过程中，也必须注意吸收其他组织的优秀文化，融合世界上最新的文明成果，不断地充实和发展自我。也正是这种融合继承性使得组织文化能够更加适应时代的要求，并且形成历史性与时代性相统一的组织文化。

4. 发展性

组织文化随着历史的积累、社会的进步、环境的变迁以及组织变革逐步演进和发展。强势、健康的文化有助于组织适应外部环境和变革，而弱势、不健康的文化则可能导致组织的不良发展。改革现有的组织文化，重新设计和塑造健康的组织文化过程就是组织适应外部环境变化，改变员工价值观念的过程。

二、组织文化的结构与功能

（一）组织文化的结构

一般认为，组织文化有三个层次的结构，即潜层次、表层和显现层三层。

1. 潜层次的精神层

这是指组织文化中的核心和主体，是广大员工共同而潜在的意识形态，包括管理哲学、敬业精神、人本主义的价值观念、道德观念等。

2. 表层的制度系统

它又称制度层，指体现某个具体组织的文化特色的各种规章制度、道德规范和员工行为准则的总和，也包括组织体内的分工协作关系的组织结构。它是组织文化核心层（内隐部分）与显现层的中间层，是由虚体文化（意识形态）向实体文化转化的中介。

3. 显现层的组织文化载体

它又称物质层，是指凝聚着组织文化抽象内容的物质体的外在显现。它既包括了组织整个物质的和精神的活动过程、组织行为、组织体产出等外在表现形式，也包括了组织实体性的文化设备、设施等，如带有本组织色彩的工作环境、作业方式、图书馆、俱乐部等。显现层是组织文化最直观的部分，也是人们最易于感知的部分。

（二）组织文化的功能

组织文化作为一种自组织系统具有很多特定的功能。主要功能有以下几点：

1. 整合功能

组织文化通过培育组织成员的认同感和归属感，建立起成员与组织之间的相互信任和依存关系，使个人的行为、思想、感情、信念、习惯以及沟通方式与整个组织有机地整合在一起，形成相对稳固的文化氛围，凝聚成一种无形的合力，以此激发出组织成员的主观能动性，并为组织的共同目标而努力。

2. 适应功能

组织文化能从根本上改变员工的旧有价值观念，建立起新的价值观念，使之适应组织外部环境的变化要求。一旦组织文化所提倡的价值观念和行为规范被成员接受和认同，成员就会自觉地作出符合组织要求的行为选择，倘若违反，则会感到内疚、不安或自责，从而自动修正自己的行为。因此，组织文化具有某种程度的强制性和改造性，其效用是帮助组织指导员工的日常活动，使其能快速地适应外部环境因素的变化。

3. 导向功能

组织文化作为团体共同价值观，与组织成员必须强行遵守的、以文字形式表述的明文规定不同，它只是一种软性的理智约束，通过组织的共同价值观不断地向个人价值观渗透和内化，使组织自动生成一套自我调控机制，以一种适应性文化引导着组织的行为和活动。

三、组织文化的内容与类型

（一）组织文化的核心内容

从最能体现组织文化特征的核心内容来看，组织文化包括组织的价值观、组织精神、伦理规范等。

1. 组织的价值观

组织的价值观就是组织内部管理层和全体员工对该组织的生产、经营、服务等活动以及指导这些活动的一般看法或基本观点。它包括组织存在的意义和目的、组织中各项规章制度的必要性与作用、组织中各层级和各部门的各种不同岗位上的人们的行为与组织利益之间的关系等。每一个组织的价值观都会有不同的层次和内容，成功的组织总是会不断地创造和更新组织的信念，不断地追求新的、更高的目标。

2. 组织精神

组织精神是指组织经过共同努力奋斗和长期培养所逐步形成的，认识和看待事物的共同心理趋势、价值取向和主导意识。组织精神是一个组织的精神支柱，是组织文化的核心，它反映了组织成员对组织的特征、形象、地位等的理解和认同，也包含了对组织未来发展和命运所抱有的理想和希望。组织精神反映了一个组织的基本素养和精神风貌，成为凝聚组织成员共同奋斗的精神源泉。

3. 伦理规范

伦理规范是指从道德意义上考虑的、由社会向人们提出并应当遵守的行为准则，它通过社会公众舆论规范人们的行为。组织文化内容结构中的伦理规范既体现着组织自下而上环境中社会文化的一般性要求，又体现着本组织各项管理的特殊需求。因此，如果高层主管不能设定并维持高标准的伦理规范，那么，正式的伦理准则和相关的培训计划将会流于形式。

由此可见，以道德规范为内容与基础的员工伦理行为准则是传统的组织管理规章制度的补充、完善和发展。正是这种补充、完善和发展，使组织的价值观融入了新的文化力量。

（二）组织文化的类型

根据不同的标准和不同的用途，理论界目前对组织文化有着不同的划分方法，其中，最常见的划分方法有以下几种：

1. 按照组织文化的内在特征

艾莫瑞大学的杰弗里·桑南菲尔德提出了一套标签理论，它有助于我们认识组织文化之间的差异，认识到个体与文化的合理匹配的重要性。通过对组织文化的研究，他确认了四种文化类型：

（1）学院型组织文化

学院型组织是为那些想全面掌握每一种新工作的人而准备的地方。在这里，他们能不断地成长、进步。这种组织喜欢雇用年轻的大学毕业生，并为他们提供大量的专门培训，然后指导他们在特定的职能领域内从事各种专业化工作。桑南菲尔德认为，学院型组织的例子有 IBM 公司、可口可乐公司、宝洁公司等。

（2）俱乐部型组织文化

俱乐部型公司非常重视适应、忠诚感和承诺。在俱乐部型组织中，资历是关键因素，年龄和经验都至关重要。与学院型组织相反，它们把管理人员培养成通才。俱乐部型组织的例子有联合包裹服务公司、德尔塔航空公司、贝尔公司、政府机构和军队等。

（3）棒球队型组织文化

棒球队型这种组织鼓励冒险和革新。招聘时，从各种年龄和经验层次的人中寻求有才能的人。薪酬制度以员工绩效水平为标准。由于这种组织对工作出色的员工给予巨额奖酬和较大的自由度，员工一般都拼命工作。在会计、法律、投资银行、咨询公司、广告机构、软件开发、生物研究领域，这种组织比较普遍。

（4）堡垒型组织文化

棒球队型公司重视创造发明，而堡垒型公司则着眼于公司的生存。这类公司以前多数是学院型、俱乐部型或棒球队型的，但在困难时期衰落了，现在只能尽力来保证企业的生存。这类公司工作安全保障不足，但对于喜欢流动性、挑战的人来说，具有一定的吸引力。堡垒型组织包括大型零售店、林业产品公司、天然气探测公司等。

2. 按照组织文化对其成员影响力的大小

哈佛商学院的两位著名教授约翰·科特（John P. Kotter）和詹姆斯·赫斯科特（James L. Heskett）于1987年8月至1991年1月，先后进行了四个项目的研究，依据组织文化与组织长期经营之间的关系，将组织文化分为三类：

（1）强力型组织文化。在具有强力型组织文化的公司中，员工们方向明确，步调一致，组织成员有共同的价值观念和行为方式，所以他们愿意为企业自愿工作或献身，而这种心态又使得员工们更加努力。强力型组织文化提供了必要的企业组织机构和管理机制，从而避免了组织对那些常见的、窒息组织活力和改革思想的官僚们的依赖，因此，它促进了组织业绩的提升。

（2）策略合理型组织文化。具有这种组织文化的企业，不存在抽象的、好的组织文化内涵，也不存在任何放之四海而皆准、适合所有企业的“克敌制胜”的组织文化。只有当组织文化“适应”企业环境时，这种文化才是好的、有效的文化。不同的组织，需要不同的组织文化，只有文化适应于组织，才能发挥其最大的功能，改善企业经营状况。

（3）灵活适应型组织文化。市场适应度高的组织文化必须具有同时在公司员工个人生活中和公司企业生活中都提倡信心和信赖感、不畏风险、注重行为方式等特点，员工之间相互支持，勇于发现问题、解决问题。员工有高度的工作热情，愿意为组织牺牲一切。

3. 按照组织文化所涵盖的范围

组织作为一个系统，是由各种子系统构成的，各个子系统又是由单个的具有文化创造力的个体组成。在一个组织中，除了整个组织作为一个整体外，各种正式的、有严格划分的子系统，或非正式群体，相对于组织来说也都能够作为一个小整体。从这个角度来说，组织文化又可以分为两类：

（1）主文化（Dominant Culture）。主文化体现的是一种核心价值观，它为组织大多数成员所认可。当我们说组织文化时，一般就是指组织的主文化。正是这种宏观角度的文化，使组织具有独特的个性。

（2）亚文化。亚文化是某一社会主流文化中一个较小的组成部分。在组织中，主文化虽然为大多数成员所接受，但是，它不能包含组织中所有的文化。组织中有各种小整体，在认同组织主文化的前提下，它们也有自己的独特的亚文化。亚文化或者是对组织主文化更好的补充，或者是与主文化相悖的，或者虽然与主文化有区别，但对组织来说是无害的，在一定条件下又有可能替代组织的主文化。

4. 按照组织的有效性

许许多多的组织文化标准被提出来的一个原因是组织文化范畴广泛，包罗万象。它包含了一系列复杂、相互关联、广泛而又关系不明的要素。在如何决定最重要的要素时需要一个理论的构架。这就是用对立价值构架分析组织文化的目的，这个构架由经验推出，有理论依据又有实践经验，同时可以整合其他作者提出的文化要素。

经过对 39 个所有可能出现的组织效率的指标的整合，最后指标被划分为四组。图 5－15阐述了它们之间的关系。这些指标反映了人们对组织效率的评价。这四个象限的组合，换句话说，就是代表了作出不同评估的价值取向所在。

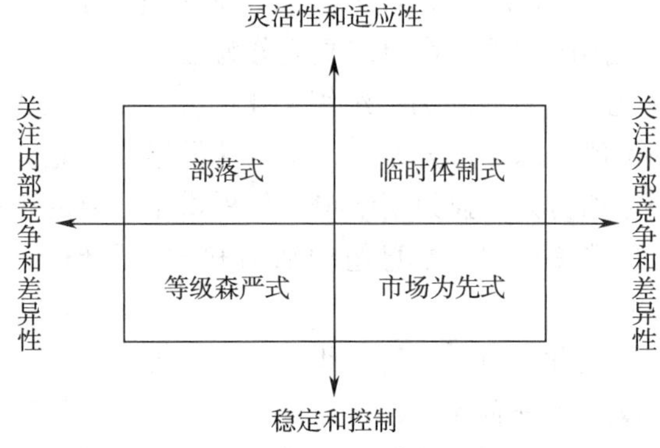

图 5－15　对立价值构架

四个象限最明显的特点就是它们代表了完全对立或者具有竞争关系的假设，每一个坐标的两端都代表着一个极端。这是一个对角线完全对立的四象限。部落式这种组织表示其重视内部管理和灵活而又有生机，在这样的组织内，人们可以互相共享，可以简单地看成一个友善的工作场所。临时体制式组织表示组织重视外部竞争同时又希望能有机管理，它的特点就是动态的、创业式的并且充满创意的工作场所。等级森严式组织重视内部管理以及所有的控制权，它代表一个高度制度化和机构化的工作场所。市场为先式组织则比较关注外部事物和喜欢控制一切，这种组织的核心价值观就是竞争力和生产力，是一个以业绩为重点的文化。对他们而言，超越对手和成为市场主宰是最重要的指标。

5. 按照权力的集中或分散

卡特赖特（Cartwright）和科伯（Cooper）于 1992 年提出四种文化类型。这四种组织文化的区别在于权力是集中的还是分散的，以及政治过程是以关键人物还是以要完成的职能或人物为中心的。

（1）权力型组织文化。它也叫独裁文化，由一个人或一个很小的群体领导这个组织。组织往往以企业家为中心，不太看重组织中的正式结构和工作程序。随着组织规模的逐渐扩大，权力文化会感到很难适应，开始分崩离析。

（2）作用型组织文化。它也叫角色型组织文化。在这样的组织里，你是谁并不重要，你有多大能力也不重要，重要的是你在什么位置，你和什么人的位置比较近，做每件事情都有固定的程序和规矩，人们喜欢的是稳重、长期和忠诚，有的甚至是效忠。这种文化看起来安全和稳定，但是当组织需要变革的时候，这种文化则会受到较大的冲击。

（3）使命型组织文化。它也叫任务文化。在这种文化中，团队的目标就是要完成设定的任务。成员之间的地位是平等的，这里没有领导者，唯一的老板就是任务或者使命本身。有人认为这是最理想的组织模型之一，但这种文化要求公平竞争，而且当不同群体争夺重要的资源或特别有利的项目时，很容易产生恶性的政治紊乱。

（4）个性型组织文化。这是一种既以人为导向，又强调平等的文化。这种文化富于创造性，孕育着新的观点，允许每个人按照自己的兴趣工作，同时保持相互有利的关系。在这样的组织里，组织实际上服从个人的意愿，但是很容易被个人左右。

6. 按照流程标准

（1）功能型组织文化。在过去很长一段时间内，组织的结构基本上属于单一的功能型结构。其核心是制度化，强调稳定性和可靠性。许多传统的产业，如钢铁企业、汽车制造业都具有较强的功能型组织文化特征。

（2）流程型组织文化。近年来，许多大中型企业，为了消除部门间的壁垒，能以最快的速度为客户提供优质服务和产品，开始强调部门间的合作和团队合作，于是就出现了以客户为导向的强调团队精神的流程型文化。它的最大特点是使客户满意度最大化，强调客户满意和稳定的回报。

（3）基于时间型组织文化。20 世纪 90 年代以来，出现了一批基于时间型文化的企业，他们不仅仅满足于产品质量和客户满意，还想办法以最快的速度将新产品和服务推向市场。因此，对于组织来讲，速度是第一位的，其次才是产品和服务。其主要特点是强调高增长和新市场进入。

（4）网络型组织文化。这种类型的组织内部没有严密的层级关系，它承认个人特殊性贡献，强调以合伙方式为共同目标服务。其主要特点是以合伙人方式分配权力，核心是敢冒风险，捕捉机会，关注市场的开拓与渗透。

7. 按照组织实践和价值

弗恩斯·特朗皮纳斯（Fonts Trompenaars）根据他的组织文化纬度将组织文化分为四种类型：家族型组织文化、保育器型组织文化、导弹型组织文化、埃菲尔铁塔型组织文化。

（1）家族型组织文化。家族文化可能是最古老的一种文化，这是一种与人相关的文化，而不是以任务为导向的。在这种文化中，组织的领导者就像是组织的“父亲”，有较高的权威和权力。组织更倾向于直觉的学习而不是理性的学习，更重视组织成员的发展而不是更好地利用员工。当组织出现危机，消息通常都不会被公布出来，所以尽管在组织内部温暖、亲密和友好，但是这种内部一体化是以较差的外部适应性为代价的，他们能够在相互拥抱和亲吻之中破产倒闭。属于这类型组织文化的国家有日本、巴西、土耳其、巴基斯坦、西班牙、意大利、菲律宾等。

（2）保育器型组织文化。这是一种既以人为导向，又强调平等的文化，典型的代表就是硅谷。这种文化富于创造性，孕育着新的观点。由于强调平等，所以这种文化的组织结构是最精简的，等级也是最少的。在这样的文化中，组织成员共同承担责任并寻求解决办法。

（3）导弹型组织文化。这是一种平等的、以任务为导向的文化。在这种文化中，任务通常都是由小组或者项目团队完成的，但是这种小组都是临时性的，任务完成，小组就会解散。成员们所做的工作都不是预先设定好的，当有需要完成的任务时，才着手去做。属于这类型组织文化的国家有美国、英国、挪威、爱尔兰等。

（4）埃菲尔铁塔型组织文化。之所以称之为埃菲尔铁塔文化就是因为具有这种类型文化的组织结构看起来很像埃菲尔铁塔，等级较多，且底层员工较多，越到高层人数越少。每一层对于其下的一层都有清晰的责任，所以组织员工都是小心谨慎的。对组织的任何不满都要通过一定的章程和实情调查才有可能反映到高层管理者。在这种文化的组织中，组织成员都相信需要必需的技能才能保住现在的职位，也需要更进一步的技能才能升迁。属于这类型组织文化的国家有德国、法国、苏格兰、澳大利亚、加拿大等。

（三）组织文化的形成

企业文化首先是在企业中的主要管理者（或称企业家）的倡导下形成的。同时，只有当企业家倡导的价值观念和行为准则为企业员工广泛认同、普遍接受、并自觉地作为自己行为的选择依据时，企业文化才能在真正意义上形成。

1. 管理者的倡导

企业文化首先是企业家文化。企业家倡导某种价值观念和行为准则主要借助两种途径：

其一，在日常工作中，不仅言传，而且身教。不仅提出并促使企业员工接受某种价值观念，而且身体力行，自觉表现出与自己倡导的价值观和行为准则相应的行为选择，以求对身边的人，进而通过身边的人对企业组织中其他成员的行为产生潜移默化的影响。这种潜移默化通常需要假以时日，所以企业文化的建设通常是一个漫长的过程。

其二，借助重大事件的成功处理，促进企业成员对重要价值观和行为准则的认同。企业生产经营活动中经常遇到一些突发性的重大事件。这些事件处理的妥善与否对企业的持续发展可能产生重要影响：处理得当可能为企业的未来发展提供重要机遇，而处理不当则可能引发企业自下而上的危机。在这些事件的处理过程中，企业主管会自觉或不自觉地依循某些价值观念以及与之相应的行为准则。事件的成功处理则可使这些价值观念和行为准则为企业员工所认同并在日后的工作中自觉模仿。企业文化便可能在这种自觉模仿或认同的基础上逐渐形成。

2. 组织成员的接受："社会化"与"预社会化"

社会学的相关研究中把与一定文化相对应的价值观和行为准则被组织成员接受的过

程称为文化的“社会化”过程。从严格意义上说，文化被组织成员的接受包括了“社会化”和“预社会化”两个不同路径。

所谓“社会化”是指组织通过一定形式不断向员工灌输某种特定的价值观念，比如通过组织培训、宣传和介绍反映特定价值观的英雄人物的事迹，借助正式或非正式渠道传颂体现特定价值观的企业内部的各种“神话”以及企业家在各种场所的言传身教，从而使组织成员逐渐接受这些价值观和行为准则。

所谓“预社会化”是企业在招募新员工时不仅提出相应的技能和素质要求，而且注意分析应聘者的行为特征，判断影响应聘者外显行为的内在价值观念与企业文化是否一致，从而保证新聘员工接受组织文化，并迅速融入特定的文化氛围中。

四、组织文化的建设

组织文化的建设是个长期的过程，同时也是组织发展过程中的一项艰巨、细致的系统工程。许多组织致力于导入 CIS（Corporation Identity System）系统，它已成为一种直观的、便于理解和操作的组织文化塑造方法。从路径上讲，组织文化的塑造需要经过以下几个过程：

1. 选择合适的组织价值观标准

组织价值观是整个组织文化的核心，选择正确的组织价值观是塑造良好组织文化的首要战略问题。选择组织价值观要立足于本组织的具体特点，根据自己的目的、环境要求和组成方式等特点选择适合自身发展的组织文化模式。其次要把握住组织价值观与组织文化各要素之间的相互协调，因为各要素只有经过科学的组合与匹配才能实现系统整体优化。

在此基础上，选择正确的组织价值观标准要注意以下四点：

（1）组织价值标准要正确、明晰、科学，具有鲜明特点；

（2）组织价值观和组织文化要体现组织的宗旨、管理战略和发展方向；

（3）要切实调查本组织员工的认可程度和接纳程度，使之与本组织员工的基本素质相和谐，过高或过低的标准都很难奏效；

（4）选择组织价值观要发挥员工的创造精神，认真听取员工的各种意见，并经过自上而下和自下而上的多次反复，审慎地筛选出既符合本组织特点又反映员工心态的组织价值观和组织文化模式。

2. 强化员工的认同感

在选择并确立了组织价值观和组织文化模式之后，就应把基本认可的方案通过一定的强化灌输方法使其深入人心。具体做法可以是：

（1）利用一切宣传媒体，宣传组织文化的内容和精要，使之家喻户晓，以创造浓厚的环境氛围。

（2）培养和树立典型。榜样和英雄人物是组织精神和组织文化的人格化身与形象缩影，能够以其特有的感召力和影响力为组织成员提供可以效仿的具体榜样。

（3）加强相关培训教育。有目的的培训与教育，能够使组织成员系统地接受组织的价值观并强化员工的认同感。

3. 提炼定格

组织价值观的形成不是一蹴而就的，必须经过分析、归纳和提炼方能定格。

（1）精心分析。在经过群众性的初步认同实践之后，应当将反馈回来的意见加以剖析和评价，详细分析和比较实践结果与规划方案的差距，必要时可吸收有关专家和员工的合理意见。

（2）全面归纳。在系统分析的基础上，进行综合化的整理、归纳、总结和反思，去除那些落后或不适宜的内容与形式，保留积极进步的内容与形式。

（3）精练定格。把经过科学论证和实践检验的组织精神、组织价值观、组织伦理与行为予以条理化、完善化、格式化，再经过必要的理论加工和文字处理，用精练的语言表述出来。

4. 巩固落实

要巩固落实已提炼定格的组织文化，首先要建立必要的制度保障。在组织文化演变为全体员工的习惯行为之前，要使每一位成员在一开始就能自觉主动地按照组织文化和组织精神的标准去行动比较困难，即使在组织文化业已成熟的组织中，个别成员背离组织宗旨的行为也是经常发生的。因此，建立某种奖优罚劣的规章制度十分必要。其次，领导者在塑造组织文化的过程中有着决定性的作用，他们应起到率先垂范的作用，必须更新观念并能带领组织成员为建设优秀组织文化而共同努力。

5. 在发展中不断丰富和完善

任何一种组织文化都是特定历史的产物，当组织的内外部条件发生变化时，组织必须不失时机地丰富、完善和发展组织文化。这既是一个不断淘汰旧文化和不断生成新文化的过程，也是一个认识与实践不断深化的过程。组织文化由此经过不断的循环往复达到更高的层次。

第四节　组织变革

现代社会的组织是个开放系统，它与整个社会环境是相互作用、相互影响的。随着社会的发展，组织的规模不断扩大，人员不断流动，技术设备、产品不断更新，而这一切必然会促使组织进行变革。所谓组织变革，应理解为组织为适应其内外环境，对其组成元素所做的各种调整或修正。它包括组织结构、组织功能、技术设备、组织管理、组织成员的思想和心理上的变革。

一、组织变革的动力

（一）组织变革的现实意义

哈默和钱皮曾在《再造公司》一书中把“三 C”力量，即顾客（Customers）、竞争（Competition）、变革（Change）看成是影响市场竞争最重要的三种力量，并认为三种力量中尤以变革最为重要，“变革不仅无所不在，而且还持续不断，这已成了常态”。

组织变革就是组织根据内外环境的变化，及时对组织中的要素及其关系进行调整，以适应组织未来发展的要求。

任何一个组织，无论过去如何成功，都必须随着环境的变化而不断地调整自我并与之相适应。组织变革的根本目的就是为了提高组织的效能，特别是在动荡不定的环境条件下，要想使组织顺利地成长和发展，就必须自觉地研究组织变革的内容、阻力及其一般规律，研究有效管理变革的具体措施和方法。

（二）组织变革的动因

推动组织变革的因素可以分为外部环境因素和内部环境因素两个部分。

1. 外部环境因素

外部环境因素主要包括：

（1）整个宏观社会经济环境的变化。诸如政治、经济政策的调整，经济体制的改变以及市场需求的变化等，都会引起组织内部深层次的调整和变革。

（2）科技进步的影响。知识经济的社会，科技的发展日新月异，新产品、新工艺、新技术、新方法层出不穷，对组织的固有运行机制构成了强有力的挑战。

（3）资源变化的影响。组织发展所依赖的环境资源对组织具有重要的支持作用，如原材料、资金、能源、人力资源、专利使用权等。组织必须要能克服对环境资源的过度依赖，同时要及时根据资源的变化而顺势变革组织。

（4）竞争观念的改变。基于全球化的市场竞争将会越来越激烈，竞争的方式也将会多种多样，组织若要想适应未来竞争的要求，就必须在竞争观念上顺势调整，争得主动，这样才能在竞争中立于不败之地。

2. 内部环境因素

推动组织变革的内部环境因素主要包括：

（1）组织机构适时调整的要求。组织机构的设置必须与组织的阶段性战略目标相一致，组织一旦需要根据环境的变化调整机构，新的组织职能必须得以充分的保障和体现。

（2）保障信息畅通的要求。随着外部不确定性因素的增多，组织决策对信息的依赖性增强，为了提高决策的效率，必须通过变革保障信息沟通渠道的畅通。

（3）克服组织低效率的要求。组织长期一贯运行极可能会出现某些低效率现象，其原因既可能是由于机构重叠、权责不明，也有可能是人浮于事、目标分歧。组织只有及时变革才能进一步制止组织效率的下降。

（4）快速决策的要求。决策的形成如果过于缓慢，组织常常会因决策的滞后或执行中的偏差而坐失良机。为了提高决策效率，组织必须通过变革对决策过程中的各个环节进行梳理，以保证决策信息的真实、完整和迅速。

（5）提高组织整体管理水平的要求。组织整体管理水平的高低是竞争力的重要体现。组织在成长的每一个阶段都会出现新的发展矛盾，为了达到新的战略目标，组织必须在人员素质、技术水平、价值观念、人际关系等各个方面都作出进一步的改善和提高。

二、组织变革的类型和目标

（一）组织变革的类型

依据不同的划分标准，组织变革可以有不同的类型。如按照变革的程度与速度不同，可以分为渐进式变革和激进式变革；按照工作的对象不同，可以分为以组织为重点的变革、以人为重点的变革和以技术为重点的变革；按照组织所处的经营环境状况不同，可以分为主动性变革和被动性变革。本章按照组织变革的不同侧重，将其分为以下四种类型：

1. 战略性变革

战略性变革是指组织对其长期发展战略或使命所做的变革。如果组织决定进行业务收缩，就必须考虑如何剥离非关联业务；如果组织决定进行战略扩张，就必须考虑购并的对象和方式，以及组织文化重构等问题。

2. 结构性变革

结构性变革是指组织需要根据环境的变化适时对组织的结构进行变革，并重新在组织中进行权力和责任的分配，使组织变得更为柔性灵活、易于合作。

3. 流程主导性变革

流程主导性变革是指组织紧密围绕其关键目标和核心能力，充分应用现代信息技术对业务流程进行重新构造。这种变革会使组织结构、组织文化、用户服务、质量、成本等各个方面产生重大的改变。

4. 以人为中心的变革

组织中人的因素最为重要，组织如若不能改变人的观念和态度，组织变革就无从谈起。以人为中心的变革是指组织必须通过对员工的培训、教育等引导，使他们能够在观念、态度和行为方面与组织保持一致。

（二）组织变革的目标

组织变革应该有其基本的目标，总的来看，应包括以下三个方面：

1. 使组织更具环境适应性

环境因素具有不可控性。组织要想阻止或控制环境的变化可能只是自己的一厢情愿。组织要想在动荡的环境中生存并得以发展，就必须顺势变革自己的任务目标、组织结构、决策程序、人员配备、管理制度等。只有如此，组织才能有效地把握各种机会，识别并应对各种威胁，使组织更具环境适应性。

2. 使管理者更具环境适应性

一个组织中，管理者是决策的制定者和组织资源的分配人。在组织变革中，管理者必须要能清醒地认识到自己是否具备足够的决策、组织和领导能力来应对未来的挑战。因此，管理者一方面需要调整过去的领导风格和决策程序，使组织更具灵活性和柔性；另一方面，管理者要能根据环境的变化要求重构层级之间、工作团队之间的各种关系，使组织变革的实施更具针对性和可操作性。

3. 使员工更具环境适应性

组织变革的最直接感受者就是组织的员工。组织如若不能使员工充分认识到变革的重要性，顺势改变员工对变革的观念、态度、行为方式等，就可能无法使组织变革措施得到员工的认同、支持和贯彻执行。需要进一步认识到的是，改变员工的固有观念、态度和行为是一件非常困难的事，组织要使人员更具环境适应性，就必须不断地进行再教育和再培训，决策中要更多地重视员工的参与和授权，要能根据环境的变化改造和更新整个组织。

三、组织变革的方法

虽然根据不同的组织状况和不同的变革要求，组织变革的方式各不相同，但从总体上看，主要是通过以下四个方面着手进行的：

（一）通过改变组织结构来实现变革

改变组织结构包括：对组织进行调整，包括成立新的部门或者合并某些部门；协调各部门的工作；调整领导班子；调整管理层次和管理幅度；实行承包制，建立责任制，试行股份制，扩大基层单位的自主权；对各层次管理人员与员工实行优化组合。通过改革结构来实现组织变革的方法，比较直接，见效快，常常可以使组织发生根本性的转变。

（二）通过改变技术来实现变革

改变技术有两层含义：一是直接工作技术的改变，即由引进一种机器或引进一种人机系统所引起的变革，直接工作技术的改变包括新机器、新设备、新工艺、新技术的引进和使用，挖掘潜力、改进技术、提高产品质量、控制生产进度等；二是改革管理技术，包括采用现代化的办公系统及文件处理系统、现代化的监控处理系统、现代化的工程管理或程序管理等。

（三）通过改变组织成员的动机、态度和行为实现变革

改变人的心理状态与特点，提高人的心理素质是推动组织改革的重要因素和基本条件。通过理解、关心、教育、帮助、支持员工的方式，提高员工的思想觉悟，转变员工的态度，激励员工的行为动机，增强员工的心理承受能力，培养树立员工的集体意识、责任心、主人翁感、荣誉感、成就感、效益感等，有助于推动组织的改革。

（四）通过控制和调节外部环境实现变革

从系统论的观点来看，组织和外界环境是相互作用的。组织不仅仅要适应外部环境的变化，而且要主动地调节、控制和改造环境，使其适应组织的发展。这方面的工作包括开发和占领新的市场、扩大与外界的信息交流、及时掌握信息情报、治理经济环境、优化组织功能等。

四、组织变革的过程

由于组织的适应性、革新性、稳定性和持续性对于其生存和发展都是必不可少的。所以，组织的变革要达到动态平衡的目的，就必须要有足够的稳定性，以保证组织在目标和方法方面进行有秩序的变革；要有足够的适应性，以保证组织能够对外部的机会和要求以及内部的变化条件作出合适的反映；要有足够的革新性，以便使组织在条件允许的情况下主动地进行变革。

1. 解冻

激发要求变革的动机，首先应使员工认识到依照老办法不能达到希望的结果。为了做到这一点，一方面要对旧的态度和行为进行弱化和否定，另一方面要使员工感到变革的迫切性。只有当员工自己认识到旧态度、旧行为确实行不通，迫切要求变革、愿意接

受新事物时，变革才有可能实行。此外，还要创造一种心理上的安全感，扫除害怕失败、不愿变革的心理障碍，使得员工感到变革安全、感到有能力进行变革。

2. 改变

指明改变的方向，实施变革，使员工形成新的态度和行为。这一步骤中，应该注意以下几个心理过程：首先，学习一种新的观点（概念），或确立一种新的态度的最有效的方法之一，就是看看其他人是如何做的，并且以这个人作为自己形成新态度和新行为的榜样。用心理学术语讲，就是对角色模范的认同。其次，由于职位、工种等的不同，从角色模范学来的东西不能生搬硬套，必须从客观实际出发，对于多种信息加以选择，并在复杂的环境中筛选出有关自己特殊问题的信息。勒温说，变革是个认知的过程，它由获得新的概念和信息得以完成。但上述过程形成的前提条件，是员工有真正愿意变革的动机；否则上述的“认同”“信息的选择”和“在环境中筛选”就只是一句空话。

3. 再冻结

利用必要的强化方法使新的态度和行为方式固定下来，使之持久化。我们经常可以发现，引导形成新态度和新行为的方案在开头很见效，但一旦受培训的人回到了老地方，从事原来的工作，改革效果就不能持久。因此，为了确保变革的稳定性，需要注意以下几点：首先，要使员工有机会来检验新的态度和新的行为是不是符合自己的具体情况。员工从自己的实际情况出发，开头可能只是学习角色模范的一小部分优点，这时起步虽小，却应该给予强化，应当用鼓励的办法使之保持持久。切不能因为变革开始很微小、很缓慢而操之过急、求全责备。其次，员工应当有机会检验与他有重要关系的其他人是否接受和肯定新的态度。群体在强化一个人的态度和行为方面的作用是很大的。勒温认为，变革计划也应包括那些员工所处的群体，这样群体的成员彼此强化新的态度和行为，个人的新态度和新行为可以保持得更持久些。

五、组织变革的阻力及克服

（一）组织变革的阻力

组织变革是一种对现有状况进行改变的努力，任何变革都常常会遇到来自各种变革对象的阻力和反抗。产生这种阻力的原因可能是传统的价值观念和组织惯性，也有一部分来自于对变革不确定后果的担忧，这集中表现为来自个人的阻力和来自团体的阻力两种。

1. 个人阻力

个人的阻力包括：

（1）利益上的影响。变革从结果上看可能会威胁到某些人的利益，如机构的撤并、管理层级的扁平化等都会给组织成员造成压力和紧张感。过去熟悉的职业环境已经形成，而变革要求人们调整不合理的或落后的知识结构，更新过去的管理观念、工作方式等，这些新要求都可能会使员工面临着失去权力的威胁。

（2）心理上的影响。变革意味着原有的平衡系统被打破，要求成员调整已经习惯了的工作方式，而且变革意味着要承担一定的风险。对未来不确定性的担忧、对失败风险的惧怕、对绩效差距拉大的恐慌以及对公平竞争环境的担忧，都可能造成人们心理上的倾斜，进而产生心理上的变革阻力。另外，平均主义思想、厌恶风险的保守心理、因循守旧的习惯心理等也都会阻碍或抵制变革。

2. 团体阻力

团体对变革的阻力包括：

（1）组织结构变动的影响。组织结构变革可能会打破过去固有的管理层级和职能机构，并采取新的措施对责权利重新作出调整和安排，这就必然要触及某些团体的利益和权力。如果变革与这些团体的目标不一致，团体就会采取抵制和不合作的态度，以维持原状。

（2）人际关系调整的影响。组织变革意味着组织固有的关系结构的改变，组织成员之间的关系也随之需要调整。非正式团体的存在使得这种新旧关系的调整需要有一个较长过程。在这种新的关系结构未被确立之前，组织成员之间很难磨合一致，一旦发生利益冲突就会对变革的目标和结果产生怀疑和动摇，特别是一部分能力有限的员工将在变革中处于相对不利的地位。随着利益差距的拉大，这些人必然会对组织的变革产生抵触情绪。

（二）消除组织变革阻力的管理对策

为了确保组织变革的顺利进行，必须要事先针对变革中的种种阻力进行充分的研究，并要采取一些具体的管理对策。

1. 客观分析变革的推力和阻力的强弱

勒温曾提出运用力场分析的方法研究变革的阻力。其要点是：把组织中支持变革和反对变革的所有因素分为推力和阻力两种力量，前者发动并维持变革，后者反对和阻碍变革。当两力均衡时，组织维持原状，当推力大于阻力时，变革向前发展，反之变革受到阻碍。管理层应当分析推力和阻力的强弱，采取有效措施，增强支持因素，削弱反对因素，进而推动变革的深入进行。

2. 创新组织文化

冰山理论认为，假如把水面之上的冰山比作组织结构、规章制度、任务技术、生产发展等要素的话，那么，水面之下的冰体便是由组织的价值观体系、组织成员的态度体系、组织行为体系等组成的组织文化。只有创新组织文化并渗透到每个成员的行为之中，才能使露出水面的改革行为变得更为坚定，也才能够使变革具有稳固的发展基础。

3. 创新策略方法和手段

为了避免组织变革中可能会造成的重大失误，使人们坚定变革成功的信心，变革者必须采用比较周密可行的变革方案，并从小范围逐渐延伸扩大。特别是要注意调动管理层变革的积极性，尽可能削减团体对组织变革的抵触情绪，力争使变革的目标与团体的目标相一致，提高员工的参与程度。

总之，无论是个人还是组织都有可能对变革形成阻力，变革成功的关键在于尽可能消除阻碍变革的各种因素，缩小反对变革的力量，使变革的阻力尽可能降低，必要时，还应该运用行政的力量保证组织变革的顺利进行。

【本章知识导图】

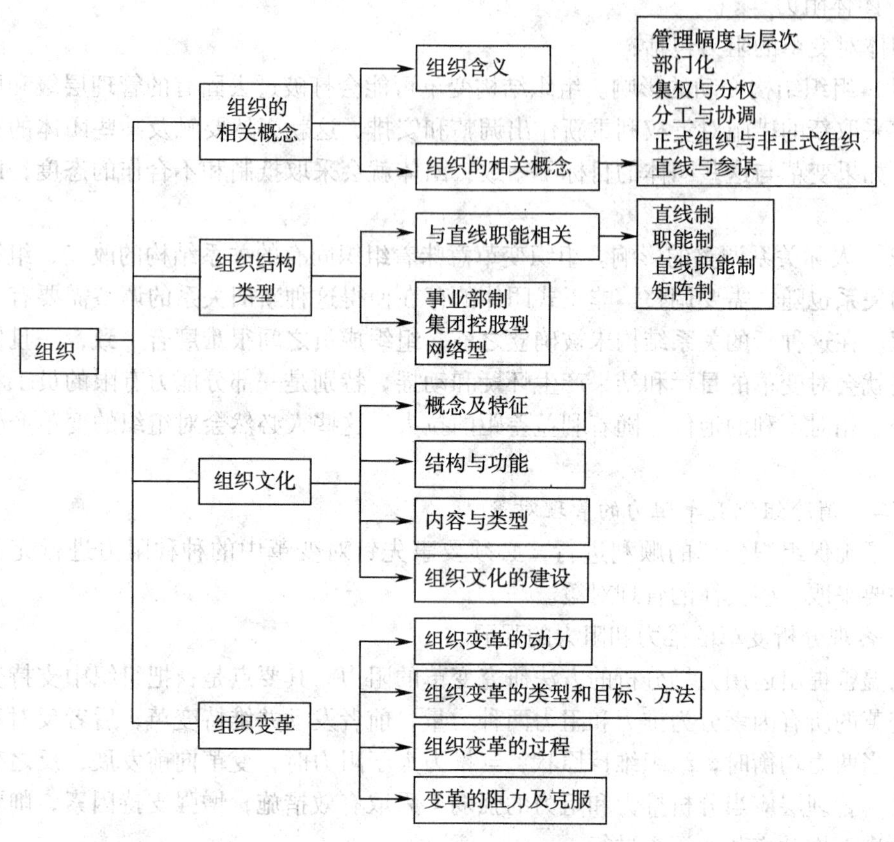

【课后案例分析题】

浪涛公司

浪涛公司是一家成立于1990年的生产经营日用清洁用品的公司，由于其新颖的产品、别具一格的销售方式和优质的服务，其产品备受消费者的青睐。在公司总裁董刚的带领下发展迅速。然而，随着公司的发展，公司总裁逐步发现，一向运行良好的组织结构，现在已经不能适应该公司内外环境变化的需要。

公司原先是根据职能来设计组织结构的，财务、营销、生产、人事、采购、研究与开发等构成了公司的各个职能部门。随着公司的壮大发展，产品已从洗发水扩展到护发素、沐浴露、乳液、防晒霜、护手霜、洗手液等诸多日化用品上。产品的多样性对公司的组织结构提出了新的要求。旧的组织结构严重阻碍了公司的发展，职能部门之间矛盾重重，在这种情况下，总裁董刚总是亲自作出主要决策。因此，在 2000 年总裁董刚作出决定，即根据产品种类将公司分成 8 个独立经营的分公司，每一个分公司对各自经营的产品负有全部责任，在盈利的前提下，分公司的具体运作自行决定，总公司不再干涉。但是重组后的公司，没过多久，又涌现出许多新的问题。各分公司经理常常不顾总公司的方针、政策，各自为政；而且分公司在采购、人事等职能方面也出现了大量重复。在总裁面前逐步显示出，公司正在瓦解成一些独立部门。在此情况下，总裁意识到自己在分权的道路上走得太远了。

于是，总裁董刚又下令收回分公司经理的一些职权，强调以后总裁拥有下列决策权：超过 10 万元的资本支出；新产品的研发；发展战略的制定；关键人员的任命等。然而，职权被收回后，分公司经理纷纷抱怨公司的方针摇摆不定，甚至有人提出辞职。总裁意识到了这一举措大大地挫伤了分公司经理的积极性和工作热情，但他感到十分无奈，因为他实在想不出更好的办法。

案例分析关键词：部门化形式、职权种类、集权与分权、组织结构类型

【问题】

1. 浪涛公司组织结构调整前的组织结构是（　　）

A. 直线制　　B. 职能制　　C. 矩阵制　　D. 事业部制

2. 浪涛公司由于产品多样性需求重组后的组织结构是（　　）

A. 直线制　　B. 事业部制　　C. 职能制　　D. 矩阵制

3. 事业部制的特点为（　　）

A. 统一决策、分散经营

B. 事业部制适合于超大型企业

C. 各事业部通常是独立核算的利润中心

D. 以上三者都是

4. 对于公司总裁从分权到集权的做法，你认为最合理的评价是（　　）。

A. 他在一开始分权是对的，公司发展到一定程度后，通常都会要求组织结构进行调整

B. 他在一开始就不应该分权，分权通常都会导致失控

C. 他的分权和组织结构调整的思路是正确的，但是在具体操作上有些急躁

D. 他后来撤回分公司经理的某些职权的做法是对的，避免了一场重大危机

5. 根据公司的发展，你认为该公司最可能采用的部门化方式是（　　）

A. 产品部门化　　B. 地区部门化　　C. 顾客部门化　　D. 业务部门化

6. 总裁在设立 8 个独立的分公司时，你认为其最大的失误是（　　）

A. 没有考虑矩阵结构等组织结构

B. 没有周密地考虑总公司和分公司的职权职责划分问题

C. 根本就不应该设立独立的分公司

D. 既没有找顾问咨询，也没有和分公司经理进行广泛的沟通

7. 当总裁意识到自己在分权的道路上走得太远时，他撤回了分公司经理的某些职权，这是行使了（　　）

A. 直线职权　　B. 参谋职权　　C. 职能职权　　D. 个人职权

8. 你认为本案例最能说明的管理原则是（　　）

A. 管理幅度原则　　B. 指挥链原则

C. 集权与分权相结合的原则　　D. 权责对等原则

9. 公司总裁决定收回分公司经理的一些职权，强调以后总裁拥有下列决策权：超过10万元的资本支出；新产品的研发；发展战略的制定；关键人员的任命等。这些事项的决策最可能属于（　　）

A. 程序性决策　　B. 非程序性决策　　C. 战术决策　　D. 业务决策

10. 如果你是总裁的助理，请就如何处理好集权与分权的关系向总裁提出你的建议。

【参考答案】

1. B 2. B 3. D 4. C 5. A 6. B 7. A 8. C 9. B

10. 分析要点：(1) 集权是指决策权主要集中在组织的较高管理层次上；分权是指决策权主要分散在组织的较低管理层次上。(2) 集权和分权对组织来讲都是不可缺少的，但集权与分权是个相对的概念。也就是说，完全集权或完全分权的组织均难以有效地运行。(3) 作为公司总裁的助理，可根据以下因素来决定一个组织是更为集权还是更为分权，并提出相应建议。当环境稳定；低层次管理者不具有高层管理者那样作出决策的能力或经验；低层次管理者不愿意介入决策；决策的影响大；组织正面临危机或失败的危险；企业规模大；企业战略的有效执行依赖于高层管理者对所发生的事拥有发言权时，可建议采取集权方式。当环境复杂且不确定；低层管理者拥有作出决策的能力和经验；低层管理者要参加决策；决策的影响相对小；公司文化容许低层管理者对所发生的事有发言权；公司各部在地域上相当分散；企业战略的有效执行依赖于低层管理者的参与以及制定决策的灵活性时，可建议采取分权方式。

第六章

人力资源管理

【本章概要】

本章先介绍人力资源的概念及其重要性，重点介绍了人力资源管理过程的六个步骤；并对薪酬种类、作用等作了初步介绍。

【重点内容】

1. 人力资源管理的含义、特点及重要性；
2. 人力资源管理的过程：招聘与解聘、甄选、定位、培训、绩效评估；
3. 了解员工薪酬种类、作用及重要性。

【案例导入】

驴的死

我厌恶人的时候，与一头毛驴成为好友，至今我还记得它的死亡。

它死的那天，我跑到现场。看它躺在磨旁，骨瘦如柴，毛色杂乱，瞪大眼睛。死相十分凄惨，唯独一条腿还使劲前驱。我知道它死时，仍是要拼命拉磨。因为昨天晚上，它说马上过节了，要最后努努力，把剩的400斤豆子磨完，完成任务，然后再回家好好休息。只是没想到，还是死在了磨上。

我刚刚认识它的时候，它还是驴中的劳模，青年才俊，前途不可限量。我见过它磨面，步伐稳健均匀，面又白又细，没有一点杂质，而且一直勤恳，任劳任怨，年年得到主人的称赞。

我听它说，磨面一开始也并不那么紧张，每天按时上磨，然后卸磨回窝。可后来事情突然起了变化，不知哪头毛驴不小心磨的面，混进了一点杂质，被投诉了，影响了主人的形象。主人决定改革毛驴磨面机制，谁磨的面，谁要负责，还成立很多的监管部门。

这样一来，原本干活的50头驴，硬生生的被分成了不同的种类。有宣传驴，负责高喊生产口号，宣传驴的先进事迹；有监工驴，负责监督驴干活；研究驴负责研究先进的磨面方法；计划驴负责制订工作计划与任务。当然还有一些驴级别更高，负责管理其他的毛驴。最后剩下的才是这一线驴，等改革完毕，它一数才发现真正拉磨的一线驴，已经不到40%了。

从那之后，驴就明显感觉累了，原本50头驴磨的面，现在要20头驴去磨。加强管理后，驴的种类不断增加，一线驴的数量急转直下。很多驴不拉磨了，跑去干别的了，有的驴写生产计划，有的驴搞调查研究，有的驴还去搞文艺节目。于是驴的种类越多，干活的驴越来越少，活多驴少的问题日益突出。

驴分了这么多类，每个类别都得具体干点工作。磨面的工作也要求，不断地推陈出新，来配合宣传工作。原来老老实实拉磨围着磨转圈不行了，不符合时代的潮流。于是先向马学习，借鉴马拉车的先进经验，大步拉磨，后来知道驴马差异太大搁置了。又向牛学习，学习牛耕地的方式直线拉磨，发现技术上做不到，也失败了。很多驴没办法了，就只能变着花样拉磨。有的跳着拉磨，有的爬着拉磨，有的跪着拉磨，有的打滚拉磨，折腾一天，腿都要断了。

折腾一圈，很多毛驴怨声载道，干劲不足。主人为了激励毛驴拉磨，就制定了一个计算工作量的办法。将驴每天拉磨的数量，磨面的数量、质量，都进行指标化管理，年底考核谁磨面多，就有奖励。奖励多的就可以积分，然后晋升为管理驴，不用再拉磨了。我当时就提醒它，不要再相信主人了，他曾经在驴面前放过一根胡萝卜骗你们。

可它不听，还是拼了命地干活，连续三年都是第一。它自己戴上大红花的时候，都觉得要熬出头了。可后来，主人却提拔了另外一头驴，原因竟然是那头驴会唱歌，是稀缺的驴才，给主人挣了面子。从那时起，它的信心受到了摧毁性的打击，慢慢地开始心灰意冷。

我看它意志消沉，无心磨面，也曾劝过它离开，找一份轻松点有前途的工作。很多毛驴出去拉车、载客，一样可以过得很好。可它自己坚持认为，磨了这么多年的面，什么都不会了。年纪大了，拉车载客都不容易，已经学不会了。拉车自己没有那么大力气了，载客弄不好会伤到客人。现在虽然不如意，但总算安稳，就这么混着吧。

可就算混日子，也还有那么多的活要干。我看它每天依然上磨磨面，下磨回圈。转磨的时候没精打采，脚步散乱，磨出来的面有粗有细，有的还带着土，精气神完全不复当年。

终于有一天，毛驴还是倒在了磨边，就像主人号召的“好毛驴就要死在磨边”。主人来的时候，我在旁边看着，哭了半天，一滴眼泪没有。只是说起来它曾经多么优秀的毛驴，把一辈子献给了磨面事业，号召活着的毛驴们向它学习。

等围观哀悼的毛驴散开之后，我看主人走进厨房，吩咐厨子，把驴杀了，肉炖了，皮熬成阿胶，给太太补补身体！

（资料来源：http：//tieba. baidu. com/p/4475099126. ）

组织内部的成员应该各司其职，而且保证每一个职位都是有存在的意义和价值的，每一个职位都应该是由具有一定技能、拥有一定资格的人员来占据的。组织的目标能否实现、任务能否完成，在很大程度上就取决于占据这些职位的人员能否满足相应的职位要求。

第一节　人力资源管理概述

一、人力资源管理的含义

人力资源管理（Human Resource Management，HRM）就是用合格的人力资源对组织结构中的职位进行填充和不断填充的过程。它包括明确组织的人才需求，把握现有的人力资源状况，以及招募、选拔、安置、提拔、考评、奖酬、训练和培养等一系列的活动。

将合适的人选填充和不断地填充到组织中的各个职位上，这始终是管理者的重要使命。人力资源管理是管理者不可推卸的责任和义务，尽管人力资源部门起着重要的辅助作用。这里的填充指的是对于现有的职位空缺进行选拔、安置或从组织内部提拔或调整的各项活动；而不断的填充则指的是针对未来可能出现的人才需求所进行的各种活动，包括人事考评、薪酬制度以及管理人才的训练和开发等。

组织中任何一项管理职能的实施，任何一项任务或工作的完成都是经由人来进行的，可以说，人是实现组织目标的直接推动力。人力资源管理的成效在很大程度上关系到组织的活动是否有效、组织的目标能否实现。

二、人力资源管理的重要性

首先，我们可以通过重新认识“企业”一词来体会人的重要性。那就是“企业者人之积”，企业始于人，止于人，企业所有的活动都是由人来操作和完成的。美国钢铁大王卡纳基曾说过，“把我的资产拿走，可是把人留下，五年以后，我就能使一切恢复旧观”。因此在他死后，在他的墓碑上刻有这样一段字：“把才智比自己高的人当作部属，了解个别一起工作的人，在此长眠”。日本索尼公司盛田昭夫也指出：对日本最卓越的企业而言，成功并没有什么不传之秘，没有一个理论、计划或政府可以使企业成功，关键只有一个，那就是人。以人为本的管理，不仅需要发自内心的贯彻决心，也必须有极大的魄力才能执行。

美国微软公司经营的巨大成功更体现了在新的时代条件下人力资源的重要性。创建于1975年的微软公司进入20世纪90年代后得到飞速发展，1990年销售收入达到12亿美元，1991年达到18亿美元，1992年尽管面临经济不景气，销售额仍然增加到27亿美元，它的持续快速增长，得益于一个稳定的充满智慧和激情的员工队伍。1989年公司有4 000名员工，到1992年，员工人数已超过1万人，公司每年要审阅12万份简历，举行7 000多次面谈，每年增聘2 000名员工。由此可见，填补员工的工作量是非常巨大的。正如该公司的一位副总裁说过，你不可能使用低水平的编程员编制出高水平的计算机程序。发现和选聘最优秀的人才，是微软公司的首要任务。因此，当比尔·盖茨被问到过去几年为公司做的最重要的事情时，他回答说，我聘用了一批精明强干的人。

可见，一个组织的素质高低，在很大程度上是其所拥有的和聘用的人员素质的一种反映。得到并保持能干的员工，是每个组织成功的关键所在。人力资源管理的职能，就是选配人员，将合适的人员配备到合适的岗位上，将不合适的人员解雇下来。

三、人力资源管理的发展历程

19世纪工业革命的高潮导致了劳动专业化水平和生产力水平的提高，但同时也对生产过程的管理，尤其是对生产中员工的管理提出了更高的要求。因此，出现了专门的管理人员，主要负责对员工的生产进行监督和对与员工有关的事务进行管理。19世纪末到20世纪初，人事管理作为一种管理活动而正式进入企业的管理活动范畴。许多人力资源管理学者都把这一时期作为现代人事管理的开端。泰勒提出的科学管理没有考虑到员工的感受，仅仅把员工作为和机器设备一样的生产资料来对待，使员工对工作开始产生不满，因此，影响了其激励效果的发挥。20 世纪 30 年代的霍桑实验的研究成果导致了行为科学理论在人事管理中的广泛应用。20 世纪 60 年代和 70 年代组织行为学理论对形成个体、群体行为的动机和原因的研究，促进了员工激励理论的完善和应用。

在彼得·德鲁克提出人力资源的概念以后，怀特·巴克（Wight Bakke）在 1958 年发表了《人力资源功能》一书，详细阐述了有关管理人力资源的问题。他认为，人力资源的管理职能对于组织的成功来讲，与其他管理职能，如会计、生产、金融、营销等一样是至关重要的。人力资源管理的职能包括人事行政管理、劳工关系、人际关系以及行政人员的开发等各个方面。彼得·德鲁克和巴克的人力资源管理理论都非常强调管理活动，认为这种管理活动是建立在企业中的每一个个体都是有价值的资源这一基础之上的，而且还必须对他们进行全面的管理。彼得·德鲁克和巴克关于人力资源管理的早期理论，使我们看到在 20 世纪 50 年代初至 60 年代人事管理开始向人力资源管理转变，这种转变适应了后工业化时代经济和社会发展的要求，因而也是必然的。虽然早期的人力资源管理理论仅仅从人事管理职能和管理活动的变化来阐述人力资源管理，但它毕竟将人事管理理论推到了一个全新的发展阶段——人力资源管理。

四、人力资源管理的特点及发展趋势

（一）人力资源管理的特点

1. 人力资源的生物性

人首先是一种生物。人力资源存在于人体之中，是有生命的“活”资源，与人的自然生理特征相联系。人的最基本的生理需要带有某些生物性的特征。在管理中，首先要了解人的自然属性，根据人的自然属性与生理特征进行符合人性的管理。人力资源属于人类自身所特有，因此具有不可剥夺性。这是人力资源最根本的特性。

2. 人力资源的时限性

时限性是指人力资源的形成与作用效率要受其生命周期的限制。人的生命是有周期的，每个人都要经历幼年期、少年期、青年期、中年期和老年期。其中具有劳动能力的时间是生命周期中的一部分，其各个时期资源的可利用程度也不相同。人力资源的开发与管理必须尊重人力资源的时限性特点，做到适时开发、及时利用、讲究时效，最大限度地保证人力资源的产出。

3. 人力资源的再生性

人力资源通过人口总体内个体的不断更替和“劳动力耗费—劳动力生产—劳动力再次耗费—劳动力再次生产”的过程实现再生性。同时，人的知识与技能陈旧、老化也可以通过培训和再学习等手段得到更新。人力资源要实现自我补偿、自我更新、持续开发，这就要求人力资源的开发与管理注重终身教育，加强后期的培训与开发。

4. 人力资源在使用过程中的磨损性

人力资源在使用过程中会出现有形磨损和无形磨损。劳动者自身的疾病和衰老是有形磨损；劳动者知识和技能的老化是无形磨损。

5. 人力资源的社会性

人处在一定的社会之中，人力资源的形成、配置、利用、开发是通过社会分工来完成的，是以社会的存在为前提条件的。人力资源的社会性，主要表现为人与人之间的交往及由此产生的千丝万缕的联系。人力资源管理过程中，既要注重人与人、人与团体、人与社会的关系协调，又要注重组织中团队建设的重要性。

6. 人力资源的增值性

人力资源不仅具有再生性的特点，而且其再生过程也是一种增值的过程。人力资源在开发和使用过程中，一方面可以创造财富；另一方面通过知识经验的积累、更新，提升自身的价值，从而使组织实现价值增值。

（二）人力资源管理的发展趋势

人类社会已经迈进了一个以知识为主宰，以全球化、信息化、市场化快速发展为特征的新经济时代。具有知识和技能的人力资源已成为企业最重要的资产，对它的占有是企业取得竞争优势和保持企业旺盛生命力的关键要素。同时，随着时代的变化，社会经济的发展，科学技术的进步，全球竞争的加剧，人力资源管理正面临着一系列前所未有的挑战与冲击。这些都迫切地要求企业人力资源管理体系应不断地发展与完善，使得人力资源管理在21世纪主要呈现出以下几大发展趋势。

1. 人力资源管理战略化

人力资源管理战略化是指企业将人力资源管理从停留在处理具体事务的战术层次上提升到结合企业经营方式参与企业战略决策的战略层面上，即企业实施战略性人力资源管理。莱特与麦克马安（Wright and Mcmahan）于1992年对战略性人力资源管理（SHRM）的定义是：为使企业能够实现其目标所进行和所采取的一系列有计划、具有战略性意义的人力资源部署和管理行为。战略人力资源管理强调人力资源管理与企业战略的匹配与契合，认为人力资源是组织获得竞争优势的首要资源，人力资源管理的核心职能是参与战略决策，其目的是在保证人力资源管理与企业战略保持高度协调一致的基础上实现企业目标，提高组织的绩效。

2. 人力资源管理外包化

人力资源管理外包是在20世纪90年代企业实施“回归主业，强化核心业务”的大背景下风行起来的一种新的企业战略手段。它的兴起与企业人力资源管理的战略转变密切相关。人力资源管理外包化是指公司或企业将人力资源管理的部分或全部工作委托给外部的专业人力资源管理服务机构代为处理的行为。

3. 人力资源管理的E化

人力资源管理E化即E-HR，是指在先进的计算机软硬件的基础上，通过一套现代信息技术手段，以达到降低成本、提高人力资源管理效率、改进员工服务模式以及实现人力资源信息共享与有效整合解决方案的目的。

4. 人力资源管理柔性化

所谓人力资源柔性管理是指在尊重人的人格独立与个人尊严的前提下，在提高广大员工对企业的向心力、凝聚力与归属感的基础上，采取信任—指导—感化—自控的方式，在人们的心目中产生一种潜在的说服力，把组织的意志变为员工的自觉行动。其最大优势在于它能够将人本管理与环境变化有机结合起来，并且从内心深处来激发每个员工的内在潜力、主动性和创造力。

5. 人力资源的价值链管理

人力资源价值链（HR Value Chain）指的是一个从良好的人力资源管理实践出发，最终导致较高组织绩效的一系列相关产出活动所组成的价值增值过程。在这个增值过程中，良好的人力资源管理实践是基础。在此基础上，依次推动雇员产出、组织产出及财务和市场产出的提升，最终导致组织绩效的提高。

第二节　人力资源管理的过程

一、人力资源规划

人力资源规划是管理者为确保在适当的时候，为适当的位置配备适当数量和类型的员工，并使他们能够有效地完成总体目标的一种设计。通过人力资源规划，可以将组织的目标转换为需要哪些人员来实现这些目标。人力资源规划过程可以归纳为以下三个步骤。

（一）评价现有人力资源

1. 对现有人力资源的状况通盘考虑

一般可以通过调查方式来取得，比如，让职工填写调查表，调查内容包括姓名、性别、最高学历、专业、所受培训、以前专业、能力、业绩等，把调查表发给每一位员工让他们填写。当然如果单位配有人力资源档案系统，这个过程可以自动进行。

2. 进行职务分析

进行职务分析的目的是要了解组织中的员工能做些什么，即组织中的职务以及履行职务所需的行为。比如采购人员的其职责是什么？其工作取得合乎要求的绩效，最少需要具备什么样的知识、技术和能力？对于不同级别的采购人员的要求有什么不同之处？这些问题都可以通过职务分析给予明确的答案。职务分析将决定各项职务的合适人选，并最终形成职务说明书与职务规范。职务分析具体的操作方法主要有以下几种：

（1）观察法，直接对员工的工作进行观察或拍成录像。

（2）面谈法，逐个地或以小组的形式与员工交谈。

（3）调查问卷法，让员工在一份列有可能的任务项的问卷上将他们工作中所执行的任务找出来。

（4）举行技术讨论会，由专家确定职务的具体特征。

（5）记录整理法，让员工们将其每天的活动在日记或记事本上记录下来，并整理成职务活动说明材料。

3. 拟定职务说明书和职务规范。

职务说明书是对员工需要做些什么、怎么做和为什么要做的书面说明。它通常能反映职务的内容、环境和从业条件。职务规范是指明员工要成功地开展某项工作必须要拥有的最低限度可以接受的资格标准，一般包括知识、技术和能力等方面条件。职务说明书和职务规范是管理者开始招聘和挑选人员时应该持有的重要文件。

（二）预估将来需要的人力资源

未来人力资源的需要是由组织的目标和战略决定的。人力资源需求是组织的产品或服务状况的一种反映，是根据未来总营业额的估计，管理者可能争取为达到这一营业额而配备相应数量的人力资源。在某些情况下，这种关系也可能相反，当一些特殊的技术为必不可少而又供应紧张时，现有的符合要求的人力资源状况就会决定营业的规模。例如，咨询公司就可能出现这种情况，它经常发现经营机构会远比自己所能处理的业务多得多，其扩大营业的唯一限制因素可能是该咨询公司能否雇用和配备具有满足特定用户要求所必备资格的工作人员。

（三）制定面向未来的行动方案

在对现有能力和未来需要做了全面评估以后，管理者可以测算出人力资源的短缺程度，并指出组织中将会出现超员配置的领域，然后将这些预计与未来人力资源的供应推测结合起来，就可以拟订出行动方案来。可见人力资源规划不仅为指导现时的人力配备需要提供指南，同时也预测到了未来的人力资源需要和技能。

二、招聘与解聘

（一）员工招聘的标准

员工招聘是指组织及时寻找、吸引并鼓励符合要求的人到本组织中任职和工作的过程。组织需要招聘员工可能基于以下几种情况：新设立一个组织；组织扩张；调整不合理的人员结构；员工因故离职而出现的职位空缺等。

员工招聘是落实人力资源计划的一个重要的步骤，必须依据一定的标准慎重决策，因为员工一旦被聘用，即使能力和业绩平平，组织也很难迅速予以解聘。企业对不同的员工有不同的素质要求，下面主要讨论对管理人员的一般要求。

1. 管理的愿望

强烈的管理愿望是有效开展工作的基本前提。对某些管理人员来说，担任管理工作意味着在组织中取得较高的地位、名誉以及与之相对应的报酬，这将产生很强的激励效用。对大多数员工来说，管理意味着可以利用制度赋予的权力来组织劳动，意味着可以通过自己的知识和技能以及与他人的合作来实现自我，这将带来心理上的极大满足感。毋庸讳言，管理意味着对种种权力的运用。管理能力低下、自信心不足或对权力不感兴趣的人，自然也就不会负责任地、有效地使用权力，这样就难以达到理想而积极的工作效果。

2. 良好的品德

良好的品德是每个组织成员都应具备的基本素质。对于管理人员来说，担任管理职务意味着拥有一定的职权，而组织对权力的运用不可能随时进行严密、细致、有效的监督，所以权力能否正确运用在很大程度上只能取决于管理人员的自觉性和自律性。因此，管理人员必须是值得信赖的，并且要具有正直而高尚的道德品质。对于一般员工来说，良好的品德意味着对上不曲意逢迎、阳奉阴违，敢于坚持真理，修正错误；对下则

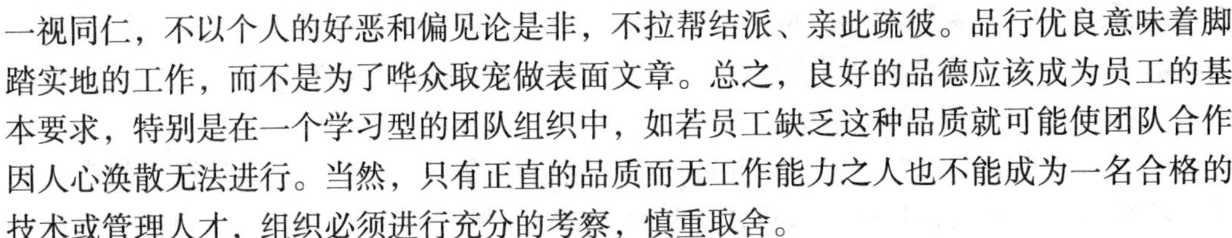

一视同仁，不以个人的好恶和偏见论是非，不拉帮结派、亲此疏彼。品行优良意味着脚踏实地的工作，而不是为了哗众取宠做表面文章。总之，良好的品德应该成为员工的基本要求，特别是在一个学习型的团队组织中，如若员工缺乏这种品质就可能使团队合作因人心涣散无法进行。当然，只有正直的品质而无工作能力之人也不能成为一名合格的技术或管理人才，组织必须进行充分的考察，慎重取舍。

3. 勇于创新的精神

对于一个现代组织来说，管理的任务决不仅仅是执行上级的命令，维持系统的运转，而是要能在组织系统或部门的工作中不断创新。只有不断创新，组织才能充满生机和活力，才能不断发展。创新意味着要打破传统机制的束缚，做以前没有做过的事，而这一切都没有现成的程序或规律可循。因此，创新需要冒很大的风险，而且往往是希望取得的成功越大，需要冒的风险也越多。要使组织更具创新活力，组织就必须努力创造敢于冒风险、鼓励创新的良好氛围。

4. 较高的决策能力

随着组织权力的日趋下移，对组织中员工的决策能力的要求有不断提高的趋势。对管理人员来说，为了更好地完成组织的任务，不仅要计划和安排好自己的工作，而且更重要的是要通过一系列的决策组织和协调好下属的工作。如本部门在未来一段时期内要从事何种活动，这种活动需达到怎样的工作效果，谁去从事这些活动，如何授权，利用何种条件、在何时完成这些活动等。对一般人员来说，要通过建立广泛的合作尽可能使工作中的决策得到各方的支持与拥护。

（二）员工招聘的来源

员工招聘的来源可以是多方面的，如学校、人才市场、部队转业军人等，但招聘工作的有效性更多地依赖于劳动力市场的状况、组织内部空缺职位的高低、组织规模的大小、组织形象等因素。显然，劳动力市场越大，人员就越容易招聘；而职位越高或要求的技能越多，招聘的范围就可能越为宽泛。一般而言，组织规模越大，可选机会也就越多；组织形象越好，社会地位也就越高。显然，在一个组织中发展的机会越多，应聘者也就会越多。

一般来讲，组织可以通过以下几种渠道来获取必要的人力资源。

（1）广告应聘者。通过广播、报纸、电视等传媒渠道发布用人信息广告是最常用的招聘方式。应聘者可以根据自己的情况选择适合自己的职业，减少盲目应聘，组织也可以通过此办法集中挑选需要的人员。一般而言，组织中空缺职位越高或者所需具备的技能越强，广告的辐射范围就应该越广。

（2）员工或关联人员推荐。研究表明，组织对经内部员工或关联人员推荐的人员的满意度要比对广告等其他形式招募来的人员的满意度高，因为做这样的推荐事关推荐人的名声，并且本人对组织也比较了解，容易形成凝聚力；另外，也可以省去部分招聘成本。

（3）职业介绍机构推荐。对于规模小而且没有正式人事机构的组织而言，职业介绍机构能使组织以较低的成本找到职位应聘者。当然，大规模组织也可以求助于此类机构，因为这类机构拥有的专业技术可能会比组织的人事部门强。职业介绍机构有三种类型：第一种是公营的机构，该类机构所雇用的职员不必具备太强的技术或受过太多的培训，因此收费较低；第二种是私营机构，这类机构介绍的职位较高，提供的服务也较为完整，因此收费较高；第三种是管理顾问公司，也称“猎头公司”，这种公司收费最为昂贵，主要推荐的是中层至高层管理人员，它比上述两类机构服务更周全、信息更完整，因此成功率也更高。

(4) 其他来源。除了上述机构之外，许多高中、大专院校都有职业介绍的服务，用人单位可以向这些学校征求所需人才，同时还有很多专业组织也能够提供职业介绍的服务。

人力资源计划中最为关键的一项任务是能够招到并留住有才能的管理干部。依据来源不同，组织可以通过外部招聘和内部提升两种方式来选择和填补管理岗位的空缺。

1. 外部招聘

外部招聘就是根据组织制定的标准和程序，从组织外部选拔符合空缺职位要求的员工。选择员工具有动态性，特别是一些高级员工和专业岗位，组织常常需要将选择的范围扩展到全国甚至全球劳动力市场。

外部招聘具有以下的优势：

(1) 具备难得的“外部竞争优势”。所谓“外部竞争优势”是指被聘者没有太多顾虑，可以放手工作，具有“外来和尚会念经”的外来优势。组织内部成员往往只知外部招聘的员工目前的工作能力和实绩，而对其历史特别是职业生涯中的负面信息知之甚少。因此，如果他确有工作能力，那么就可能迅速地打开局面。相反，如果从内部提升，部下可能对新上司在成长过程中的失败教训有着非常深刻的印象，这反而会影响后者的权威性和指挥力。

(2) 有利于平息并缓和内部竞争者之间的紧张关系。组织中某些管理职位的空缺可能会引发若干内部竞争者的较量。事实上，组织中的每个人都希望获得晋升的机会。如果员工发现处在同一层级上且能力相差无几的同事得到提升而自己未果时，就可能产生不满情绪，这种情绪可能会带到工作上，从而影响组织任务的完成，这反而会给组织造成负面的影响。而从外部选聘则可能会使这些竞争者得到某种心理上的平衡，有利于缓和他们之间的紧张关系。

(3) 能够为组织输送新鲜血液。来自外部的候选人可以为组织带来新的管理方法与经验。他们没有太多的固有的程序束缚，工作起来可以放开手脚，从而给组织带来更多的创新机会。此外，由于他们新近加入组织，与上级或下属没有历史上的个人恩怨关系，从而在工作中可以很少顾忌复杂的人情网络。

外部招聘也有许多局限性，主要表现在：

(1) 外聘者对组织缺乏深入了解。外聘者一般不熟悉组织内部复杂的情况，同时也缺乏一定的人事基础，很难一下进入工作角色。因此，外聘者需要相当一段时期的磨合才能与组织现有的文化相适应，才能真正开展有效的工作。

(2) 组织对外聘者缺乏深入了解。在选聘时，虽然可以借鉴一定的测试和评估方法，但一个人的能力很难通过几次短暂的会晤或测试就得到确认。被聘者的实际工作能力与选聘时评估的能力可能存在很大差距，因此组织可能会聘用到一些不符合要求的员工。这种错误的选聘可能会给组织造成一定的危害。

(3) 外聘对内部员工的积极性造成打击。大多数员工都希望在组织中能有不断升迁和发展的机会，都希望能够担任越来越重要的工作。如果组织过于注重从外部招聘管理人员，就会挫伤内部员工的工作积极性，影响他们的士气。同时，有才华、有发展潜力的外部人才在了解到这种情况后也不敢轻易应聘，因为一旦定位，虽然在组织中已有很高的起点，但今后升迁和发展的路径却很狭小。

2. 内部提升

内部提升是指组织内部成员的能力和素质得到充分确认之后，被委以比原来责任更大、职位更高的职务，以填补组织中由于发展或其他原因而空缺了的管理职务。

内部提升制度具有以下优点：

(1) 有利于调动员工的工作积极性。内部提升制度给每个人带来希望和机会，且会带来示范效应。让每个组织成员都知道，只要在工作实践中不断学习，努力提高业务能力，就有可能被分配担任更重要的工作，这样做可以鼓舞士气，提高员工的工作热情。当然，职务提升的前提是要有空缺的管理岗位，而空缺管理岗位的产生主要取决于组织的发展，只有组织发展了，个人才可能有更多的提升机会。因此，内部提升制度还能更好地维持成员对组织的忠诚，鼓励那些有发展潜力的员工更加自觉、积极地工作，以促进组织的发展，同时也为自己创造更多的职务提升机会。

(2) 有利于吸引外部人才。内部提升制度表面上看是排斥外部人才，不利于吸收外部优秀人才，其实不然。真正有能力和发展潜力的人知道，加入到这种组织中，尽管担任管理或技术职务的起点比较低，可能有时还会从头做起，但是凭借自己的知识和能力，可以在较短的时间内熟悉基层的业务，从而能有条件提升到较高的管理或技术层次上。由于内部提升制度也为新来者提供了美好的发展前景，因此外部的人才也会乐意应聘到这样的组织中工作。

(3) 有利于保证选聘工作的正确性。对于已经在组织中工作一段时间的候选人，组织对其了解程度必然要高于外聘者。候选人在组织中工作的经历越长，组织越有可能对其工作能力、业绩以及基本素质作全面深入地考察、跟踪和评估，从而保障选聘工作的正确性。

(4) 有利于被聘者迅速展开工作。被聘者能力的有效发挥取决于他们对组织文化的融合程度以及对组织本身及运行特点的了解。从内部提升上来的被聘者，由于熟悉组织中错综复杂的机构、组织政策和人事关系，了解组织运行的特点，所以可以迅速地适应新的工作，工作起来要比外聘者显得更加得心应手，从而能迅速打开局面。

内部提升制度也可能会带来如下一些弊端：

(1) 可能会导致组织内部“近亲繁殖”现象的发生。从内部提升的人员往往喜欢模仿上级的管理方法。这虽然可使过去的经验和优良作风得到继承，但也有可能使不良作风得以发展，这极不利于组织的管理创新和管理水平的提高。

(2) 可能会引起同事之间的矛盾。在若干个候选人中提升其中一名员工时，虽可能提高员工的士气，但也可能使其他落选者产生不满情绪。这种情绪可能出于嫉妒，也可能出于"欠公平的感觉"，无论哪一种情况都不利于被提拔者展开工作，也不利于组织中人员的团结与合作。

究竟是内部晋升还是外部招聘，需要根据企业所处的发展阶段、企业面临的特殊经营环境以及企业究竟在哪个层次上选择人才来决定。企业必须针对实际情况，根据战略计划与实施的要求，在对企业现有的人力资源状况分析和未来情况预测的基础上，制定详细的人力资源规划，明确企业的用人政策。一方面建立和完善内部的培养和选拔体系，另一方面有目的、有计划、分步骤地展开招聘选拔工作。既要保证企业目前活动的顺利进行，又要为企业未来的发展储备干部力量。

企业在选择招聘方式时，应注意以下几个方面的因素：

第一，所需选聘人才的层次。一般来说，高层次管理人才选拔应内部优先。高层次人才的内部选拔，不仅可以因对候选对象的长期考察和充分了解，从而保证选拔的正确性，而且有利于企业战略的连续性，特别是有利于企业文化的传承。内部晋升的高级管理人才更能深刻理解和领会企业的核心价值观。由于长期受企业文化的熏陶，已经认同并成为企业文化的自觉执行者和传播者，所以也更能坚持企业的核心价值观。核心价值观和企业文化基本特征的延续对企业的持续发展是至关重要的。

此外，高层管理者能力的充分发挥在很大程度上受到团队工作效率的影响。内部培养的高层管理者对企业人文环境和人际关系网络的了解，对团队其他管理干部的能力和个性特征的熟悉，为其充分发挥这些合作者的作用并与这些合作者在和谐的气氛下工作提供了基本的前提。

第二，企业经营环境的特点。外部环境变化剧烈时，企业宜从外部选聘适合的人才。在这种环境中，行业的技术基础、竞争特征以及竞争规则可能发生根本性的变化，知识迅速更新，企业原有的特长和经验可能成为适应环境的障碍，因此从企业外部，甚至行业外部吸纳人才和寻求新的资源成为企业生存与发展的重要条件。实际上，在环境迅速变化的条件下，时不我待，不允许企业坐等内部人才的成熟。

第三，企业所处的发展阶段。处于成长期的企业，由于发展速度较快，仅仅依靠内部选拔与培养，企业人才队伍无法跟上企业的发展。同时，由于企业人员规模的有限，内部招聘选择余地相对较小。相反，在成长后期与成熟期，通过长期的培养，企业已经积累了一定的优秀人力资源，这时内部选聘可能更为恰当。

第四，企业战略以及与之相关的企业文化调整的需要。企业战略不变，需要原先文化的支持，这时内部晋升可以保证企业文化的传承；相反，当企业根据外部环境及其他因素的变化需要对原先的战略进行调整时，通常也需要对原先的文化进行改造，在这种情况下，内部员工对已经接受的价值观和行为准则更为熟悉，而对文化以及行为方式的调整则可能有意或无意地抵制。因此，需要从外部引进管理干部以对内部的价值观、行为准则形成一定的冲击，从而促进企业文化的改造和变革。

(三) 员工招聘的程序与方法

为了保证员工选聘工作的有效性和可行性，应当按照一定的程序并通过竞争来组织选聘工作。具体的步骤是：

1. 制订并落实招聘计划

当组织中出现需要填补的工作职位空缺时，有必要根据职位的类型、数量、时间等要求确定招聘计划，同时成立相应的选聘工作委员会或小组。选聘工作机构既可以是组织中现有的人事部门，也可以是代表所有者利益的董事会，或由各方利益代表组成的专门或临时性机构。选聘工作机构要以相应的方式，通过适当的媒介，公布待聘职务的数量、类型以及对候选人的具体要求等信息，向组织内外公开“招聘”，鼓励那些符合条件的候选人积极应聘。

2. 对应聘者进行初选

当应聘者数量很多时，选聘小组需要对每一位应聘者进行初步筛选。内部候选人的初选可以根据以往的人事考评记录来进行；而对外部应聘者则需要通过简短的初步面谈，尽可能多地了解每个申请人的工作经历及其他情况，观察他们的兴趣、观点、见解、独创性等，及时排除那些明显不符合基本要求的人。

3. 对初选合格者进行知识与能力的考核

在初选的基础上，需要对余下的应聘者进行材料审查和背景调查，并在确认之后进行细致的测试与评估。其内容包括：

（1）智力与知识测试。该测试是通过考试的方法测评候选人的基本素质，包括智力测试和知识测试两种基本形式。智力测试的目的是通过候选人对某些问题的回答，测试他的思维能力、记忆能力、应变能力和观察分析复杂事物的能力等。知识测试是要了解候选人是否具备待聘职务所要求的基本技术知识和管理知识，缺乏这些基本知识，候选人将无法进行正常工作。

（2）竞聘演讲与答辩。这是对知识与智力测试的一种补充。测试可能不足以反映一个人的素质全貌，不能完全表明一个人运用知识和智力的综合能力。发表竞聘演讲，介绍自己任职后的计划和远景，并就选聘工作人员或与会人员的提问进行答辩，可以为候选人提供充分展示才华、自我表现的机会。

（3）案例分析与候选人实际能力考核。在竞聘演说与答辩以后，还需对每个候选人的实际操作能力进行分析。测试和评估候选人分析问题和解决问题的能力，可借助“情景模拟”或“案例分析”的方法。这种方法是将候选人置于一个模拟的工作情景中，运用各种评价技术来观测考察他的工作能力和应变能力，以判断他是否符合某项工作的要求。

4. 选定录用员工

在上述各项工作完成的基础上，需要利用加权的方法，算出每个候选人知识、智力和能力的综合得分，并根据待聘职务的类型和具体要求决定取舍。对于决定录用的人员，应考虑由主管再一次进行亲自面试，并根据工作的实际要求与聘用者再作一次双向选择，最后决定选用与否。

5. 评价和反馈招聘效果

最后要对整个选聘工作的程序进行全面的检查和评价，并且要对录用的员工进行追踪分析，通过对他们的评价来检查原有招聘工作的成效，总结招聘过程中的成功与过失，及时反馈到招聘部门，以便改进和修正。

（四）员工的解聘

如果人力资源规划过程中存在冗员，组织面临结构性收缩要求或者员工存在违反组织政策的行为时，组织应当裁减一定的员工，这种变动叫做解聘。解聘的方式有多种，表6－1中概括了几种主要的解聘方案。

表6－1　几种主要的解聘方案

方案	说明
解雇	永久性、非自愿地终止合同
暂时解雇	临时性、非自愿地终止合同，可能持续若干天时间，也可能延续到几年
自然减员	对自愿辞职或正常退休导致的职位空缺不予填补
调换岗位	横向或向下调换员工岗位，通常不会降低成本，但可减缓组织内的劳动力供求不平衡
缩短工作周	让员工少工作一些时间
提前退休	为年龄大、资历深的员工提供激励，使其在正常退休期限提早退离岗位
学习培训（中国特色）	进入专业学校学习以缓解单位编制压力，等学习期满，单位亦有一批退休或调离的员工，正好可以重回单位工作

三、甄选

首先通过一个故事来说明甄选过程的实质。

不久前，一个刚取得会计专业资格毕业的女大学生来到一家公司的人事部门寻找工作。当她走到人事部的两扇门前面，她看到其中一扇门贴着标签“有大学学位的申请者”，另一扇门贴着“无大学学位的申请者”，所以她打开了第一扇门。可是进去后又面对两扇门，一扇写着“成绩平均在80分以上的申请者”，另一扇门写着“成绩不足80分的申请者”，由于她的平均成绩是86分，所以她再次选择了第一扇门。进去后，她再次面对两扇门，分别写着“管理职位的申请者”和“非管理职位的申请者”，由于她获得的是会计学位，她自然打开了第一扇门，进去后发现自己来到了街上。公司通过设计的甄选程序，自动地把不需要的申请者淘汰了。这个案例说明了人员甄选过程的实质，即人力资源规划确定了组织人员的短缺，并且开发了一批申请者以后，管理者需要采取一些方法进行甄别，以确保最合适的候选人得到这一职位，此方法称为甄选过程。

（一）甄选的手段

甄选是一种预测行为，它设法预见聘用哪一位申请者会确保工作的成功，因为在这之前，这个候选人还没有到这个单位工作。比如，为一销售职位配备人员，其甄选过程应当能预见到哪一位申请者会产生更大的销售额。

甄选过程将会产生四种可能的结果，如表6－2所示。其中，两种结果说明决策正确，另外两种结果说明决策失误。

表 6－2　　　　　　　　　　　　　　　　**人员甄选决策**

	业绩类型	接受	拒绝
后来工作成绩表现	成功	1. 正确的决策	2. 错误的决策
	不成功	3. 错误的决策	4. 正确的决策

第 1 种和第 4 种情况反映了当选中的申请人被预测到会取得成功并在日后的工作中被证实取得了成功，或者预测到申请者不会成功且雇用后会有这样的表现时，所对应的决策就是正确的。在前一种情况下，管理者成功地接受了这个申请人；在后一种情况下，管理者成功地拒绝了这位申请者。但是如果错误地拒绝了一位将在未来工作中有杰出表现的候选人或错误地接受了后来表现极差的候选人，那么甄选过程就出现了问题。因此，甄选活动的主要着眼点是减少作出错误拒绝和错误接受的可能性，提高作出正确决策的概率。为了达到这一目的，管理者可以采用几种甄选手段，主要体现在以下几个方面：

1. 申请表分析

几乎所有的组织都要求应聘者填写一份申请表，这可能只是一份应聘者填上姓名、地址、电话号码的简表，也可能是一份综合性的个人履历表，要求仔细填写个人的活动、技能和成就，比如从事过何种职业，取得过哪些成就，包括职位、有效的辅助证明材料等。

2. 笔试

典型的笔试包括有智商、悟性、能力和兴趣等方面的内容，比如国家公务员考试。现在有许多公司在招聘人才时都要进行笔试，包括专业技术、心理承受能力等方面。笔试在第二次世界大战后的 20 年间非常流行，但是在 20 世纪 60 年代以后跌入谷底。因为笔试这种手段常被视为具有歧视性，认为它并不能有效验证笔试成绩与工作绩效高度相关。不过从 20 世纪 80 年代后期开始，笔试又重新得到了重视。现在的各种组织在招聘人力资源时都要进行笔试，包括国外也是这样。

3. 绩效模拟测试

绩效模拟测试目的是使应聘者实际做一些工作之前就发现他是否具备相应的能力，这种方式通常有两种有效方法：

（1）工作抽样法。是指给申请者提供一项职务的缩样复制物，让他完成该项职务的一种或多种核心任务。申请者通过实际执行这些任务，将展示他是否拥有必要的技能。这种方法一般适用于招聘常规的职务，比如公司招聘一位文字秘书，就可以利用工作抽样法来考核。让应聘者写一份会议通知，并完成计算机打印稿，来考察他的文字能力、计算机操作能力和录入速度。

（2）测评中心法。是指由公司直线主管人员、监督人员及受过训练的心理专家组成一个测评中心，模拟性地设计出实际工作中可能面对的一些现实问题，让应聘者经受 2～4 天的测试练习，从而评价其管理能力。这种方法适用于挑选从事管理职位的候选人，比如让申请者制订一项生产计划或制订一项营销计划。

4. 面谈

面谈与申请表一样，几乎是普遍得到应用的一种人员甄选手段。但是如果事先没有进行设计并按标准化的方式进行，面谈可能潜伏着各种潜在的偏见和障碍，主要体现在以下几个方面：

（1）先前对应聘者的认识可能影响面谈者的公正评价；

（2）面试的考官通常对什么代表“合格的”应聘者带有固定的框框；

（3）面谈的考官倾向于支持与自己持相同态度的应聘者；

（4）应聘者接受面试的顺序会影响到对它的评价；

（5）面试中信息吐露的顺序会影响到对他的客观评价；

（6）反面信息或观点有时不适当地得到更多的重视；

（7）面试的考官经常在面试的前四五分钟内形成对应聘者是否合适的判断；

（8）面试的考官经常在作出结论后的几分钟内忘记面试的多数内容；

（9）面试对于决定应聘者的智力、人际关系技巧方面更有效度。

鉴于面试中存在的以上局限性，那么管理者如何设计，才能使面试这种方式更有效呢？经过大量的实务研究，管理学家提出了以下一些建议：

（1）对所有应聘者设计一些固定的面试问题；

（2）根据职务说明书和职务规范文件取得对应聘者应聘岗位的有关详细的信息；

（3）尽量减少对应聘者履历、经验、兴趣、其他测试成绩等先前认识；

（4）多提问一些要求应聘者对实际做法给予详尽描述的行为问题；

（5）采用标准的评价格式；

（6）面试中考官要做笔记；

（7）避免通过短时间面试就形成合适与否的决策。

面试除了注意以上事项外，还应在面试方式上进行设计。比如企业如何招聘到顶尖的销售员，国外的一份市场营销权威杂志建议经理人员应遵从以下几个步骤：

（1）面试要分三次进行。最糟糕的莫过于头次面试感觉不错，就当场录用，但以后却发现此人的表现与面试时大相径庭。如果进行三次面试，就可以避免这种可能性发生。

（2）安排3个人来面试应聘者。除了你以外，另外找两个你能感到他们能客观评价应聘者的人，邀请他们参与面试时，不要给予他们任何你个人的感受的暗示，以免影响他们的看法，全新的看法价值无限。

（3）在三个不同地方面试。人们在不同的工作环境中的反应各不相同，选择不同的地点进行面试，有利于你尽可能多地了解应聘者的方方面面。比如首次面试选择在你的办公室，第二次可以让应聘者和你有经验的销售人员一同外出，最后一次安排应聘者与你的主管共进午餐。

（4）至少核实3个推荐者。如果3个人都首肯应聘者的学历、技能和工作经验，优中择优后你应聘错的可能性就会大大降低。

5. 履历调查

该方法已被证明是获取人员甄选有关信息的一个有价值的渠道。管理研究证实，对应聘者在申请表中填写的“事实”进行核实是有益的，有相当大比例职务的应聘者对他们的就业日期、职务头衔、过去薪金或离开原工作岗位的原因夸大其词或不真实陈述。因此，将这些申请表上的硬性资料与其原来的雇主作以核对，就是一种有意义的行为，可以获得更真实和准确的人力资源信息。比如应聘单位要求应聘者提供原工作单位对其的综合评价资料、进入政府或事业单位之前的调档工作就是一种履历调查。

6. 体格检查

几乎在所有的情况下，体格检查都是为健康保险而做的，因为管理者要设法减少组织对雇员受雇前的伤害的保险开支。

（二）何种甄选手段最有效

以上介绍了人员甄选的几种常用的手段，那么存不存在一种最有效的甄选手段呢？我们首先解决一下如何判断一个手段的有效性。

判断甄选手段的有效性方面，一般有两种考核指标，它们是：

1. 效度（Validity）。

效度是指甄选手段和有关的工作标准之间确实存在着相关关系。就是说，如果你所用的是有效度的手段，那么通过该手段测试后的得分与后来的工作绩效是成正相关关系。例如，如果人事经理通过笔试来达到甄选合适的雇员的手段，你就必须证明笔试成绩越高，他的能力越大，否则笔试这个甄选手段就是没有效度的。

效度在这里按1~5的尺度衡量，5最高，1最低，其余处于中间。

2. 信度（Reliability）。

信度是指一种手段是否能对同一事物作出持续一致的测量。例如，假定一项测试具有信度，那么某个人的成绩就应当在相当一段时间内保持相对稳定，否则这种手段就不可能有效。这好比你每天在一台不稳定的秤上测量你的体重，秤本身不具备信度，这种测量的结果必然说明不了什么问题。

以上介绍的几种甄选手段，因甄选不同职位的候选人，其效度和信度是不一样的。因而在实际利用中，你只能选用那些对特定职务具有良好效果的某些手段。具体到这些手段的效度如何，经过管理学家大量的测试，得出如下结论，如表6－3所示。

表6－3　　甄选手段在不同单位的有效性

有效性 类型 / 手段	高层管理岗位	中低层管理岗位	复杂的非管理岗位	常规的作业岗位
申请表	2	2	2	2
笔试	1	1	1	1
工作抽样	—	—	4	4
测评中心	5	5	—	—
面试	4	3	2	2
申请资料核实	3	3	3	3
体格检查	1	1	1	2

四、定向

一旦选定了某项职务的候选人，这个候选人就需要被介绍到招聘岗位和组织中，使他适应工作环境，这个过程称之为定向。定向的目的，是减轻新员工刚开始工作时的焦虑和不安，让新员工熟悉工作岗位、工作单位和整个组织，并设法促进由外来者角色向内部人的转换。根据其定向的范围和目的，一般可分为三种类型。

（一）工作岗位定向

工作岗位定向使新员工在甄选阶段所获得的信息得到进一步修正和发展。让他了解工作岗位的具体义务和责任，了解他的上级如何考评他的工作业绩，同时也是新员工进一步修正其最初对职务所可能持有的不切实际的期望。

（二）工作单位定向

工作单位定向使员工了解所在工作单位的目标，使之清楚他将如何为单位目标的实现作出贡献，同时也将他介绍给单位的同事们。

（三）组织定向

组织定向使新员工了解组织的目标、发展历史、经营宗旨和程序规则等。其中也包括有关的人事政策、福利、工作时间、付薪程序、加班费用等，还比如让新员工参观组织的总体设施也常常是组织定向的一个内容。

五、员工培训

（一）员工培训的目标

培训是指组织通过对员工有计划、有针对性的教育和训练，使其能够改进目前知识和能力的一项连续而有效的工作。培训旨在提高员工队伍的素质，促进组织的发展，实现以下四个方面的具体目标。

1. 补充知识

随着科学技术进步速度的加快，人们原先拥有的知识与技能在不断老化。为了防止组织中各层级人员工作技能的衰退，组织必须对员工进行不断地培训，使他们掌握与工作有关的最新知识和技能。这些知识和技能，虽然可以在工作前的学校教育中获取，但更应该在工作中根据实际情况不断地加以补充和更新，使它们在实践中不断地得到锤炼和提升。

2. 发展能力

员工培训的一个主要目的便是根据工作的要求，努力提高他们在决策、用人、激励、沟通、创新等各方面的综合能力。特别是随着工作的日益复杂化和非个人行为化，改进组织内部人际关系的能力要求不断提高，这使得组织内对合作的培训变得愈发重要，这也是衡量组织竞争力的重要体现。

3. 转变观念

每个组织都有自己的文化价值观念和基本行为准则。员工培训的重要目标就是要通过对组织中各个成员特别是对新聘管理人员的培训，使他们能够根据环境和组织的要求转变观念，逐步了解并融于组织文化之中，形成统一的价值观念，按照组织中普遍的行动准则来从事管理工作，与组织目标同步。

4. 交流信息

组织培训员工的基本要求是要通过培训加强员工之间的信息交流，特别是使新员工能够及时了解组织在一定时期内的政策变化、技术发展、经营环境、绩效水平、市场状况等方面的情况，熟悉未来的合作伙伴，准确而及时地定位。

（二）员工培训的方法

一个组织中的培训对象主要有新来员工、基层员工、一般技术或管理人员、高级技术或管理人员。员工培训的方法有多种，依据所在职位的不同，可以分为对新职工的培训（导入培训）、在职培训和离职培训三种形式。

1. 导入培训

应聘者一旦决定被录用之后，组织中的人事部门应该对他将要从事的工作和组织的情况给予必要的介绍和引导，西方国家称之为“职前引导”。

职前引导的目的在于减少新来人员在新的工作开始之前的担忧和焦虑，使他们能够尽快地熟悉所从事的本职工作以及组织的基本情况，如组织的历史、现状、未来目标、使命、理念、工作程序及相关规定等，并充分了解他应尽的义务和职责以及绩效评估制度和奖惩制度等，如人事政策、福利以及工作时数、加班规定、工资状况等。这样做，一方面可以消除新员工那些不切实际的期望，使其充分预计到今后工作中可能遇到的各种困难和问题，了解克服和解决这些困难和问题的渠道；另一方面可以引导新员工了解工作单位的远景目标、工作中的同事以及如何进行合作等。组织有义务把新员工的不适应感降至最低，并应使其尽快地调整自我，尽早地适应工作环境。

2. 在职培训

对员工进行在职培训是为了使员工通过不断学习掌握新技术和新方法，从而达到新的工作目标要求所进行的不脱产培训。工作轮换和实习是两种最常见的在职培训。所谓工作轮换是指让员工在横向层级上进行工作调整，其目的是让员工学习多种工作技术，使他们对于各种工作之间的依存性和整个组织的活动有更深刻的体验和更加开阔的视野。所谓实习是让新来人员向优秀的老员工学习以提升自己的知识与技能的一种培训方式。在生产和技术领域，这种培训方式通常称为学徒制度；在商务领域，则称为实习制度。实习生的工作必须在优秀的老员工带领和监督之下进行，老员工有责任和义务帮助实习生克服困难，顺利成长进步。

3. 离职培训

离职培训是指为了使员工能够适应新的工作岗位要求而让员工离开工作岗位一段时间，专心致志于一些职外培训。最常见的离职培训方式包括教室教学、影片教学以及模拟演练等。教室教学比较适合于给员工们集中灌输一些特殊的信息、知识，可以有效地增进员工在管理和技术方面的认知。影片教学的优点在于它的直观示范性，可以弥补其他教学方式在示范效果方面的不足。而如何在实践中处理好人际关系问题，如何提高解决具体问题的技能，则最适于通过模拟演练学习。这包括案例分析、经验交流、角色模拟以及召开小群体行动会议等。有效利用现代高科技及电脑的模拟也属于模拟演练的一种，如航空公司用此方法来培训驾驶员等。另外，还有辅导培训也是模拟演练的一种有效方式。员工在实际上岗前先在同样的设施内模仿他们日后的工作，为日后开展的实际工作打下了基础。如大型的连锁零售商可以在一个模拟营业情形的实验里教导收款员如何操作电脑记账机，这样可以在学习过程中及早暴露错误和解决错误，从而大大提高以后的营业效率。

（三）管理人员培训的方法

对员工的培训重在提高素质技能以使其能以更高的效率完成组织交给他的任务。而管理工作的性质决定了对管理者培训的要求不仅是提高其具体工作的技能，而且更重要的是要提高其从整体上把握全局、激励他人以及协调他人劳动的能力。这种提高更多地需要在管理的实践中去实现。可以考虑的方法主要有：

1. 工作轮换

包括管理工作轮换与非管理工作轮换。非管理工作轮换是根据受培训者的个人经历，让他们轮流在公司生产经营的不同部门和岗位上工作一段时间，以熟悉公司的各种业务。管理工作轮换是在提拔某个管理人员担任较高层次的职务以前，让他先在一些较低层次的部门工作，以积累不同部门的管理经验，了解各管理部门在整个公司中的地位、作用及其相互关系。

工作轮换作为培养管理技能的一种重要方法，不仅可以使受训人丰富技术知识和管理能力，掌握公司业务管理的全貌，而且可以培养他们的协作精神和系统观念，使他们明确系统和各部分在整体运行和发展中的作用，从而在解决具体问题时，能自觉地从系统的角度出发，处理好局部与整体的关系。

为了有效地实现工作轮换的目的，要对受轮换训练的管理人员提出明确的要求，并据此对他们在各部门工作期间的表现严格考核，以防止他们产生“做客”“体验生活”的思想，从而在各部门匆匆而过，不能很好地利用这种机会。

2. 设置助理职务

在一些较高的管理层次设立助理职务，不仅可以减轻主要负责人的负担，使之从繁忙的日常管理中脱出身来，专心致力于重要问题的考虑和处理，而且有助于培训待提拔管理人员。让助理接触较高层次的管理实务，并通过处理这些实务积累高层管理的经验，熟悉高层管理工作的内容与要求。助理可以很好地观察主管工作，学习主管处理问题的方法，吸收他的优秀管理经验，从而促进助理成长；此外，培训组织者能更好地了解受训人（助理）的管理能力。通过让他单独主持某项重要工作，来观察他的组织能力和领导能力，从而决定是否有必要继续培养或是否有可能予以提升。

六、绩效考核

（一）绩效评估的作用

绩效评估是指组织定期对个人或群体小组的工作行为及业绩进行考察、评估和测度的一种正式制度。用过去制定的标准与员工的工作绩效记录进行比较并及时将绩效评估结果反馈给员工，可以起到有效的检测及控制作用。

绩效评估是组织与员工之间的一种互动关系。在实际工作中，绩效评估因为在制度设计、评估的标准及方法、执行程序等诸多方面很难做到完全客观和准确，所以管理人员与员工之间会因认识不一致而可能会发生一些矛盾和冲突。也由于绩效评估给人力资源的各个方面提供了反馈信息，并与组织中的各个部分紧密联系，因此实施绩效评估一直被认为是组织内人力资源管理中最棘手也是最强有力的方法之一。

在人力资源管理中，绩效评估的作用体现在以下几个方面：

1. 绩效评估为最佳决策提供了重要的参考依据

绩效评估的首要目标是为组织目标的实现提供支持，特别是在制定重要的决策时，绩效评估可以使管理者及其下属在制订初始计划过程中及时纠偏，减少工作失误，为最佳决策提供重要的参考依据。

2. 绩效评估为组织发展提供了重要的支持

绩效评估另一个重要目标是提高员工的业绩，引导员工努力的方向，使其能够跟上组织的变化和发展。绩效评估提供的相关的信息资料可以作为激励或处分员工、提升或降级、职务调动以及进一步培训的依据，这是绩效评估最主要的作用。

3. 绩效评估为员工提供了一面有益的“镜子”

绩效评估使员工有机会了解自己的优缺点以及其他人对自己工作情况的评价，是一面有益的“镜子”。特别是当这种评价比较客观时，员工可以在上级的帮助下有效发挥自己的潜能，顺利执行自己的职业生涯计划。

4. 绩效评估为确定员工的工作报酬提供依据

绩效评估的结果为确定员工的实际工作报酬提供了决策依据。实际工作报酬必须与员工的实际能力和贡献相结合，这是组织分配制度的一条基本原则。为了鼓励员工出成绩，组织必须设计和执行一个公正合理的绩效评估系统，对那些最富有成效的员工和小组给予明确的加薪奖励。

5. 绩效评估为员工潜能的评价以及相关人事调整提供了依据

绩效评估中对能力的考评是指通过考察员工在一定时间内的工作业绩，评估他们的现实能力和发展潜力，看其是否符合现任职务所具备的素质和能力要求，是否具有担任更重要工作的潜能。组织必须根据员工在工作中的实际表现，对组织的人事安排进行必要的调整。应该把能力不足的员工安排到他力所能及的岗位上，而对潜能较强的员工应提供更多的晋升机会，对另一些能力较为平衡的员工则可保持其现在的职位。当然，反映员工过去业绩的评价要与描述将来潜力的评价区分开来，为此，组织需要创设更为科学的绩效评估体系，为组织制订包括降职、提升或维持现状等人事调整计划提供科学的依据。

绩效评估在人力资源管理的作用主要表现在以下几个方面，如表 6－4 所示。

表 6－4　　绩效评估的作用类型　　单位：%

使用目的	比例	使用目的	比例
报酬	85.6	人事规划	43.1
绩效反馈	65.1	留住或解聘	30.3
培训	64.3	人事研究	17.2
提升	45.3		

注：表中结果是基于 600 个组织的调查。

(二) 绩效评估的程序与方法

绩效评估的有效性依赖于一定的执行程序。在执行绩效评估之前，首先要对影响绩效评估过程的内外环境因素进行分析，确定哪些因素影响到了评估的有效性。例如，一个封闭型的、缺乏信任的组织文化很难为个人或团队的努力提供成长的环境，而在这样一个环境中，即使个人付出很大的努力，其业绩往往也难以实现。因此，在绩效评估过程中，组织应避免使用那些不能动态反映内外环境变化的执行程序。绩效评估可以分为以下几个步骤。

1. 确定特定的绩效评估目标

在不同的管理层级和工作岗位上，每一个员工所具备的能力和提供的贡献是不同的，而一种绩效评价制度不可能适用于所有的评估目标。例如，有些组织想要确定中层员工的潜能，而另一些组织想对一般员工进行工资的调整，显然两者的侧重点不同，选用的评估制度也不同。所以，在考评员工时，首先要有针对性地选择并确定特定的绩效评估目标，然后根据不同岗位的工作性质，设计和选择合理的考评制度。

2. 确定考评责任者

考评工作往往被视为人事管理部门的任务。实际上，人事部门的主要职责是组织、协调和执行考评方案。要使考评方案取得成效，还必须让那些受过专门评估培训的直线管理人员直接参与到方案实施中来，因为直线领导可以更为直观地识别员工的能力和业绩，并负有直接的领导责任。当然，下属和同事的评价也可以作为参考。

3. 评价业绩

在确定了特定的绩效评估目标和考评责任者之后，就应当通过绩效评价系统根据特定的评估目标内容，对员工进行正确的考评。考评应当客观、公正，杜绝平均主义和个人偏见。在综合各考评表得分的基础上，得出考评结论，并对考评结论的主要内容进行分析，特别是要检查考评中有无不符合事实以及不负责任的评价，检验考评结论的有效程度。

4. 公布考评结果，交流考评意见

考评人应及时将考评结果通知被考评者。上级主管可以与被考评对象直接单独面谈，共同讨论绩效评价的结果。被考评者应该看做是一次解决问题而不仅仅是发现错误的良机。及时通报考评结论，可以使本人知道组织对自己能力的评价以及对其所作贡献的承认程度，认识到组织的期望目标和自己的不足之处，从而确定今后需要改进的方向。如果认为考评有不公正或不全面之处，也可在认真反思和考虑之后进行充分申辩或补充，这有利于被考评者本人的事业发展，也有利于组织对其工作要求的重新建立。

5. 根据考评结论，将绩效评估的结论备案

根据最终的考评结论，可以使组织识别那些具有较高发展潜力的员工，并根据员工成长的特点，确定其发展方向。同时，还需要将绩效评估的结果进行备案，为员工今后的培训和人事调整提供充分的依据。

上述对绩效评估程序的讨论通常是在一种文化背景下进行的，而在跨文化背景之下

则必须考虑评价系统的可转换性问题。在动荡的环境中，评价系统必须具有灵活性和可行性。

组织确定使用某种绩效评估方法是为了达到理想的考核评估。尽管绩效评估的方法有很多，但是还没有一种适用于一切组织、一切目的的通用方法。因此管理者必须根据实际的需求对绩效评估的各种方法进行选择，使评估结果既能达到评估目的，又能适合组织的具体特点。

组织所采取的传统绩效评估方法主要有书面描述法、关键事件法、评价表法、行为定位评分法、多人比较法等。现代绩效评估更多采用目标管理法（MBO 法）。

（1）书面描述法。书面描述法就是写一份记叙性材料，描述一个员工的所长和所短，过去的绩效和潜能的发挥等，然后提出予以改进和提高的建议。它的优点是：它不需要采取某种复杂的格式，也不需要经过多少培训就能完成。它的缺点是：一种“好的”或“坏的”的评价，可能不仅取决于员工的实际绩效水平，也与评估者的写作技能和评估者对员工的个人好恶有很大关系。

（2）关键事件法。评估者记下一些细小但能说明所做的特别有效果的事件，这里的要点是只描述具体行为，为某一个人记下一长串关键事件，就可以提供丰富的评估依据，并给员工指明上级有哪些期望或不期望的行为。比如针对某一工作岗位，根据这一岗位的职能要求，客观记录完成这一工作职能所做的一系列工作事件，标出哪些事件做得非常有效，哪些事件效果很差，哪些事件效果一般，这样就可以对某一员工作出一个客观的评价。

（3）评价表法。评价表法是一种最古老的也是最常用的绩效评估方法。它列出一系列绩效因素，如工作的数量与质量、职务知识、协作与出勤、对事业的忠诚和首创精神，然后评估者逐一对表中的每一项给出评分，评分一般采用 5 分制或百分制。

（4）行为定位评分法。这种方法是近年来日益得到重视的一种绩效评估方法。这种方法综合了关键事件法和评价表法的主要要素。例如，对销售经理的评价就可以用这种方法，如表 6 -5 所示。

表 6 -5　　销售经理行为定位评分表

关键事件 绩效因素	客户投诉率	客户回访率	销售创意	渠道建设
工作数量				
工作质量				
业务知识				
创新程度				
忠诚度				

行为定位评分法侧重于具体的而可衡量的工作行为，它将职务的关键要素分解为若干绩效因素，然后为每一绩效因素确定有效果或无效果行为的一些具体示例。

（5）多人比较法。多人比较法是将一个员工的工作绩效与一个或多个员工作比较，这是一种相对的而不是一种绝对的衡量方法。这种方法又有三种最常用的形式：分组排序法、个体排序法和配对比较法。

①分组排序法：是评估者按特定的分组方法将员工编入相应的组中。比如某家管理咨询公司根据员工对公司绩效的贡献程度，将其公司员工分为高级分析员、中级分析员、初级分析员等；又如海尔的“三上转换”就是分组排序法在评估中的应用。

②个体排序法。要求评估者将员工根据一定的评估标准从高到低的顺序加以排列。因此，只有一人可以是最优的。

③配对比较法。每一个员工都一一与比较组中的其他员工结对进行比较，评出其中的优者和劣者。在所有的结对比较完成后，将每位员工得到的“优者”数累计起来，就可以排列出一个总的顺序。这种方法确保每一位员工都与其他所有人作对比。但当要评估的员工人数非常多时，这种配对比较法就很不容易进行。这种方法的缺点是当要评估的人数相当多时，这种配对比较法就显得很不经济。

（6）目标管理法（MBO 法）。MBO 法不仅在计划中得到广泛应用，同时也是绩效评估的一种手段。事实上，它是对管理人员和专门职业人员进行绩效评估的一种首选的方法。MBO 法的具体做法在此不再赘述。MBO 法在管理中这么流行，一个原因可能要归功于客观存在对结果目标的重视。管理者通常很重视强调利润、销售额和成本这些能带来成果的指标，这种趋向恰好与 MBO 法对工作绩效定时测评的关注一致。正因为 MBO 法重结果更甚于手段，因此使用这一评估方法可使管理者得到更大的自主权，以便选择其达到目标的最好路径。

在传统的绩效评估方法中，组织往往更多地把员工的个人品质作为主要的业绩评判标准，同时也过多地掺杂了考评者的个人偏好和主观意见。而目标管理法则把评估的重点放在员工的贡献上，通过管理者与员工共同建立目标的方式，实现了双方工作态度的彻底转变。共同建立目标的方式使管理者由评判人转化为工作顾问，而员工也由消极的旁观者变为过程的积极参与者，双方将始终保持密切的合作和联系。这样，在绩效评估的每一个阶段，双方都会努力解决存在的问题，并为下一个评价期建立更为积极的目标。

第三节　员工薪酬

一、薪酬概念及分类

员工薪酬是指员工在从事劳动、履行职责并完成任务之后，所获得的经济上的酬劳或回报。它包括员工的基本薪金、绩效薪酬、红利以及股票期权计划等。

（一）基本薪金

基本薪金即工资，它是以一定的货币定期支付给员工的劳动报酬。基本薪金通常由以下几个部分组成：基本工资、职位工资、年功工资、技能工资，以及其他基本薪酬。基本薪金的特点是比较稳定，因此又被称为“不变薪酬”。

（二）绩效薪酬

绩效薪酬又称为奖励薪金，是与员工工作绩效直接挂钩的薪酬形式。绩效薪酬的特点是灵活可变，随员工绩效的变化而浮动。绩效薪酬的具体形式是多种多样的，完全由企业根据自己的经营需要和客观情况来设定。一般较为常见的绩效薪酬有计件工资、销售提成、绩效分红、与绩效挂钩的浮动工资以及其他绩效薪酬。由于绩效薪酬是薪酬系统中的“活”的部分，因此又被称为“可变薪酬”。

（三）红利

红利又称为分红，是员工分享企业利润的一种报酬形式。有的企业为了调动员工的积极性，并提高员工对企业的忠诚度，除了一般薪酬之外，还会将企业的一部分利润以分红形式分配给企业的员工。分红的前提是企业的利润与员工的工作绩效相联系。如果员工的工作绩效提高，企业的利润也因之而提高，那么员工就可以得到较多的红利。反之，如果员工的工作绩效不高，企业利润不高，员工就只能得到较少的红利，甚至没有红利。红利通常在年终与企业的利润结算以及员工的绩效评估结合起来，通过计算后发放。

（四）股票期权计划

股票期权计划是一种长期的薪酬形式，它为员工提供购买本公司股票的一种权利，凭借这种权利，员工可以以优惠的条件购买企业的股票。如果企业经营得好，股票升值，员工可以得到长期的可观的收入。如果公司经营得不好，股票贬值，员工就可能得不到任何的股票收入。实施股票期权计划的目的在于长期调动员工的积极性，留住企业的核心人才。

二、薪酬的作用

（一）保障作用

员工是企业的劳动力资源，是企业经营的第一生产要素。员工必须通过劳动获得薪酬来维持自身和家庭的生活需要，同时也要满足自身和家庭成员发展的需要。因此，员工薪酬数额至少要能够保证员工及其家庭的上述需要，否则就会影响员工的基本生活，影响社会劳动力的生产和再生产。通常，员工的基本薪金部分最能体现薪酬的保障作用，其稳定的、不变的特性能让员工无后顾之忧地安心从事工作，获得安全感。

（二）激励作用

薪酬代表着一定的物质利益，因此它对员工有重要的激励作用。首先，合理的有一定吸引力的薪酬能够调动员工的工作积极性，激发他们的潜力，促进他们提高工作效率。其次，较高的薪酬可以吸引企业所需要的各方面人才来为企业工作，扩大企业的人力资本存量。最后，有效的企业薪酬系统可以通过各类薪酬的合理构成来增强企业的凝聚力和吸引力，增强员工对企业的归属感，保留人才，用好人才。

三、不变薪酬与可变薪酬

从员工薪酬的变动性来看，员工薪酬可以分为不变薪酬和可变薪酬。不变薪酬主要是员工的基本薪金；可变薪酬则包括员工的绩效薪酬、红利和股票期权计划。在员工的整个工资总额中，设定不变部分占多大比重，相应地可变部分又占多大比重，是企业薪酬管理的一个重要环节。基本薪金固然能满足员工的基本需要，避免风险，保证员工的安全感和稳定感。但是，基本薪金与员工的工作努力程度和实际工作绩效没有直接的关系，员工干好干坏都可以得到这笔固定的收入，因此，基本薪金有着不利于调动员工积极性的一面。在员工薪酬中，基本薪金即不变薪酬的部分比例不能太大，太大了不利于激励员工；当然也不能太小，太小了员工的不稳定感与不安全感会上升。那么，员工薪酬中，不变的部分和可变的部分各占多大的比例为好呢？这要根据企业的具体性质和员工的具体情况来定。一般在竞争激烈的行业或技术更新较快的行业中，在员工文化素质较高、年纪较轻的企业中，员工薪酬中的可变部分所占的比重较大。在美国，企业员工薪酬中可变部分通常占70%，不变部分占30%。在日本，企业员工薪酬中有60%是可变的，40%是不变的。随着我国企业改革的推进，薪酬制度的改革也有了很大的进展。有不少企业家和人力资源管理专家认为，在我国企业目前的薪酬制度规划中，员工的可变薪酬部分无论如何不能低于15%，并且应当逐步提高到40%左右，以保持员工的工作动力和企业的经营活力。

四、国内外员工薪酬福利介绍

（一）美国企业员工福利种类

1. 法定福利

法定福利是企业主必须为员工提供的福利待遇。法定福利中最主要的三种福利是失业保险、社会保险以及员工工伤事故补偿。

2. 企业福利

除了提供法定的福利以外，许多美国的企业主还主动为员工提供各种其他形式的福利，包括带薪假期、家庭事假、医疗健康保险、人寿保险、私人退休金计划等。

3. 其他福利

为帮助员工更好地解决生活和工作的困难，许多美国企业还主动为员工提供一些服务项目，以激励员工安心工作。这些服务项目名目繁多，主要有教育计划、预备退休计划、托儿所、托老所、住房和搬迁津贴、子女教育费等。

所有这些福利措施，为员工提供了一系列的服务，使员工的身心健康得到保障，并解除了员工的许多后顾之忧。但是因为员工的年龄层次、家庭实际状况的不同，对于福利项目的需求程度也各不相同。比如提供托儿所和子女教育费等福利项目，对于单身的青年员工来说就可能毫无吸引力。因此，如今许多企业都在尝试改进提供福利的方法，做到既能真正满足员工的需求，又能为企业节约成本。常用的改进方法是自助餐式的福利，员工可以在规定的额度范围内自由选择自己所需要的福利项目。

（二）我国目前的主要福利项目

福利作为培育员工对企业归属感和忠诚度的独特手段，历来为企业家和管理者重视。在我国，福利和工资分配所依据的原则不同。工资分配所依据的是“按劳分配”的原则，其水平是根据员工劳动的数量和质量来确定的；而福利则是根据整个社会的生活和消费水平，根据企业的实际支付能力，有条件有限度地解决和满足员工的物质文化需要，并利用各种休假和修养制度来保证员工的身心健康。

我国企业为员工提供的福利主要有以下几种：

1. 公共福利

公共福利是指法律规定的一些福利项目。主要有：

（1）医疗保险。这是公共福利中最为主要的一种福利，企业必须为员工购买相应的医疗保险，确保员工患病时能得到一定的经济补偿。

（2）失业保险。为了使员工在失业时有一定的经济支持，企业应该按规定为每一位正式员工购买失业保险。

（3）养老保险。员工年老时，将失去劳动能力，因而组织应该按规定为各位正式员工购买养老保险。

以上三种福利，都是按法律规定，一个组织必须为其每位正式员工购买的保险。

2. 个人福利

个人福利是指企业根据自身发展需要和员工需要而选择提供的福利项目，主要有以下几种：

（1）养老金：也称退休金，是指员工为企业工作了一定年限后，企业按规章制度及企业效益而提供给员工的金钱。它与各地的生活指数有关，并有最低限度，若企业为员工购买了养老保险，则养老金可相应减少。

（2）辞退金：是指企业由于种种原因辞退员工时，支付给员工的一定数额的金钱。一般地，辞退金与员工在本企业的工龄有关，且在聘用合同中要明确规定。

（3）住房津贴：是指企业为了使员工有一个较好的居住环境而提供给员工的一种福利，主要包括：每月的住房公积金；企业购买或建房后免费或低价租给或卖给员工居住；为员工购买住房提供免息或低息贷款；全额或部分报销员工租房费用。

（4）交通费：主要指上下班为员工提供交通方便，主要包括：企业派专车接送上下班；企业按规定为员工报销交通费；企业每月发放一定数额的交通补助费。

（5）工作午餐：指企业为员工提供的免费或低价午餐；或有的企业虽然不直接提供工作午餐，但提供一定数额的工作午餐补助费。

（6）海外津贴：指一些跨国公司为了鼓励员工到海外去工作而提供的经济补偿。海外津贴受职务高低、派往国的类别、派往时间长短、家属是否陪同、工作期间回国机会的多少、愿意去该国的人数等因素的影响。

3. 有偿假期

有偿假期是指员工在有报酬的前提下，可不用上班的一种福利项目。具体包括：

（1）脱产培训。这种项目具有两重性，既是企业对人力资源投资的一种商业行为，又是一种福利，使员工受益。

（2）病假。员工在出示医生证明，或经上级同意后，可因病休息。

（3）事假。不同企业允许有差异，但通常包括婚假、妻子产假、搬迁假等。

（4）公休。指根据企业的规章制度，经有关管理人员同意，员工可在一段时间内不用上班的一种福利。不同企业间的公休可以有所不同，但一般规定员工每年有一周至一月的公休。

（5）节日假。包括我国明文规定的节假日和一些企业自行规定的节假日。

（6）工作间休息。指员工在工作中间的休息，一般上下午各一次，每次10分钟至30分钟。

（7）旅游。指企业全额资助或部分资助的一种福利，企业可以根据自己的实际情况制定旅游时间与旅游地点，可以每年一次，也可以数年一次。

4. 生活福利

生活福利是指企业为员工生活提供的其他种类福利项目，主要有：

（1）法律顾问。企业可以聘用长期或短期法律顾问，为员工提供法律服务，甚至一些企业也为员工聘请律师而支付费用。

（2）心理咨询。企业为员工提供各种形式的心理咨询服务，以帮助减轻或避免因现代竞争日趋激烈而带来的心理问题；心理咨询形式常见的有设立心理咨询站，长期聘用心理顾问，请心理专家作心理健康讲座等。

（3）贷款担保。企业为员工个人贷款时出具担保书，使员工能顺利贷到款项。

（4）托儿所。企业在条件许可下，建立托儿所为员工解决托儿难问题。

（5）内部优惠商品。某些生产日用品的企业，为了激励员工，常以成本价向员工出售一定数量的产品，或专门购买一些员工所需商品，然后以折扣价或免费向员工提供。

（6）子女教育费。现代员工越来越重视子女教育，为了使员工子女能接受良好教育，企业提供子女教育费成为一项吸引优秀人才的重要福利，这项福利因不同企业而有所不同。

五、薪酬福利的重要性

近年来，员工福利在企业人力资源管理活动中的地位日益凸显，其重要性主要体现在以下几个方面。

（一）为员工提供安全保障

这是员工福利的基本功能。各种福利项目比如养老保险、医疗保险等，可以为员工解决生活中生病等突发的意外事件，也为员工退休后的养老作好安排，从而使员工消除后顾之忧，安心本职工作。

（二）招募和吸引优秀的人才

高素质的人力资源是企业发展壮大必不可少的基础和前提。企业间的竞争已经从资源的竞争转变为对人才的竞争。吸引高素质人才的加盟，是企业在激烈竞争中获胜的前提条件。越来越多的企业认识到，除了优厚的工资、良好的工作环境以外，周到的员工福利待遇也已成为吸引人才的一个重要方面。

（三）降低员工流动率

企业员工的流动率过高必然对劳动生产率产生不利影响，从而妨碍组织目标的实现。成功的福利管理能够有效地留住员工，避免员工频频跳槽。

（四）提高员工的绩效

员工福利的激励功能往往被人们忽视。事实上有效的福利管理，可以提高员工的士

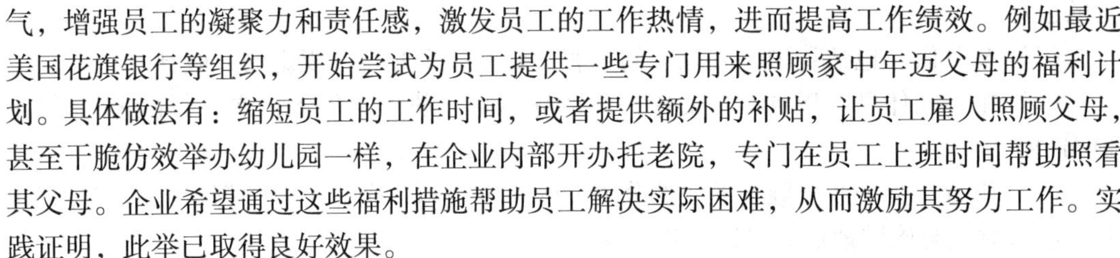

气，增强员工的凝聚力和责任感，激发员工的工作热情，进而提高工作绩效。例如最近美国花旗银行等组织，开始尝试为员工提供一些专门用来照顾家中年迈父母的福利计划。具体做法有：缩短员工的工作时间，或者提供额外的补贴，让员工雇人照顾父母，甚至干脆仿效举办幼儿园一样，在企业内部开办托老院，专门在员工上班时间帮助照看其父母。企业希望通过这些福利措施帮助员工解决实际困难，从而激励其努力工作。实践证明，此举已取得良好效果。

（五）节约成本

劳动力成本在企业成本中占有较大的比重。降低成本提高效益的关键之一，是如何有效管理对劳动力的投入。在劳动力价格不断上升的今天，充分利用员工福利，一方面可以使员工获得更多实惠，更好地激励员工；另一方面也可以使企业在员工身上的投入得到更多的回报。

六、薪酬规划

（一）员工薪酬规划的含义

薪酬规划是一个企业或组织根据其内外部环境，结合企业或组织的发展需要，为了有效地激励员工的工作积极性和创造性，确保企业或组织的目标能够得以实现，运用科学的规划方法，对企业或组织的薪酬系统进行综合计划、系统安排的过程。科学、合理的薪酬规划系统是有效地实施薪酬管理的基础。也是制定企业各项薪酬制度和各项具体薪酬计划的依据。员工薪酬规划对于增强薪酬管理的科学内涵，减少薪酬管理中的不确定性和随意性，保证薪酬管理的效率和效果，支持企业目标的实现，等等，都具有重要的意义。

（二）员工薪酬规划的制定原则

员工薪酬规划的制定原则，比较常见的有“3P”原则，即职位薪酬、绩效薪酬和个人薪酬。

1. 职位薪酬

员工的职位薪酬，就是根据某一职位的重要性、风险性及有关劳动力市场的供求状况等来确定的薪酬。不同的职位，对企业有不同的重要性，也意味着不同的风险承担度，又包含着工作的不同难易程度。同时，对适合担任不同职位的人来说，劳动力市场也会有不同的供求状况。因此，在做薪酬规划的时候，必须参照企业的工作分析和劳动力市场状况，对担任每一职位的员工制定特定的薪酬。除此之外，对员工的职位支付薪酬，还必须考虑企业的经济条件和行业的有关薪酬水平，以及该职位过去的工资状况和将来的工资升降趋势。对职位支付薪酬，重点是对职位而不是对人，职位薪酬在一定的时期内具有相对的稳定性。不过，对职位支付薪酬也绝不是设定了这部分薪酬之后就固定不变的，如果在企业的经济实力发生了变化或劳动力市场发生了变化等情况下，就可能需要重新设定职位薪酬。通常职位薪酬是一种基本薪酬。

2. 绩效薪酬

员工的绩效薪酬，就是根据员工的工作成果和工作贡献来确定的薪酬，其依据是对员工进行的绩效评估。一般说来，对员工的绩效支付薪酬，都会事先确定一个目标，作为员工获得一定绩效薪酬的条件。如完成一定的销售利润指标，完成一定的工作任务等。在支付绩效薪酬的时候，要参照事先确定的绩效目标，评估员工的实际工作绩效，再来确定该员工应该得到的绩效薪酬的份额。对不能完成预定目标的员工来说，绩效薪酬就低；对超过了预定目标的员工来说，绩效薪酬就高，还可能获得额外的奖金。因此，绩效薪酬是根据员工的绩效高低而上下浮动的，是一种可变薪酬。绩效薪酬是员工短期薪酬中最重要的组成部分，能够在工作绩效和工作报酬之间提供一种更加直接的联系，并且能使企业更为灵活地控制和调节劳动力成本，还能有效地吸引并留住绩效高的员工，为企业增加人力资源优势。因此，绩效薪酬越来越受到企业与员工的重视。

3. 个人薪酬

个人薪酬，是根据员工个人的不同具体情况而支付的不同的薪酬。这种薪酬一方面依据员工个人的具体情况，例如员工的技能或技巧、员工的工龄、员工对企业的忠诚度、员工的发展潜力、员工的工作经验和工作胜任程度等；另一方面，这种薪酬又依据不同类员工薪酬的市场状况，例如考虑这类员工在劳动力市场上是供大于求还是供不应求、考虑这类员工的市场平均工资、考虑企业对这类员工的市场竞争力与激励政策等。对个人支付的薪酬，会在发展中和劳动力市场工资水平的变动中有所调整，但是它基本上是相对稳定的。与对职位支付的薪酬一样，个人薪酬属于基本薪酬的范畴。

掌握薪酬规划的制定原则，根据员工的职位、绩效和个人具体情况来制订具体的薪酬计划，是企业人力资源管理系统中薪酬管理的一项具体工作，必须认真加以观察、研究和实施。

（三）员工薪酬规划的具体内容和步骤

1. 员工薪酬规划的具体内容

员工的薪酬规划一般包括两个层次，即企业的总体薪酬规划与分类的员工薪酬计划。企业的总体薪酬规划是本企业薪酬管理的总目标、总战略、总政策和总的实施步骤以及总预算。分类的员工薪酬计划则包括企业的短期薪酬计划、长期薪酬计划和奖励计划。

（1）企业总体薪酬规划。企业总体薪酬规划的目标是：通过企业的薪酬管理包括薪酬规划的实施，提高企业员工的满意度和对企业的归属感，稳定员工队伍，吸引企业所需人才，保持员工高涨的士气和良好的企业氛围，增进企业员工的工作绩效和企业的总体效益。为了达到企业总体薪酬规划的目标，企业所要考虑的政策有企业总体薪酬政策、薪酬改革政策、人才吸引及有关薪酬政策、员工队伍稳定及其薪酬政策等。实施企业总体薪酬规划的步骤，则由企业从总体上具体加以考虑。同时，企业要作出实施企业总体薪酬规划的总预算及其相关细节。

（2）企业短期薪酬计划。企业短期薪酬计划的目标是：控制企业劳动力成本，保证员工的基本劳动所得，同时实施员工的工作绩效与员工的薪酬挂钩，在短期内保持对员工的激励，提高企业的凝聚力。为了实现企业的短期薪酬计划，企业所考虑的政策有薪酬结构及其调整政策、薪酬计量政策、激励倾斜政策等。与之相对应，企业的薪酬预算要考虑工资额的增减等问题。

（3）企业长期薪酬计划。企业长期薪酬计划的目标是：用有效的长期薪酬计划来激励并吸引企业的核心人才，创造企业的高效益，在高效益的基础上，实现企业长期的有效高薪酬，形成良性循环。以此保证企业的长期效益和长期发展，保证企业的市场竞争力和风险承受力，创建优秀的企业和一流的企业人才。为了实现企业的长期薪酬计划，企业要考虑的政策是股票期权计划，员工持股计划，企业长、短期薪酬结构计划等。在企业预算上，要结合企业的利润与市场股价，作出安排。

（4）奖励计划

企业奖励计划的目标是：通过有效的企业奖励计划，进一步调动员工的积极性，重点奖励高绩效员工，强化企业向上的氛围。与之相关的奖励政策有奖励水平或额度、奖励面和奖励标准、提成政策等。有关的企业预算应重点考虑与企业利润或销售额等绩效指标有关的奖励份额。

2. 员工薪酬规划的步骤

不同的员工薪酬规划有不同的步骤。在实践中，规划工作是一个十分复杂的系统工程，必须综合考虑各方面的因素，还要结合企业薪酬管理规划的总目标与总战略，总体地加以考虑。

在制定员工薪酬规划的时候，第一，要进行企业内外部环境的扫描和预测。第二，根据所掌握的信息与情况，企业要制定总体的政策目标，包括总的薪酬水平、分配标准和某些特殊政策。第三，研究可能的变动因素，包括内部因素，如人员变动等；外部因素，如物价变动等。第四，制订可抉择方案，包括最好方案，最差方案和其他可行方案。第五，分析选择方案。第六，选出最佳方案，编制总体规划。第七，在总体规划基础上编制分类计划。第八，编制计划预算。第九，实施规划并收集反馈信息，同时作出规划的调整和控制，作为下一轮企业制定薪酬规划的初始步骤的基础之一。

（三）员工薪酬的制定方法

职务评价的方法是依据职务劳动价值与劳动贡献度以及工资报酬之间的相关性，通过职务劳动价值的量化比较，以确定劳动报酬量化形式的工资等级结构。职务评价是工资等级设计过程中保证内在公平的关键环节，而正确地运用职务评价方法则是设计一项合理而健全的工资制度的保证。职务评价方法主要有四种，即序列法、分类法、分数法、因素比较法。序列法和分类法被称为“非定量方法”，分数法和因素比较法被称为“定量方法”。其中，应用最多的是分数法，其次是因素比较法，再次是分类法，序列法用得最少。

1. 序列法

这是最古老也最简单易行的一种方法。它通常以职务说明和职务规范要求作基础。对企业所有职务从整体上按其重要性或相对价值进行比较并排序，以确定职务的高低。在确定工资额时，参照职务的重要性（职务价值、责任、贡献度等）计算出相应的倍数比例。

这种方法的特点是简单易操作，成本较低；同时，它又可以保证重要职务得到较高的工资。但是这种方法的缺点也是明显的，即职务未被具体细分为各个构成要素，评价过于粗糙，标准内容不明确，主观成分大。该方法一般仅适用于规模小、结构简单、职务种类少的小型企业。

2. 分类法

序列法不是根据某些明确的标准，而是根据评价者对职务相互之间的主观判断来评价职务的。分类法则克服了这种技术缺陷。在总体对职务进行评价这一点上，分类法和序列法是相同的；但用分类法对职务进行评价，是通过将职务与评价标准进行比较来实现的，这一点与序列法不同。分类法又称套级法，首先请专家或管理者将企业的所有职务大体划分为若干等级，确定等级标准（对每一等级职务作简要的职务说明和规范要求，使之成为可套用的等级评定标准），再将工资岗位的所有职务与这一标准加以对照，然后将职务分别套入各个等级中，明确职务序列。

这种方法仍属于一种简单的方法，与排序法一样，也只对职务做整体上的综合评价，不做因素分解，难以精确评比，而且评级者的主观成分也较大。因此，分类法主要使用于小型企业或政府机关等。

3. 分数法

分数法亦叫计点法，这是企业广泛采用的一种方法。与分类法的相似之处是，事先设立决定职务分数标准的“测定尺度”，按照各自的“相对价值”给各个职务确定某种等级。但实行分类法，是将整个职务与标准进行比较；而分数法则是先将职务分解为构成要素，再以各个要素为依据，将职务与标准相比较，比较的结果用数据来表示，然后将各种要素分数合计起来，形成该职务的总分数，这一总分数就是该职务的相对价值。最后，将职务按规定纳入相应的工资等级系列。

4. 因素比较法

这是将职务与标准职务相比较来确定其相对价值和工作报酬的定量方法。所谓标准职务，就是由企业内若干有代表性的关键职务构成的，足以代表企业内各种类型的职务，通常是企业员工普遍熟悉和了解的。这一方法中，第一，选定 15 ~ 20 个标准职务；第二，对每个标准职务作简要而准确的职务说明和职务规范要求，并根据企业特点选定职务要素（通常包括精神、技能、体力上的努力，责任和作业条件等）；第三，对标准工资进行分析，确定各要素工资比例；第四，在第三步基础上画出因素比较图表，即将标准工资及各要素工资的排序情况以图表方式反映出来；第五，再对照因素比较表，对非标准职务进行评价，确定该职务的相对价值和应得的工资。

比较上述四种方法可以发现，若从系统性的角度来看，因素比较法是比较完善的一种，它可以直接从职务内容求得其价值金额，省去了分数法中从职务评分数到工资转换的环节。此外，它在职务要素上赋予价值相对的灵活性，使其适应性更强。然而，由于因素比较法在实际操作中难度较大，且在操作中可能因主观成分影响准确和公平，所以在实际职务评价中，用得最广的是分数法。

【本章知识导图】

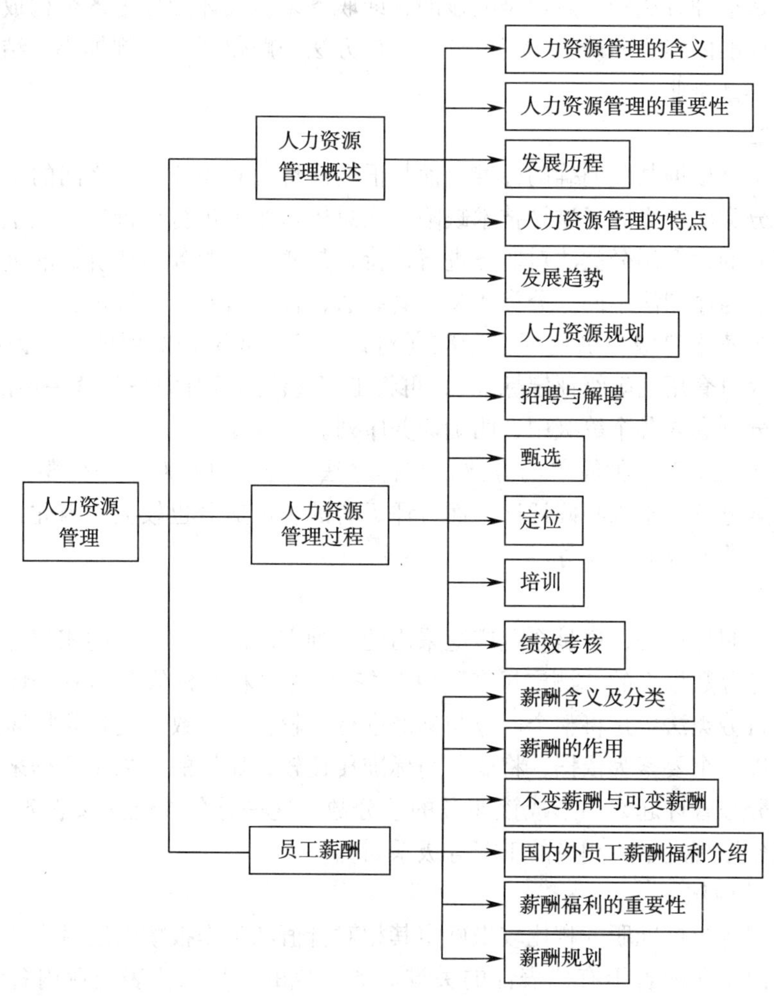

【课后案例分析题】

真实的招聘失败

位于北京东单东方广场的某外资SP公司因发展需要，在2005年10月底从外部招聘新员工。期间，先后招聘了两位行政助理（女性），结果都失败了。具体情况如下：

第一位A入职的第二天就没来上班，没有来电话，上午公司打电话联系不到本人。经她弟弟解释，她不打算来公司上班了，具体原因没有说明。下午，她本人终于接电话了，不肯来公司并说明辞职原因。三天后又来公司，中间反复两次，最终决定不上班了。她的工作职责是负责前台接待。入职当天晚上公司举行了聚餐，她和同事谈得也挺愉快。她自述的辞职原因：工作内容和自己预期不一样，琐碎繁杂，觉得自己无法胜任前台工作。HR 对她的印象：内向，有想法，不甘于做琐碎、接待人的工作，对批评（即使是善意的）非常敏感。

第二位 B 工作十天后辞职。B 的工作职责是负责前台接待、出纳、办公用品采购、公司证照办理与变更手续等。自述辞职原因：奶奶病故了，需要辞职在家照顾爷爷（但是当天身穿大红毛衣，化彩妆）。B 透露家里很有钱，家里没有人给人打工。HR 的印象：形象极好、思路清晰、沟通能力强，行政工作经验丰富。总经理印象：商务礼仪不好，经常是小孩姿态、撒娇的样子，需要进行商务礼仪的培训。

当时的招聘流程是这样的：(1) 公司在网上发布招聘信息。(2) 总经理亲自筛选简历。筛选标准：本科应届毕业生或者年轻的，最好有照片，看起来漂亮的，学校最好是名校。(3) 面试。如果总经理有时间就总经理直接面试；如果总经理没时间，HR 进行初步面试，总经理最终面试。(4) 新员工的工作岗位、职责、薪资、入职时间都由总经理定。(5) 面试合格后录用，没有入职前培训，直接进入工作。

公司背景：此公司是一家国外 SP 公司在中国投资的独资子公司，主营业务是为电信运营商提供技术支持、提供手机移动增值服务、手机广告。该公司所处行业为高科技行业，薪水待遇高于其他传统行业。公司的位置位于北京繁华商业区的著名写字楼，对白领女性具有很强的吸引力。总经理为外国人，在中国留过学，自认为对中国很了解。

被招聘的员工背景：

A，23 岁，北京人，专科就读于北京工商大学，后专接本就读于人民大学。期间 2004 年 1 月到 12 月做过少儿剑桥英语的教师一年。

B，21 岁，北京人，学历大专，就读于中央广播电视大学电子商务专业。在上学期间工作了两个单位：一个为拍卖公司，另一个为电信设备公司。职务分别为商务助理和行政助理。B 在 2004 年曾参加瑞丽封面女孩华北赛区复赛，说明 B 的形象气质均佳。

招聘行政助理的连续两次失败，使公司的总经理和 HR 都觉得这不是偶然现象，在招聘行政助理方面肯定有重大问题。

【问题】

该公司的招聘问题出在什么地方？

【知识链接】

人力资源管理过程及招聘方法，人力资源管理过程中的甄选方法。

【案例分析】

招聘失败的原因分析：

从上面的案例，我们能够得到直接影响这次行政助理招聘的主要因素为公司的总经理、甄选的方法和它的招聘流程。

(1) 首先，在招聘过程中总经理干涉过多，没有充分授权给人力资源部门，包办了HR筛选简历的任务。其次，他不懂中国国情自然就会让不适合的人被选进来，而适合的人才可能就被淘汰在筛选简历上了。对于这种低级别的员工招聘，应该把权力完全授给熟悉中国国情的HR，他在这次事件中应该负主要责任。

(2) 甄选方法分析：在招聘行政助理时，公司没有根据行政助理这个岗位的任职资格制定结构化的甄选标准，而只是凭面试官的直觉进行甄选，这样造成了招聘过程中的不科学。案例中，总经理对相貌、毕业院校和是否应届带有明显偏见，没有考虑应聘的人是否和企业的文化，价值观念相吻合，是不是真正的具备了工作需要的知识、能力、性格和态度。

(3) 招聘行政助理的流程分析：正常的招聘流程应该是公布招聘信息、初步面试、评价申请表和简历、测试、雇用面试、证明材料和背景材料核实、体检录用、入职前培训等，该公司在招聘过程中少了选择测试和入职前培训这两个重要步骤。

公司通过选择测试基本上能测试出应聘者的性格特征和价值取向。如A的性格内向，而且心态高、不踏实，不愿做琐碎繁杂的工作，与做前台需要的性格和心态相差甚远。这样盲目让她做前台工作造成了她的离职。通过测试，同样能测出B的价值观与企业文化不符，这样就能在测试阶段把她们淘汰，从而节省招聘成本。

入职前的培训对加入公司的员工很重要。因为通过入职前的培训能够给新员工灌输公司的企业文化和价值观念，可以帮助新员工树立正确的工作态度，对工作有更深刻的认识。如果给A和B进行了系统的入职前培训，完全有可能改变她们本来的价值取向和对工作的态度，她们就有可能不会离职。

从上面的失败原因分析，可以得到这样一个结论：这个公司没有从外界招到合适的员工是因为它没有一个科学的人力资源管理体系造成的。

第七章

领　导

【本章概要】

本章介绍了领导的相关概念，重点阐述领导理论及领导方式，并介绍现代领导方式及如何提高领导者效率。

【重点内容】

1. 掌握领导的含义、领导者的影响力；
2. 了解领导结构、领导特性理论；
3. 掌握人性假设、领导方式理论和领导权变理论；
4. 了解魅力型领导、变革型领导和后英雄时代领导；
5. 了解提高领导者效率的方式。

【案例导入】

金工车间是某工厂唯一进行倒班的车间。在一个星期六的晚上，车间主任去查岗，发现上二班的年轻人几乎都不在岗位。据了解，他们都去看电视现场转播的足球比赛去了。车间主任气坏了，在星期一的车间大会上，他一口气点了十几个人的名。没想到他的话音刚落，人群中不约而同地站起几个被点名的青年，他们不服气的异口同声地说："主任，你调查了没有，我们并没有影响生产任务，而且……"主任没等几个青年把话说完，就严厉地警告说："我不管你们有什么理由，如果下次再发现谁脱岗去看电视，扣发当月的奖金。"谁知，就在宣布"禁令"的那个周末晚上，车间主任去查岗时又发现，上二班的竟有6名不在岗。主任气得直跺脚，质问班长是怎么回事，班长无可奈何地掏出三张病假条和三张调休条，说："昨天都好好的，今天一上班都送来了"。说着，他凑到主任身边劝道："主任，说真的，其实我也是身在曹营心在汉，那球赛太精彩了，您只要灵活一下，看完了电视大家再补上时间，不是两全其美吗？上个星期的二班，为了看电视，星期五就把活提前干完了，您也不……"

车间主任没等班长把话说完，扔掉还燃着的半截香烟，一声不吭地向车间对面还亮着灯的厂长办公室走去……

（资料来源：http：//www. cnshu. cn/qygl/386934. html.）

第一节 领导的相关概念

一、领导的含义及实质

（一）领导的含义

研究表明，主管人员即使做好了计划、组织和控制工作，也只能把员工的积极性和潜力的60%发挥出来，而剩余的40%需要通过领导（Leading）来完成。那么，什么是领导？怎样有效地进行领导呢？

首先，我们对Leading、Leader和Leadership三个英文单词之间的关系作简要说明。单独来看，三个单词都可以翻译为领导。从三者之间的关系来看，Leading指的是领导工作和活动，对应着管理中的领导职能；Leader是领导者，是从事领导工作和活动的主体；Leadership指的是为了保证领导工作（Leading）的有效性，领导者（Leader）所应发挥的作用和应具备的相关能力，常译作领导作用、领导力等。

那么，由谁来进行领导，或者说，谁是领导者？很多人会把领导者与一个机构、一个单位的最高管理者相提并论。其实，从管理学的角度而言，领导是每一个担任管理职位的人都要做的事情。每一个管理者都要进行计划、组织、领导和控制。从这个意义上来讲，每一个管理者都应当是一个领导者。针对作为一项管理职能的领导，国外的学者提出了各种不同的认识。如美国学者拉尔夫·M. 斯托格迪尔（Ralph M. Stogdill）1950年提出，领导是对组织内群体或个人施加影响的活动过程。美国管理学者乔治·R. 特里（George R. Terry）1960年提出，领导是影响人们自动为达到群体目标而努力的一种行为。美国学者约翰尼·L. 罗伯茨（Johnnie L. Roberts）等认为，领导是在某种条件下，经由意见交流的过程所产生的一种为了达到某种目标的影响力。美国管理学者基思·戴维斯（Keith Davis）则认为，领导是一种说服他人热心于一定目标的能力。

综合上述，从领导作为管理的一项职能这一角度出发，我们可以把管理的领导职能定义为领导就是指引和影响个人、群体或组织在一定条件下实现目标的行动过程。

领导不等于管理，它是管理中的一个重要方面。领导是在一定环境下，个体与群体之间的一种特殊的相互作用的过程。在管理过程中，作为一名主管人员，不应站在下属后面推动与鞭策他们，而应站在前面率领和引导他们前进，鼓舞他们努力实现组织的目标。领导就是影响人们心甘情愿、群策群力地为实现既定目标而努力。它不仅仅使人们乐意去工作，而且使人们充满热情和信心。

有效的领导需要科学理论的指导，更需要可操作的技巧和诀窍，它是科学和艺术的结合。尽管许多管理实践者和学者已总结出许多领导方面的理论和原则可资借鉴，但管理者仍然需要在实际工作中发挥其能动性和随机应变的能力，领导工作才能够更加富有成效。

（二）领导的实质

从管理过程来看，管理的对象是人、财、物等各种资源。管理者要与人打交道，处理各种关系；要与事情打交道，决定各种事务，使组织活动正确、有条不紊地进行；要与时间打交道，掌握时间的进度，保持高效率。总之，管理者要通过计划、组织、领导和控制来实现管理工作的效果和效率。

领导作为管理的一项职能，主要表现为对人的管理，即研究人与人之间的关系。组织结构和事务是非人格化的，只是说明了职权关系、职责关系。但组织是由人组成的，一旦工作运转起来，就形成了人际关系。管理的领导职能或领导活动就是影响人们去努力实现组织目标的过程。对人们施加影响是领导活动的实质之所在。行为科学对于管理的贡献主要体现在这一职能中。

管理者要有效地进行领导，就必须了解和掌握有关人、人的行为、人的动机等方面的知识。当然，这并不意味着管理者必须成为业余的心理学家。管理者需要了解的是哪些因素对人们形成了激励，而不是为了在精神上操纵他人。在日益民主化的现代社会中，试图在精神上操纵他人既不可能也不道德。奴隶社会的奴隶主所能控制也不过是人的身体而已。

（三）领导和管理的区别

领导是管理的一个职能，组织中的领导行为仍属于管理活动的范畴。就管理学的术语而言，领导的范围相对小些，主要是指对人们施加影响的过程。而管理的范围则较大，除了对人们施加影响之外，还包括进行计划、组织和控制。有许多学者把领导从管理过程中独立出来，专门予以探讨和研究，逐渐形成了管理学科的一个新的分支——领导科学。

从本质上说，管理是建立在合法的、有报酬的和强制性权力基础之上对下属命令的行为，下属必须遵循管理者的命令。在这个过程中，下属可能尽最大努力去完成工作任务，但也可以只尽一部分努力去完成任务，在企业实践中，后者是客观存在的。另外，管理是维持组织运行的既定规则和制度，它使组织得以正常地运转，没有行之有效的管理，企业将在千头万绪中一片混乱，管理恰恰是给企业带来秩序和效率。而领导则不同，领导作为一种影响别人的能力，虽然来自于职位赋予领导者的合法权力，但更多的是来自于个人的影响权和专长权，这两种权力是与个人的品质和专长有关而与职位无关的。

因此，一个人可能既是管理者，也是领导者，但是，一个人是管理者，却不一定是一个领导者。在理想的情况下，所有的管理者都应是领导者，但是，并不等于说所有的领导者都处于管理岗位上。一个人能影响别人这一事实，并不表明他具有组织运行及岗位要求的管理能力，如计划、组织、领导、控制以及创新等。领导的本质就是被领导者的追随与服从，它不是由组织赋予的职位和权力决定的，而是取决于追随者的意愿，因此，有些有职权的管理者可能没有部下的服从，也就谈不上真正意义上的领导者。管理学意义上的领导者，是指影响他人并拥有管理的制度权力的人。在21世纪的今天，企业面对的是日新月异的知识经济时代，技术进步一日千里，国家竞争愈演愈烈，这些都对领导者提出了更高的要求，需要具备更高的能力，如敏锐的洞察力、果断的行动力、巨大的影响力等。具备这些素质的领导者，才能适时地推动企业的变革，不断适应新的环境变化，使企业立于不败之地。

（四）领导的作用

领导活动对组织绩效具有决定性影响，具体体现在以下四个方面。

1. 指挥作用

有人将领导比喻为乐队的指挥，一个乐队指挥的作用是通过演奏家的共同努力形成一种和谐的声调和正确的节奏。在组织的集体活动中，需要头脑清醒、胸怀全局、高瞻远瞩、运筹帷幄的领导者，帮助组织成员认清所处的环境和形势，指明活动的目标和达到目标的途径。领导就是引导、指挥、指导，领导者应该帮助组织成员最大限度地实现组织目标。领导者不是站在群体的后面去推动群体中的人，而是站在群体的前列，指引组织的发展方向，促使人们前进并鼓舞人们去实现目标的人。

2. 激励作用

组织是由具有不同需求、欲望、个性、情趣和态度的个人所组成的，因而组织成员的个人目标与组织目标不可能完全一致。领导的任务就是把组织目标和个人目标结合起来，引导组织成员满腔热情、全力以赴地为实现组织目标作出最大贡献。领导者为了使组织内的所有员工最大限度地发挥其才能，实现组织的既定目标，就必须关心、爱护、尊重员工，激发和鼓舞员工的工作斗志和热情，充分发掘员工的潜力，不断地充实和增强人们积极进取、奋发努力的工作动力。

3. 协调作用

在组织实现其既定目标的过程中，人与人之间、部门与部门之间发生各种矛盾冲突及在行动上出现偏离目标的情况是不可避免的。领导者的重要任务就是协调各方面的关系和活动，保证各个方面都朝着既定的目标前进。

4. 沟通作用

领导者是组织的各级首脑和联络者，在信息传递方面发挥着重要作用，是信息的传递者、监听者、发言人和谈判者，在管理的各个层次中起到上情下达的作用，以保证管理决策和管理活动顺利进行。具体沟通形式包括：信息的传输、交换与反馈；人际交往；关系融通和交流感情等。

二、领导体制的发展

领导体制，就是指领导系统上下左右之间的权力划分以及实施领导职能的组织形式和组织制度。具体地说，就是指领导通过什么样的组织形式来行使手中的权力。领导活动总是在一定的领导体制中展开的。作为领导活动正式结构的领导体制，是实现领导的工具，是领导者实施领导活动的载体，是领导活动的内在机制，在领导活动中具有十分重要的地位和作用。

（一）领导体制在现代领导活动中的作用

一个组织要取得领导的成功，除了高素质的领导者、结构合理的领导集体外，还要有一个好的领导体制。领导体制是关系到领导工作成败的重要因素，它的科学健全与否直接影响到领导效能。领导体制在领导活动中具有重要的地位和作用，领导者个体和群体作用的发挥往往受制于领导体制。

1. 领导体制是领导活动正常进行的制度保障

领导过程是一个复杂的社会实践活动过程，在社会化大生产的今天，复杂的领导活动仅靠领导者个人或领导集体是难以进行的，只有建立一定的领导体制，把各级各类的领导机关组织起来，形成一个有机的领导工作系统，才能保证领导活动的正常进行。如果领导机构没有一定的领导体制为依托，领导行为就无法实现，领导作用也就无从发挥。因此，领导体制是一切领导活动组织、协调的枢纽，是领导意图、作用实施的物质载体，也是领导活动能否正常运行和运行机制效能高低的客观依据。

2. 领导体制是领导者同社会发生联系与作用的合法证明

领导体制是领导者同社会发生联系与作用的实体。领导者实施其领导活动既要在一定的微观领导体制内进行，又要同社会发生广泛的联系并发生作用，这是社会化大生产的必然要求。即在对外交往过程中，组织总是需要一定的、具体的人代表组织参加各种社会活动和发生各种联系，包括信息交流、互惠协作、关系协调和矛盾处理，都要以自身组织为实体，以组织代表的身份出现。此时，作为代表人的领导者其代表资格是由领导体制赋予的，只有这样才会被社会所接受，才能代表组织与外界进行交往。因此，领导体制是领导者权威合法化的保证，是领导者进行有效领导的重要基础。

（二）现代领导体制的变迁

同其他任何事物一样，领导体制有其发生、发展的历史过程。领导体制的变迁与发展是与一定的生产力发展水平相适应的。一般说来，由于生产力水平的提高使生产关系产生了新的变化，领导体制也必然跟着发生相应的变化。在人类历史上，领导体制的演变大致经历了以下几个发展阶段。

1. 原始自然式的领导体制

早在原始社会，就已经有了领导体制的雏形，它是建立在原始公有制经济基础和没有阶级存在的社会基础之上的。原始社会经历了由母系氏族社会到父系氏族社会的发展过程。其社会组织大体有三个层次：氏族是基层组织，由几个有血缘关系的氏族组成胞族，再由几个胞族组成为部落，在部落基础上扩大而形成部落联盟。氏族议事会、部落议事会、部落联盟议事会构成了原始社会的领导体制，氏族的酋长和军事首领则是原始社会的领导人。这种原始民主制的领导体制，实际是一种通过自然组合和依靠习俗调整来维持的自然领导体制。这种领导体制是与当时低下的生产力状况相适应的，后来随着社会生产力的进步和分工的发展社会组织也复杂了，原来的领导体制就显得不适应了。

2. 家长制的领导体制

家长制的领导体制是封建社会几千年流传的领导体制。在西方工业革命之前，企业主要以小规模的手工作坊为主，生产力水平低，社会化程度低，所有者和管理者往往融为一体，一切由企业主说了算。在家长制的领导体制下，大多数企业领导者缺乏各种科学知识和技术，也缺乏必要的管理知识，领导者凭借自己的地位、权力和经验，从事领导和管理，缺乏民主意识。这种最初的企业领导体制形式，产生于资本主义发展初期，是与当时生产规模小、生产力水平还不发达的状况相适应的，在历史上曾经起过积极作用。现在主要为小型独资企业（单一制企业）所采用。

3. “硬专家”式的领导体制

“硬专家”式领导体制又称经理制领导体制。工业革命后，由于机器在工业中的应用，进一步加剧了社会分工，同时工厂代替了手工作坊，劳动生产率提高，生产规模进

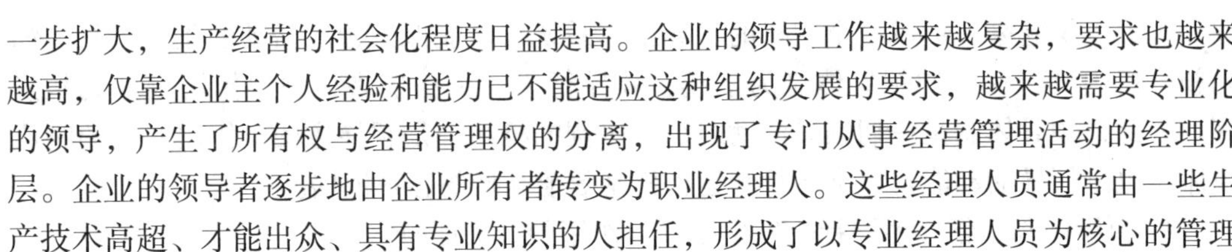

一步扩大，生产经营的社会化程度日益提高。企业的领导工作越来越复杂，要求也越来越高，仅靠企业主个人经验和能力已不能适应这种组织发展的要求，越来越需要专业化的领导，产生了所有权与经营管理权的分离，出现了专门从事经营管理活动的经理阶层。企业的领导者逐步地由企业所有者转变为职业经理人。这些经理人员通常由一些生产技术高超、才能出众、具有专业知识的人担任，形成了以专业经理人员为核心的管理阶层，这就是“经理制”，又称为“硬专家式”的领导体制。

4.“软专家”式的领导体制

“软专家”指的是精通管理专业的专门管理人才。随着现代化大生产的进一步发展，现代科学技术与生产的结合更加紧密，生产社会化程度越来越高，分工越来越细，组织的规模越来越大，经营管理的作用日益增大，任务越来越重，复杂性越来越强，单一精通某一门专业技术的“硬专家”越来越不能适应企业领导的要求。不言而喻，这些“硬专家”们通晓技术和业务，有较强的逻辑思维能力，对从事领导工作是有利的。但是他们往往熟悉物而不了解人，对本领域的技术或业务精通，但不擅长运筹和谋划，缺乏全面的知识和才能，所以这种领导虽然工作效率很高，但却十分“艰苦”，容易造成全局失误和被业务、任务牵着走的被动局面。因此，企业迫切需要具有经营管理专长的职业“软专家”的领导和管理，这样以经营管理为专长的职业“软专家”应运而生，领导从管理中逐步独立出来，真正意义的领导就是在这个阶段诞生的，极大地促进了社会生产力和经济发展。

5. 专家集团式的领导体制

所谓专家集团式的领导体制，主要是指一种以“软专家”为主体、包括各方面“硬专家”组成的领导集团体制。第二次世界大战后，随着现代社会的加速发展和急剧变化，科学技术与生产结合周期的日益缩短，现代生产和科学技术高度分化与高度综合，“大企业”“大工程”“大科学”的兴起，使领导与管理的规模与复杂性都急剧增大，特别使企业战略决策的重要性日益突出。单个的“软专家”已不能胜任纷繁复杂的决策和领导工作，同时，在现代科研机构中，随着研究任务的繁重、信息量增大，个人的领导能力无能为力。现在的一个跨国公司有几万人、几十万人，实际上等于一个全球性的经济王国。因此，很多大企业开始实行改革，出现了专家集团领导。这种专家集团的领导主要表现在两个方面：一方面实行集体领导形式，成立了董事委员会、经理委员会等；另一方面，出现了各种类型的参谋机构，诸如“智囊团”“思想库”“外脑公司 ”等组织，这些组织的成员大都占有丰富的科技资料和历史知识，能够为企业的领导决策提供各种可供选择的方案和科学依据。

6. 集中与分散相结合多级领导体制

无论是家长制领导、“硬专家”领导、“软专家”领导还是专家集团领导，从领导体制中决策与管理的结构上看，大都属于集权制。但是，这种集权过多的领导方式已经不适应各种问题纷至沓来的形势需要，客观上要求在必要的集中领导下，要扩大、分散领导的权力。在 20 世纪二三十年代，一些国家开始寻求新的领导途径，例如美国一些大企业率先提出了实行“集中领导、分散管理”的“事业部制”，主要目的是将经营决策和经营管理分开，使经理等公司一级领导摆脱日常管理事务，主要致力于研究和制定各种经营方针、政策，日常生产与销售等具体的管理活动则由各个事业部担任。这标志着领导职能从管理职能中全面分离出来，这样既增加了决策的及时性、科学性，又提高了领导和管理的效率，产生了领导方式的大变革。

三、领导结构

1. 年龄结构

领导群体年龄结构，是指一个领导群体中不同年龄成员的比例构成及其相互关系。建立年龄互补的领导结构，实行老、中、青三结合，领导集体发挥最佳综合效应。

2. 专业结构

领导群体的专业结构是指领导群体内有不同专业知识和经验的领导成员的数量配备及组合方式。现代领导工作建立在社会化大生产和科学技术高度发达的基础上，具有很强的专业知识特点，这就要求领导班子成员之间应该具有合理的专业结构。

3. 知识结构

领导群体的知识结构，是指在一个领导群体中，不同知识积累和背景的成员之间的搭配组合状态。

4. 智能结构

领导群体智能结构，是指一个领导群体中，不同智能优势的人才个体的构成比例及其相互关系。

5. 气质结构

领导群体的气质结构，主要是指一个领导群体中，不同气质、性格的成员的构成比例及其相互关系。

气质，是指一个人比较稳定的心理活动的动力特征，也是人在心理活动和外部动作的进程中表现出来的某些关于速度、强度、稳定性等方面的心理综合特征。人的气质主要有三个特点：一是先天性；二是稳定性；三是可变性。

性格，是指一个人对现实稳定的态度和习惯化了的行为方式，也就是一个人表现在态度和行为上的比较稳定的心理特征。领导者的性格对领导工作的影响主要表现在：一是领导者的性格与政治品德的形成有直接联系；二是领导者良好的性格可以在一定程度上调节和改造不良的气质，使之服从领导工作的需要；三是领导者的性格对能力素质的形成具有促进或阻碍作用；四是领导者的性格直接影响着领导者的领导方式。

群体的心理素质结构如何，将对“班子”的整体效应产生重大的影响。科学而合理的群体心理素质结构，能够弥补领导者个体心理素质上的某些缺陷，产生最佳的整体效应。反之，如果群体心理素质结构不合理，即使每个领导者个体都是优秀人才，有良好的能力素质，在行使领导职能时也未必能收到好的效果，而且还有可能出现人才能量相互抵消的“内耗”情况。

四、领导者的影响力

组织行为学认为，要实现有效的领导，关键是领导者在被领导者心目中有崇高的威望，而威望的高低则取决于领导者自身具备的影响力的大小。

所谓影响力，就是一个人在与他人的交往中，影响和改变他人心理和行为的能力。影响力，人皆有之，但是由于交往的双方各自的知识、经验、能力、地位、权力等特点与条件不同，交往的环境不同，影响力所起的作用是大不相同的。人们的影响力大小是一个相对比较量。领导者在与他人交往中的影响力的大小，是由许多因素决定的。例如地位、权力、知识、能力、品格和资历等因素。作为一个有效的领导者，他必须对权力和影响力有正确的认识。一般人们把权力解释为一个人有某种地位和素质而获得的一种力量，这种力量可用来影响别人，使别人根据他的劝告、建议或命令办事。

（一）领导者影响力的分类

领导者的影响力包括两类：权力性影响力和非权力性影响力。这是两种产生于不同基础、发挥不同作用的影响力。

1. 权力性影响力也叫强制性影响力

权力性影响力是由社会赋予个人的职务、地位、权力等所构成的影响力。这种影响力的基础，一是在于“法定的”地位，正式组织中的上级主管部门赋予某个个人以一定的职务和权力，带有法定的性质，使被领导者认为领导者有合法权力指挥、支配人们的工作行为，自己必须听命、服从；二是在于其“奖惩权”，领导者掌握着奖惩权，接受其领导的就给予奖励，拒绝其领导的就予以惩罚，因此，人们只有服从。

权力性影响力的基础决定了其影响力的特点与作用，即对别人的影响带有强制性和不可抗拒性，是以外推力的形式发挥作用的。这种由于职务、权力、地位而产生的影响力，完全是外界赋予的，不是由于领导者本身的素质及现实行为所形成的，因而在权力影响力作用下被影响者的心理与行为一般表现为被动服从。它对人的激励作用是十分有限的。如果领导者只是一味地以权力压服下属，还会带来下属的不满和反抗情绪的增强。

2. 非权力性影响力也叫自然性影响力

非权力性影响力与权力性影响力是相对的，它与法定的权力无关，而是由于个人自身的品德、才能、学识、专长等因素而对他人形成的影响力。任何一个人如果他具有高尚的品德、渊博的知识或者表现出某种出众的专长，都会使人爱戴、敬佩，进而产生这种影响力。

非权力性影响力取决于个人的品德、行为和学识专长两个方面。品德高尚受人敬佩的人，其言行影响力的强度远在一般人之上。同样，博学多才、知识丰富的人比缺乏真知灼见、低能平庸的人更具有影响力。

由领导者个人自身因素而产生的影响力不是给人的行为改变以外推力的作用，而是对人们心理的自然感召，使之出自内心自愿改变行为。因此，非权力性影响力的特点是自然性，在这种影响力的作用下，人们的心理和行为多表现为自觉自愿、积极主动。同时，在具体活动中，它比权力性影响力具有更大的影响，并起着权力性影响力所起不到的作用。

（二）领导影响力的构成

1. 权力性影响力

构成权力性影响力的要素主要包括传统因素、职位因素和资历因素三个方面。

（1）传统因素。传统是指人们对领导者的一种传统观念。自古以来，人们形成了一种观念，认为领导者总是不同于一般人，认为领导者有权、有才干，比普通人强，从而产生了对领导者的服从感，这就使领导者的言行增加了影响力。这种传统观念所产生的影响力普遍存在，只要你成为了领导者，这种力量就自然而来。这是一种观念性因素。

（2）职位因素。职位指个人在组织中的职务和地位。具有领导职务的人，社会赋予他一定的权力，而权力使领导者具有强制下级的力量，凭借权力可以左右被领导者的行为、处境、前途以至命运，使被领导者产生敬畏感。领导者的职位越高，权力越大，别人对他的敬畏感也就越强烈。职位因素造成的影响力，是以法定为基础的，与领导者本人的素质条件没有直接关系，它是一种社会性因素。

（3）资历因素。资历是指领导者的资格和经历。领导者的资格和经历对被领导者产生的心理影响叫资历因素影响。领导者的资历越深，影响越大，它是一种历史性因素。

显而易见，由传统因素、职位因素、资历因素所构成的影响力，都不是领导者的现实行为造成的，而是外界赋予的。它对下级的影响带有强制性和不可抗拒性。这种权力来自领导者所担任的职务，他有了这个职务，就有了这个职务法定的权力，下属不能随便不接受他的领导。因此，这种权力是一种位置权力或地位权力，它取决于个人在组织中的地位。这种影响力对被领导者的作用主要表现为被动服从。它的核心是权力。它对人的心理和行为的激励作用是有限的。

2. 非权力性影响力

非权力性的影响力既没有正式的规定，也没有组织授予的形式，它是一种自然性影响力，是靠领导者自身的威信和以身作则的行为来影响他人的。非权力性影响力产生的基础比权力性影响力产生的基础广泛得多。构成非权力性影响力的因素主要包括品格因素、能力因素、知识因素和情感因素等四个方面。

（1）品格因素。这是非权力感召力的重要前提。品格是指反映在人的一切言行中的道德、品行、人格、作风等的总和。这是非权力感召力的本质要素。优良的品格会给领导者带来巨大的感召力，使群体成员对其产生敬爱感。一个适应社会的好的品格，常被人们作为典范来效仿。品格优良、作风正派的领导，必然带出一大批正直的下属。袁采说："己之性行为人所重，乃可诲人以操履之祥。"一个领导应该懂得无论他职位有多高，倘若在品格上出了问题，其政治威望（感召力或亲和力）就会荡然无存。

（2）能力因素。这是非权力性感召力产生的重要内容。能力是指能够胜任某项工作的主观条件，这是非权力性感召力的实践性要素。人的能力是多方面的，如果一个领导能够在安排下属的工作中，避其所短，扬其所长，使下属的专长得到充分发挥，使本群体的各项工作更加井然有序，这就是领导者识人、用人的本领和能力。古人曰："有才者不难，能善用其才则难"，说的就是这样的道理。

（3）知识因素。这是非权力性感召力产生的重要依据。知识是指人们在改造客观世界的实践活动中所获得的直接经验和间接经验的总和。这是非权力感召力的科学性要素。知识是一个人的宝贵财富，是领导者领导群体成员实现群体目标的重要依据。丰富的知识会给领导者带来良好的感召力，会使下属对其产生依赖感。领导者如果具有某种专业知识，那么，必然会对他人产生影响，具备这种素质的领导要比不具备这种素质的领导在行使权力上要顺利得多。

（4）情感因素。这是非权力性感召力产生的重要纽带。情感是人对客观事物（包括人）主观态度的一种反映。这是非权力性感召力的精神性要素。领导人深入基层，平易近人，时时体贴关心下属，和下属同甘共苦，与下属建立良好的情感，就容易使下属对其产生亲切感，下属的意见也容易反映到领导处，从而在领导做决策时可以根据群众的工作情况和思想状况作出更科学、合理的决策。

一般来讲，任何领导都同时具有两种影响力，但对不同的人来说，两种影响力的大小却是各不相同的。对于权力性影响力相同的两个领导者来说，其威信的高低主要取决于非权力性影响力。因此，要提高领导者的影响力与威信，一方面要合理用权，职权相称；另一方面要加强领导者的自身修养，全面提高个人素质，并且应使两种影响力互相促进、彼此呼应。一个能够将两种影响力综合运用的领导者，才是具有领导艺术魅力的人。

第二节 领导理论及领导方式

一、领导特性理论

这是一种最古老的传统理论，认为伟大的领导者都具有某些共同的特性。个人特性的差异形成了各自不同的领导风格。例如，拿破仑、丘吉尔、甘地、斯大林、毛泽东等，他们都天生具有一些共同的特性才使他们成为伟大的领导者，并且都有自己独特的领导风格。20 世纪 90 年代，领导特性理论出现了一些新的观点，认为领导者确实具有某些共同的特性，但是领导者的特性并不是先天具有的，而是后天形成的。他们都是经过非常勤奋的努力学习和在实践中长期艰苦锻炼，才渐渐成为有效领导者的。

有效的领导者具有的共同特性，一般有以下几点：

1. 努力进取，渴望成功

他们具有崇高的抱负和志向，并能为之付出全部精神，进行持之以恒的不懈努力，正是这种坚强的意志和毅力，使他们到达成功的顶峰。

2. 强烈的权力欲望

他们具有强烈的领导欲望，遇事都勤于思考，常常会提出与众不同的见解，并总想用自己的见解和理论去影响他人，试图赢得他人的信任、尊重和对理想的认同，从而争取得到更多的追随者。

3. 正直诚信，言行一致

这是人类社会普遍推崇的价值观，只有具有这种特性的人才能取得他人的信任。尽管一些想成为领导者的人在这方面实际做的还有距离，但他们一定不遗余力地完善自己，尽量给人们展示自己公正直率、诚实可信、言行一致的形象，因为只有这样人们才愿意追随他。

4. 充满自信

他们不怕任何困难、挫折、勇于面对巨大的挑战。对自己追求的事业永远充满自信，并且善于把这种自信传递给他人，使群体产生一种勇往直前的力量。

5. 追求知识和信息

他们对新事物充满敏感和兴趣，尽一切可能坚持不懈地去获取有关的知识和有用的信息，努力使自己拥有更多的专长权，在相关领域中使自己拥有更多的发言权，从而获得更多的追随者，或者使追随者更加理性和坚定。

每个领导者在上述各个特性方面，发展不可能完全均衡，因而形成了领导者各自的个性和领导风格。权力欲和自信心特强的人可能更易于走向集权，反之则更乐于实行民主。特别重视正直诚信、渴望成功的人，可能更愿意采取务实的事务型领导风格；知识和信息方面特强的人，可能更倾向于进行战略思维。除此之外，每个领导者的性格心态和领导所处的情景，以及追随者状态都会对领导风格产生重大影响，这正是特性理论的不足之处。

领导特性理论存在一定的局限性，不同环境造就的领导特质也是不同的，领导者的特质是在后天的锻炼中培养出来的，不是与生俱来的。而且该理论把领导者的个人特质看成是决定领导成败的关键因素，忽视了环境的作用。其实领导的效力是个人特质与环境相互作用的结果。不同领导者的特质是具体的、特定的，企图找到一种普遍适用的领导人格特质，显然不符合实际。

二、人性假设理论

领导是涉及到组织中人的问题的职能，领导者为了有效地影响个人或群体达到组织的目标，就必须研究各种领导方式的效果。因此，必须了解人，了解人性及人的行为模式，揭示人的活动规律，从而探索相关的管理方式。人们提出了许多关于人的本性的理论。

（一）从“经济人”到“复杂人”的假设

随着管理实践的发展，人们对管理中人性的认识也不断地深化，先后经历了“经济人”假设、“社会人”假设、“自我实现人”假设、“复杂人”假设等阶段。

1.“经济人”假设

“经济人”假设认为，组织人的行为主要目的是追求自身利益，工作动机是为了获得经济报酬。持“经济人”概念者认为，人的一切都是为了最大限度地满足自己的经济利益。人天生不愿意劳动、不愿意负责任，个人目标与组织目标是相互矛盾的。

最早提出“经济人”假设的，是英国早期的经济学家亚当·斯密。他认为，在自由经济制度中，经济活动的主体是体现人类利己主义本性的个人。每个人都在不懈地追求经济收入，同时不得不考虑别人的利益。在这样的过程中，建立起社会秩序，创造出财富。

泰罗把经济人假设作为他的科学管理体系的基石，他的一切管理制度，都着眼于如何根据工人的劳动量给予恰当的报酬。企业中成员的积极性问题，都是由于经济上的原因。

2.“社会人”假设

“经济人”假设不能解释企业中工人积极性波动的原因。在霍桑试验中，梅奥提出了“社会人”假设。这种假设认为，人的行为动机不只是追求金钱，工人有强烈的社交需求。如果工人在企业、家庭、社会中与他人关系不协调，其工作情绪就会受影响。因此，管理者要调动员工的工作积极性，不仅仅靠物质利益，更重要的是要考虑工作中员工的社会心理需要的满足程度。管理者应重视工人在社会交往方面的需要，重视人际关系的协调，鼓励员工参与管理等。

“社会人”比“经济人”假设更贴近劳动组织中工人的心理现状。企业管理实践表明了经济刺激手段的有限性。在“社会人”假设的基础上，建立了新的管理行为，其主要内容是：管理者应重视工作本身对职工需求的满足程度，重视工作团体对职工的影响；改变传统的任务导向型领导方式。

3. “自我实现人”假设

随着管理实践的进一步发展、行为科学的盛行和马斯洛需要层次论的提出，又出现了“自我实现人”假设。该假设认为，人除了有社会交往需要外，还有充分发挥能力的欲望。

“自我实现人”假设和“社会人”假设都强调职工心理需求，但需求内容不同。按照“社会人”假设，一个充满爱心、体贴的环境能激励工人努力工作；而按“自我实现人”假设，工人重视的是工作的挑战性，只要某项工作有利于他能力的发挥，达到他认为的自我价值的实现，哪怕是暂时的孤独、冷僻，也不会打击其积极性。在此假设基础上建立起来的管理方式本身就是目的，因为职工是出于对工作的热爱而努力工作的。在这样的理论指导下，出现了“目标管理”“参与管理”等管理方式。

4. “复杂人”假设

尽管“自我实现人”比“社会人”“经济人”更切合实际，它们都从某一个角度反映了人的一些本质属性，具有其合理性。但仍不能令人满意地解释职工积极性源泉问题，一方面职工的价值取向多种多样，没有统一的追求；另一方面，同一个人也会变化，今天是“经济人”，明天可能追求良好的人际关系。因此，20 世纪 70 年代，沙因（Schein）提出了“复杂人”假设。这种假设认为，人的需要是多种多样的，同一个人在同一时间内会有多种需要，并且会随着工作生活条件的变化不断产生新的需要。因此，不存在一套适用于任何时代、任何组织和个人的普遍有效的管理方式。

（二）X 理论和 Y 理论

在关于人性的研究中，有一个基本的分类，即人的积极性究竟是主动的还是被动的，实际上是“人究竟有没有积极性”，这个问题类似于哲学史上关于人性的善恶之争。倾向于性善论者认为，职工有内在的积极性，只要通过适当的激励方式，就能使职工自觉地去实现组织目标；倾向于性恶论者认为，职工没有内在积极性，如果没有外在压力，他们是不会为组织作出贡献的。

1957 年，美国心理学家麦格雷戈（D. McGregor）从理论上归纳了传统管理者的人性观。他认为，传统管理者之所以对职工进行强制性管理，是因为他们受传统的理论指导，他把这种理论称为 X 理论。其主要观点是：

（1）多数人生来懒惰，总想少工作；

（2）多数人没有工作责任心，宁可被别人指挥；

（3）多数人以我为中心，不关心组织目标；

（4）多数人缺乏自制能力。

所得出的结论是，多数人不能自我管理，因此需要另外的少数人从外部施加压力。

麦格雷戈提出的 Y 理论认为：

（1）工作和娱乐一样，都是人的活动，人是否喜欢工作要看工作条件如何；

（2）人不仅会接受责任，而且会主动要求责任；

（3）人能够自我控制和自我指导；

（4）个体目标与组织目标没有根本冲突，若有条件，个体会自觉地把个体目标与组织目标统一起来。

所得出的结论是，多数人可以进行自我管理，少数领导者只需要从旁提点指导即可，人工作的原动力是内心的一种喜好。

显然，以 X 理论和以 Y 理论指导的管理方式正好是相反的。X 理论类似于哲学史上的性恶论，强调“人之初，性本恶，要他干，就得压”。Y 理论倾向于性善论，强调“人之初，性本善，引导好，努力干”。现代管理实践越来越倾向于 Y 理论。从 X 理论到 Y 理论的变化，与从“经济人”到“自我实现人”假设的变化趋向是一致的。

三、领导方式理论

（一）极端理论

以美国管理学家怀特和李皮特为代表的一批研究者提出了三种领导方式理论，即把领导方式分为三种：权威式领导，民主式领导和放任式领导（如表 7－1 所示）。

1. 权威式领导

所有政策均由领导者决定；所有工作的进行步骤和技术的采用，均由领导者发号施令；工作分配及组合多由领导者单独决定，领导者较少接触下属，如有奖惩往往对人不对事。

2. 民主式领导

主要决策由组织成员集体讨论决定；领导者采取鼓励与协助态度；分配工作时，尽量照顾到组织每个成员的能力、兴趣和爱好，领导者主要运用个人权力，而很少使用职位权力；领导者与下级间心理距离极小，在所设计的完成工作的途径和范围内，下属对于工作进行的步骤和所采用的技术的选择，有相当大的自由，有较多的选择性和灵活性。

表 7－1　　三种领导风格的比较

项目	权威式领导	民主式领导	放任式领导
群体方针的决定	一切由领导者一人决定	方针均由群体讨论决定，领导参与协调	由群体或个人决定，领导者不参与
群体活动的了解与透视	方法和步骤由领导决定，以命令的方式让成员接受	在讨论中了解工作程序和最终目标，成员有选择方法的自由	提供工作上所需要的材料，成员问及时回答

续表

项目	权威式领导	民主式领导	放任式领导
工作的分担与同伴的选择	由领导指定工作任务及其工作伙伴	工作分担由群体决定，同伴自由选择	领导者完全不干预工作
参与及工作评价	回避群体作业，领导者以个人善恶来表扬或批评	在精神上成为群体成员，依据客观事实来表扬或批评	除非成员要求，不经常发表评论，不主动协调
与下属关系	严厉不可亲近，以特别身份出现，高高在上	可以亲近，且觉得可以依靠，不以特别身份出现	可以亲近，但觉得不太可能
与上下关系	只听从上级指示，不考虑部属的情况	关心部属，将部属的要求反映到上级	不关心部属，也不在乎上级
发生问题时	不向部属做任何说明，即下命令	向部属说明情形，再加以适当指示	不向部属作任何说明，也不作指示
听取下属意见	根本不让部属发表意见	尽可能听取部属的意见	不太注意部属的意见
成员反应	缺乏自动意识，失去个性，依赖性大，消极、自卑、不满，不负责任	个性发扬，群体观念强	感到自由，但缺乏群体观念

3. 放任式领导

组织成员或群体有完全的决策权，领导者放任自流，只负责给组织成员提供工作所需的资料条件或咨询，而尽量不参与，一般情况下不主动干涉，只偶尔发表一下意见。在这种领导方式下，工作几乎全部依靠组织成员个人自行负责。

社会心理学家卢因研究了三种领导方式，他认为，在实际的领导过程中，极少存在三种极端的领导作风。领导者通常采用处于两种类型之间的混合型作风，即家长式作风、多数裁定作风和下级自决作风。

（二）领导行为理论

领导行为理论试图从研究领导者的行为特点与绩效的关系，来寻找最有效的领导风格。以前的学者主要从领导者更关心工作绩效，还是更关心群体关系，以及是否让下属参与决策等三个方面研究领导行为。

1. 密执安大学的研究

密执安大学的研究由 R. 李克特（Rensis Likert）及其同事在 1947 年开始进行，试图比较群体效率如何随领导者行为的变化而变化。这项研究的目的是打算建立实现预期的绩效和满意水平的基本原理，以及有效的领导方式类型，结果发现了两种不同的领导方式。

一是工作（生产）导向型的领导行为。这种领导者关心工作的过程和结果，并用密切监督和施加压力的办法来获得良好绩效、满意的工作期限和结果评估。对这种领导者而言，下属是实现目标或任务绩效的工具，而不是和他们一样有着情感和需要的人，群体任务的完成情况是领导行为的中心。

二是员工导向型领导行为。这种领导者表现为关心员工，并有意识地培养与高绩效的工作群体相关的人文因素，重视人际关系。员工导向型领导者把他们的行为集中在对人员的监督，而不是对生产的提高上，他们关心员工的需要、晋级和职业生涯的发展。

密执安大学的研究人员发现，在员工导向型领导的组织中，生产的数量要高于工作导向型领导组织的生产数量。另外，这两种群体的态度和行为也根本不同。在员工导向型的生产单位中，员工的满意度高，离职率和缺勤率都较低。在工作导向型的生产单位中，产量虽然不低，但员工的满意度低，离职率和缺勤率较高。在这种经验观察的基础上，密执安大学领导行为方式研究的结论是，员工导向的领导者与高的群体生产率和高满意度正相关，而生产导向的领导者则与低的群体生产率和低满意度正相关。

2. 俄亥俄州立大学的研究

大约在密执安大学对领导方式展开研究的同一时期，美国俄亥俄州立大学的研究人员弗莱西曼（E. A. Fleishman）和他的同事们也在进行关于领导方式的比较研究。他们的研究样本，是国际收割机公司的一家卡车生产厂。他们的研究结果本来罗列了十种不同的领导方式，但最后，他们把这十种类型进一步分为两个维度，即关怀维度（Consideration）和定规维度（Initiation of Structure）。

关怀维度代表领导者对员工以及领导者与追随者之间的关系，对相互信任、尊重和友谊的关注，即领导者信任和尊重下属的观念程度。定规维度代表领导者构建任务、明察群体之间的关系和明晰沟通渠道的倾向，或者说，为了达到组织目标，领导者界定和构造自己与下属的角色的倾向程度。该项研究说明，一个领导者的行为在每一种维度中可以出现很大的变化。领导者在每种维度中的位置通过对两种维度的问卷调查测度。根据这样的分类，领导者可以分为四种基本类型，即高关怀—高定规、高关怀—低定规、低关怀—高定规和低关怀—低定规。

俄亥俄州立大学的这项研究发现，在两个维度方面皆高的领导者，一般更能使下属达到高绩效和高满意度。不过高关怀—高定规型风格并不总是产生积极效果；而其他三种维度组合类型的领导者行为，普遍与较多的缺勤、事故、抱怨以及离职有关系。其他发现还有，领导者的直接上级给领导者的绩效评估等级与高关怀度成负相关。

（三）管理方格理论

密执安大学和俄亥俄州立大学的研究结果发表以后，引起了对理想的领导行为广泛的讨论。一般的看法是，理想的领导行为既要是绩效型的又要是关怀型的。对这种理想的领导行为加以综合的重要成果，是美国得克萨斯大学的布莱克（Blake）和穆顿（Mouton）提出的管理方格论。这一理论充分概括了上述两项研究所提炼的员工导向和生产导向维度。在这种领导理论中，首先把管理人员按他们的绩效按照导向行为（称为对工作的关心）和维护导向行为（称为对人的关心）进行评估，给出等级分值。然后以此为基础，把分值标注在两个维度坐标界面上，并在这两个维度坐标轴上分别划出 9 个等级，从而生成 81 种不同的领导类型，如图 7－1 所示。

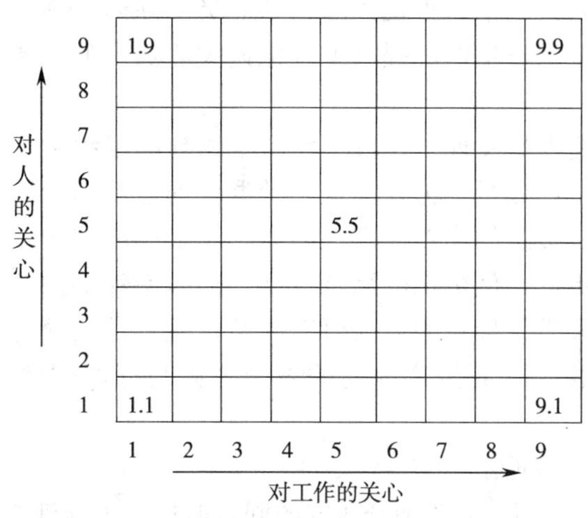

图 7－1　管理方格图

有代表性的领导行为包括（1，9）型，又称为乡村俱乐部型管理，表示领导者只注重支持和关怀下属而不关心任务和效率；（1，1）型，又称为贫乏型管理，表示领导者不愿努力工作，对工作绩效和对人员的关心都很少，很难维持组织成员的关系，也很难有良好的工作绩效；（5，5）型，又称为中庸之道型管理，表示领导者维持足够的任务效率和令人满意的士气；（9，1）型，又称为任务型管理，表示领导者只重视任务效果而不重视下属的发展和士气；以及（9，9）型，又称为团队型管理，表示领导者通过协调和综合工作相关活动而提高任务效率与士气。他们认为，（9，9）方式的管理者工作是最佳的领导方式，并提出原则上达不到（9，9）等级的管理人员，要接受如何成为一个（9，9）型领导人的培训。

20 世纪 60 年代，管理者方格培训受到美国工商界的普遍推崇。但在后来，这一理论逐步受到批评，因为它仅仅讨论一种直观而且是最佳的领导行为。而且，管理方格论并未对如何培养管理者提供答案，只是为领导方式的概念化提供了框架。另外，也没有实质性证据支持在所有情况下，（9，9）型领导方式都是最有效的方式。例如，在不同的社会、经济、文化和政治背景中，管理者领导方式的优劣，并不是简单地通过中性或平衡的（9，9）分布能够陈述的。这说明，领导的行为理论并不是对某种领导方式的最佳选择，领导方式的研究应是多角度的。

四、领导权变理论

领导权变理论又称领导情景理论，主要是探讨各种环境因素怎样影响领导者行为及其有效性，认为在不同的情况下需要不同的素质和行为，才能达到有效的领导。情景论认为，并不存在具有普遍适用的领导特性和领导行为，有效的领导者能因自己当时所处情景的不同而变化自己的领导行为和领导方式。

（一）菲德勒权变理论

该理论认为不存在一种“普遍适用”的领导方式或领导风格，领导工作强烈地受到领导者所处的客观环境的影响。或者说，领导者和领导方式是某种既定环境的产物，即

$$S = f(L,F,E)$$

式中，S代表领导方式；L代表领导者特征；F代表追随者的特征；E代表环境，即领导方式是领导者特征、追随者特征和环境的函数。

领导者的特征主要指领导者的个人品质、价值观和工作经历。追随者的特征主要指追随者的个人品质、价值观、工作能力等。环境主要指工作特征、组织特征、社会状况、文化影响、心理因素等。工作是具有创造性还是简单重复，组织的规章制度是比较严密还是宽松，社会时尚是倾向于追随服从还是推崇个人能力等，都会对领导方式产生强烈的影响。

菲德勒的领导权变理论是比较有代表性的一种权变理论。该理论认为，各种领导方式都可能在一定环境内有效，这种环境是多种外部与内部因素的综合作用体。

菲德勒将权变理论具体化为三个方面，即职位权力、任务结构和上下级关系。所谓职位权力是指领导者所处的职位具有的权威和权力的大小，或者说领导的法定权、惩罚权、奖励权的大小。权力越大，群体成员遵从指导的程度越高，领导的环境也就越好；反之，则越差。任务结构是指任务的明确程度和部下对这些任务的负责程度。如果这些任务越明确，而且部下责任心越强，则领导环境越好；反之，则越差。上下级关系是指下属乐于追随的程度。如果下级对上级越尊重，并且乐于追随，则上下级关系越好，领导环境也越好；反之，则越差。

菲德勒设计了一种问卷来测定领导者的领导方式。该问卷的主要内容是询问领导者对最不与自己合作的同事（LPC）的评价。如果领导者对这种同事的评价大多用敌意的词语，则该领导趋向于工作任务型的领导方式（低 LPC 型）；如果评价大多用善意的词语，则该领导趋向于人际关系型的领导方式（高 LPC 型）。

菲德勒认为，环境的好坏对领导的目标有重大影响。对低 LPC 型领导来说，比较重视工作任务的完成。如果环境较差，他将首先保证完成任务；当环境较好时，任务能够完成，这时他的目标将是搞好人际关系。对高 LPC 型领导来说，比较重视人际关系。如果环境较差，他将首先将人际关系放在首位；如果环境较好时，人际关系也比较融洽，这时他将追求完成工作任务，如图 7－2 所示。

菲德勒对 1 200 个团体进行抽样调查，得出结论，如表 7－2 所示。领导环境决定了领导的方式。在环境较好的Ⅰ、Ⅱ、Ⅲ和环境较差的Ⅶ、Ⅷ情况下，采用低 LPC 领导方式，即工作任务型的领导方式比较有效。在环境中等的Ⅳ、Ⅴ和Ⅵ情况下，采用高 LPC 领导方式比较有效，即人际关系型的领导方式比较有效。

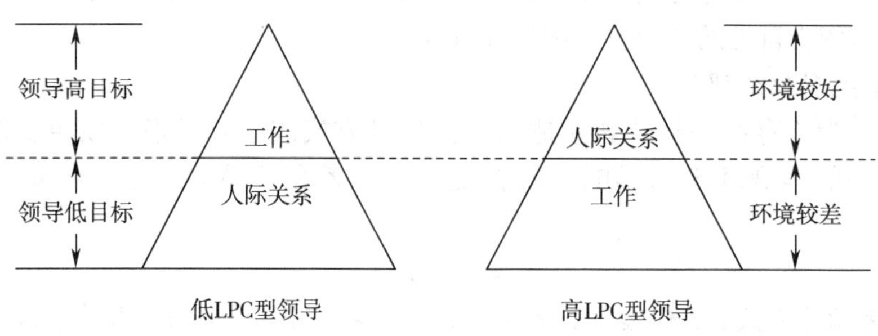

图 7－2　领导目标与环境关系示意图

表 7－2　　菲德勒权变理论模型

人际关系	好	好	好	好	差	差	差	差
工作结构	简单	简单	复杂	复杂	简单	简单	复杂	复杂
职位权力	强	弱	强	弱	强	弱	强	弱
环境	Ⅰ	Ⅱ	Ⅲ	Ⅳ	Ⅴ	Ⅵ	Ⅶ	Ⅷ
领导目标	高			不明确			低	
低 LPC 领导	人际关系			不明确			工作	
高 LPC 领导	工作			不明确			人际关系	
最有效方式	低 LPC			高 LPC			低 LPC	

（二）领导生命周期理论

这一理论由美国心理学家赫塞和布兰查德于1966年提出。该理论同样认为关心人和关心工作决定领导风格，但是，他们又提出第三个影响因素，即被管理者的成熟程度。他们把被管理者按成熟程度分为四个阶段，即很成熟、比较成熟、初步成熟和不成熟。面对不同成熟度的被管理者，领导风格要作相应的调整，用最适合的风格去领导下属，如图 7－3 所示。

图 7－3 中，工作行为是指导领导和下属完成任务而形成的交往形式，代表领导者对下属完成任务的关注程度；关系行为是指导领导者给下属以帮助和支持的程度；成熟程度，是指人们对自己的行为承担责任的能力和意愿的大小，它包括两个因素：工作成熟度和心理成熟度。

由工作行为和关系行为相组合形成四种情况，对应着四种领导方式：高工作低关系——命令式；高工作高关系——说服式；低工作高关系——参与式；低工作低关系——授权式。

领导生命周期理论认为，随着下属从不成熟走向成熟，领导者不仅可以逐渐减少对工作的控制，而且还可以逐渐减少关系行为，领导者相应地改变自己的领导方式。

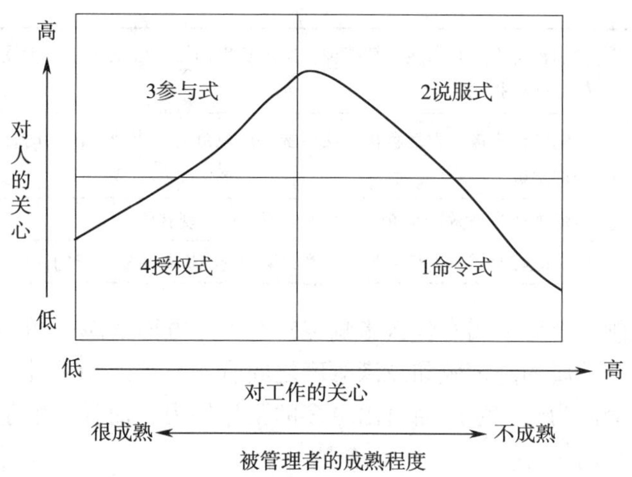

图7-3 领导生命周期理论

第三节 当代领导方式

一、领袖魅力型领导

领袖魅力的领导理论是归因理论的扩展。它指的是当下属观察到某些行为时，会把它们归因为伟人式的或杰出的领导能力。大部分领袖魅力的领导研究，主要是确定具有领袖气质的领导者与无领袖气质的领导者之间的行为差异。

一些研究者试图确认有领袖魅力的领导者的个性特点。罗伯特·豪斯（以路径—目标理论而著名）确定了三项因素：极高的自信、支配力以及对自己信仰的坚定信念。瓦伦·本尼斯研究了90位美国最有效和最成功的领导者，发现他们有四种共同的能力：(1）有令人折服的远见和目标意识；（2）能清晰地表述这一目标，使下属明确理解；(3）对这一目标的追求表现出一致性和全身心的投入；(4）了解自己的实力并以此作为资本。不过，在此方面最新最全面的分析是由麦吉尔大学的杰·康格和鲁宾德拉·卡农格进行的。他们的结论是，有领袖魅力的领导者都有一个他们希望达到的理想目标，为此目标能够全身心的投入和奉献，反传统，非常固执而自信，被认为是激进变革的代言人而不是传统现状的卫道士。表7-3总结了区别有领袖魅力的领导者与无领袖气质的领导者的关键特点。

表7-3 有领袖魅力的领导者的关键特点

1. 自信	有领袖魅力的领导者对他们自己的判断和能力有充分的信心
2. 远见	他们有理想的目标，认为未来定会比现状更美好；理想目标与现状相差越大。下属越有可能认为领导者有远见卓识
3. 清楚表述目标的能力	他们能够明确地陈述目标，以使其他人都能明白；这种清晰的表达表明了对下属需要的了解，然后，它可以成为一种激励的力量

续表

4. 对目标的坚定信念	他们被认为具有强烈奉献精神，愿意从事高冒险性的工作，承受高代价。为了实现目标能够自我牺牲
5. 不循规蹈矩的行为	他们的行为被认为是新颖、反传统、反规范的。当获得成功时，这些行为令下属们惊诧而崇敬
6. 作为变革的代言人出现	他们被认为是激进变革的代言人而不是传统现状的卫道士
7. 环境敏感性	他们能够对需要进行变革的环境约束和资源进行切实可行的评估

有领袖魅力的领导者对下属有什么影响呢？有关此方面的越来越多的研究表明，有领袖魅力的领导者与下属的高绩效和高满意度之间有着显著的相关性。有领袖魅力的领导者领导的员工，会因为受到激励而付出更多的工作努力，而且，由于他们喜爱自己的领导，也表现出更高的满意度。

既然领袖魅力如此理想，人们是否可以学做有领袖魅力的领导者呢？或者说具有领袖气质的领导者，天生就具有这些气质吗？尽管仍有少数人强调领袖魅力不可能被学到，但大多数学者专家认为个体可以经过培训而展现领袖魅力的行为。比如，研究者使实际上是商业大学本科的在校学生成功地“扮演”了有领袖魅力的角色。他们指导学生清晰地表述一个极高的目标；向下属传达高绩效的期望，对下属达到这些目标所具备的能力表现出很有信心，重视下属的需要；学生们练习表现出有力、自信和动态的形象，并使用富有魅力的迷人语调。为了进一步捕捉领袖魅力的动态和生动特征，这些学生还被训练使用领袖魅力的非言语特点，他们或者坐在自己的办公桌上，或者在桌边漫步，身体向前倾向下属，保持直接的目光接触，以及呈现放松的姿态和生动的面部表情。

研究发现，这些领导者的下属比无领袖魅力的领导者的下属表现出更高的工作绩效，对任务的适应性，以及对领导和群体的适应性更强。有领袖魅力的领导者对于员工达到高绩效水平来说并不总是必需的，当下属的任务中包含观念性要素时，它最为恰当。这可以解释为什么领袖魅力的领导者更多存在于政治、宗教中，或在一个引入重要新产品或面临生存危机的企业中出现。富兰克林·罗斯福在经济大萧条中指出了光明的前景；马丁·路德·金不屈不挠的愿望是通过和平手段建立社会平等；史蒂夫·乔布斯（Steve Jobs）在20世纪70年代末80年代初提出了个人电脑必将极大改变人们日常生活的前景，从而在苹果公司赢得了技术员工坚定的忠诚和承诺。然而，当危机和剧烈变革的需要减退时，有领袖魅力的领导者事实上可能会成为组织的负担。为什么？因为有领袖魅力的领导者过分地自信常常导致了许多问题。他们不能聆听他人所言，受到有进取心的下属挑战时会十分不快，并对所有问题总坚持自己的正确性。

二、变革型领导

（一）变革性领导的含义

“变革型领导”作为一种重要的领导理论是从政治社会学家伯恩斯（Burns）的经典著作《领导力》（*Leadership*）开始的。在这一著作中，伯恩斯将领导者描述为能够激发追随者的积极性从而更好地实现领导者和追随者目标的个体，进而将变革型领导定义为领导者通过让员工意识到所承担任务的重要意义和责任，激发下属的高层次需要或扩展下属的需要和愿望，使下属为团队、组织和更大的政治利益超越个人利益。他认为：变革型领导是一个为追求更高的组织目标，领导者及其下属转换原有的价值观念、人际关系、组织文化与行为模式，他们有更高的动机和士气，团结在一起，超越个人利益的过程。简而言之，变革型领导是一个领导者使其下属私利的超越过程，在这一过程中个体的工作能力和道德水平得以提升和自我完善。

（二）变革型领导理论的内容

1. 巴斯的观点

巴斯等人最初将变革型领导划分为六个维度，后来又归纳为三个关键性因素。Avolio 在其基础上，将变革型领导行为的方式概括为四个方面，即理想化影响力（Idealized Influence）、鼓舞性激励（Inspirational Motivation）、智力激发（Intellectual Stimulation）、个性化关怀（Individualized Consideration）。具备这些因素的领导者通常具有强烈的价值观和理想，他们能成功地激励员工超越个人利益，为了团队的伟大目标而相互合作、共同奋斗。

（1）理想化影响力。理想化影响力是指能使他人产生信任、崇拜和跟随的一些行为。它包括领导者成为下属行为的典范，得到下属的认同、尊重和信任。这些领导者一般具有公认较高的伦理道德标准和很强的个人魅力，深受下属的爱戴和信任。大家认同和支持他所倡导的愿景规划，并对其成就一番事业寄予厚望。

（2）鼓舞性激励。领导者向下属表达对他们的高期望值，激励他们加入团队，并成为团队中共享梦想的一分子。在实践中，领导者往往运用团队精神和情感诉求来凝聚下属的努力以实现团队目标，从而使所获得的工作绩效远高于员工为自我利益奋斗时所产生的绩效。

（3）智力激发。智力激发是指鼓励下属创新，挑战自我，包括向下属灌输新观念，启发下属发表新见解和鼓励下属用新手段、新方法解决工作中遇到的问题。通过智力激发领导者可以使下属在意识、信念以及价值观的形成上产生激发作用并使之发生变化。

（4）个性化关怀。个性化关怀是指关心每一个下属，重视个人需要、能力和愿望，耐心细致地倾听，以及根据每一个下属的不同情况和需要区别性地培养和指导每一个下属。这时变革型领导者就像教练和顾问，帮助员工在应付挑战的过程中成长。

2. 本尼斯与纳努斯的观点

他们认为，领导者在团体中需要有 4 种策略：

（1）变革型领导需要为组织设计一个清晰、真实、可信的远景规划。这个远景规划要简单易懂，尽量与员工的经历相关，以使员工支持组织。

（2）变革型领导要扮演社交建筑师的角色，要能动员人们接受一个新的团队认同或者团队哲学，使个体分享团队利益，并向员工传达团队价值和规范转变的方向。

（3）变革型领导要让员工明确自己的职责，并得到员工的信任。

（4）变革型领导要通过自信发展自我。要求领导者自己清楚自身的优势和缺点，要强调优势，扬长避短，通过学习实现发展。同时，这也起到示范作用。

3. 蒂齐与德纳的观点

他们认为，变革型领导通过3种情形实现对团队的改造：

（1）认可只有变化才是永恒的。由于人们有习惯、惰性，现实中，有时抵制改革。这时，领导者要使员工认识到改革的必要性，减少变革的阻力。

（2）制定共同的远景。领导者要与员工共同讨论，共谋组织发展战略。

（3）将变革制度化。领导者在打破旧体制后，要立即将新体制固定下来，并通过树立新典型、取得近期效果，来增强变革的吸引力。

（三）变革型领导理论的评价

1. 变革型领导的优势

（1）从变革型领导的定义可以看出，这种领导理论之所以成为目前领导学研究的热点，在于它迎合了时代发展的需求。变革型领导理论非常重视员工自身的价值实现，把他们当做能动的人看待，鼓励他们自我实现，相信他们有无限的潜能。我们应该能够看到，在目前的一些知识型的企业里，员工的文化素质都比较高，如果领导者把他们当做机械的人看待，通常以命令的方式领导他们，效果一定不会好。所以说，变革型领导在这种经济比较发达的社会环境下，在人口文化素质比较高的情形下，是很有它诞生的意义和应用价值的。

（2）变革型领导还有一个很好的理念，在于它对领导者本身的内涵的理解。领导者的影响力包括职权影响力和个性影响力。我们都知道，职权影响力不能有持久的影响作用，也不能对人的心灵深处产生深远影响，而个性影响力恰能弥补这个不足。变革型领导就是这样一种把二者结合起来并对个性影响力更倚重的理论，它强调领导对下属的模范作用，首先领导者注意自身的操行，勇于承担责任和风险，给下属做好模范带头作用，在不确定的环境里有效地指引下属们团结一心共渡难关。同时又以员工的需求为中心，充分了解下属的个性化需求，向下属提供富有挑战性的工作和智力激励，通过这些过程，领导者和下属的需求统一到团队的目标里，领导者和下级的目标合二为一，团队上下群策群力，为实现共同的目标而奋斗。

（3）变革型领导理论并没有很长的发展历史，但伯恩斯和巴斯所提出的基础理论还是能够为大家所理解，并且其中一个重要的贡献是他们给变革型领导划分了几个维度，并且编制了能够用以测量之用的《变革型领导问卷》，而且，这几个维度以及这个测量问卷在不同的国家中得到了论证，尽管有些许的差别，但总的来说各个国家还是具有共通性的。这就为变革型领导理论的发展打下了坚实的基础，在今后的研究中自然会沿着这个框架继续深入，所以，变革型领导理论将会非常有生命力。

2. 变革型领导的缺陷

变革型领导理论有许多值得称道的地方，但是在它继续发展的过程中，也遇到了一些困惑和不足，这也是这个理论在今后所需解决的和完善的地方。

（1）国内外关于变革型领导的研究仍然不是很多，尽管在实践中可能很多人会用到这种理论，但投入的实证研究仍然不够，在我国也是少数几个人从事实证研究。因为这个理论本身是非常重视管理中“人”的因素，领导者还有员工，他们都是复杂的人，影响人的因素有方方面面，这就意味着还有许许多多的东西值得我们深入去研究。尽管也有实证研究证明它很有效，能提高员工满意度和工作绩效，但这种领导能不能复制，有没有方法使它更具有操作性，这些问题仍然没有解决，所以使这个理论系统化是今后要努力的方向。

(2) 变革型领导理论主要来自于西方大型企业高层领导者的研究，变革型领导是否适用于和如何适用于低层领导者，以及它对不同文化环境的适用性等还有待于更多的实证研究。而且，在这些实证研究中很少取样是来自政府或事业部门，这种领导理论是否适合政府和事业单位呢，至今也无人能回答。

(3) 在我国，有很多企业或工厂的员工文化素质并不是很高，这就势必会影响变革型领导的发挥，那么很可能会出现两种极端：有的公司会照搬套用变革型领导理论；有的会认为我们的员工没有那种素质，不能用这种理论，还是用交易型领导好。这个问题就引发了一个新的思考，我们对哪种领导更好应该不能有绝对的答案，变革型领导有它适用的条件，交易型领导也有它发挥的舞台，所以，我们应该权变地看问题，究竟哪种领导类型好还要看具体的情形。也就是说，变革型领导理论还要加强适用条件的研究，否则会出现误导。

三、后英雄时代领导

(一) 成为学习型领导者

领导者肩负着促进企业发展、事业进步的历史使命，应该加强学习、积极实践、勇于创新、与时俱进。要增强学习意识，不断更新已有的知识，对一切有利于推动和改进工作的新理念、新观点、新知识和新方法，永远保持一种职业的敏感和渴求。通过不断学习，增长知识、提高能力，这样才能不断夯实提高自身领导力的根基。领导者加强学习，从内容上看，要兼收并蓄，既要有高度，也要有深度和广度。

1. 加强理论学习

作为领导者，只有理论上清醒、坚定，政治上才能清醒、坚定，从而保证自身领导力的正确导向。平时要加强马列主义、毛泽东思想、邓小平理论和“三个代表”重要思想的学习，努力掌握理论体系和精神实质，用发展的马列主义武装头脑、指导工作，这样才能“站得高，看得远”。

2. 加强专业知识的学习

根据工作的需要，广泛学习现代经济、管理、教育、科技、法律、营销等方面的知识。同时，通过广泛的学习开阔眼界、拓宽思路、创新思维，增强科学决策和指导实践的能力。

3. 注重学习领导艺术和现代管理理念

以科学的理论指导自己的管理实践，努力加强工作的计划性，科学设定阶段目标，营造出宽松、和谐、进取的团队氛围，合理配置人、财、物资源，使团队效能得到最佳释放。领导者加强学习，从方法上看，既要注重读“有字之书”，更要注重读“无字之书”。

一是从书本中学习。从书本中学习系统的理论知识，学习新的思想与观念，以此增长知识、开拓眼界。

二是重视在社会中学习。要向他人学习。孔子说："三人行，必有吾师焉"。作为领导者，要重视学习，敢于借鉴别人的好思想、好作风、好方法，取人之长，补己之短。要从生活中学习。生活是最好的老师。日常生活、工作的方方面面，只要留心，处处有学问，领导者要做有心人，在实践中边摸索、边总结、边积累、边提高。

三是注重联系实际，活学活用。"纸上得来终觉浅，绝知此事要躬行。"无论是书本上得来的知识，或者是学习借鉴他人的长处，还是依据自己的经验，都要与当时当地的实际情况相结合，坚持实事求是的精神，具体情况，具体分析，创造性地开展工作。

领导者只有不断加强学习，才能不断增强自身知识与能力，才能持续增强自身素质。而只有经常不断地充实提高自己，才能更好地提高自身的领导力，才能更好地对组织成员施加影响，推动各项工作的开展，促进组织事业的发展。

（二）提高个人的领导风范

作为一个新时代的领导者，应该具备较高的领导魅力。领导魅力影响着领导能力的发挥。领导魅力有助于团结、影响下属，有助于增强领导效果。要提高领导魅力，就要具有三方面的素质：文化素质、道德素质、品格魅力。这三方面素质必须有机结合，才能有效提高领导者的整体素质和领导魅力。因此，一个有志向的领导者，应该不断加强文化素质、道德素质、品格魅力三方面的修养。在现实生活、工作中，领导者要认真学习，勤于思考，严于律己；要言而信，行而果。要在日常生活、工作中做到：

（1）用爱感染员工。领导者不要摆领导的架子，要平易近人，和蔼可亲，和下属平等交往。这样才能获得别人的支持与追随，才能成为名副其实的领导者。否则，就会上下离心离德，即使领导者其他方面的品质再优秀，也很难获得众人的支持与追随。

（2）尊重是最可贵的品质。"领导能力不是一个人、一个职位或一个项目，而是管理者与追随者相联系时所发生相互作用的关系，即活动范围。"所以，领导者必须与追随者建立起密切的良好的工作关系。如果下属了解领导者、理解领导者、信任领导者，就会心甘情愿地支持领导者、追随领导者。反之，如果管理者与追随者的关系疏远，相互怀疑、猜忌，甚至相互敌视，下属就会与领导者渐行渐远，离心离德、貌合神离。

（3）要有创新意识。创新意识是一个卓越领导者必须具备的。领导者的创新意识与尚未被人涉足的、未知的事业与行动相联系。领导者能敏锐地觉察到发展的方向与气息，能够觉察到稍纵即逝的机会，能够结合社会发展趋势，高瞻远瞩地确定组织与个人的发展方向，为组织与个人指明前进的目标。有创新意识的领导者更能获得下属的支持、爱戴与拥护。

（4）让工作成为艺术。要成为一个受人尊敬、爱戴的领导者，必须要具有良好的工作艺术；发扬扎实深入的工作风格，发扬求真务实的作风，发扬开拓进取的作风；大胆探索，开拓进取，创造性地开展工作。树立好的作风，领导者必须切实远离那些不说实话、不干实事、不求实效的不良风气；要密切干群关系，充分调动群众的积极性、创造性、能动性，团结一致做好工作。尤其是随着改革的深入和现代化建设的不断发展，新问题、新情况、新矛盾比较多，更需要加强工作艺术。

（三）塑造自身的品格魅力

1. 意志魅力

意志是一个人的心理素质，同时也是一种品格，它蕴藏于心并体现于行动中。意志是领导在领导活动中体现的果断、忍耐、坚定与顽强等特征。意志总是伴随着远大的目标出现的。任何一个具有崇高理想的领导都要为实现其远大的目标而不停地奋斗。领导者要不断激发起组织成员对工作的持久热情与不竭动力，不断强化组织成员的事业心和责任感，以事业发展和工作责任汇聚人心，努力发扬创业精神，积极思考、谋划工作目标、方法，竭尽全力完成工作任务，进而获取事业成功的喜悦，激发更高涨的创业激情与工作热情。

2. 信念魅力

领导只有充满必胜的信念，才会对自己的事业确信无疑，才能迈出坚定的步伐，才能产生克服任何困难的勇气，才能随时迎接来自方方面面的挑战。信念的引导力量并不仅仅局限于信念者自身，它同样可以影响别人，这正是信念成其为魅力的重要原因。领导具有顽强的信念，事业也就成功了一半，他可以用自己的信念去影响员工，使下属认同、信服，进而愿意为领导的目标服务。

3. 人格魅力

领导者一定要尊重组织成员的人格尊严，关心、爱护组织成员，给组织成员以学习、工作、发展的机会；要在工作过程中，不仅实现组织的发展目标，而且要促进组织成员的发展与进步；要密切关注组织成员的兴趣、需要和他们所关心的事情，用信任、培养来营造让组织成员受到支持的环境。领导者切不可居高临下，目中无人，摆架子，显威风，以发号施令、盛气凌人的“官”自居；更不能片面认为“距离”产生权威，人为地设置感情屏障。在组织成员的心中，领导者应该始终是一位工作上的导师、生活中的益友，是一个永远值得信赖和依靠的人。

（四）树立正确的用人观

人是管理活动中最活跃的因素。领导者要牢固树立“以人为本”的管理理念，通过树立科学的用人观念和坚持正确的用人导向，激发每个人的积极性、主动性、能动性，把全体组织成员的思想与精力集中到组织事业的成功和个人价值的实现上来。

1. 注重教育和引导

领导者要加强自身的思想作风建设，以身示范，这样才有说服力、教育力，才能更好地对下属施加影响，成为下属的学习榜样，才能引导他们树立正确的世界观、人生观、价值观。

2. 用一流人才成就一流事业

事业的发展需要人才，事业成功的关键在于人才。领导者要树立科学的用人观念，坚持正确的用人导向。领导者要注重事业至上、德才皆备的选人用人观，敢于用比自己强的人才；努力去发现人才，用好人才，留住人才；对事业心责任感强、业务精干的人才加强培养，积极推荐，努力做到唯才是举、知人善任，使各类人才各得其所、各展所长。在选人用人的过程中，领导者要广泛听取成员意见，严格按制度和程序办事，认真贯彻民主集中制度，力求把真正的贤人、能人选拔出来，为他们施展才华提供舞台。通过正确的选人用人，以求凸现领导者鲜明的爱才惜才的用才观，既有利于调动下属的积极性，也树立了领导者自身的形象，弘扬了良好的风气，会产生良好的效果。

3. 加强制度的建设

在加强教育引导的同时，要强化制度建设，加强监督与考评。首先是领导者自身要主动接受大家的监督，看起来领导者受下属监督，而实际效果却有助于领导者领导力的提高。其次，通过建立结构合理、配置科学、程序严密、制约有效的权力运行机制，使领导与下属之间、部门与部门之间、工作人员与工作人员之间相互监督，打破权力运行的隐蔽性；通过建立考核评价体系，对组织成员的德、能、勤、绩诸方面进行综合评价，并完善相应的奖惩制度，使忠于职守、廉洁奉献、成绩突出者受到褒奖，使工作懈怠、成绩平平者受到惩处，从而匡扶正道，抑制邪气，调动广大组织成员的积极性。

总之，领导者要提升“领导力”，既要练内功，也要练外功；要恰当地运用权力因素与非权力因素，树立权威，使组织成员凝聚在自己周围；既要加强学习、提高素质，又要树立良好形象、加强管理。领导者要注重严于律己，以身作则，以领导魅力带动、影响、促进广大组织成员改进工作，为实现事业的共同目标而努力奋斗。

四、提高领导者效率的方式

（一）统筹规划时间

时间是最宝贵的资源。一个优秀的领导者必须学会有效地统筹自己的时间，掌握节约时间的方法。

1. 做时间的主人

不做时间的奴隶，不被事务牵着走，而要“领着事务走”。应该积极主动地对待时间与工作，了解自己和组织的使命、目标、主要任务、工作重点，立足于此，专注于此，统筹分配时间。

2. 关注重要事务

要分清工作的轻重缓急。一个优秀的领导者应当总结自己的工作规律和生物节奏，找出每天的黄金时间，在这段时间去做最重要、最难办的事务，而把例行性的、不重要的工作安排在其他时间去做，以提高工作效率。

3. 提高会议效率

会议是实施领导、推动工作的重要工具和手段。也就是说，既然作了领导者，就与会议结下了不解之缘，它如影随身，根本无法摆脱。所以，问题的关键不在于要不要开会，而是要提高会议效率，要开好非开不可的会：一是要在会前做好充分准备，明确主题，明确议程，提出可供参考的预选方案；二是要养成良好的会风，准时出席、准时召开，艺术地把握会议进程；三是对有争议的问题，应通过有关部门从中协调，提出解决办法，基本达成共识后再提交会议通过，否则使其他人无意义地卷入争吵，荒废时日。

4. 正确把握时机

时机抓得好，事半功倍；反之，再好的计划，再努力，因时机不对，也将难达预期效果，甚至归于失败，导致时间、精力、资源的极大浪费。

5. 营造良好氛围

仅领导者一个人努力不可能有效利用时间，重要的是形成珍惜时间、注重效率的组织氛围和环境。这种氛围的形成，关键又要靠领导者以身作则，言必行、行必果。宣布8点开会，自己却8点半才到，形成不了重视时间的环境。正人先正己，只要领导者为人表率，员工就会仿效，整个组织有效利用时间的良好氛围才会形成

（二）充分合理授权

授权就是向部下提出有效开展工作所必需的权限和行动空间，让他们立足实际，对自己的工作作出决策、判断，自主地采取一些必要的行动，自主地运用必需的人力、物力和财力去有效地开展工作。

当你将一定的工作权限授予你的下属，你就同时授予了他责任，给了他工作的压力。你的部下将不再是一个消极被动、推一推、动一动的“工作机器”，而将成为一个积极主动工作的“自在人”。

然而，在实践中，不能合理授权的领导者俯拾皆是。他们要么不肯授权，要么不会授权，结果自己忙得团团转，陷身于琐务之中，却丢弃了他作为一个领导者所应履行的根本职责，即对发展大事、组织大事的思考与决策。他不得不成天去分派任务、亲临一线督战，甚至亲自操作，使部下毫无自主权，行动起来需要步步请示、事事询问。既影响了其积极性，又使工作缺乏主动性和创造性，最终影响组织效率。

进行充分合理的授权需要把握如下几点原则：

（1）明确职责。首先要把各层次、各岗位的职能、责任、权力搞清楚，明确干什么活、负什么责、有什么权。不属于自己的权力不揽，属于自己的权力不放。

（2）因事择人，视能授权。这是授权最根本的一条准则。一切以事业的需要和被授权者的能力大小、水平高低为依据，力求做到权和能的统一。

（3）授权要留责。授权下属不等于放弃责任。把权力交给下属，将责任留给自己，这样才能激励下属毫无顾虑地拼命工作，发挥他们的聪明才智。

（4）分权而不放任。授权后，领导者的事务性工作减少了，但监督和协调的职能却加强了。对“领命而去”的部下要加强考核、协调和监督、检查，发现问题，及时指导、及时纠正。这与过多地干涉不是一回事。

（5）授权要适度。如果授权过分，就等于领导者放弃了权力；如果授权不足，领导者将被杂乱的事务所困扰，下级仍将事事被动、样样请示。一般地说，凡属下级职责范围内的权力都要授予下级，但领导的核心权力是不能下放的，如有关全局的最后决策权、管理全局的集中指挥权、主要方面的人事任免权等。若将这些权力也授予下级，那就可能被“架空”，领导系统就失去了控制。小权集中，大权势必旁落；小权分散，大权才能集中。该集中的不集中是失职，该分散的不分散是包办，这就是领导权力的辩证法。

【本章知识导图】

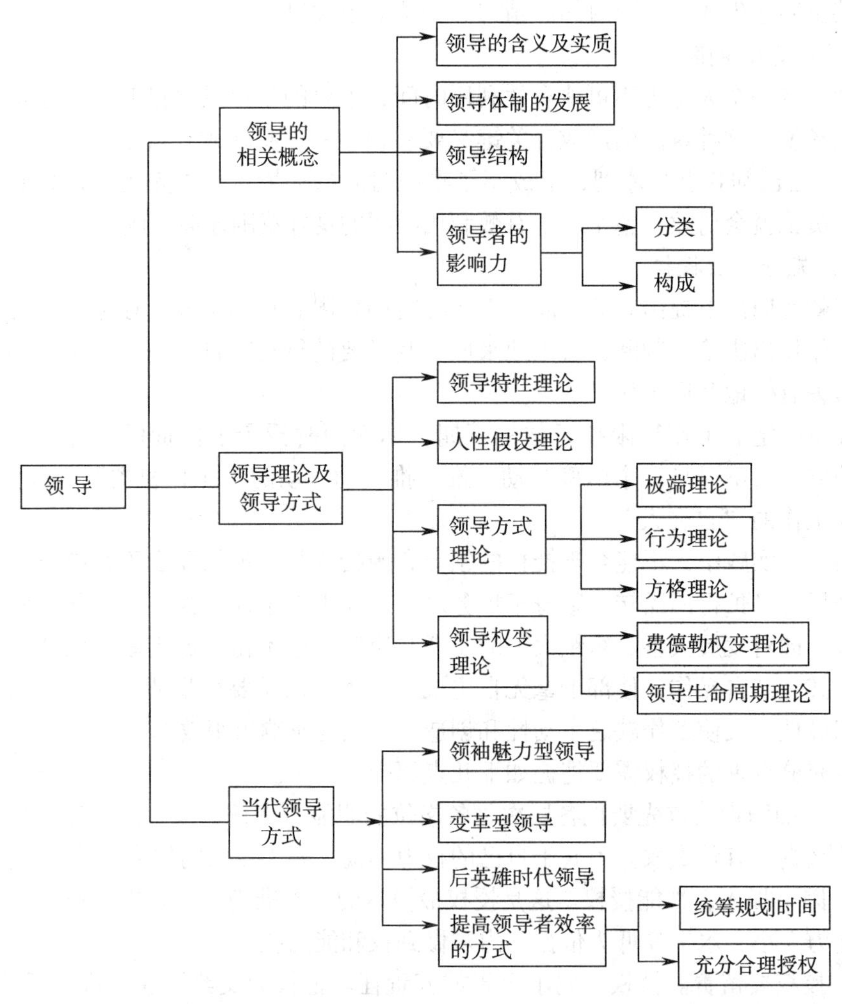

【课后案例分析题】

谁的方式更有效

高明是一位空调销售公司的总经理。他刚接到有关公司销售状况的最新报告：销售额比去年同期下降了25%、利润下降了10%，而且顾客的投诉增加。更为糟糕的是，公司内部员工纷纷跳槽，甚至还有几名销售分店的经理提出辞呈。他立即召集各主管部门的负责人开会讨论解决该问题。会上，高总说：“我认为，公司的销售额之所以下滑都是因为你们领导不得力。公司现在简直成了俱乐部。每次我从卖场走过时，我看到员工们都在各处站着，聊天的、煲电话粥的，无处不有，而对顾客却视而不见。他们关心的是多拿钱少干活。要知道，我们经营公司的目的是为了赚钱，赚不到钱，想多拿钱，门儿都没有。你们必须记住，现在我们迫切需要的是对员工的严密监督和控制。我认为现在有必要安装监听装置，监听他们在电话里谈些什么，并将对话记录下来，交给我处理。当员工没有履行职责时，你们要警告他们一次，如果不听的话，马上请他们走人……"部门主管们对高总的指示都表示赞同，唯有销售部经理李燕提出反对意见。她认为，问题的关键不在于控制不够，而在于公司没有提供良好的机会让员工真正发挥潜力。她认为，每个人都有一种希望展示自己的才干，为公司努力工作并作出贡献的愿望。所以解决问题的方式应该从和员工沟通入手，真正了解他们的需求，使工作安排富有挑战性，促使员工们以从事这一工作而引以自豪。同时，在业务上给予指导，花大力气对员工进行专门培训。然而，高总并没有采纳李燕的意见，而是责令所有的部门主管在下星期的例会上汇报要采取的具体措施。

【问题】

1. 高总是一位（　　）领导。

A. 专制型　B. 民主型　C. 放任型　D. 中间型

2. 高总对员工的看法是基于（　　）。

A. 泰勒制　B. 人际关系学说　C. Y 理论　D. 超 Y 理论

3. 李燕对员工的看法属于（　　）假设。

A. 经济人　B. 社会人　C. 自我实现人　D. 复杂人

4. 根据领导生命周期理论，可以判断高总的领导类型基本属于（　　）。

A. 高关系，低工作　B. 低关系，高工作

C. 高关系，高工作　D. 低关系，低工作

5. 当员工没有履行职责时，高总要他的部门主管们警告他们一次，如果他们不听的话，马上请他们走人。这种强化手段属于（　　）。

A. 正强化　B. 负强化　C. 惩罚　D. 自然消退

6. 高总与各部门主管通过开会方式进行信息沟通，属于（　　）。

A. 非正式沟通　B. 环式沟通　C. 平行沟通　D. 口头沟通

7. 根据卡特兹的三大技能，你认为高总目前最需要加强的是（　　）。

A. 人际技能　B. 技术技能　C. 概念技能　D. 领导技能

8. 销售部经理李燕在该公司中属于（　　）管理人员。

A. 基层　B. 中层　C. 高层　D. 专业

9. 你认为对高总的方案和李燕的方案作怎样的评价最合适（　　）。

A. 高总的方案和李燕的方案都不会产生效果

B. 高总的方案和李燕的方案都会奏效

C. 高总的方案更可行，没有严格的规章制度，工人的工作效率不会有保证

D. 李燕的方案更可行，再严格的规章制度，如果工人不接受和服从也是无效的

10. 针对该公司已成了"俱乐部"，根据菲德勒的领导权变理论，请结合案例分析说

明高总应该采取怎样的领导方式才有效？

【参考答案】

1. A 2. A 3. C 4. B 5. C 6. D 7. A 8. B 9. D

10. 分析要点：根据菲德勒的领导权变理论，领导方式 $S = f(L,F,E)$。据此，领导的有效性主要取决于：(1) 领导者的特征；(2) 追随者的特征；(3) 领导环境。而领导环境又具体可划分为上下级关系、职位权力与任务结构。高总裁采取的是专制型或任务导向型的领导方式。

根据菲德勒的领导权变模型，从领导环境的三个因素（上下级关系好、任务结构不明确和职位权力弱）分析，该公司的领导环境中度有利或不利，故采用关系导向型的领导方式更有效，可见，高总采取的领导方式不是很有效。

第八章
激　励

【本章概要】

本章介绍激励的含义及过程，重点阐述各激励理论：需要理论、双因素理论、期望理论和公平理论等，并介绍了激励方式、挫折及挫折的防御机制。

【重点内容】

1. 理解激励的含义及过程；
2. 了解激励的原则；
3. 掌握马斯洛的需要层次理论；
4. 了解赫茨伯格的双因素理论；
5. 理解弗鲁姆的期望理论；
6. 掌握亚当斯的公平理论；
7. 了解多样的激励方式；
8. 了解挫折产生的原因；
9. 掌握挫折的自我防御方式。

【案例导入】

红烧肉的团队激励

这天一早，老板亲自下厨做饭。开饭时，老板给伙计一一盛好，还亲手捧到他们每个人手里。

伙计王接过饭碗，拿起筷子，正要往嘴里扒，一股诱人的红烧肉浓香扑鼻而来。他急忙用筷子扒开一个小洞，三块油光发亮的红烧肉焐在米饭当中。他立即扭过身，一声不响地蹲在屋角，狼吞虎咽地吃起来。

这顿饭，伙计王吃得特别香。他边吃边想：老板看得起我，今天要多出点力。于是他把货装得满满的，一趟又一趟，来回飞奔着，搬得汗流如雨……

整个上午，其他伙计也都像他一样卖力，个个挑得汗流浃背。一天的活，一个上午就干完了。

中午，伙计王不解，偷偷问伙计张："你今天咋这么卖力？"张反问王："你不也干得起劲嘛？"王说："不瞒你，早上老板在我碗里塞了三块红烧肉啊！我总要对得住他对我的关照嘛!”“哦!”伙计张惊讶地瞪大了眼睛，说：“我的碗底也有红烧肉哩!”两人又问了别的伙计，原来老板在大家碗里都放了肉。众伙计恍然大悟，难怪吃早饭时，大家都不声不响闷笃笃地吃得那么香。

感悟：

老板为什么要单独在每个人碗底放红烧肉，而不是端在桌子上供大家分享？红烧肉单独放在每个人碗里产生的激励作用和放在桌上共享的激励作用，究竟哪个会更大一些？

我们知道，每个人都渴望被激励，在获得有效激励的时候，每个人都会因为这种激励而产生自豪感、成就感。故事中的老板这么做，意在激励每一个人，而那位老板的做法妙处在于，他让每个员工都感到这份激励只是针对自己。如果红烧肉放在餐桌上共享，激励的效果当然有，但是，一定比单独放在碗里而使员工获得激励的效果小。同样这几块红烧肉，同样几张嘴吃，却产生了不同的效果。对于管理人员来说，“怎样让大家吃红烧肉吃得有劲头”是个永恒的而且常新的话题，不同的人激励方法不同，同一个人不同时期的激励方法也不同。千万不能墨守陈规！要学会“因人、因时、因事激励”。

（资料来源：http：//blog. sina. com. cn/s/blog_ 5df692480102v0jz. html. ）

第一节　激励理论

企业管理的本质是对人的管理。因为，企业是人的集合体，企业的生产经营活动是靠人来进行的，企业经营的各种要素只有在员工的参与下才能发挥作用，员工是企业的第一生产力，企业管理的首要问题就是对员工的管理。而对员工的管理的实质又是什么呢？很简单，就是如何让员工始终保持旺盛的士气、高昂的热情，为企业目标而努力。这就是激励问题。一个有效的管理者，必须掌握激励理论、技巧，对员工进行激励，才能实现组织的目标。

一、激励的含义、作用和类型

（一）激励的含义和过程

1. 激励的含义

激励，中文含义有两层：一是激发、鼓励；二是训导、斥责。就个体而言，激励是一种精神力量或状态，对人的行为起加强、激发和推动作用，并指导行为的指向目标。就组织而言，激励是组织通过设计适当的奖励措施和工作环境，以一定的行为规范和奖罚性措施，来激发、引导、保持和规范组织成员的行为，以使组织成员或群体为达成组织目标而积极行动、努力工作，有效实现组织目标的系统活动。所以，激励是指影响人们的内在需求或动机，从而加强、引导和维持行为的活动和过程。在管理工作中，可把“激励”定义为调动人们的积极性的过程。如果讲得再全面一点，可以解释为：设计适当的外部奖酬形式和工作环境，以一定的行为规范和惩罚性措施，借助信息沟通，激发、引导、保持和规范组织成员的行为，以有效地实现组织及其成员个人目标的系统活动。我们在理解激励概念时应该把握以下几个要点：

（1）激励通常情况下是和动机连在一起的，主要指人类活动的一种内心状态。动机一般指个体通过高水平的努力而实现组织目标的愿望，而这种努力又能满足个体的某些需要。因此，无论是激励还是动机，都包含三个关键要素：努力、组织目标和需要。一般而言，动机是指诱发、活跃、推动并指导和引导行为指向一定目标的心理过程。

（2）企业对员工进行激励涉及企业的整个制度和文化环境。激励不仅仅是一个奖惩制度和具体工作环境的设计问题，企业的组织结构、价值观及整个企业文化，都对企业激励发挥着重要作用。

（3）激励需要各种激励手段综合运用，最终目的是要使个人目标和组织目标保持一致并得到有效地实现。

（4）激励过程同时也是一个信息沟通的过程。组织的不同层级和部门之间、管理者与下属员工之间都依赖于及时、顺畅的信息沟通，以达到各方面协调，使人们的积极性都能得到充分的激发，提高组织的运行效率和各方面的满意度。

2. 激励的过程

激励是“需要—欲望—满足”的连锁过程。

心理学揭示的规律：动机欲望支配着人们的行为，而动机又产生于人的需要。需要是个体在生存和发展所必须具备的内在要素或外在条件得不到满足时，大脑神经中枢所感知的生理失衡或心理紧张状态。需要是人的一种主观体验，是对客观要求的必然反映。人在社会生活实践中形成的对某种目标的渴求和欲望，构成了人的需要的内容，并成为人行为活动积极性的源泉。人的行为受需要的支配和驱使，需要一旦被意识到，它就以行为动机的形式表现出来，驱使人的行为朝一定的方向努力，以达到自身的满足。需要越强烈，由它引起的行为也就越有力、越迅速。

从感觉需要出发，在人的心理上引起不平衡状态，产生不安和紧张，导致欲望动机，有了动机就要选择和寻找目标，激起实现目标的行动。当需要得到满足，行为结束，心理紧张消除后，人们又会产生新的需要，形成新的欲望，引起新的行为。这样周而复始，循环往复。激励就是利用人的需要、欲望和行为之间的关系，激发人的欲望，满足人的需要，挖掘人的内在潜力，促使人的行为向组织目标努力。这个连锁反应的过程如图 8 –1 所示。

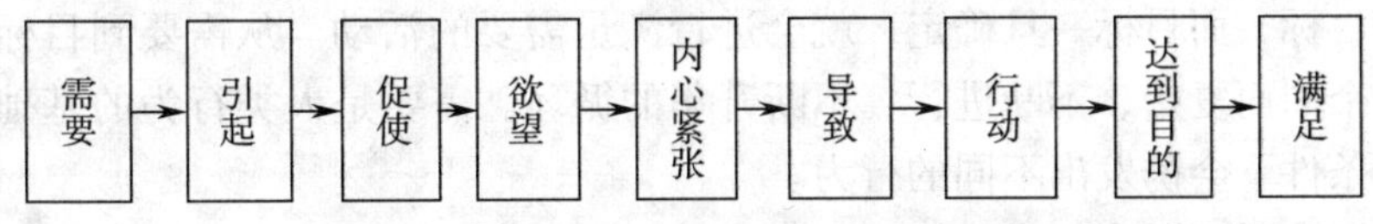

图 8 –1　需要—欲望—满足的连锁过程

由此可见，激励就是通过创造外部条件来满足人的需要的过程。

（二）激励的作用

在传统的组织和人力资源管理中，激励的作用根本没有得到足够的和系统的认识。管理者们只是自觉或不自觉地运用激励手段，进行人力资源的管理和开发工作。但随着人的因素在组织生存和发展中的作用日益增强，人们越来越发现，作为组织生命力和创造力源泉的人的状态往往直接影响着组织的面貌，其作用主要表现在以下几个方面：

1. 激励是实现企业目标的需要

企业的目标是靠人的行为实现的，而人的行为是由其积极性推动的。实现企业的目标要有人的积极性、人的士气。当然实现企业的目标还需要其他多种因素，但不能因此而否定、忽视人的因素。

2. 激励是充分发挥企业各种生产要素效用的需要

企业的生产经营活动是人有意识、有目的的活动。人、劳动对象、劳动手段是企业的生产要素，在这些要素中，人是最活跃、最根本的因素，其他因素只有同人这个生产要素相结合，才会成为现实的生产力，才会发挥各自的效用。因此，没有人的积极性或者人的积极性不高，再好的装备和技术、再好的原料都难以发挥应有的作用。

3. 激励可以提高员工的工作效率和业绩

激发人的积极性，是古今中外政治家、军事家、思想家、管理学家们都十分重视的问题。通过激励可以激发员工的创造性与革新精神，提高员工的努力程度，取得更好的业绩。

4. 激励有利于员工素质的提高

提高员工素质，不仅可以通过培训的方法来实现，还可以运用激励的手段达到。企业可以采取措施，对坚持学习科技与业务知识的员工给予表扬，对不思进取的员工给予适当的批评，并在物质待遇、晋升等方面区别考虑。这些措施将有助于形成良好的学习风气，促使员工提高自身的知识素养。员工在激励措施的鼓舞下，为了能取得更高的工作绩效，必定会主动熟悉业务、钻研工作技巧，从而提高自身的业务能力。

（三）激励的对象

从激励的定义可以看出，激励是针对人的行为动机而进行的工作。因而，激励的对象主要是人，或者准确地说，是组织范围中的员工或领导对象。

正确认识激励的对象，有助于体现领导的管理职能。从激励的内涵看，意味着组织中的领导者应该从行为科学和心理学的基础出发，认识员工的组织贡献行为，即认识到人的行为是由动机决定的，而动机则是由需要引起的。动机产生以后，人们就会寻找能满足需要的目标，而目标一旦确定，就会进行满足需要的活动。从需要到目标，人的行为过程是一个周而复始、不断进行、不断升华的循环。需要是人类行为的基础，不同需要在不同的条件下会诱发出不同的行为。

二、马斯洛需要层次理论

美国心理学家亚伯拉罕·马斯洛在 1943 年所著的《动机激发论》一书中，提出了需要层次理论。他认为，人的需要是有层次的，按照它们的重要程度和发生顺序，呈梯形状态由低级需要向高级需要发展。人的需要主要包括生理需要、安全需要、社会需要、尊重需要和自我实现的需要，如图 8－2 所示。

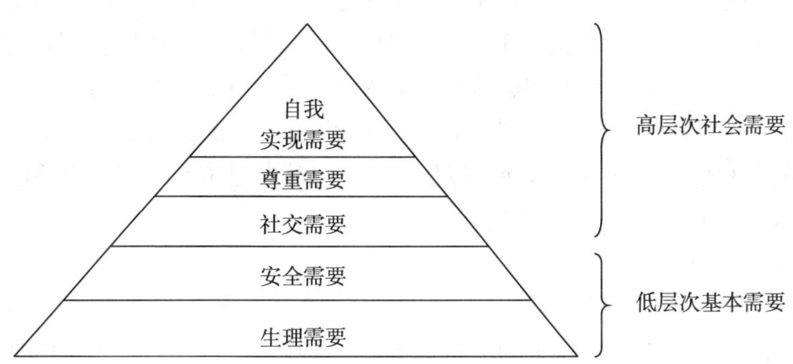

图8－2　需要层次理论内容图

需要总是由低到高逐步上升的，每当低一级的需要获得满足以后，接着高一级的需要就要求满足。由于各人的动机结构的发展情况不同，这五种需要在个体内所形成的优势动机也不相同。当然，这并不是说当需要发展到高层次之后，低层次的需要就消失了，恰恰相反，低层次的需要仍将继续存在，有时甚至还是十分强烈的。为此，马斯洛曾经指出，要了解员工的态度和情绪，就必须了解他们的基本需要。

（一）需要层次的基本结构

马斯洛的需要层次理论的五个需要层次，可以具体说明如下：

1. 生理需要

生理需要是人最原始、最基本的需要。它包括衣、食、住、行和性等方面的生理要求，是人类赖以生存和繁衍的基本需要。这类需要如果不能满足，人类就不能生存。从这个意义上说，它是推动人们行为活动的最强大的动力。

2. 安全需要

当一个人的生理需要获得满足以后，就希望满足安全需要。例如，人们要求摆脱失业的威胁，解除对年老、生病、职业危害、意外事故等的担心，以及希望摆脱严酷的监督和避免不公正的待遇等。

3. 社会需要

社会需要主要包括社交的需要、归属的需要以及对友谊、情感和爱的需要。社会需要也叫联系动机，是说一个人在前面两种需要基本满足之后，社会需要便开始成为强烈的动机。人们一般都有社会交往的欲望，希望得到别人的理解和支持，希望同伴之间、同事之间关系融洽，保持友谊与忠诚，希望得到信任和爱情等。另外，人们在归属感的支配下，希望自己隶属于某个集团或群体，希望自己成为其中的一员并得到关心和照顾，从而使自己不至于感到孤独。社会需要是一种比生理需要、安全需要更细致、更难以捉摸的需要，它与一个人的性格、经历、受教育程度、所隶属的国家和民族以及宗教信仰等都有一定的关系。

4. 尊重需要

尊重需要，即自尊和受人尊重的需要。例如，人们总是对个人的名誉、地位、人格、成就和利益抱有一定的欲望，并希望得到社会的承认和尊重。这类需要主要可以分为两个方面：（1）内部需要。就是个体在各种不同的情境下，总是希望自己有实力、能独立自主，对自己的知识、能力和成就充满自豪和自信。（2）外部需要。就是一个人希望自己有权力、地位和威望，希望别人和社会看得起，能够受到别人的尊重、信赖和高度评价。马斯洛认为，尊重需要得到满足，能使人对自己充满信心，对社会满腔热情，体会到自己生活在世界上的用处和价值。

5. 自我实现的需要

自我实现的需要也叫自我成就需要。它是指一个人希望充分发挥个人的潜力，实现个人的理想和抱负。这是一种高级的精神需要，这种需要可以分为两个方面：（1）胜任感。表现为人总是希望干称职的工作，喜欢带有挑战性的工作，把工作当成一种创造性活动，为出色地完成任务而废寝忘食地工作。（2）成就感。表现为希望进行创造性的活动并取得成功。例如，画家努力完成好自己的绘画，音乐家努力演奏好乐曲，指挥员千方百计要打胜仗，工程师力求生产出新产品等，这些都是在成就感的推动下而产生的。

（二）各层次需要发展变化的基本规律

1. 在人的心理发展过程中，五个层次的需要是逐步上升的

通常情况下，当低级的需要获得满足以后，就失去了对行为的刺激作用，这时追求更高一级的需要就成为驱使行为的动力。当人们进入高级的精神需要阶段以后，往往会降低对低级需要的要求。例如，成就需要强烈的人，往往把成就看得比金钱更重要，把工作中取得的报酬，仅仅看成是衡量自己进步和成就大小的一种标志。这种人事业心强，有开拓精神，能埋头苦干，并敢于承担风险。

2. 人在不同的心理发展水平上，其动机结构是不同的

3. 人的需要具有主导性

在实际生活中，由于客观环境和个人情况的差异，在需要层次结构中，往往会有其中的某一种需要占优势地位。这种占优势地位的需要就称为主导性需要。根据主导性需要的不同，可以把人的需要结构分成下列几种典型的需要结构模式：（1）生理需要主导型。在生产力不发达，生活水平不高，衣、食、住、行和就业尚都困难的情况下，生理需要就成为最迫切、最突出的需要。（2）安全需要主导型。在某种特殊的情况下，如战争、洪水、地震、社会秩序混乱等，人们的安全需要就特别突出。（3）社会需要主导型。青年人到了一定的时期，就希望交往，渴望爱情；老年人退休以后，经常守在家里，就会感到寂寞、孤独，迫切需要交往，需要得到温暖和安慰。（4）尊重需要主导型。自尊心理许多人都有，所谓“士可杀而不可辱”，就强烈地反映了这种自尊的需要。苏联教育家马卡连柯曾经说过：“得不到尊重的人，往往有最强烈的自尊心。”许多事实证明，那些失足而决心悔改的青年人，自尊的需要往往格外强烈，他们更迫切地需要别人的信任和帮助。（5）自我实现主导型。有强烈事业心的人，自我实现的需要特别突出。马斯洛说，“是什么角色，就应该干什么事”“最理想的人就是自我实现的人”。自我实现是心理发展水平的较高阶段，对于心理发展水平较高的人，管理者应该重视为发展他们的才能和特长创造适当的组织环境，并给以挑战性的工作。

（三）马斯洛需要层次理论的说明及启示

1. 我们可以这样理解马斯洛需要层次理论：

（1）人的需要是分层次的，并逐级产生；

（2）在同一时期，人们可能有多种需要，但总有一种占主要地位；

（3）相对满足的程度；

（4）人是永远有所需要的。

2. 马斯洛需要理论给我们带来的启示：

（1）通过满足人的需要来引导和控制人的行为；

（2）满足人的需要应遵循一定规律，逐级满足；

（3）通过学习和教育，改变人们对高级需要内容的理解和认识，引导人们的行为向正确的方向发展。

（四）马斯洛需要层次理论的应用

见图 8－3 为马斯洛需要层次理论的应用。

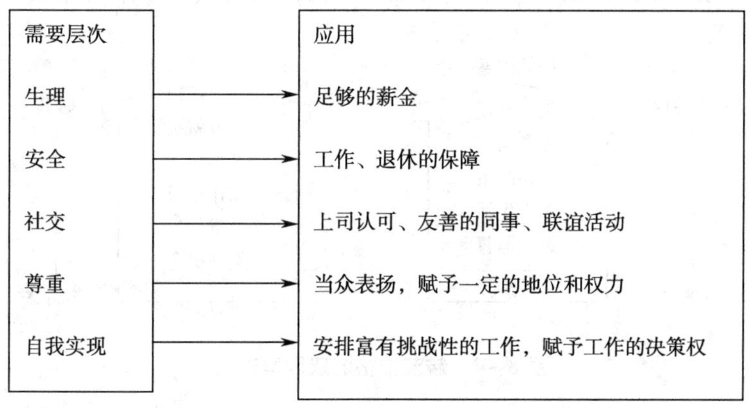

图 8－3 马斯洛需要层次理论的应用

三、双因素理论

（一）双因素理论的主要内容

弗雷德里克·赫茨伯格的双因素理论为理解工作中的激励情况提供了另一种分析模式。他采用“关键事件法”对 200 多名工程师和会计师进行了调查研究，当问到什么使他们“积极”时，人们趋向于将其归结为工作自身的性质；当问到什么使他们“消极”时，人们趋向于将其归结为工作环境。这个研究使赫茨伯格获得了双因素理论的基本思想。

双因素理论认为，有两种完全不同的因素影响着人们的工作行为。第一类是保健因素，这些因素是与工作环境或条件有关的、能防止人们产生不满意感的一类因素，包括工作环境、工资薪水、公司政策、个人生活、管理监督、人际关系等。当保健因素不健全时，人们就会产生不满意感。但保健因素仅仅可以消除工作中的不满意，却无法增加人们对工作的满意感，所以这些因素是无法起到激励作用的。第二类是激励因素，这些因素是与组织成员工作本身或工作内容有关的、能促使人们产生工作满意感的一类因素，是高层次的需要，包括成就、承认、工作本身、责任、发展机会等。这些因素的满足，能够极大地激发员工的热情，对于员工的行为动机具有积极的促进作用，它常常是一个管理者调动员工积极性、提高劳动生产效率的好办法。研究表明，这类因素解决不好，也会引起员工的不满，它虽无关大局，却能严重影响工作的效率。因此，赫茨伯格把这种因素称为激励因素。

赫茨伯格还指出，满意的对立面并不是传统所认为的那样是不满意。消除了工作中的不满意因素并不一定能使工作令人满意。如图 8－4 所示，赫茨伯格认为存在一种双重的连续体：满意的对立面是没有满意，不满意的对立面是没有不满意。

赫茨伯格还认为，导致工作满意的因素与导致工作不满意的因素是有区别的。因此那些寻求消除工作中的不满意因素的管理者有可能消除人们的不满意，但不一定能带来激励，它们只能安抚员工，而不能激励员工。那些导致工作不满意的保健因素得到充分改善时，人们就没有不满意感了，但也不会感到满意或者受到激励。要想真正激励员工努力工作就必须强调激励因素，只有内在因素才会增加员工的工作满意感。

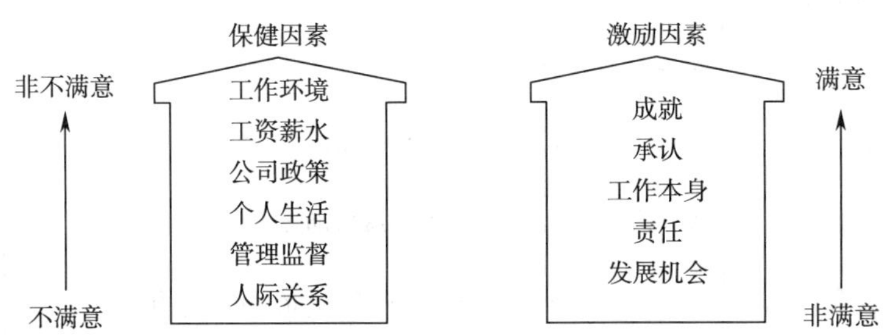

图 8－4　赫茨伯格的双因素理论

（二）双因素理论的价值

赫茨伯格的双因素理论提出以后，曾经受到过许多非议。有人认为，人是非常复杂的，当他们对工作感到满意的时候，并不等于生产效率就得到了提高；反之，当他们对工作感到不满意的时候，也并不等于生产效率降低，因为人们会由于种种原因，在不满意的条件下达到很高的生产效率。仅仅以满意—不满意作为指标，并不能证实满意感与生产效率的关系，因而对双因素理论的可信度提出怀疑。

但是，自 20 世纪 60 年代以来，双因素理论的研究越来越受到人们的重视，据 1973—1974 年美国全国民意研究中心公布，有 50% 的男性员工认为，工作的首要条件是能够提供成就感，而把有意义的工作列为首位的，比把缩短工作时间列为首位的人要多七倍。

赫茨伯格的双因素理论实际上是针对满足的目标而言的。所谓保健因素实质上是人们对外部条件的要求；所谓激励因素实质上是人们对工作本身的要求。根据赫茨伯格的理论，要调动人的积极性，就要在“满足”二字上做文章。满足人们对外部条件的要求，称为“间接满足”，它可以使人们受到外在激励；满足人们对工作本身的要求，称为“直接满足”，它可以使人们受到内在激励。

四、成就需要理论

美国心理学家麦克莱兰和他的助手们于1961年在成就导向研究中，发现人的某些需要是在个人的成长经历中逐渐学习得来的。也就是说，这种需要并不是天生的，而是在个人的生活经历中不断学会的。这些需要分为三种，即权力需要、归属需要以及成就需要。

（一）权力需要

权力需要是影响和控制他人的愿望。具有高权力需要的人喜欢承担责任，努力影响他人，喜欢处于竞争性环境和令人重视的地位，有高个人权力需要的人只关心实现个人的目标。权力需要常常表现为“双刃剑”，当这种需要表现为对他人恶意的控制和利用时，对组织来说就是一种不利的“个人化权力”；如果权力需要可导致组织和社会的建设性改进，那么它就是一种积极的“社会化权力”。有着强烈权力需要的人，会有较多的机会晋升到组织的高级管理层。其原因在于，成就的需要可以通过任务本身得到满足，而权力的需要只能通过上升到某种具有高于他人的权力层次才能得到满足。麦克莱兰对美国电报电话公司管理层进行了16年的跟踪研究，结果发现在这家公司高层管理中有一半以上的人对权力有强烈的需要。

既然高成就需要同工作的高绩效相关，那么识别高成就需要者的特征对于管理者来说就是非常重要的。麦克莱兰通过二十多年的研究指出，高成就需要者更喜欢个人责任、能够获取工作反馈和适度冒险性的环境。高成就需要者接受困难的挑战，能够承担成功或失败的责任。他们不是赌徒，因为从偶然的成功中他们得不到任何的成就感。也应当指出，高成就需要的人并不一定就是好的管理者，特别是在大型组织中。归属需要和权力需要与管理者的成功有着密切关系。

（二）归属需要

归属需要指被人喜欢和接受的愿望。有高归属需要的人更愿意与他人和睦相处，可能会较少考虑高水平地履行职责。高归属需要者喜欢合作而不是竞争的环境，希望彼此间的沟通和理解。有着强烈归属需要的人可能是成功的“整合者”，如品牌管理人员和项目管理人员等。他们能够协调组织中几个部门的工作，具有过人的人际关系技能，能够与他人建立积极的工作关系。

（三）成就需要

成就需要是对成就的强烈愿望和对成功及目标实现的执著。有些人追求的是个人的成就而不是成功后的报酬，他们有一种欲望想将事情做得比以前更好、更有效率，这种内驱力就是成就需要。实证研究表明，高度的成就需要同工作中的高绩效是相联系的。那些在富于竞争性的工作中取得成功的人，他们对取得成就的需要远远高于平均水平。大多数管理者和企业家都有高水平的成就需要，他们比一般的专业人员具有更高的成就需要。麦克莱兰的研究还表明，非管理人员也有取得成就的需要。

麦克莱兰理论的重要性在于，它表明了使员工与其工作相匹配的重要性。与具有高度成就需要的员工不同，高归属需要感的员工则喜欢安定、保险系数高和可预见的工作场所，体贴细心的管理者更适合他们。麦克莱兰的研究还表明，下属的三种基本的激励需要是可以通过培训来培育和激发的。在一定程度上，管理者能够通过创造适当的工作环境来提高员工的成就需要，管理者可以赋予员工一定程度的自主权和责任感，逐步使其工作更具挑战性。

五、期望理论

期望理论也是一种激励理论，它是由美国心理学家弗鲁姆在1964年出版的《工作与激发》一书中首先提出的。期望理论认为，只有当人们预期到某一行为能给个人带来有吸引力的结果时，个人才会采取特定的行动。它对于组织通常出现的这样一种情况给予了解释，即面对同一种需要以及满足同一种需要的活动，为什么不同的组织成员会有不同的反应，有的人情绪高昂，而另一些人却无动于衷呢？有效的激励取决于个体对完成工作任务以及接受预期奖赏的能力的期望。

根据这一理论的研究，员工对待工作的态度依赖于对下列三种联系的判断：

(1）努力—绩效的联系。指员工感觉到通过一定程度的努力而达到工作绩效的可能性。如需要付出多大努力才能达到某一绩效水平？我是否真能达到这一绩效水平？概率有多大?

(2）绩效—奖赏的联系。指员工对于达到一定工作绩效后即可获得理想的奖赏结果的信任程度。如当我达到这一绩效水平后，会得到什么奖赏?

(3）奖赏—个人目标的联系。指如果工作完成，员工所获得的潜在结果或奖赏对他的重要性程度。如这一奖赏能否满足个人的目标？吸引力有多大?

在这三种关系的基础上，员工在工作中的积极性或努力程度（激励力）是效价和期望值的乘积，即

$$M = V \times E$$

式中，M 表示激发力；V 表示效价；E 表示期望值。

激发力，是指活动本身在调动一个人的积极性、激发人的内部潜力去行动方面的强度。

效价又称为目标价值，是指一个人对他所从事的工作或所要达到的目标的效用价值，或者说达到目标对于满足个人需要的价值。对于同一个目标，由于人们的需要、兴趣和所处的环境不同，对目标的效价也往往不同。一个希望通过努力工作得到升迁机会的人，在他心中，“升迁”的效价就很高；如果他对升迁漠不关心，毫无要求，那么升迁对他来说效价就等于零；如果这个人对升迁不仅毫无要求，而且害怕升迁，那么，升迁对他来说，效价就是负值。

期望值也叫做期望概率，它是一个人根据过去的经验判断自己达到某种结果（目标）的可能性的大小。一个人往往根据过去的经验来判断行为所能导致的结果，或所能获得某种需要的概率。因此，过去的经验对一个人的行为有较大的影响。

效价和期望值的不同结合，会产生不同的激发力量，一般存在以下几种情况：

$$E_{高} \times V_{高} = M_{高}$$

$$E_{中} \times V_{中} = M_{中}$$

$$E_{低} \times V_{低} = M_{低}$$
$$E_{高} \times V_{低} = M_{低}$$
$$E_{低} \times V_{高} = M_{低}$$

这表明，组织管理要收到预期的激励效果，就要以激励手段的效价和激励对象获得这种满足的期望值都足够高为前提。只要效价和期望值中有一项的值较低，就难以使激励对象在工作岗位上表现出足够的积极性。

期望理论的基础是自我利益，它认为每一员工都在寻求获得最大的自我满足。期望理论的假说是管理者知道什么对员工最有吸引力。期望理论的员工判断依据是员工个人的知觉，而与实际情况关系不大。不管实际情况如何，只要员工以自己的知觉确认自己经过努力工作就能达到所要求的绩效，达到绩效后就能得到具有吸引力的奖赏，他就会努力工作。

因此，期望理论的关键是，正确识别个人目标与判断三种联系，即努力与绩效的联系、绩效与奖励的联系、奖励与个人目标的联系。

激励过程的期望理论对管理者的启示是，管理人员的责任是帮助员工满足需要，同时实现组织目标。管理者必须尽力发现员工在技能和能力方面与工作需求之间的对称性。为了提高激励，管理者可以明确员工个体的需要，界定组织提供的结果，并确保每个员工能力和条件得到这些结果。企业管理实践中不时有公司在组织内部设置提高员工积极性的激励性条款或措施，如为员工提供担任多种任务角色的机会，激发他们完成工作和提高所得的主观能动性。通常，要达到使工作的分配出现所希望的激励效果，根据期望理论，应使工作的能力要求略高于执行者的实际能力，即执行者的实际能力略低于工作的要求。

六、公平理论

公平理论又称“社会比较理论”，它是美国行为科学家亚当斯于 1963 年前后提出来的一种激励理论。该理论侧重于研究工资报酬分配的合理性、公平性及其对职工生产积极性的影响。公平理论的基本观点是：当一个人作出了成绩并取得了报酬以后，他不仅关心自己所得报酬的绝对量。而且关心自己所得报酬的相对量，因此，他要进行种种比较来确定自己所获报酬是否合理，比较的结果将直接影响今后工作的积极性，如图 8 –5 所示。

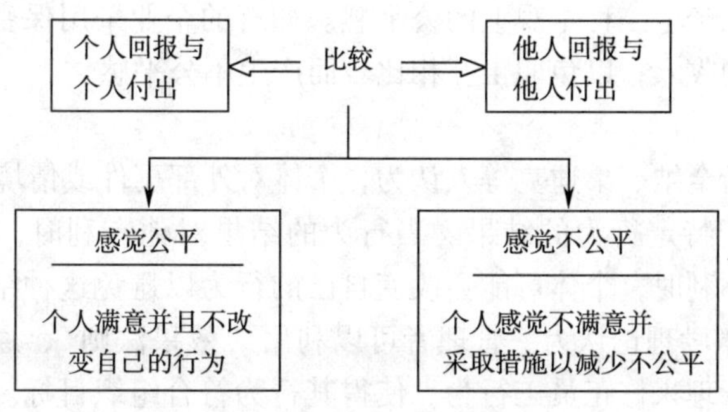

图 8 –5　亚当斯的公平理论

公平理论认为，公平是一种激励状态，人们用投入产出比衡量是否公平。工作投入包括教育、经验、努力以及能力等。工作产出包括工资、赏识、福利和晋升等。公平就是一个人的投入产出等于另一个人的投入产出比。其公式如下：

$$Qp/Ip = Qo/Io$$

式中，Qp 是指自己对所获报酬的感觉；Qo 是指自己对他人所获报酬的感觉；Ip 是指自己对所投入量的感觉；Io 是指自己对他人所投入量的感觉。

如果 $Qp/Ip = Qo/Io$，人们感觉是公平的，即感觉自己获得的报酬与他人的类似业绩所获取的报酬是相等的，那么他们就会认为自己受到了公正和公平的对待，就会继续维持产出水平。

如果 $Qp/Ip < Qo/Io$，人们感觉是不公平的，即投入与产出的比例失衡，就会使个体出现不满意情绪，通过减少输出的数量或降低质量，甚至离开组织来减少心理上的紧张情绪。

如果 $Qp/Ip > Qo/Io$，人们感到自己所得远远超过其付出，就会感觉到自己应该更勤奋地工作、接受更多的教育或者考虑领取更低的工资，以改变这种不公平的局面。

当人们有了不公平感，可能采取下面五种对待方式：

（1）重新认识个人的“投入”和“产出”比率，甚至于以一种自我安慰的方式来解释，求得心理上的解脱。

（2）采取行动改变他人的“投入”与“产出”比率。

（3）努力改变自己的“投入”和“产出”比率。消极怠工，减少投入或要求增加产出。

（4）改变比较的方法，换一个人进行比较，求得主观安慰。

（5）采取不正当的方式发泄不满，发牢骚，造谣中伤别人，制造人际矛盾。

公平理论有着重要的启示：首先，影响激励效果的不仅有报酬的绝对值，还有报酬的相对值。其次，激励时应力求公平，使等式在客观上成立，尽管有主观判断的误差，也不致造成严重的不公平感。最后，在激励过程中应注意对被激励者公平心理的引导，使其树立正确的公平观：一是要认识到绝对的公平是不存在的；二是不要盲目攀比；三是不要按酬付劳，按酬付劳是在公平问题上造成恶性循环的主要杀手。

为了避免职工产生不公平的感觉，企业往往采取各种手段，在企业中造成一种公平合理的气氛，使职工产生一种主观上的公平感。如有的企业采用保密工资的办法，使职工相互不了解彼此的收入，以免职工互相比较而产生不公平感。

七、强化理论

美国心理学家斯金纳、桑迪克等人认为，个体对外部事件或情境（刺激）所采取的行为或反应，取决于特定行为的结果。当行为的结果对他有利时，这种行为会重复出现；当行为的结果不利时，个体可能会改变自己的行为以避免这种结果，这就是著名的“效果法则”。强化激励理论认为，管理者可以利用“效果法则”，通过对工作环境和员工行为结果的系统管理来修正员工行为，使得其行为符合组织目标。有四种常见的修正行为的方法：

（一）正强化

正强化就是应用有价值的结果从正面鼓励符合组织目标的行为，以增加这种行为重复出现的可能性。正强化包括表扬、推荐信、优秀绩效评估和加薪等。工作本身也可以成为正强化物，充满乐趣、富有挑战性或内容丰富的工作远比机械单调的工作有正强化效应，从而具有更强的激励性。

（二）负强化

负强化也称为规避性学习，它是员工改变自己的行为结果以规避不愉快的结果。负强化是事前的规避，它通常表现为组织的规定所形成的约束力。员工为了取消或避免不希望的结果而对自己的行为进行约束。

（三）惩罚

惩罚就是运用消极的结果以阻止或更正不当的行为。例如，对员工批评、斥责、处分、降级、撤职或者是减薪、扣发奖金、重新分派任务、解雇等。与负强化不同，负强化只是包含了惩罚的威胁，在员工表现满意时并不付诸实施；而惩罚则是落实对组织不利行为的惩罚措施。

（四）忽视

忽视对于行为不给予强化的结果。当这种情况出现，对机会就会弱化，行为也会逐渐消退。比如，对出色的工作不予表扬，对他人的帮助忘记致谢，不理睬开玩笑的人。忽视就是对员工行为的“冷处理”，以达到行为的自然消退。

强化理论认为，在塑造组织的过程中，应把重点放在积极的强化，而不是简单的惩罚上。惩罚往往会对员工的心理产生不良副作用。创造性地运用强化手段对于管理者是十分必要的。在现代扁平化组织中，管理者不能像过去那样多地指望通过加薪、提升来激励员工。因此，创造性地设计出新的强化方法和奖励措施，例如才智的挑战、更大的责任、弹性的工作时间等仍然是管理者的重要的课题。

第二节　激励的方式和原则

一、激励的方式

企业的发展需要员工的支持。管理者应懂得，员工决不仅是一种工具，其主动性、积极性和创造性将对企业生存发展产生巨大的作用。而要取得员工的支持，就必须对员工进行激励；要想激励员工，又必须了解其动机或需求。每个管理者首先要明确两个基本问题：第一，没有相同的员工；第二，不同的阶段中，员工有不同的需求。

那么，主管人员能够采用的主要激励技术有哪些？虽然激励是如此复杂并且因人而异，因而也不存在唯一的答案，但我们还是可以总结出一些主要的激励方式。

（一）物质激励

物质激励是指运用物质的手段使受激励者得到物质上的满足，从而进一步调动其积极性、主动性和创造性。物质激励有资金、奖品等，通过满足要求，激发其努力生产、工作的动机。它的出发点是关心群众的切身利益，不断满足人们日益增长的物质文化生活的需要。

1. 基本收入激励

基本收入是员工生活费用的基本来源，其中工资是最主要的部分。利用工资作为激励的方式有两种：第一，用资金来反映员工的贡献大小、业务水平的高低，鼓励员工以多贡献和高业务来取得相应的报酬；第二，改革工资制度，采用工资晋级择优、浮动工资制度等作为激励的手段。

2. 奖金激励

从理论上讲，资金是超额劳动的报酬。但在现实中，许多企业将奖金变成了工资附加部分，没有起到对在工作上具有倡导和鼓励价值的表现予以额外奖励的作用。奖金应该是组织对符合企业倡导的精神的员工的一种奖励方式。资金激励时资金的多少，并不在于物质上、经济上的制约，重要的是心理上的提示作用，即从人的自尊需求层次上起激励作用。

3. 福利激励

福利激励是指企业采取措施负担职工工作之外的基本生活设施的建设，如住房、煤气，以及未实现社会化的职工福利设施、社会保险、公费医疗等。在当前和未来相当长的时期内，一些大型的福利项目如住房、旅游等，仍然作为激励手段被企业广泛采用。

4. 股权激励

股权激励是通过让经营者获得公司股权的形式，给予企业经营者一定的经济权利，使他们能够以股东的身份参与企业决策、分享利润、承担风险，从而勤勉尽责地为公司的长期发展服务。股权激励制度的具体安排因企业而异，以下是一些典型的模式。

（1）业绩股票。是指在年初确定一个较为合理的业绩目标，如果激励对象到年末时达到预定的目标，则公司授予其一定数量的股票或提取一定的奖励基金购买公司股票。

（2）股票期权。是指公司授予激励对象的一种权利，激励对象可以在规定的时间内以事先确定的价格购买一定数量的本公司流通股票，也可以放弃这种权利。股票期权的行权也有时间和数量限制，且需激励对象自行为行权支出现金。

（3）虚拟股票。是指公司授予激励对象一种虚拟的股票，激励对象可以据此享受一定数量的分红权和股价升值收益，但没有所有权，没有表决权，不能转让和出售，在离开企业时自动失效。

（4）股票增值权。是指公司授予激励对象的一种权利，如果公司股价上升，激励对象可通过行权获得相应数量的股价升值收益，激励对象不用为行权付出现金，行权后获得现金或等值的公司股票。

（5）限制性股票。是指事先授予激励对象一定数量的公司股票，但对股票的来源、抛售等有一些特殊限制，一般只有当激励对象完成特定目标（如扭亏为盈）后，激励对象才可抛售限制性股票并从中获益。

（6）延期支付。是指公司为激励对象设计一揽子薪酬收入计划，其中有一部分属于股权激励收入，股权激励收入不在当年发放，而是按公司股票公平市价折算成股票数量，在一定期限后，以公司股票形式或根据届时股票市值以现金方式支付给激励对象。

(7) 管理层/员工收购。是指公司管理层或全体员工利用杠杆融资购买本公司的股份，成为公司股东，与其他股东风险共担、利益共享，从而改变公司的股权结构、控制权结构和资产结构，实现持股经营。

(8) 账面价值增值权。具体分为购买型和虚拟型两种。购买型是指激励对象在期初按每股净资产值实际购买一定数量的公司股份，在期末再按每股净资产期末值回售给公司。虚拟型是指激励对象在期初不需支出资金，公司授予激励对象一定数量的名义股份，在期末根据公司每股净资产的增量和名义股份的数量来计算激励对象的收益，并据此向激励对象支付现金。

(二) 精神激励

精神激励是指通过使员工在精神和心理上得到满足而对员工进行激励。人的精神活动非常独特，除了生存必不可少的物质需求外，还有尊重需要和自我实现的需要。当员工的物质需求得到满足后，一方面他们会对物质需求从更高层次上去继续追求；另一方面他们会进一步追求精神满足。

精神激励是一项深入细致、复杂多变、应用广泛、影响深远的工作，它是管理者用思想教育的手段倡导企业精神，是调动员工积极性、主动性和创造性的有效方式。

1. 目标激励

目标激励，就是确定适当的目标，诱发人的动机和行为，达到调动人的积极性的目的。目标作为一种诱引，具有引发、导向和激励的作用。一个人只有不断启发对高目标的追求，也才能启发其奋而向上的内在动力。每个人实际上除了金钱目标外，还有如权力目标或成就目标等。管理者就是要将每个人内心深处的这种或隐或现的目标挖掘出来，并协助他们制定详细的实施步骤，在随后的工作中引导和帮助他们努力实现目标。当每个人的目标强烈和迫切地需要实现时，他们就对企业的发展产生热切的关注，对工作产生强大的责任感，平时不用别人监督就能自觉地把工作搞好。这种目标激励会产生强大的效果。

2. 尊重激励

我们常听到"公司的成绩是全体员工努力的结果"之类的话，表面看起来管理者非常尊重员工，但当员工的利益以个体方式出现时，管理者会以企业全体员工整体利益加以拒绝，他们会说"我们不可以仅顾及你的利益"或者"你不想干就走，我们不愁找不到人"，这时员工就会觉得"重视员工的价值和地位"只是口号。显然，如果管理者不重视员工感受，不尊重员工，就会大大打击员工的积极性，使他们的工作仅仅为了获取报酬，激励从此大大削弱。这时，懒惰和不负责任等情况将随之发生。

尊重是加速员工自信力爆发的催化剂，尊重激励是一种基本激励方式。上下级之间的相互尊重是一种强大的精神力量，它有助于企业员工之间的和谐，有助于企业团队精神和凝聚力的形成。

3. 参与激励

现代人力资源管理的实践经验和研究表明，现代的员工都有参与管理的要求和愿望，创造和提供一切机会让员工参与管理是调动他们积极性的有效方法。毫无疑问，很少有人参与商讨和自己有关的行为而不受激励的。因此，让职工恰当地参与管理，既能激励职工，又能为企业的成功获得有价值的知识。通过参与，形成职工对企业的归属感、认同感，可以进一步满足自尊和自我实现的需要。

4. 工作激励

工作本身具有激励力量。为了更好地发挥员工工作积极性，管理者要考虑如何才能使工作本身更有内在意义和挑战性，给职工一种自我实现感。管理者要进行“工作设计”，使工作内容丰富化和扩大化，并创造良好的工作环境。实践中，一般有以下几种途径：

（1）工作适应性。工作的性质和特点与从事工作的员工的条件和特长相吻合，能充分发挥其优势，引起其工作兴趣，从而使员工高度满意于工作。既定的一批不同性质的工作岗位同既定的一批不同素质、特点的员工，如果组合好了，就会使大家都满意于工作，积极性高涨；如果组合不好，人的长处与兴趣都受到压抑，大家都会不满意于工作，工作情绪低落。正因为如此，当有的人将无所作为的废才称为“垃圾”时，有的人则针锋相对地提出“‘垃圾’是放错地方的人才”。可见，科学合理的人与事的配合是有效激励的重要手段。管理者要善于研究人与工作的性质和特点，用人所长，用人之兴趣，科学调配与重组，实现人与事的最佳配合，尽可能地使下级满意于工作。

（2）工作的意义与工作的挑战性。员工怎样看待自己所从事的工作，直接关系到其对工作的兴趣与热情，进而决定其工作积极性高低。人们愿意从事重要的工作，并愿意接受挑战性的工作，这反映了人们追求实现自我价值、渴望获得别人尊重的需要。因此，激励员工的重要手段就是向员工说明工作的意义，并增加工作的挑战性，从而使员工更加重视和热衷于自己的工作，达到激励的目的。

（3）工作的完整性。人们愿意在工作实践中承担完整的工作。从一项工作的开始到结束，都是由自己完成的，工作的成果就是自己努力与贡献的结晶，从而可获得一种强烈的成就感。管理者应根据工作的性质与需要以及人员情况，尽可能将工作划分成较为完整的单元分派给员工，使每一个员工都能承担一份较为完整的工作，为他们创造获得完整工作成果的条件与机会。

（4）工作的自主性。人们出于自尊和自我实现的需要心理，期望独立自主地完成工作，而自觉不自觉地排斥外来干预，不愿意在别人的指使或强制下被迫工作。这就要求管理者尊重下级的这种心理，通过目标管理等方式，明确目标与任务，提出规范与标准，然后，大胆授权，放手使用，让下级进行独立运作、自我控制。工作成功后，完全归功于下级的自主运作，这样，下级将受到巨大激励，会对由自己自主管理的工作高度感兴趣，并以极大的热情全身心投入，以谋求成功。

（5）工作扩大化。影响工作积极性的最突出原因是员工厌烦自己所从事的工作，而造成这种现象的基本原因之一就是工作的单调乏味或简单重复。为解决这一问题，管理者应开展工作设计研究，即如何通过工作调整，克服单调乏味和简单重复，千方百计地增加工作的丰富性、趣味性，以吸引员工。工作扩大化旨在消除单调乏味的状况，增加员工工作的种类，令其同时承担几项工作或周期更长的工作。具体形式有：兼职作业，即同时承担几种工作或几个工种的任务；工作延伸，即前向、后向地接管其他环节的工作；工作轮换，即在不同工种或工作岗位上进行轮换。这既有利于增加员工对工作的兴趣，又有利于促进人的全面发展，是重要的工作激励手段。

（6）工作丰富化。工作丰富化是指让员工参与一些具有较高技术或管理含量的工作，提高其工作的层次，从而使职工获得一种成就感，使其要求得到尊重的需要得到满足。具体形式包括将部分管理工作交给员工、吸收员工参与决策和计划、对员工进行业务培训、让员工承担一些较高技术的工作等。

（7）及时获得工作成果反馈。人们对于那种工作周期长、长时间看不到或根本看不到工作成果的工作很难有大的兴趣，而对于只要有投入就能立竿见影看到产出的工作兴趣较浓。这也是人们追求成就感的一种反映。管理者在工作过程中，应注意及时测量并评定、公布员工的工作成果，尽可能早地使员工得到工作的反馈，及时看到他们的工作成果，这就会有效地激发其工作积极性，促其努力扩大成果。例如，在生产竞争中及时公布各组的生产进度，会对所有员工产生明显的激励作用。

5. 培训和发展机会激励

随着知识经济的扑面而来，当今世界日趋信息化、数字化、网络化。知识更新速度的不断加快，使员工知识结构不合理和知识老化现象日益突出。他们虽然在实践中不断丰富和积累知识，但仍需要对他们采取等级证书学习、进高校深造、出国培训等激励措施，通过这种培训充实他们的知识，培养他们的能力，给他们提供进一步发展的机会，满足他们自我实现的需要。

6. 荣誉和提升激励

荣誉是众人或组织对个体或群体的崇高评价，是满足人们自尊需要、激发人们奋力进取的重要手段。从人的动机看，人人都具有自我肯定、光荣、争取荣誉的需要。对于一些工作表现比较突出、具有代表性的先进员工，给予必要的荣誉奖励，是很好的精神激励方法。荣誉激励成本低廉，但效果很好。

当然，我们在荣誉激励上，存在着评奖过滥过多的不正确现象。如评优中的“轮庄法”“抓阄法”“以官论级法”“以钱划档法”“老同志优先、体弱病残者优先”等“优先法”，都使荣誉的“含金量”大大降低，使典型的榜样示范作用大打折扣，这是必须要大力加以纠正的。

另外，提升激励是对表现好、素质高的员工的一种肯定，应将其纳入“能上能下”的动态管理制度。

二、激励的原则

组织无论采取何种激励措施，都是为了调动组织成员的积极性。激励政策和措施的好坏直接影响到企业的发展。所以，在制定激励政策和措施时，一定要谨慎。成功的激励讲求一定的原则。

1. 按员工需求激励原则

由于不同员工的需求不同，所以，相同的激励政策起到的激励效果也会不尽相同。即便是同一位员工，在不同的时间或环境下，也会有不同的需求。由于激励取决于内因，是员工的主要感受，所以，激励要因人而异。因此，在制定和实施激励政策时，首先要调查清楚每个员工真正需要的是什么，根据不同的人、不同的环境条件，采取不同的激励方式。激励方式不当，不仅不能达到激励的目的，反而会产生负作用。

2. 公平性原则

公平性原则是组织行为的基本原则。因此，在实施激励时必须做到：第一，所有组织成员在获得或争取奖酬方面的机会要均等；第二，奖惩制度与事实必须明确；第三，奖惩措施实施的过程要公正、公开，即奖惩必须按章行事、公开与民主化，不得掺杂私人感情因素。

3. 适度性原则

适度性原则就是要恰当地掌握激励力度，这直接影响到激励效果，同时增加激励成本。激励过多过滥，势必会造成激励麻痹，使激励效果减弱，员工失去进一步提高自己目标的欲望；当激励强度不够时，会使员工产生不被重视的感觉，或者由于获得它过于艰难，也就会产生逃避激励的问题。

4. 激励行为规范化、制度化原则

虽然激励行为本身是每时每刻地发生在管理活动之中的，几乎管理者的一言一行都包含着激励的因素，但是，重大的、明显的激励行动应当规范化和制度化。哪些行为属于激励的范畴，何时开展一次集中的激励活动，都应当以制度的形式被规范下来，使人们的期望能在恰当的时候以恰当的形式和恰当的力度得到实现。

5. 正激励和负激励相结合原则

正激励和负激励都是激励必不可少的手段。研究证明，在实际激励中，两者均有不同效果。激励的实质是为了调动人的积极性，因此要根据不同的情境合理使用，并使之有机结合。就两者的作用而言，正激励是第一位的，负激励是第二位的，因此在实施激励时应当正激励为主、负激励为辅。

第三节　挫折理论

挫折理论是由美国心理学家亚当斯提出的，挫折理论主要揭示人的动机行为受阻而未能满足需要时的心理状态，并由此而导致的行为表现，力求采取措施将消极性行为转化为积极性、建设性行为。管理者应该重视管理中职工的挫折问题，采取措施防止挫折心理给职工本人和企业安全生产带来不利影响。

一、挫折的含义

所谓挫折，就是指当个体从事有目的的活动时，在环境中遇到障碍或干扰，致使需要和动机不能满足，因而产生焦虑和紧张不安的情绪状态。用通俗的话说，挫折就是“碰钉子”。

关于挫折的涵义，我们可以从三个方面来理解：

一是挫折情境，即对人们的有动机、目的的活动造成的内外障碍或干扰的情境状态或条件，构成刺激情境的可能是人或物，也可能是各种自然、社会环境。

二是挫折认知，即对挫折情境的知觉、认识和评价。

三是挫折反应，即个体在挫折情境下所产生的烦恼、困惑、焦虑、愤怒等负面情绪交织而成的心理感受，即挫折感。其中，挫折认知是核心因素，挫折反应的性质及程度主要取决于挫折认知。

一般来说，挫折情境越严重，挫折反应就越强烈；反之，挫折反应就轻微。但是，只有当挫折情境被主体所感知时，才会在个体心理上产生挫折反应。如果出现了挫折情境，而个体没有意识到，或者虽然意识到了但并不认为很严重，那么，也不会产生挫折反应，或者只产生轻微的挫折反应。因此，挫折反应的性质、程度主要取决于个体对挫折情境的认知。

挫折反应和感受是形成挫折的重要方面，个体受挫与否，是由当事人对自己的动机、目标与结果之间关系的认识、评价和感受来判断的。对某人构成挫折的情境和事件，对另一人不一定构成挫折，这就是个体感受的差异。正如巴尔扎克所说："世上的事情，永远不是绝对的，结果完全因人而异。苦难对于天才来说是一块垫脚石，对于能干的人是一笔财富，而对于弱者是一个万丈深渊。"

二、挫折产生的原因

挫折是人的一种主观心理感受，一个人是否体验到挫折，与他自己的抱负水平密切相关。所谓抱负水平是指一个人对自己所要达到的目标所规定的标准。规定的标准越高，其抱负水平越高；规定的标准越低，其抱负水平也越低。同样两个推销人员，甲的指标是销售额100万元，乙的指标是销售额60万元，结果两人都完成80万元销售额，这对乙来说会感到成功和满足，而对甲来说则会感到是一种挫折，所以挫折因人而异。相同的情境，由于人们的心理状态、需要动机以及思想认识的不同，在遇到挫折时的表现也会大不一样。产生挫折的原因是多种多样的，从总体上它可划分为外在因素和内在因素。

（一）外在因素

外在因素又称客观因素或外因，是由外界事物或情境阻碍人们达到目标而产生的挫折。它主要包括自然因素和社会因素两种。自然因素，主要是指个人能力无法克服的自然灾害，如天灾人祸、生老病死、冰雪洪水、地震山崩等。社会因素，主要是指个人在社会生活中所遭到的政治、经济、风俗、习惯、宗教、道德等的限制。另外，外在因素还包括组织者的管理不善、教育不力以及工作环境中缺乏良好的设施和人际关系等。

（二）内在因素

内在因素又称内因，主要是指主观因素阻碍人们达到目标而产生的挫折。它包括个人的生理因素和心理因素两种。生理因素主要是指个人的健康状况、个子的高矮和身体上的某些缺陷所带来的限制。心理因素主要是指个人的能力、智力、知识经验的不足。

此外，动机的矛盾和斗争状态，也是引起挫折的主要心理因素。例如，满足欲望与抑制欲望的斗争，理想与现实的斗争，个人利益与集体利益的斗争，等等。这些斗争如果处理不当，常常能引发个人的心理挫折。

心理挫折通常包括想象中的挫折和事实上的挫折。其中，想象中的挫折尽管还没有构成事实，但也能影响人的行为。例如，某人参加自学考试，还没有报名就预卜着自己的命运，家务重、岁数大、学习吃力，将来十有八九通不过，于是在头脑里先产生了想象中的挫折。

三、挫折的作用

挫折的（二重性）作用是指挫折对人的影响作用既有消极的一面，又有积极的一面。挫折的消极性在于它所引起的生理、心理方面的消极反应。挫折会引起人精神和心理上的苦闷和痛苦，进而使神经系统处于紧张、焦虑或抑制状态，严重的会使人思维混乱，活动能力大大降低，甚至连自己比较熟悉的事物也处理不好，这是人们在日常生活中经常有的现象。如果这时得不到应有的同情和关怀，再加上受挫者心胸狭窄，被烦恼所纠缠，后果将不可设想。所以，不仅仅受挫者本人需要正确认识、认真对待，我们每个人都应当对挫折的特性有正确全面的认识和对待。

挫折积极性的一面，我们可以从“宝剑锋从磨砺出，梅花香自苦寒来”的诗句中得到体会。大量事实证明，人们成就事业的过程，往往也就是战胜挫折的过程。挫折的积极作用就在于它可以激发人的进取心，促使人们为改变境遇而斗争。它能磨练人的性格和意志，增强人的创造能力和智慧，使人们对所面临的问题有更清醒、更深刻的认识，从而增长知识和才干。从生理学上讲，当人的大脑被强烈刺激所激发，脑垂体会促使内分泌系统积极活动，肾上腺素加速分泌，新陈代谢加快，进而整个神经系统兴奋水平提高。在这种情况下，人的情绪饱满，思维敏捷，思考问题和解决问题的能力大大增强，挫折承受力和应变力必然大大提高。

四、挫折的自我防御机制

自我防御机制这一概念由精神分析心理学家弗洛伊德提出，指人们在面对挫折和焦虑时为保持情绪的稳定与平衡，自发产生的适应性的行为与心理活动。

由于每个人对客观世界的认识不同，因此，即使挫折的客观情境相同，但感受和判断不同，因而对每个人所构成的打击和压力也不相同。在同样的情况下，一个人认为是严重的挫折，而另一个人可能认为是无所谓的事情。

对挫折的容忍力，还与个人的政治素质、性格特点、个人兴趣、生活经历和心理状态等因素有关。只有加强学习，在挫折面前鼓起勇气战胜它，不断地提高自己的适应能力，才能永远保持饱满的情绪。

一个人遭受挫折以后，不管是由外在因素还是内在因素引起的，在心理和行为上总会产生两种反应：一种是理智性反应，另一种是非理智性反应。

（一）理智性反应

理智性反应包括继续加强努力，反复尝试，改变行为，调整目标和改变目标等行为。挫折对理智的人来说往往是事业成功的先导。

古今中外的成功者大都历经坎坷、命运多劫，是从不幸的境遇中奋起的人。而且也不可否认，对成功者来说，处境的艰险、失败的打击和对于新事物没有经验、缺少把握，也会相应地给他们带来困扰、忧虑、苦恼和烦躁不安的情绪。但成功者不畏艰难，不会被困苦的处境压垮。成功者最可贵的信念和本事是变压力为动力，从荆棘中开辟新路。

贝弗里奇说得好："人们最出色的工作往往在处于逆境的情况下作出。思想上的压力、肉体上的痛苦都可能成为精神上的兴奋剂。很多杰出的伟人都曾遭受心理上的打击及形形色色的困难。若非如此，他们也许不会付出超群出众所必需的那种劳动。"他还指出："忍受痛苦而不气馁，是青年科学家必修的严峻的一课。"勇历艰险，不怕挫折，这是一切发展积极心态，有志于成功的人的必修课。这一课仅知道道理是很不够的，还必须要具有一种意识。当我们面临荆棘丛生的困境时，就要想到这是摘取成功之花的必由之路。

（二）非理智性反应

非理智性反应，在心理学上又称为消极的适应或防卫，其现实生活中常见的防卫方式具体表现为：

1. 攻击

攻击又称侵犯和对抗，它是当一个人受到挫折以后，对客体产生的强烈的敌对性情绪反应。攻击可以分为两种情况，即直接攻击和间接攻击。所谓直接攻击，就是指攻击行为直接指向构成挫折的人或物。例如，当一个人受到挫折或受到他人的谴责时，常常反唇相讥，甚至拳头相向。一般来说，自尊心强的人，为了维护自己的人格或权利，容易将愤怒的情绪向外发泄，采取直接攻击的行为反应。所谓间接攻击，就是指把愤怒的情绪发泄或转嫁到毫不相关的人或物上。有时候挫折的来源不明，可能是日常生活中许多小挫折的积累，亦可能是由身体中某种病因引起，一旦有明显的攻击对象，往往会对人乱发脾气。

2. 固执

固执是指当一个人一而再、再而三地受到挫折，便逐渐地失去了信心，感到茫然、忧虑，甚至冷漠、固执、悲观厌世、无所作为，进而失去喜怒哀乐，对什么事都无动于衷。

3. 倒退

倒退又称为退化或回归。人们在受到挫折时，会表现出与自己年龄不相称的幼稚行为。例如，有的人在工作中遇到挫折或受到批评时，会像小孩子那样装病不起或嚎啕大哭。某些领导者因遇到挫折而对下级发脾气，也属于倒退之列。

退化的另一种表现形式是像小孩子那样，容易受暗示的影响。最经常的表现是在受到挫折以后，会盲目地相信别人，盲目地执行别人的指示，不能控制自己的情绪，缺乏责任心，轻信谣言，甚至无理取闹。领导者有时也会出现这种倒退现象。例如，在遇到挫折后不愿意承担责任或敏感性降低，不能区别合理要求与不合理要求，甚至会盲目地忠实于某个人或某个组织，等等。这些现象都属于倒退之列。

4. 妥协

人们在受到挫折时，会产生心理或情绪上的紧张状态，这种紧张状态往往令人很难承受。为了摆脱这种状态，人们往往采取妥协性措施，可以减少在挫折时由于心理或情绪的过分紧张而给身体造成的损害。妥协措施常见的表现形式有以下几种：（1）文饰。所谓文饰是指人们在受到挫折后，会想出各种理由原谅自己或为自己的失败辩解。文饰起着自我安慰的作用。也许在旁观者看来，自圆其说是荒唐的，但本人却以此得到说服，这种现象类似于我们平常所说的“阿Q精神”。（2）投射。所谓投射就是把自己所做的错事或不良表现，委过于别人，从中减轻自己的内疚、不安和焦虑。（3）反向。所谓反向就是受到挫折之后，为了掩盖自己内心的憎恨和敌视，努力压制自己的感情，作出违反自己意愿和情感的行为。（4）表同。表同是与投射完全相反的一种表现，其特点是把别人具有的、自己羡慕的品质加到自己身上。具体表现就是模仿别人的举止言行、思想、信仰，以别人的风格姿态自居。

5. 升华

升华是指一种最积极的富有建设性的防御机制。因为它可以把社会所不能接受的或攻击性冲动所伴有的能量转向更高级的、社会所能接受的目标或渠道，进行各种创造性的活动。

6. 否认

否认是指对某种痛苦的现实有意识或者是无意识地加以否定，来缓解自己的焦虑和痛苦。由于不承认似乎就不会痛苦（如拒绝亲人的亡故，仍坚持说其未死）。这的确是一种保护性质的、正常的防御，只有在干扰了正常行为时才能算是病态的。

7. 抵消

抵消是指一个不能接受的行为象征性地而且反复地用相反的行为加以显示，以图解除焦虑。如说了不吉利的话就吐口水或用说句吉利的话来抵消晦气或不吉祥的感觉。例如，除夕打碎了碗，习俗上说句“岁岁平安!”。

8. 压抑

压抑是指把意识所不能接受的观念、情感或冲动压抑到无意识中去，使人不能意识到存在。这种被压抑的冲动和欲望并没有消失，一直在无意识中积极活跃，并通过其他心理机制的作用以伪装的形式出现。如对痛苦体验或创伤性事件的选择性遗忘就是压抑的表现。

五、正确对待受挫折的人

（一）采取宽容的态度

对领导者来说，对受挫折者的攻击行为采取宽容的态度是很重要的。帮助受挫折者是领导者的责任之一，应耐心细致地做思想工作，要以理服人，不应该采取针锋相对的措施来对付攻击行为。因为以反击对付攻击不仅不符合互助友好的原则，而且收不到良好的效果，严重者还可能使矛盾激化。领导者应当把受挫折者看成像生理上的病人一样的心理上的病人，他们非常需要得到像医生一样的领导者的帮助。

（二）提高认识，分清是非

宽容的态度并不等于不分是非，领导者应当在受挫折者冷静下来的时候，以理服人地热情帮助他们提高认识，分清是非。只有这样，才更有利于促使受挫折者变消极行业为积极行为。

（三）改变环境

改变环境的办法有两种：一种是调离原工作和生活的环境，到新的环境里去；二是改变环境气氛，给受挫折者以同情和温暖。为了更有效地把受挫折者的消极行为转化为积极行为，领导者必须尽量地少采取惩罚性措施，因为这样会加深挫折。许多事实证明，只要创造适当的条件，在犯罪人身上也能激发出合作和忠诚的行为。

（四）精神发泄法

这是一种心理治疗方法，就是要创造一种环境，使受挫折的人可以自由表达他受压抑的情感。人们在受到挫折后心理失去平衡，常常是以紧张情绪反应代替了理智行为，只有使他们这种紧张情绪发泄出来，才能恢复理智状态，达到心理平衡。

精神发泄可以采用各种形式。可以让受挫折的人用写申诉信的办法发泄不满，当他把不满情绪都写出来时，就会心平气和了；也可以采取个别谈心的办法，以及让他们在一定的会议上发表意见，领导人和同事们耐心听取他们的意见，并对其正确的方面给以充分肯定。

【本章知识点导图】

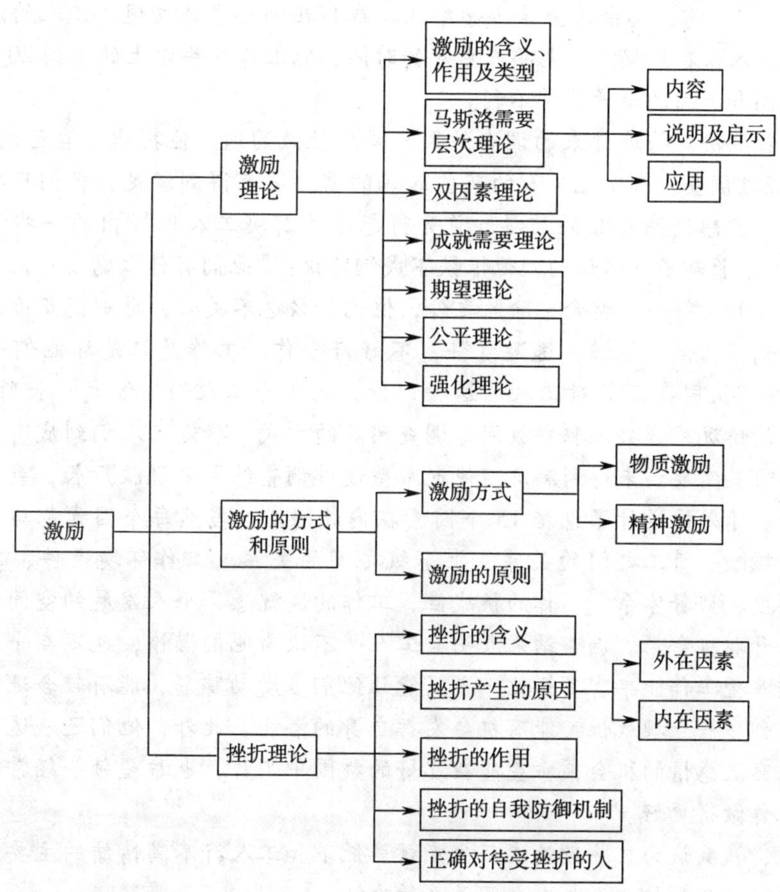

【课后案例分析题】

油漆厂工人为什么闹事

钱兵是某名牌大学企业管理专业毕业的大学生，分配到宜昌某集团公司人力资源部。前不久，因总公司下属的某油漆厂出现工人集体闹事问题，钱兵被总公司委派下去调查了解情况，并协助油漆厂高厂长理顺管理工作。到油漆厂上班的第一周，钱兵就深入“民间”，体察“民情”，了解“民怨”。一周后，他不仅清楚地了解到油漆厂的生产流程，同时也发现工厂的生产效率极其低下，工人们怨声载道，他们认为工作场所又脏又吵，条件极其恶劣，冬天的车间内气温只有零下 8 度，比外面还冷，而夏天最高气温可达 40 多度。而且他们的报酬也少得可怜。工人们曾不止一次地向厂领导提过，要改善工作条件，提高工资待遇，但厂里一直未引起重视。钱兵还了解了工人的年龄、学历等情况，工厂以男性职工为主，约占 92%。年龄在 25～35 岁的占 50%，25 岁以下的占 36%，35 岁以上的占 14%。工人们的文化程度普遍较低，初高中毕业的占 32%，中专及其以上的仅占 2%，其余的全是小学毕业。钱兵在调查中还发现，工人的流动率非常高，50% 的工人仅在厂里工作 1 年或更短的时间，能工作 5 年以上的不到 20%，这对生产效率的提高和产品的质量非常不利。

于是，钱兵决定将连日来的调查结果与高厂长做沟通，他提出了自己的一些看法：“高厂长，经过调查，我发现工人的某些起码的需要没有得到满足，我们厂要想把生产效率搞上去，要想提高产品的质量，首先得想办法解决工人们提出的一些最基本的要求”。可是高厂长却不这么认为，他恨铁不成钢地说：“他们有什么需要？他们关心的就是能拿多少工资、得多少奖金，除此之外，他们什么也不关心，更别说想办法去提高自我。你也看到了，他们很懒，逃避责任，不好好合作，工作是好是坏他们一点也不在乎”。但钱兵不认同高厂长对工人的这种评价，他认为工人们不像高厂长所说的这样。为进一步弄清情况，钱兵采取发放问题调查问卷的方式，确定工人们到底有什么样的需要，并找到哪些需要还未得到满足。他也希望通过调查结果来说服厂长，重新找到提高士气的因素。于是他设计了包括 15 个因素在内的问卷，当然每个因素都与工人的工作有关，包括报酬、员工之间的关系、上下级之间的关系、工作环境条件、工作的安全性、工厂制度、监督体系、工作的挑战性、工作的成就感、个人发展的空间、工作得到认可情况、升职机会等。调查结果表明，工人并不认为他们懒惰，也不在乎多做额外的工作，他们希望工作能丰富多样化一点，能让他们多动动脑筋，能有较合理的报酬。他们还希望工作多一点挑战性，能有机会发挥自身的潜能。此外，他们还表达了希望多一点与其他人交流感情的机会，希望能在友好的氛围中工作，也希望领导经常告诉他们怎样才能把工作做得更好。

基于此，钱兵认为，导致油漆厂生产效率低下和工人有不满情绪的主要原因是报酬太低、工作环境不到位、人与人之间关系的冷淡。

【问题】

1. 高厂长对工人的看法属 X 理论吗？钱兵的问卷调查结果又说明了对人的何种假设？

2. 根据钱兵的问卷调查结果，请你为该油漆厂出点主意，来满足工人们的一些需求。

【知识点链接】

为什么组织内有的成员工作积极肯干，有的成员却消极怠工？行为科学理论认为，人的行为过程表现为需要—动机—行为。为此，要使人的行为朝着组织的目标努力，就需要研究这种定向于组织目标的行为是由人的何种动机引发的，那么，要产生这样的动机又需要满足人的何种需要。从本质上讲，人的工作表现由三个因素决定：能力、动机和环境。缺少其中任何一个因素，都会影响工作的绩效。然而，在不同的组织内由于管理者对人的认识不同，他们会采取不同的激励方式来激发人的动机，而且人的需要又是不同的，并随环境的变化而变化，这就会使组织内的成员产生不同的行为。因此，正确认识能引发人的动机的需要，并予以满足，将大大地提高人的积极性，使人愿多做工作或把工作做得更好。

【案例分析】

1. 案例中，高厂长对工人的看法从人性的假设理论来看，主要体现为 X 假设。认为工人懒惰，不思进取，不求上进，工人的行为仅仅是为了金钱的获取。把工人完全看作为“经济人”与“泰勒制”的有关思想是一致的。而钱兵通过与工人的接触和了解，并在充分调查的基础上，认为工人不是这样的，工人愿意承担工厂的责任，愿意多为工厂干活，工人有发挥自身潜能的愿望，有与他人交往并被他人接纳的愿望，所以钱兵对工人的看法主要表现为 Y 假设。

2. 根据马斯洛的需要层次理论，人的需要由低级到高级经历生理需要、安全需要、社交需要、自尊需要、自我价值实现需要五个层次，且人的行为主要取决于其主导需要。就案例中当前的情况来看，工人的主导需要应该是社交需要、自尊需要和自我价值实现需要。从赫兹伯格的双因素理论来看，工人的保健因素可能包括工作环境与条件、工作的安全性、工厂的规章制度等；激励因素可能包括工资报酬、工作的挑战性、工作的成就感、个人发展机会及升职的机会等。据此，我们可以考虑从奖励手段、工人参与管理、丰富工作内容、美化工作环境、建立健全规章制度等方面着手来改进油漆厂目前的工作状态。

第九章
沟　　通

【本章概要】

本章介绍沟通的相关概念、渠道，并阐述了沟通障碍的产生及克服，最后介绍了冲突的管理。

【重点内容】

1. 理解沟通的含义、作用；
2. 了解沟通的过程；
3. 掌握沟通的方式；
4. 理解沟通网络的基本形式；
5. 掌握正式沟通渠道；
6. 掌握非正式沟通渠道；
7. 理解克服障碍沟通的方法；
8. 掌握有效沟通的原则；
9. 理解冲突的含义类型；
10. 掌握处理冲突的策略与方法。

【案例导入】

有些事并不像它看上去那样

两个旅行中的天使到一个富有的家庭借宿，这家人对他们并不友好，并且拒绝让他们在舒适的客房过夜，而是在冰冷的地下室给他们找了一个角落。当他们铺床时，较老的天使发现墙上有一个洞，就顺手把它修补好了。年轻的天使问为什么，老天使答道："有些事并不像它看上去那样。"

第二晚，两人到了一个非常贫穷的农家借宿。主人夫妇俩对他们非常热情，把仅有的一点点食物拿出来款待客人，然后又让出自己的床铺给两个天使。第二天一早，两个天使发现农夫和他的妻子在哭泣，他们唯一的生活来源——一头奶牛死了。年轻的天使非常愤怒，他质问老天使为什么会这样：第一个家庭什么都有，老天使还帮助他们修补墙洞；第二个家庭尽管如此贫穷但还是热情款待客人，而老天使却没有阻止奶牛的死亡。

“有些事并不像它看上去那样”，老天使答道，“当我们在地下室过夜时，我从墙洞看到墙里面堆满了金块。因为主人被贪欲所迷惑，我不愿意让他来分享这笔财富，所以我把墙洞填上了。昨天晚上，死亡之神来召唤农夫的妻子，我让奶牛代替了她。所以有些事并不像它看上去那样”。

有些时候，事情的表面并不是它实际应该的样子，而有效的沟通则可以弄清楚事情的真相，也可以校正自己在某些方面的偏差。

（资料来源：http：//www.360doc.com/content/15/0817/00/27186401_492200223.shtml.）

第一节 沟通的相关概念

在管理的领导职能中，如何使领导者和组织成员同心协力实现组织目标，并不是简单地贯彻领导方式和激励的基本内容。事实上，管理的领导职能除在行为的作用方向上呈领导者和被领导者两方面外，要真正发挥这种管理职能，还取决于作为组织成员的各方对组织目标及其实施方式的理解，并在多大的程度上达成一致。这关系到管理的绩效。沟通和管理绩效的密切相关引出组织的沟通问题。从根本上说，沟通是关于如何使领导方式和激励行为保持一致的问题。个体和组织间的差异，决定着沟通不仅范围大，而且复杂。要使组织目标顺利实现，必须建立起一定的行之有效的机制，以便解决沟通不足而引发的管理冲突。

一、沟通的含义

沟通是两个或两个以上的人或人群通过一定渠道传递可以理解的信息并最终形成信息交流的过程。信息交流可以有多种形式，如通信工具之间的信息交流，人与机器之间的信息交流，以及人与人之间的信息交流。从管理学的角度来看，我们更关注的是人与人之间的信息沟通，即存在于两人或多人之间的信息交流，其对象是人而不是物体。

在日常生活中，人们常常用交往、交流、意见沟通、信息传达等术语来表达沟通的含义。沟通有两个基本条件，即要有信息的传递与信息的理解。也就是说，在信息交流过程中，信息要在发送者与接收者之间传递，信息接收者接收到信息并理解信息，产生相应的反应。如上司正在与部下谈工作，但部下因家庭变故心事重重，注意力无法集中，上司所说的内容他根本没记住，虽然他似乎在听，但“心不在焉”，这就意味着有效沟通没有发生。又如，你用很专业的术语对外行讲了一通话，虽然他很认真听，但他不知所云，不清楚你要表达什么，这样也不能算是有效沟通。

需要强调的是，一些人把有效的沟通错误地理解为沟通双方达成协议或共识，而不是准确理解信息的意义。他们把沟通看成是别人接受了我们的观点。实际上沟通并不是妥协、认同，只不过是通过最有效的方式，明白无误地表达各自的观点。我可以明白你的意思，但也可以不同意你的看法，这就是沟通的实质。

一般来说，沟通在管理中具有以下几方面的重要意义：第一，沟通是协调各个体、各要素，使企业成为一个整体的凝聚剂；第二，沟通是领导者激励下属、实现领导职能的基本途径；第三，沟通是企业与外部环境之间建立联系的桥梁。

二、沟通的作用

从人际关系来看，沟通不仅是一个人获得他人思想、感情、见解、价值观的一种途径，是人与人交往的一座桥梁，同时沟通是一种重要地、有效地影响他人的工具和改变他人的手段。在以人为中心的管理模式中，沟通在管理工作中的地位愈发重要，管理者所做的每一件事都要有信息沟通。

（一）传递和获得信息

信息的采集、传送、整理、交换，无一不是沟通的过程。通过沟通，交换有意义、有价值的各种信息，生活中的大小事务才得以开展。

掌握低成本的沟通技巧、了解如何有效地传递信息能提高人的办事效率，而积极地获得信息更会提高人的竞争优势。好的沟通者可以一直保持注意力，随时抓住内容重点，找出所需要的重要信息。他们能更透彻地了解信息的内容，拥有最佳的工作效率，并节省时间与精力，获得更高的生产力。

（二）改善人际关系

社会是由人们互相沟通所维持的关系组成的网，人们相互交流是因为需要同周围的社会环境相联系。

沟通与人际关系两者相互促进、相互影响。有效的沟通可以赢得和谐的人际关系，而和谐的人际关系又使沟通更加顺畅。沟通可以解除人们内心的紧张和怨恨，使人们感到精神舒畅，而且在相互沟通中易使双方产生共鸣和同情，增进彼此间的了解，改善相互之间的关系，减少人与人之间不必要的冲突。

（三）改变行为

在沟通过程中，信息接收者接收到了并理解了发送者的意图之后，一般来讲会作出相应的反应，表现出合作的行为，否则沟通就是无效的。

三、沟通的过程

沟通过程指的是信息交流的全过程。人际之间的沟通过程可以分为六步：传递者把所要发送出去的信息按一定程序进行编码后，使信息沿一定通道进行传递，信息到达接收者时，先对信息进行译码处理，被接收者所接受，再将收到信息后的情况或反应发回给传递者，即反馈。如图 9－1 所示。

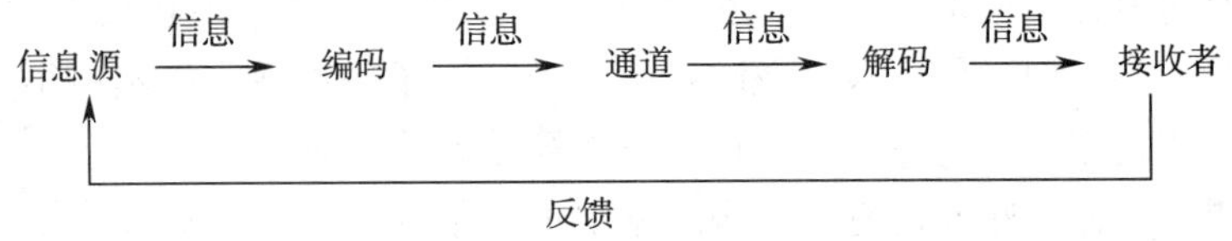

图 9－1　沟通过程

（一）信息源

信息源指的是持有信息、意图、观念的人，又叫发送者。信息发送者出于某种原因，希望接收者了解某个信息。作为信息发送者，最重要的一点是要确立概念、明确自己要传递的信息，如果将自己都不清楚的信息甚至错误的信息传递出去，肯定难以有好的沟通效果。另外，发送者应该更擅长于说与写。

（二）编码

发送者将要发送的信息译成接收者能够理解的一系列符号，如语言、文字、图表、照片、手势、表情等。要发出信息只有编码才能传递。

（三）通道

通道是指传递信息的媒介，它的功能在于使信息源和接收者联系起来，也即信息传递渠道。发送者通过某种通道将信息传递给接收者。编码的方式不同，传递的方式也会不同。传递的方式可以是书面的，也可以是口头的，甚至还可以通过身体姿势、表情来传递。

（四）解码

解码指的是信息接收者对信息的理解或阐释。要理解信息一定要解码，接收者应根据自己的知识、经验和思维方式，将信息中的符号译成可以理解的形式。

（五）接收者

接收者是接收并解释信息的人，它会受到自身技能、态度、知识及社会文化的影响。因此，同一信息，不同的接收者会有不同的理解。即使同一个接收者，由于接收信息时的情绪状态或场合的不同，他可能对同一个信息作出不同的解释，因而所采取的行为也有所不同。

（六）反馈

反馈是指接收者把所收到的信息返还给发送者，使信息源的发送者成为接收者。经过反馈可使发送者知道信息是否被接收，或及时作出正确的解释，及时修正沟通内容。反馈的过程只是沟通的逆过程，它也包括了信息沟通过程的几个环节：信息源、编码、通道、解码、接收者和再反馈。反馈构成了信息的双向沟通。

四、沟通方式及优缺点

沟通的方式主要是指沟通的形式，即信息通过什么媒介进行传递并被接收者理解。采用不同的信息媒介，就形成了不同的沟通方式。在组织中，人们普遍使用语言、文字及动作、表情来传递信息。我们把前者称为言语沟通方式，把后者称为非言语沟通方式，简称为言语沟通与非言语沟通。

（一）言语沟通

言语沟通是我们最熟悉的沟通方式，大量的人际沟通都是通过语言、文字的运用来实现的。言语沟通可以分为口头沟通和书面沟通两种。

1. 口头沟通

口头沟通是以口语作为传递信息的沟通，它包括面谈、鉴定、会议、正式的一对一讨论、演说、非正式的讨论及传闻或小道消息的传播等。

口头沟通的优点是比较灵活、速度快、双方可以自由讨论，有亲切感。在面对面交换信息的过程中，不仅可以传递信息，而且可以传递感情、态度，特别是可以借助手势、表情等体态语言来增强沟通的效果，可以马上获得对方的反应，具有双向沟通的好处，且富有弹性，可随机应变。同时，由于是面对面的交流，有身临其境之感，比起看书面文字的东西要深刻，掌握的信息既丰富又准确。

口头沟通也有不足之处。口头沟通对信息发送者的口头表达能力要求较高，如果信息发送者口齿不清或不能掌握要点、提纲挈领地发表意见，就无法使信息的接收者把握信息的基本精神。同时，口头沟通具有时效性，有一过即逝的特点，讲完了就算了，如果接收者一时没听清楚，就没有办法弥补，不便再回头重新沟通。此外，口头沟通还潜存着很大的信息失真的可能，尤其是在一级一级的信息传递的过程中，每个人都可以以自己的方式解释信息，当信息传到终点时，可能会"面目全非"。

2. 书面沟通

书面沟通指的是用文字作为信息媒介来传递信息的沟通方式。它的种类很多，较为常见的有备忘录、报告书、通知、内部刊物和公司手册、信函等。

书面沟通的优点很多，主要表现在以下几个方面：书面沟通以文字的形式固化信息，可以使信息长期保存，可以核实、查询，这对复杂或长期的沟通尤为重要；书面沟通通常有一种关注的意味，往往重要的信息沟通都以书面沟通为准，"口说无凭，立字为据"，就表现书面沟通的权威性，它更容易引起人们的注意；书面沟通以"白纸黑字"避免了信息传递过程中的随意性，从而减少了辗转传递、一再译解可能造成的错误，信息从发送者传到接收者失真较少，不容易在传递过程中被歪曲，书面沟通可以以自己的阅读速度仔细阅读，以求了解。

但书面沟通也存在许多不足。如它比较呆板，不易随客观情况的改变而及时修正，不能像口头沟通那样随机应变，也不能得到及时反馈。同时，由于书面沟通文字比较规范，沟通效果也会受到接收者文化水平的限制，阅读能力差的人往往理解不了。另外书面沟通费时较多，花费 1 小时写的东西只需 10 ~ 15 分钟就能说完。

口头沟通和书面沟通各有优缺点，如果能把两者结合使用，沟通效果最好。美国的一项研究提出了一张问卷，请 51 个公司经理选择他们在传达重要政策问题时喜欢采用的方式，结果如下：（1）召开管理人员会议，作口头说明的有 44 人；（2）亲自接见重要工作人员的有 27 人；（3）在管理公报上宣布政策的有 16 人；（4）在电话内部通讯系统上说明政策的有 1 人。其中 21 人选择的都是口头方式，只有 1 人选择书面方式；然而有 30 人选择口头和书面两种方式，这也表明了大多数人选择了混合方式。

（二）非言语沟通

非言语沟通是相对于言语沟通来讲的一种沟通方式。它包括动作、表情、声调等。对一些人来讲，非言语沟通似乎显得"陌生"，因为在我们谓之导向的文化中，通常把沟通过程视作一种完全用言辞表达的行为。语言文字固然重要，但它只是与人沟通的方式之一。

实际上非言语沟通早在语言文字使用之前就已存在，这从人类发展史及个体发育史中都可以得到验证。据一项研究表明，在面对面的沟通中，那些来自语言文字的信息不会超过35%，有 65% 的信息是通过非语言方式传递的。在人际沟通的"表里如一"方面，我们有理由更多地信任非言语沟通，在许多情况下，它反映了人的"里"，而言语沟通反映了人的“表”。

最近几十年对非言语沟通在管理上的研究丰富起来了，有越来越多的人重视非言语沟通的作用。已经有证据表明，生理线索（头部、脸、眼睛、姿势、距离、手势、声调），即体态语言，对了解一个人的情绪有重要作用。它可能更深刻地反映了人的本意。我们可以从人的面部表情和眼神了解人的情绪状态，也可以从人的身体距离、姿势、手势等了解人的紧张状态。比如，一副咆哮的面孔所表示的信息显然与微笑不同；说话对象坐立不安，手足无措，显然表示他处于紧张状态。

一个成功的沟通者在强化言语沟通的同时，必须懂得非言语信息，而且尽可能地了解它的意义，磨炼非言语沟通的技巧，注意“察言观色”。如声音是非言语沟通的重要的一个方面，它能反映沟通者内在的感受。在求职面谈中，一个人可能会表示他对这个职务很感兴趣，他将勤奋工作，他信任公司的一切等，但是他的声调呆板，面孔毫无表情，你就可以凭直觉感受到求职人是言不由衷的。很少有人对自己声音所给他人的感觉有明确的了解，对于自己声音的音调和音质，自己耳朵所感受到的与听者所听到的是不相同的，因而人们修饰自己的声音是比较困难的。比如，当你与一个人交谈时，对方有意无意地用眼睛扫一下手表，或者站起身来、并且在站起来的过程中拍拍大腿，慢慢地挪向附近或者靠在门框上，并伴有眨眼、长叹一口气等动作，我们就可以认为对方想离开。再比如，一个人在平时的谈话中习惯使用手势，但这次不用手势，给人的印象似乎这个人有所隐瞒，因为他强制了自己不用手势，表明了内心紧张、不自然。

当然，非言语沟通也存在一些缺陷：它可能会泄露我们的秘密，内心世界往往难以掩饰；它很容易使人产生误解，因为每个人的风格都不同；它们的含义因不同的文化背景而不同，如在一些国家点头表示同意，而另一些国家则相反；它们可能需要长时间地重复进行才能被人理解。另外，非言语沟通的范围有限，它往往只是在面对面范围内使用。

第二节　沟通渠道

一、沟通渠道含义及类型

信息沟通犹如水在水渠里流动一样，总是沿着一定的线路，按着一定的方向在特定的人群之间流动的，我们把这种沟通途径称为沟通渠道。从组织系统这个角度出发，可以把沟通渠道分为正式渠道和非正式渠道两大类。这两种渠道几乎是同时存在于组织之中，它们各有各的特点，各有各的用处。在正式渠道中进行的沟通叫正式沟通；在非正式渠道内进行的沟通叫非正式沟通。管理者应当对正式沟通与非正式沟通的作用、特点有深刻的了解，自觉地运用各种沟通渠道。

二、正式沟通渠道

（一）正式沟通渠道的概念

正式沟通渠道指的是按由组织内部明文规定的途径进行信息的传递和交流，它和组织的结构息息相关，主要包括：按正式组织系统发布的命令、指示、文件，组织召开的正式会议；组织内部上下级之间或同事之间因工作需要而进行的正式接触。正式沟通渠道传播的信息又称“官方消息”。

（二）正式沟通渠道的优点、缺点

正式沟通的优点主要是正规、严肃，富有权威性；参与沟通的人员普遍具有较强的责任心和义务感，从而易保持所沟通信息的准确性及保密性。其缺点主要是对组织机构信赖性较强而造成速度迟缓，沟通形式刻板，存在信息失真或扭曲的可能性；缺乏灵活性，信息传播范围受限制，传播速度比较慢。

（三）正式沟通网络

在正式群体中，人与人之间的信息交流结构称为正式沟通网络。美国心理学家莱维特把组织中常见的沟通网络归纳为以下 5 种：链式、Y 式、轮式、环式和全通道式，如图 9－2 所示。

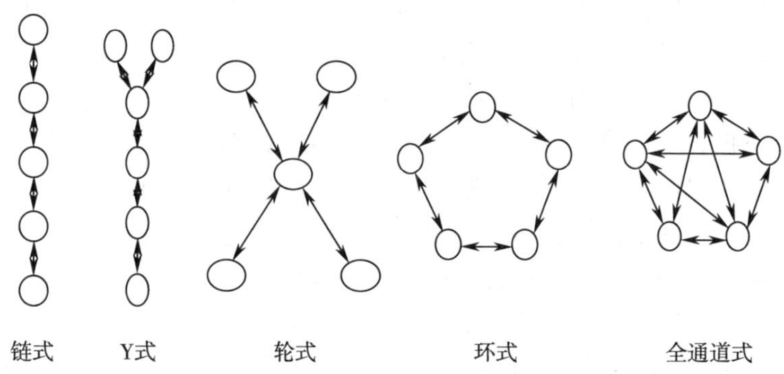

图 9－2　沟通网络的基本形式

1. 链式沟通

链式沟通形态是一个平行网络，其中居于两端的人只能与内侧的一个成员联系，居中的人则可分别与两人沟通信息。在一个组织系统中，它相当于一个纵向沟通网络，代表一个五级层次，逐级传递，信息可自上而下或自下而上进行传递。在这个网络中，信息经层层传递、筛选容易失真，各个信息传递者所接收的信息差异很大，平均满意程度有较大差距。此外，这种网络还可表示组织中管理人员和下属之间中间管理者的组织系统，属控制型结构。

2. Y 式沟通

Y 式沟通是一个纵向沟通网络，其中只有一个成员位于沟通的中心，成为沟通的媒介。在组织中，这一网络大体相当于组织领导、秘书班子再到下级管理人员或一般成员之间的纵向关系。这种网络集中化程度高，解决问题速度快，组织中领导人员预测程度较高。除中心人员外，组织成员的平均满意程度较低。此网络适用于管理人员工作任务十分繁重、需要有人选择信息、提供决策依据、节省时间而又要对组织实行有效控制的情况，但此风格易导致信息曲解或失真，影响组织中成员的士气，阻碍组织提高工作效率。

3. 轮式沟通

这种网络中的信息是经由中心人手而向周围多线传递的，其结构形状因为像轮盘而得名。这属于控制型沟通网络，其中只有一个成员是各种信息的汇集点与传递中心。在组织中，这种网络大致相当于一个主管理领导直接管理几个部门的权威控制系统，所有信息都是通过他们共同的领导人进行交流，因此，信息沟通的准确度很好，集中化程度也较高，解决问题的速度快，领导人的控制力强，预测程度也很高，但沟通通道少，组织成员的满意度低，士气可以低落，而且此网络中的领导者在成为信息交流和控制中心的同时可能面临着信息超载的负担。一般说，如果组织接受攻关任务，要求进行严密控制，同时又要争取时间和速度时，可采用这种网络。

4. 环式沟通

环式沟通可以看成是链式形态的一个封闭式控制结构，表示五个人之间依次联络和沟通，其中每个人都可同时与两侧的人沟通信息。在这个网络中，组织的集中化程度和领导人的预测程度比较低，畅通渠道不多，组织中的成员具有比较一致的满意度，组织士气高昂。如果在组织中需要创造出一种高昂的士气来实现组织目标，环式沟通则是一种行之有效的措施。

5. 全通道式沟通

全通道式沟通是一个全方位开放式的网络系统，其中每个成员之间都有不受限制的信息沟通与联系。采用这种沟通网络的组织，集中化程度及主管领导的预测程度均很低。由于沟通通道多，组织成员的平均满意程度且差异小，所以士气高昂，合作气氛浓厚。有利于集思广益，提高沟通的准确性，这对于解决复杂问题，增强组织合作精神，提高士气均有很大作用。但由于沟通通道多，容易造成混乱，且讨论过程通常费时，也会影响工作效率。委员会方式的沟通就是全通道式沟通风格的应用实例。

（四）正式沟通的信息流向

正式沟通的信息流向有自上而下的沟通、自下而上的沟通、横向沟通三种形式，如图 9－3 所示。

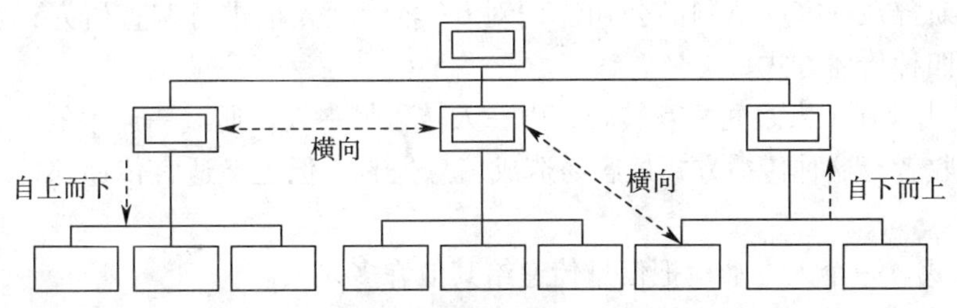

图 9－3 正式沟通的信息流向

1. 自上而下的沟通

这是我们最常见的正式沟通流向，一般是指政策、计划、规定之类的信息从最高管理层向下传达给下属的过程。自上而下的口头沟通方式所运用的媒介包括命令、讲话、会议、电话、广播甚至口头通知，而书面沟通方式常用的有备忘录、信函、手册、小册子、规章制度、工作程序等。如果组织的结构有多个层次，则会出现信息离散现象。信息离散现象虽难以完全避免，但灵活而正确地使用各种沟通技巧将帮助我们保持信息的准确性。

2. 自下而上的沟通

这主要是指下属向上级管理者所提出的正式书面或口头报告。许多公司还花了很多精力致力于自下而上的沟通渠道的建立，如意见箱、员工调查、建议制度、座谈会、开放政策、员工和管理者面对面的交流、上访制度等。但是，无论员工如何努力自下而上的沟通，依然存在着各种障碍：（1）管理者出于各种原因拒绝真正听取员工的建议，从而使沟通成为形式。（2）员工由于对管理者的不信任，从而放弃了这种渠道。员工由于希望博得管理者的好感，从而对信息进行筛选或歪曲等。

3. 横向沟通

组织中的横向沟通也就是水平方向的沟通，是指组织结构中处于同一层级的人员或部门间的信息沟通。横向沟通的主要宗旨在于为组织协调与合作提供一条直接的渠道。横向沟通能够产生组织内不同部门间的信息共享、相互协作；它还有助于消除组织内部的冲突；通过朋友和同事间的交流，横向沟通能够产生社会和情感的支撑。因此，横向沟通能够避免纵向沟通中信息流动过于缓慢的弊端，减轻管理者的沟通负担。它能够帮助员工提高士气和效率，增加员工满意感。

三、非正式沟通渠道

（一）非正式沟通渠道的概念

非正式沟通渠道是指正式组织途径以外的信息沟通方式。企业除了需要正式沟通外，也需要并且客观上存在着非正式沟通。这类沟通主要是通过个人之间的接触，以“小道消息”的传播方式来进行的。非正式沟通的主要功能是传播员工所关心和与他们有关的信息，它取决于员工的社会和个人兴趣和利益，与组织正式的要求无关。

（二）非正式沟通网络

群体中信息的传播，不仅通过正式沟通渠道进行，还通过非正式渠道传播。美国心理学家戴维斯曾在一家皮革制品公司专门对67名管理人员进行调查研究，发现非正式沟通途径有四种传播方式。

1. 单线式。在个人之间相互转告，由一人转告另一人，通过一连串的人，把信息传递到最终接收者。这种传播方式最容易造成信息失真，但也最适宜传递那些不宜公开的信息和机密。

2. 流言式。一个人主动地把信息传递给其他许多人。

3. 偶然式。按偶然的机会传播小道消息。

4. 集束式。把“小道消息”有选择地告诉自己的朋友或有关人。这种网络形式具有较高的传播效率，是最为常见的一种传播方式。集束式又称葡萄藤式。戴维斯还发现，“小道消息”传播的最普遍的形式是集束式。在一个单位里，大约只有10%的人是“小道消息”的传播者，而且多是固定的一群，其余的人往往姑且听之，听而不传。总之，一个群体里，有的人是“小道消息”的“制造者”，有的人是“小道消息”的“传播者”，有的人是“小道消息”的“夸大散播者”，而大多数人是只听不传或不听不传者。

戴维斯的研究表明，“小道消息”有五个特点：第一，新闻越新鲜，人们议论越多；第二，对人们工作越有影响，人们议论越多；第三，越为人们熟悉的，人们议论越多；第四，人与人在生活上有关系者，最可能牵涉到同一谣传中去；第五，人与人在工作中常有接触者，最可能牵涉到同一谣传中去。

“小道消息”由于均以口头传播为主，故易于形成，也易于迅速消失，一般没有永久性的结构和成员。对“小道消息”的准确性，有人曾做了统计。赫尔希对 6 家公司的 30 件“小道消息”做了调查分析，发现有 16 件毫无根据，5 件有根据也有歪曲，9 件真实。

在怎样评价非正式沟通渠道的问题上，不同人有着不同的见解。一些人认为传播“小道消息”是散布流言蜚语，应该加以禁止；另一些人则认为“小道消息”的传播可以满足组织内成员的需要，而且有助于弥补正式沟通渠道不灵活的缺陷。

一般来说，在一个企业里“小道消息”盛行是不正常的，会破坏企业的凝聚力，不利于企业的管理。研究表明，“小道消息”盛行常常是“大道消息”不畅的结果。因此，完善和疏通正式沟通渠道是防止“小道消息”传播的有效措施。另外，由于“小道消息”常常是组织成员忧虑心理和抵触情绪的反映，所以管理者应该通过谣传间接地了解员工的心理状态，研究造成这种状态的原因并采取措施予以解决。

（三）非正式沟通的特点

与正式沟通相比，非正式沟通有下列几个特点：

1. 非正式沟通信息交流速度较快。由于这些信息与职工的利益相关或者是他们比较感兴趣的问题，再加上没有正式沟通那种程序，信息传播速度大大加快。

2. 非正式沟通的信息比较准确。据国外研究，它的准确率可高达 95%。一般来说，非正式沟通中信息的失真主要来源于形式上的不完整，而不是提供无中生有的谣言。人们常常把非正式沟通与谣言混为一谈，这是缺乏根据的。

3. 非正式沟通可以满足员工的需要。由于非正式沟通不是基于管理者的权威，而是出于员工的愿望和需要，因此，这种沟通常常是积极的、卓有成效的，并且可以满足员工们的安全的需要、社交的需要、尊重的需要。

4. 非正式沟通效率较高。非正式沟通一般是有选择地、针对个人的兴趣传播信息，正式沟通则常常将信息传递给本人不需要它们的人。

5. 非正式沟通有一定的片面性。非正式沟通中的信息常常被夸大、曲解，因而需要慎重对待。

第三节 沟通障碍及有效沟通的方法

在沟通的过程中，由于存在着外界干扰以及其他种种原因，信息往往丢失或被曲解，使得信息的传递不能发挥正常的作用。因此，组织的沟通存在有效沟通的问题。所谓有效沟通，是指沟通的发起人通过接收者的反馈确定管理信息已经被理解和执行，即沟通已经收到预期效果，这样的沟通便是有效沟通。

一、沟通障碍的含义

在沟通过程中，时常会有沟通无法进行或不能产生预期的效果的现象，我们称之为沟通障碍。

二、沟通障碍产生的原因

一般情况下，有效沟通的障碍主要来自以下几方面：

（一）语言表达能力差

良好的沟通要求双方都要有良好的语言表达能力。如果发送者不能清晰地发出自己所要表达的信息，接收者不能准确地把自己所接收的信息反映出来，那么沟通就无法有效地进行。一份逻辑混乱、语无伦次的书面报告，很难迅速、准确地传达所包含的信息；模棱两可、含糊不清的讲话，也很难表明你的意图。特别值得注意的是，作为信息源的发送者，如果不能进行正确的信息编码，不能准确地把自己所要表达的内容传递出去，那么，在信息传递的第一关就出了问题，必然会使接收者陷入云里雾里。“以其昏昏”是达不到“使人昭昭”的目的的。

（二）发送者的信誉

在日常生活中，我们可以发现在沟通方式、沟通内容及沟通对象相同的情况下，不同的信息发送者可能会有不同的效果。人们对信息发送者信任的程度会影响沟通的效果。如果信任成为企业内部的一种默契，那么从管理者到员工的工作一定会轻松得多，沟通也会顺畅得多。一项研究表明，日本的总经理要比美国的同行们多享受 75 分钟的睡眠，专家们认为，这一差别部分要归功于日本人在经商、解决问题时所衍生出的一种强烈的互信感。沟通者的人品差、能力弱，都可以导致别人对他产生不信赖感，并且会在情感上加以拒绝，“听不进你的话”，尽管你的表达能力很强。如你平时言而无信，说话不能兑现，别人对你说的话就会持怀疑态度，沟通无法有效地进行。“狼来了”的故事，就是典型代表。

（三）知识经验的差距

沟通是在发送者与接收者之间进行的，这就涉及个体差异问题。由于人们的个性及知识经验差异很大，一些在发送者认为很简单的、不需多加以说明的信息，在接收者那里却是很复杂、需要加以解释才能理解的信息。这种障碍在由上往下的下行沟通中较为常见，沟通者的层次间距越大，沟通障碍的发生可能性越大。注意到了沟通双方在知识经验的差距之后，管理者就应更多地从对方实际知识经验水平的角度考虑，选择最适合对方知识经验的语言、文字及表达风格，从而增强沟通效果。如董事会主席在董事会上的讲话与董事会主席对最基层的员工的讲话，应该在方式、方法上有很大的不同。

（四）渠道不畅通

信息沟通是在一定的信息传递渠道中进行的，倘若信息渠道不畅通，必然会影响沟通的效果。在企业管理中，信息渠道不畅通主要表现在两个方面：一是机构臃肿。信息由最高层次发出，要经过许多中间环节的传递才能到达基层，信息逐级传达，就意味着信号逐级失真。据研究，信息量从最高层逐级传达到基层时只有原来的 1/5。小型企业中面对面的沟通比大型企业中的跨越多层沟通更为有效即是如此。二是缺乏反馈。信息的沟通应是双向的，在一些企业当中，由上至下的信息传递通道是畅通的，但由下至上的上行沟通渠道形同虚设，高层领导往往不注意来自基层的信息反馈，没有形成闭路循环的沟通渠道，信息沟通的效率自然很低。

（五）心理上的障碍

人际沟通与机器之间的沟通不同，因为双方都是有思想、有感情、有内心心理活动的个体，如果他们的心理活动产生了一定的障碍，必然会影响沟通的效果。同时，每个人在组织中的地位不同，也容易造成心理上的差异，形成心理隔阂，而不愿进行有效的沟通，或不能进行有效的沟通。如在上级与部属谈话中，如果这个上级平时比较严厉，而下属又比较内向，可能会出现下属虽然在认真听上级讲话，但由于心情紧张，信息接收率大打折扣的现象。

（六）沟通时机不当

有些沟通产生障碍是由于沟通时机不当造成的。沟通时机包含沟通的时间、空间两个方面。在时间方面，如果接收者由于某种原因心情不好或正在从事某项重要而又急需完成的工作时，这时一般信息不容易引起他的注意，与他沟通效果就会很差。如某员工家中有人得了急病，上司这时向他交代什么，他可能会点头称是，但他到底记住了多少呢，还要打一个大问号。在空间方面，选择沟通的场所不当，沟通的效果也会有很大的不同。对一个很要面子的下属来讲，上司当着大家批评他并限期改正错误与私下与他交谈，指出他的缺点的效果是截然不同的。

三、有效沟通的基础

沟通的有效性是指沟通的准确性、实时性和效率。准确性是指信息从发送者传递到接收者时保持原意（即不失真、不产生歪曲、不遗漏）的程度。实时性则是指信息从发送者传递到接收者的及时程度。沟通的效率则是指单位时间内传递信息的多少。信息的准确性、实时性和效率越高，沟通的效率就越高。沟通的有效性对群体和组织的运行有着十分重要的影响。要提高沟通的有效性，必须打下良好的沟通基础，遵循沟通的基本原则和采取相应的沟通策略。

（一）增强信息的明确性

明确、清晰的信息是良好沟通的开端。当沟通能以一种接收者易于了解的语言和传递方式进行时，它具有明确性。在许多情况下，信息的发送者都很自信地认为自己发出的信息是明确、清晰的，对方应该可以理解，当他看到对方不能理解自己所发出的信息时，往往是把责任推给对方，而不检查信息源是否有问题。要做到信息的明确性，信息发送者需要具备一定的沟通能力，并熟悉传送对象，如下属、同事、上司或其他相关人员的语言和非语言表达方式。

（二）提高信息接收的效率

沟通是否有效，这是双方的责任，对信息发送者有信息明确的要求，对信息接收者则有接收率高的要求。由于需要注意的信息太多，而人们的注意力又有限，所以接收者应该集中精力注意那些最有价值的信息，可能的话要做好事先准备，不放过任何有用信息。同时，接收者也应改进自己的倾听和阅读能力，这样，不仅可以提高信息接收的效

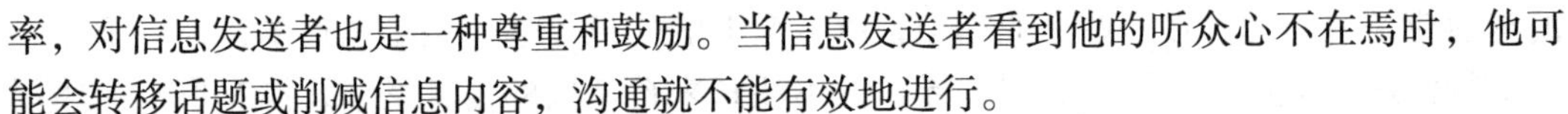

率，对信息发送者也是一种尊重和鼓励。当信息发送者看到他的听众心不在焉时，他可能会转移话题或削减信息内容，沟通就不能有效地进行。

（三）建立合理的信息传播体系

企业内部人数众多、机构复杂、信息流量大，为了使信息能有序的流动，管理者一定要建立稳定合理的信息传播体系，以便控制企业内部的横向及纵向的信息流动，使各部门及员工都有固定的信息来源，该从哪里得到信息就从哪里得到信息，该知道什么就知道什么，不要搞得企业内部流言四起、道听途说，扰乱了整个企业的正常运转。

（四）提高利用非正式沟通的自觉性

在企业管理当中，不承认非正式组织及非正式沟通是不现实的。在以正式沟通为主流的现代企业管理中，管理者在强化正式沟通时，必须有意识地提高利用非正式沟通渠道的自觉性，把一些正式渠道不好办、难办的事交到非正式沟通渠道中来处理，使“小道消息”按照管理者的意志在组织内部传播，同样能达到提高管理效率的目标。最有效的沟通是当管理者利用非正式组织系统来加强正式组织系统的沟通时，才能达到的。

四、有效沟通的方法

（一）运用反馈手段

当管理者问：“你明白了我的意思吗?”所得到的就是反馈。从严格意义上讲，没有反馈，就没有现代管理。很多沟通不能顺利进行就是由于缺乏反馈，产生不必要的曲解、误解造成的。反馈是沟通的重要保证。没有反馈，管理者就无法知道信息是否被传递到了接收者那里以及接收了多少。管理者可以通过直接或间接的询问“测试”下属，以确认他们是否完全了解信息，以便及时调整陈述方式，使接收者更好地理解信息。

管理者可以用下面的一些句子尽量鼓励反馈，如“你能为我提供更多的有关……信息吗?”“我认为……，你的看法呢?”“你已经告诉了我一些值得考虑的事情，你还有其他想法吗?”“对，请继续说!”等。在这样的鼓励下，接收者一般会乐意把反馈信息表达出来，管理者可从中得知信息被接收、理解的情况，并可及时调整自己的表达方式。

当然，反馈并不一定完全是语言表述，也可以是非言语的，可以从对方的动作、表情等方面看出，这种反馈有时更可靠，因为它们往往是接收者潜意识的流露。如果你正在演讲，从听众的眼神中，你就可以得到许多重要的暗示。如你看到听众眼睛随意转动，就表明他无心听讲，或者他认为此事无关紧要，这时你就可以转移话题以引起听众的注意。

（二）提高表达能力

在这里所说的表达能力，即人们通常所说的“说”与“写”的能力。经研究，经理们沟通的时间有30%花在“说”上，有9%花在“写”上，因此，要提高沟通的效率，就必须在“说”与“写”上多下工夫。

要有效地“说”，必须先明确我们要表达什么，除非我们在心中已有明确的目的，否则，我们是很难组织语言的。有效的“说”的另一个基本原则是口头表达的信息必须是听众感兴趣的，如果我们说的话无法符合听众的要求，那只不过是我们自言自语罢了，完全失去了沟通的效用。

要有效地“写”，我们就应该简洁地告诉读者，我们写东西的目的，同时，我们也应该明确表示要读者去做什么，去想什么，以及能感受到什么。作为管理者，我们要多实践，多写些东西，磨炼文笔，增强写作的信心，提高吸引读者注意力的写作技巧。

根据研究，在沟通中，为做到正确运用语言文字，需要注意以下几个具体问题：

(1) 多使用对方在感情上容易接受的语言文字，多使用陈述性语言，来表明自己的观点，避免评论性、挑战性的语言文字。

(2) 语言文字的使用要准确，尽量减少歧义，切忌含糊不清、模棱两可，以免使人产生误解。

(3) 语言文字要纯朴，切忌滥用词藻，使人有华而不实之感。

(4) 在非专业性交谈中，尽量避免专业性术语，措词恰当，通俗易懂。

(5) 尽量使用短句，长句使人产生累赘之感，不利于沟通。

(6) 叙事谈理务必力戒逻辑混乱、文理不通，做到言之有理、论之有据、条理清楚。

(7) 交谈中人称指代要明确，以免造成接收者的误解。

(三) 积极倾听

倾听是指认真地听对方讲话，并力图弄懂所听到的内容，这对于沟通双方都很重要。有许多沟通活动进行不下去就是因为我们不善于听而受阻的。因为，我们只有明白无误地听清了对方表达的内容，才能进行沟通。

据一项研究表明，管理者每天用于沟通的时间里，“听”占45%。人们用于听的时间虽然很多，但效率并不高，在一段十分钟的谈话中，大约只有25%的效率。我们必须提高倾听的效率，由一般被动的听转化为积极主动的听，在倾听时注意以下几点：

(1) 少讲多听，多保持沉默和冷静，不轻易打断对方。

(2) 设法使交流轻松，使对方感到舒畅，消除紧张感，充分表达自己的观点，说出自己想说的话。

(3) 用动作语言表现出你对对方谈话的浓厚兴趣，如用目光接触、展现赞许性的点头和恰当的面部表情，表示你在认真听他讲。

(4) 尽可能排除外界的干扰，避免使对方分心的举动或手势，如在对方讲话时不要轻易走动，干一些无关紧要的事。

(5) 站在对方的立场上考虑问题，你也许会觉得他讲得有道理。

(6) 不要立即与对方发生争论与妄加批评。

(7) 在必要时提出一些问题，以显示你在倾听并求得了解。

尤其值得注意的是，在倾听过程中要采用“换位思考”的方法，即从移情的角度入手，把自己置于对方的立场来思考问题，避免先入为主，努力去理解别人要表达的含义而不是你想理解的意思。移情需要你暂停自己的想法与感觉，而从说话者的角度调整自己的所观所感，这样可以进一步保证你对所听到的信息的解释符合说话者的本意。

(四) 注重非言语提示

据一项研究表明，在面对面的沟通中，有65%的信息是通过非言语形式传递过来的，如果我们能够准确地把握非言语信息并有意识地加以运用，则会在很大程度上跨越言语沟通本身的一些固有障碍，提高沟通效率。

在面对面的沟通中，管理者要给予对方合适的表情、动作和态度等非言语提示，并使之与所要表达的信息内容相配合，如轻松的谈话应面带微笑，严肃的话题应该庄重认真，否则言语信息与非言语信息不一致，就会影响沟通的效果。如一位上司告诉你他真想知道你的困难，而当你告诉他时，他却在浏览自己的信件，你的感想如何呢？又如，不同的坐姿、站相、手势也潜在地反映了一个人的个性、气质和态度，在严肃的场合跷着二郎腿与下属交谈，会给对方一种压迫感，有碍于情感的平等交流。

非言语信息是揭示交流双方内心世界的窗口，一个成功的沟通者必须懂得辨别非言语信息的意义，充分利用它来提高沟通效率。这就要求管理者在沟通时要时刻注意对面交谈的细节问题，不能以为这是“雕虫小技”而加以忽视。实际上，有许多人沟通失败就是因为非言语信息没有把握好引起的。

（五）重视非正式沟通渠道

在非正式沟通渠道方面，大多数企业也存在着很多问题。它们没有利用现有的资源、技术条件，及时有效地对沟通渠道进行改进和完善，从而使得一些非正式渠道显得过于呆板和陈旧，同时也不易于控制。许多企业近年来采用的郊游、联谊会、聚会等形式，都是非正式沟通的良好方式。这些渠道既能充分发挥非正式沟通的优点，又因它们都属于一种有计划、有组织的活动，而易于被组织领导者控制，从而大大减少沟通的层级。越是高层的管理者越要注意与员工直接沟通。

第四节　冲突管理

一、冲突的定义

沟通是为降低组织的管理成本，进而降低组织之间的交易成本。但是，由于组织之间以及组织中员工之间本质的区别，沟通并不会达到尽善尽美的效果，这样，组织摩擦和人员摩擦不可避免地发生，带来额外的管理组织成本。这种摩擦程度越大，组织的协调成本越高。这就是冲突的由来。因此，冲突是指由于某种差异而引起的抵触、争执或争斗的对立状态。人与人之间在利益、观点、掌握的信息或事件的理解上都存在差异，有差异就可能引起冲突。不管这种冲突是否真实存在，只要一方感觉到有差异就会发生冲突。显然，沟通不足或没有沟通，都可以导致冲突。

冲突对于任何组织都是难免的，特别是随着组织所面临的内外部环境越来越复杂，冲突现象越来越突出。托马斯等人进行的一项调查表明：企业中的管理人员处理冲突问题大约占他们工作时间的20%。管理冲突的能力可以说是成功管理者的基本素质。

冲突发生于对稀缺资源分配方式的分歧以及不同的观点、信念、行为、个性的冲撞。一般认为，冲突是相互作用的主体之间存在的不相容的行为或目标。

二、冲突产生的原因

相互依赖性和相互间的差异是冲突产生的客观基础，组织内资源的稀缺和机制的不完善推动了冲突的实现。

相互依赖性是专业化和社会分工的结果。越来越复杂的社会环境和高精技术要求，使得人们几乎不可能独立地发挥作用完成组织的目标要求，而只能扮演分工以后的较为专业化的某一具体的角色。相互依赖关系表明，一个人行动的结果会受到其他人的影响。如果一方的行动妨碍了另一方的目标的实现，那么冲突就会产生。

冲突产生的直接原因可以归为彼此之间的差异性。具有一定的相互依赖关系的双方，差异性越大，越难达成一致的协议。于是这些彼此间的差异性必然伴随着一定的意见分歧，导致冲突的最后发生。组织中主要存在以下几种差异性：(1) 信息差异。信息差异是反映双方所获得的信息、了解的事实之间的差异，组织成员具有不同的信息来源渠道，彼此间信息非对称，各人都有自己的“私人信息”。加上信息传递过程中的偏差遗漏，信息处理方式的不同都会导致信息差异。(2) 认识的差异。组织成员之间背景不同，包括受教育程度、家庭出身、价值观念不尽相同；各个部门有着各自不同的行为方式、价值观念；成员间的组织地位的不同，看问题的角度也会不同。(3) 目标要求的差异。(4) 角色差异。组织中的个人都充当着不同的角色，并按照角色要求而行动，个人的角色差异也会引起冲突。

内在资源的稀缺和机制不完善推动冲突的形成。组织的资源相对于组织发展能力总是处于稀缺状态，资源稀缺性是组织的基本特性。所以，组织的活动必然会受到各种条件的制约，当两个或两个以上的主体同时依赖于组织的稀缺资源时，双方之间极有可能因为如何分配资源而发生一些冲突。组织中信息沟通不善、内部奖励制度不当、作为激励手段的竞争机制、特定的事件的处理不当都会引发组织内的冲突。特别需要说明的是竞争机制也有负面作用，研究表明，群体之间的竞争常常导致群体间冲突的增加，生产率却没有明显的提高；更为严重的是，两个相互依赖的群体之间的竞争反而会使效率下降。

三、冲突的类型

1. 从性质上来说，冲突可以分为建设性冲突和破坏性冲突

(1) 建设性冲突。凡是有利于实现组织目标的冲突就是建设性的冲突。它往往是由于目标一致的双方在实现目标过程中采取不同的方法或手段而造成的。这种冲突在发展过程中通常有如下的特点：双方对实现共同目标都很关注；双方愿意了解彼此的观点；双方争论是为了寻求较好地实现目标的方法。从企业来说，某些建设性冲突的存在，有利于提高经营效果和促进健康发展。管理者要善于激发建设性冲突并因势利导，使其成为推动工作的动力，同时要在解决矛盾的过程中增进冲突双方的了解和团结。

(2) 破坏性冲突。阻碍组织目标达到的冲突是破坏性的冲突。它产生的根源是双方目标和利益的不一致，且这种目标和利益分歧越大，冲突的程度越激烈。在冲突发生过程中，双方往往格外重视自己的观点是否正确，而不愿听取对方的意见。显而易见，这种冲突所起的作用是消极的、负面的。对此，管理者应该谨慎地处理，尽可能促使矛盾向有利于组织目标的方向转化，避免将潜在的或微弱的冲突激化到不可调和的地步。

2. 按照冲突发生的层次来说，可以分为个人内心的冲突、人际关系冲突、团体间的冲突和组织层次的冲突

（1）个人内心的冲突。个人内心的冲突通常涉及一些目标，认知或情感的冲突。它一般发生于个人面临多种难以作出的选择，此时会表现得犹豫不决，茫然不知所措。个人内心冲突一般表现为三种类型：一是接近的冲突。它要求个人在两个或两个以上的方案中作出选择，每个选择都有积极结果。形象地说个人面临着“鱼和熊掌不可兼得”的局面。二是接近—规避冲突。个体在选择是否去从事一件利弊难以权衡的事情，使其内心发生冲突。如企业家面对是否从事高风险高收益的投资。三是规避的冲突。个人面对着必须在两个都只能产生消极结果的方案中作出抉择，即所谓“两害相权取其轻”。

（2）人际关系冲突。这是指两个或两个以上的个人感觉到他们的态度、行为或目标的对立所产生的冲突。许多人际冲突是建立在角色冲突或角色模糊的基础上的，如企业中质量检验员与生产人员、会计人员与审计人员的冲突等。角色的冲突多数是由于角色要求与组织的态度、价值观念和可接受行为的看法不一致；组织成员间所承受的压力不同；成员之间信息、压力的不相容；或者是成员之间一方的压力来自于另一方。当角色信息存在或这些信息无法有效沟通时，角色模糊就会发生。

（3）团体间的冲突。这是组织内团体之间由于各种原因而产生的对立情形。团体间的冲突通常有垂直冲突、水平冲突、指挥系统与参谋系统的冲突、正式系统与非正式系统间的冲突四种形式。它可能是同一团体内部成员间的冲突，导致成员分化成两个或多个小团体，从而把团体内的冲突转化为团体间的冲突；也可能是分别是两个团体内的成员间的个人冲突逐渐升级而成。

（4）组织层次的冲突。从系统的观点出发，任何组织都是属于一个更广泛的环境系统的子系统，为了生存和发展，组织必须与外界环境之间进行各种要素的交换，并在交换过程中求得一种动态平衡。于是，组织在与其生存环境中的其他一些组织发生关系时，经常会由于目标、利益的不一致而发生各种各样的冲突。如企业与它的竞争对手之间会发生冲突，各个政党与其对手之间的竞争也是不可避免的。甚至可以这样说，组织内部的冲突是在其外部冲突的影响下造成的。

四、冲突的管理

冲突对组织的作用可以是建设性的，也可以是破坏性的。当冲突达到最佳水平时，它可以阻止迟滞，解除紧张，激发创造力，培养变革的萌芽，但冲突过高会导致组织分裂并且合作受阻。因此，管理者要充当冲突水平的调节者，在冲突水平过低时激发建设性的冲突，在冲突程度过激时削减破坏性的冲突，使组织保持一个最适宜的冲突水平。

由此，冲突管理实际上包括两个方面：一是管理者要设法消除冲突产生的负面效应。这是因为，这些冲突阻碍了组织实现目标，属于功能失调的冲突，它们对组织具有破坏性作用。二是要求管理者激发冲突，利用和扩大冲突对组织产生的正面效应，因为这些冲突支持组织的目标，属于建设性的、功能正常的冲突。因而，冲突管理实际上是一种艺术。

（一）冲突管理的过程

1. 谨慎地选择你想处理的冲突

管理者可能面临许多冲突。其中，有些冲突非常琐碎，不值得花很多时间去处理；有些冲突虽然很重要，但不是自己力量能及的，不宜轻易介入。管理者应当选择那些员工关心、影响面大，对推进工作、增强凝聚力、建设组织文化有意义、有价值的事件，亲自抓，一抓到底。对冲突事必躬亲的管理者并不是优秀的管理者。

2. 仔细研究冲突双方的代表人物

是哪些人卷入了冲突？冲突双方的观点是什么？差异在哪里？双方真正感兴趣的是什么？代表人物的人格特点、价值观、经历和资源因素如何？

3. 深入了解冲突的根源

管理者不仅要了解公开的表层的冲突原因，还要深入了解深层的、没有说出来的原因。冲突可能是多种原因交叉作用的结果，如果是这样，还要进一步分析各种原因作用的强度。

4. 妥善地选择处理冲突的策略

通常的处理策略有五种：回避、强制、克制、合作、妥协，如图 9－4 所示。

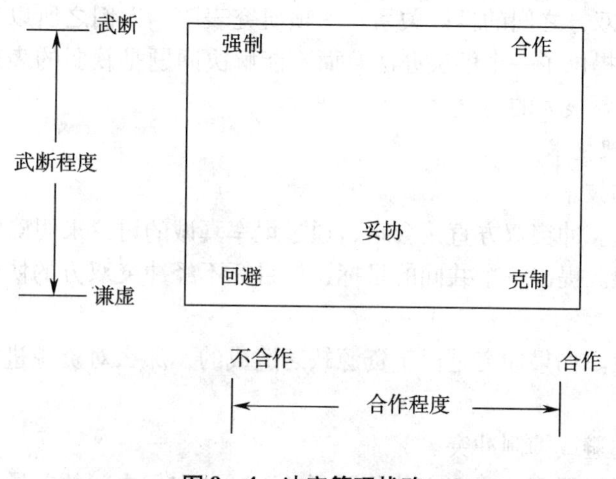

图 9－4　冲突管理战略

（1）回避策略。回避策略是指既合作又不武断的策略。这时，人们将自己置身于冲突之外，忽视了双方之间的差异，或保持中立态度。这种方法反映出当事人的态度是任冲突自然发展，对自己的利益和他人的利益均无兴趣。回避方法可以避免问题扩大化，但常常会因为忽略了某种重要的意见、看法，使对方受挫，易遭对手的非议，故长期使用效果不佳。

（2）强制策略。强制策略是指高度武断且不合作的策略。它代表了一种“赢—输”的结果，即为了自己的利益牺牲他人的利益。一般来说，此时一方在冲突中具有占绝对优势的权力和地位，于是，一方会认为自己的胜利是必要的。相应地，另一方必然会以失败而告终。强制策略通常是使人们只考虑自己的目的，所以同样地不受对手的欢迎。

（3）克制策略。克制策略代表着一种高度合作而武断程度较低的策略。可以说是无私的策略，因为当事人是牺牲自己的利益而满足他人的要求。通常克制策略是为了从长远角度出发换取对方的合作，或者是屈服于对手的意愿。因此，克制策略是最受对手欢迎的，但容易被对手认为过于软弱或是屈服的表示。

（4）合作策略。合作策略是在高度合作精神和武断的情况下采取的策略。它代表了冲突解决中的双赢局面，即最大限度地扩大合作利益，既考虑了自己的利益，又考虑了他人的利益。一般来说，持合作态度的人有几个特点：一是认为冲突是一种客观的、有益的现象，处理得恰当会有利于一些问题的解决；二是相信对手；三是相信冲突双方在地位上是平等的，并认为每个人的观点都有其合理性；四是他们不会为了共同的利益牺牲任何一方的利益。

（5）妥协策略。在妥协策略下，合作性和武断程度均处于中间状态，它建立在“有予必有取”的基础之上，这种策略通常需要一系列的谈判和让步才能形成。与合作方式相比，妥协策略只求部分地满足双方的要求。但妥协策略却是最常用的也是被人们广泛接受的一种处理冲突的策略。因为妥协策略至少有以下优点：一是尽管它部分地阻碍了对手的行为，但仍然表示出合作的姿态；二是它反映了处理冲突问题的实利主义态度；三是它有助于保持双方之间的良好关系。一项研究表明，人们之所以欢迎妥协策略，是因为妥协策略的确提供了一个解决办法，而不能解决问题是软弱的表现，而且完全接受对方提出的意见需要很大的勇气。

（二）冲突管理技术

1. 解决冲突的技术

（1）问题解决。冲突双方直接会晤，通过坦率真诚的讨论来明确问题并解决问题。

（2）目标升级。提出一个共同的目标，该目标不经冲突双方的协作努力是不可能达到的。

（3）资源开发。如果冲突是由于资源缺乏造成的，那么对资源进行开发可以产生双赢的解决办法。

（4）回避。逃避或抑制冲突。

（5）缓和。通过强调冲突双方的共同利益而减弱它们之间的差异性。

（6）折衷。冲突双方各自放弃一些有价值的东西。

（7）官方命令。管理层运用正式权威解决冲突，然后向卷入冲突的各方传递它的希望。

（8）改变人的因素。运用行为改变技术（如人际关系训练）改变造成冲突的态度和行为。

（9）改变结构因素。通过工作再设计、工作调动、建立合作等方式来改变正式的组织结构和冲突双方的相互作用模式。

2. 激发冲突的技术

（1）运用沟通。利用模棱两可或具有威胁性的信息可以提高冲突水平。

（2）引进外人。在组织中补充一些在背景、价值观、态度和管理风格方面均与当前组织成员不同的个体。

（3）重新建构组织。调整工作群体，改变规章制度，提高相互依赖性，以及其他类似的结构变革以打破现状。

（4）任命一名吹毛求疵者或任命一名批评家。他总是有意与组织中大多数人的观点不一致。

【本章知识点导图】

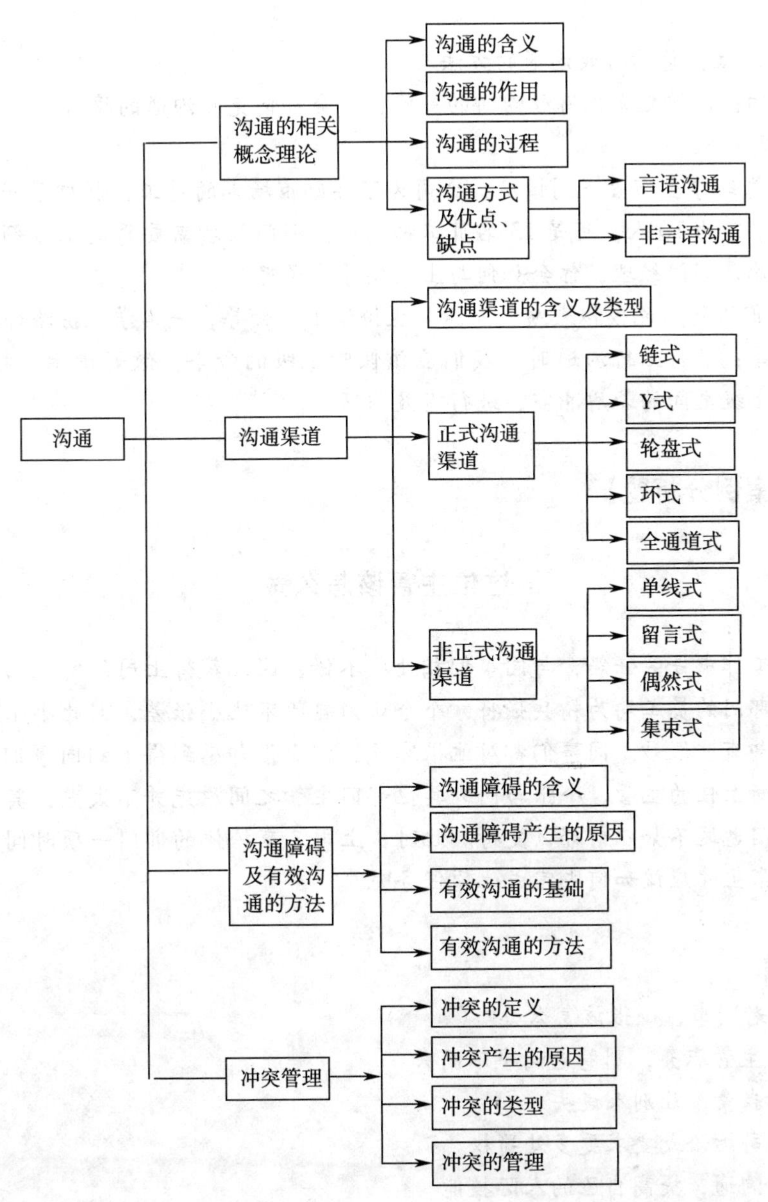

【课堂模拟实践】

1. 模拟表演：总结口头沟通的特点

活动目的：使学生掌握口头沟通的技巧，锻炼学生的倾听能力和语言表达能力。

操作步骤：老师将事先准备好的“会议通知”口头传达给某一位同学，然后由这位同学传给另一位同学，以此类推。

游戏总结：通过口头沟通传递某一个重要信息，沟通过程中人数的增多加大了信息的失真率。

2. 模拟表演：总结有效沟通的方法

活动目的：使学生掌握有效沟通的策略，学会如何克服沟通的障碍。

操作步骤：

1. 老师先给学生布置下列情境：公司为了奖励市场部的员工，制订了一项海南旅游计划，名额限定为10人。可是13名员工都想去，部门经理需要再向上级领导申请3个名额，如果你是部门经理，你会如何与上级领导沟通呢?

2. 同学们进行角色模拟表演，一名学生扮演上级领导，一名学生扮演部门经理。

游戏总结：进行上行沟通时，我们应该倾听上级的命令，做好请示、指示的汇报，正确处理与上级之间的矛盾冲突，进行有效沟通。

【课后案例分析题】

这位主管该怎么做

小张在工作中任劳任怨，与同事们相处也不错，因此获得上司的赏识而被提拔为部门主管。该部门的员工均为精兵强将，个个认为自己不比小张差，因此小张上任后与同事们的关系却有些微妙。同事们都对他很客气，但小张却感到得不到同事们的支持。另外，由于是新上任的主管，小张与同级其他部门主管之间原先并不太熟，其他部门主管对小张的部门也远不如以前那么支持。此时，上司又交给他的部门一项时间性很强的工作，这位小张主管应该如何去完成此项任务呢?

【问题】

1. 对待老同事，小张该怎么办?(　　)

A. 辞去主管职务，别惹老同事不高兴

B. 我行我素，让别人说去

C. 向上司诉讼或要求更多处罚权

D. 努力沟通，提高自己的人际技能

2. 对待同级其他部门主管，小张该怎么办?(　　)

A. 做好本职工作，其他部门如不支持而影响工作由他们自己负责
B. 希望上司出面协调
C. 请老主管出面牵线与其他部门主管沟通，争取支持
D. 尽可能回避冲突，或对其他部门要求尽可能满足
3. 小张主管应该如何去完成此项时间性很强的任务呢？（　　）
A. 首先应当与下属人员进行充分的沟通
B. 在这种情况下，他应当利用自己的权力，指挥和命令下属去完成该项工作
C. 去找上司，取得更大的支持
D. 多关心下属，了解他们的需求，以此来激发他们的积极性
4. 如果任务圆满完成后，小张主管首先应该如何做（　　）。
A. 或明或暗地说明自己的领导才能出众，并非无能之辈
B. 真诚感谢下属，说明主要是他们的功劳
C. 真诚感谢其他部门主管，说明主要是他们的功劳
D. 真诚感谢上司，说明主要是他的功劳

【参考答案】

1. D　2. C　3. AD　4. B

第十章
控　　制

【本章概要】

本章介绍控制的相关概念，阐述控制的过程、方法与技术。

【重点内容】

1. 掌握控制的含义；
2. 理解控制职能与计划、组织、领导职能的关系；
3. 掌握前馈控制、现场控制与反馈控制；
4. 掌握控制的原则；
5. 理解控制的基本过程；
6. 理解并掌握预算控制；
7. 掌握非预算的典型方法。

【案例导入】

决堤一定修堤吗?

春秋时期，楚国令尹孙叔敖在苟陂县一带修建了一条南北水渠。这条水渠又宽又长，足以灌溉沿渠的万顷农田。可是一到天旱的时候，沿堤的农民就在渠水退去的堤岸边种植庄稼，有的甚至还把农作物种到了堤中央。等到雨水一多，渠水上进，这些农民为了保住庄稼和渠田，便偷偷地在堤坝上挖开口子放水。这样的情况越来越严重，一条辛苦挖成的水渠，被弄得遍体鳞伤，面目全非，因决口而经常发生水灾，变水利为水害了。

面对这种情形，历代苟陂县的行政官员都无可奈何。每当渠水暴涨成灾时，便调动军队去修筑堤坝，堵塞漏洞。后来宋代李若谷出任知县时，也碰到了决堤修堤这个头疼的问题，他便贴出告示说，“今后凡是水渠决口，不再调动军队修堤，只抽调沿渠的百姓，让他们自己把决口的堤坝修好”。这布告贴出以后，再也没有人偷偷地去决堤放水了。

这是一个有趣的故事，但是故事背后的寓意却值得我们做管理者的深思。如果在执行一项政策之前就把这当中的利害关系对执行者讲清楚，他们也许就不会为了自己的私利而作出损害团队利益的事情了，当然这只是对素质高的团队来说。

有的企业可能因为行业的原因，员工的素质都不太高，遇到这种情况，即使你说明了利害，他还是会为了自己的利益偷偷地去做一些损公肥私的事情，怎么办？这时，严格有效的监督控制机制的建立就显得非常重要了。以人管理，总是有漏洞可循的，因为人都是有弱点、有感情的。动物之间哪怕是猫和老鼠相处久了也会有感情、也会相安无事。而制度呢？却能起到人所不能起到的作用。

当制度都不能发挥作用的时候，就只有利用李若谷的办法，以子之矛攻子之盾。当百姓发现这样做得到的好处还不如他损失的多的话，他自然也就不会再去做这样的事情了。所以说，不管具体用什么方法来执行，制定一套安全有效的内部控制制度是非常必要的。一个没有制度的企业只是一个货堆。

（资料来源：http：//wenku. baidu. com/view/617942ea102de2bd96058857. html.）

控制是管理工作的重要职能之一，它是保证企业计划与实际作业动态相适应的管理职能。在企业活动中，由于受外部环境和内部条件变化的影响，实际执行结果与预期目标不完全一致的情况时常发生，这就需要通过控制进行纠偏，以保证预期目标的顺利实现。控制系统越是完善，组织目标就越易实现。

第一节 控制的相关概念

一、控制的含义

自1948年罗伯特·维纳首次提出控制论以来，控制论的思想和方法渗透到了所有的自然科学和社会科学领域，特别是在管理科学领域得到日益广泛和深入的运用。

罗宾斯认为，控制是对各项活动的监视，从而保证它们按计划进行，并纠正偏差的过程。托马斯·贝特曼认为，控制就是采用正确的标准衡量计划的执行过程，目的是引导人的行为，以达到组织的目标。因此，在管理工作中，作为管理职能之一的控制职能是指，为了保证组织的目标及为此而制订的计划能够顺利实现，各级管理人员依据事先拟订的标准或因环境的变化及组织发展的需要而重新拟订的标准，对下级的工作进行衡量、计量和评价，并在出现偏差时进行纠正，以防止偏差的继续或今后再度发生；或者根据组织内外环境的变化及组织发展的需要，在计划的执行过程中，对原计划进行修订或重新制订新的计划，并调整整个管理过程，确保新计划的实现。简单地说，控制就是通过对组织内部各种行为进行监视和调节，以确保其与计划、目标和绩效标准中的预期相一致的系统过程。

二、控制与计划、组织、领导的关系

要全面理解控制的含义，需要把计划与控制联系起来。某种程度上，计划与控制是一个问题的两个方面。首先，计划为控制提供衡量工作绩效的标准。如果只有控制而没有目标和计划，人们将不知道要控制什么，也不知道要怎样控制。其次，控制是计划的保证。如果有目标和计划，而没有控制，人们可能知道自己干了什么，但不知道干得怎样，存在什么问题，需要做哪些改进。再次，许多有效的控制方法本身就是计划方法，如预算、目标管理等。最后，计划工作本身也需要控制，才能保证计划的科学性。因此，计划与控制密不可分，计划越明确、全面，控制的效果越好；控制工作越科学、有效，计划越容易实现。

值得注意的是，控制工作不仅仅意味着组织活动偏离计划时，采取措施纠正偏差，以保证计划的实现，而且还包括在组织内外环境出现重大变化时，对原计划作出重大修改，甚至制订新计划。因为原来的计划可能因为环境的变化而变得不适应，无法实现。在现实中，组织的运行往往是“非零”起步的，上一阶段控制的结果可能导致组织确立新的目标、提出新的计划，并在组织机构、人员配备和领导方面作出相应改变。在管理工作中，很难区分计划与控制究竟哪个是开始，哪个是结束，控制可以说是一个管理过程的终点，又是另一个新的管理工作进程的开始。

在控制中所采用的控制措施，则要通过组织结构中每个层次贯彻下去，而组织结构的高效运作，为控制措施顺利执行提供了组织保障。组织结构的设计也要考虑控制职能的需要，明确命令执行的路径和各级管理者的职责。此外，控制措施的贯彻与执行，也离不开各级管理者的领导作用，尤其是对下属工作绩效的控制，更离不开管理者的指挥与激励。同样，有效的控制系统也为管理者发挥领导作用提供了保证。所以，管理工作本质就是一个计划、组织、领导、控制等职能有机联系在一起的过程。

三、控制的内容和作用

（一）控制的内容

控制的内容也就是控制的对象，美国管理学家斯蒂芬·罗宾斯将控制的内容归纳为对人员、财务、作业、信息和组织绩效等五个方面的控制。

1. 对人员的控制

组织的目标是要由人来实现的，员工应该按照管理者制订的计划去做，为了做到这一点，就必须对人员进行控制。对人员控制最常用的方法是现场巡视和绩效评估。通常现场巡视非常直接，可以发现问题立即纠正；而绩效评估则属于事后控制，要等到工作完成以后进行系统化的评估。通过评估，对绩效好的予以奖励，使其维持或加强良好表现；对绩效差的就采取相应的措施，纠正出现的行为偏差。

2. 对财务的控制

为保证企业获取利润，维持企业的正常运作，必须进行财务控制。财务控制包括审核各期的财务报表，保证一定的现金存量，保证各项资产都得到有效的利用，等等。财务预算为管理者提供了一个比较与衡量支出的定量标准，据此人们能够提出标准与实际花费之间的偏差，因此它也是最常用的财务控制衡量标准。

3. 对作业的控制

作业，就是指从劳动力、原材料等资源到最终产品和服务的转换过程。组织中的作业质量在很大程度上决定了组织提供的产品或服务的质量。作业控制就是通过对作业进程的控制，来评价并提高组织转换过程的效率和效果，从而达到提高组织产品或服务质量的目的。

组织中常见的作业控制有：监督生产活动以保证其按计划进行的生产控制；评价购买能力，使所购买的原材料满足需要的原材料购买控制；监督组织产品或服务的质量，以保证满足预定标准的质量控制；在满足生产要求的情况下，尽可能减少仓储费用的库存控制等。

4. 对信息的控制

一个有效的组织控制要求掌握大量的、正确的信息，如绩效标准、实际绩效以及纠正偏差时应采取的行动等，这些信息是管理者决定如何采取行动的依据。

不精确的、不完整的、不及时的信息会大大地降低组织效率。因此，在现代组织中，对信息的控制显得尤为重要，信息在组织运行中的地位也越来越高。随着计算机和互联网的发展，管理者拥有了对信息进行控制的各种新方法，如建立一个网络管理信息系统。网络管理信息系统可以使全球性企业的管理者随时获得所有分部的数据，使信息控制更加实时、便捷、可靠。

5. 对组织绩效的控制

组织绩效是组织管理者需要控制的对象，组织目标的达成与否都从这里反映出来。但是，除了管理者之外，还有许多利益相关者关心着组织的绩效，如组织内部人员、顾客、委托人、合作伙伴、竞争对手、证券分析人员、潜在的投资者、贷款银行、供应商以及政府部门等等。要有效地实施对组织绩效的控制，关键在于科学地评价、衡量组织绩效。一个组织的整体效果很难用一个指标来衡量，生产率、产量、市场占有率、员工福利、组织的成长性等都可能成为衡量指标，关键是看组织的目标取向，即要根据组织完成目标的实际情况并按照目标所设置的标准来衡量组织绩效。

（二）控制的作用

一种有效的控制系统，可以起到以下作用：

1. 限制偏差的累积

一般来说，工作中出现偏差是不可避免的。但是，小的偏差失误在较长时间里会积累放大并最终对计划的正常实施造成威胁，因此管理控制应当能够及时地获取偏差信息。

2. 适应环境的变化

从制定出目标到目标实现前，总是需要相当一段时间。在这段时间里，组织内部的条件和外部环境可能会发生一些变化，需要构建有效的控制系统帮助管理人员预测和把握这些变化，并对由此带来的机会和威胁作出反应。

四、控制的类型

管理控制的种类很多，采取不同的分类方法，可以把控制划分为不同的类型。最为常见的有以下几种分类方法：一是根据控制的性质，把控制分为预防性控制和更正性控制；二是根据控制获取的方式和时点的不同，把控制划分为前馈控制、现场控制和反馈控制；三是根据控制源的不同，可把控制分为正式组织控制、群体控制和自我控制；四是按照控制所采取的手段，把控制分为直接控制和间接控制。

（一）预防性控制与更正性控制

根据控制的性质，可以把控制分为预防性控制和更正性控制。

1. 预防性控制

预防性控制是为了避免产生错误或尽量减少今后的更正性活动，为了防止资金、时间或其他资源的损耗而采取的一种预防保证措施。使用这种控制措施，要求对整个运行活动的关键点有比较深刻的理解，能预见问题。一般来说，法律法规、规章制度、工作程序、人员训练和培养计划等，在管理活动中都起着重要的预防控制作用。当然，这些预防性措施能否真正被遵守，还必须有良好的监控机构作为保证。

实施预防性控制方法的优点包括：可以促使管理者更多地进行自我控制，从而主动地对潜在的问题采取纠正措施；在向管理者个体委派任务时，有着较大的准确性，也为管理者定期、经常性地评价以及组织的培训提供了依据；可以获得下属更多的信任与支持；会有效地减少组织运行中的种种偏差，节约经费开支。

2. 更正性控制

更正性控制是指为了发现工作中存在的问题以便进行更正而进行的控制。更正性控制的目的是发现行为的偏差并使行为或实施进程回到预先确定的或管理者所希望的水平。例如，审计制度增加了管理部门采取迅速更正措施的能力，因为定期对企业进行检查，有助于及时发现问题、解决问题。

（二）前馈控制、现场控制与反馈控制

控制职能可以按照控制活动的位置，即侧重于控制事物进程的哪一个阶段，而划分为三种类型，即前馈控制、现场控制和反馈控制。

1. 前馈控制

前馈控制是在工作正式开始前，对工作中可能产生的偏差进行预测和估计，并采取防范措施，将可能的偏差消除于产生之前的控制行为。

"运筹帷幄之中，决胜千里之外。"前馈控制就是人们所说的未雨绸缪、三思而后行。在事前根据各种因素制定的方案措施，是专业技术部门以实践经验、技术参数为依据制定的一种可行性引用和借鉴的方法。前馈控制是控制的最高境界，是对整体运行的统筹规范，涵盖整个运作流程。它是一个参考的预案，规划出一个大的方向，提示执行者需要在哪些变量中注意哪些问题，或者需要提供哪些方面的支持，对它的风险程度和不稳定性加以评估后所制定的对策。要求执行者在深入了解事前预测情景中，根据环境的变量因素加强过程控制的依据。所以，前馈控制能起到一个预警的作用，使执行者在执行过程中有一个预知心理，酝酿出多种可选方案，在情景变量中理性应对，是过程控制的先导，是一种努力促使整个管理过程不发生任何偏差的控制方法。在控制职能中，前馈控制是现场控制的依据。

在实践中，管理人员一般依靠总结过去发生的事件中包含的一般规律和预测事物未来发展变化趋势来制订计划。制订计划要留有余地，事先确定出可能出现的变化和相应的计划修改措施。不断地对未来作出预测，并根据预测的结果对未来的行为提出调整意见是前馈控制的关键。

在企业管理控制活动中，前馈控制的内容包括对人力资源、原材料、资金等的前馈控制。比如，人力资源必须适应任务要求，数量和素质方面有能力完成指派的任务，并控制机构臃肿、人浮于事的现象；利用统计抽样来控制原料质量，根据抽样不合格率决定接受或退货；根据库存理论控制库存储备量等。例如，某化肥厂考虑到未来一年化肥市场的整体走向和季节变化，提出全年计划销售量和销售平均价。同时提出，考虑到化肥市场具有的季节性特征，在旺季，月销售量和销售单价应当高于全年月均销售量和价格一定的比例；在淡季，则可以低于一定的比例，而且，不同月份可以进一步有所区别。

前馈控制的优点在于：（1）避免了事后控制对已铸成差错无能为力的弊端；（2）由于是在工作开始之前的冲突，易于被员工接受并付诸实施；（3）适用于一切领域的所有工作。

前馈控制的缺点在于：（1）系统相当复杂；（2）需要及时和准确的信息；（3）要求管理人员充分了解前馈控制因素与计划工作的影响关系。

2. 现场控制

现场控制是在计划的执行中同步进行控制，也称为同步控制或同期控制。现场控制是一种管理者与被管理者面对面进行的控制活动，其目的主要在于及时纠正工作中出现的各种偏差。

现场控制集中表现在基层管理活动中，其内容主要包括：

（1）管理者直接向下属指示适当的工作方法和工作过程；

（2）在现场监督下属的工作，以确保计划目标的顺利实现；

（3）发现偏差立即采取措施，予以纠正；

（4）发现以前未曾出现过的新问题，采取果断措施予以纠正，或者及时向其他部门和人员上报情况。

对于一个组织来说，实现有效的现场控制必须具备以下条件：

（1）较高素质的管理人员。在现场控制中，管理者没有足够的时间对问题进行深入细致的思考，也很少有机会和他人一起分析讨论，常常依靠自身的知识、能力和经验，甚至是“直觉”，及时发现并解决问题，需要管理人员具有较高的素质。高素质的管理人员不仅能迅速解决常见问题，而且面对棘手的新问题，也能及时作出准确的判断，并果断提出处理意见。

（2）下属人员的积极参与。现场发生的问题常常是程序化的，多数操作性较强，注重问题的细枝末节。管理者在按照计划对下属实施控制过程中，必须多听取下属人员尤其是一线人员的意见和建议。

（3）适当的授权。在现场控制过程中，管理人员必须及时发现问题、解决问题，不应当也不能事事都向上级请示，以免造成工作中断和贻误战机。所以，担负现场控制责任的管理人员应当拥有相应的职权。

（4）层层控制、各司其职。一般而言，现场控制是上级管理者对下级人员的直接控制。一个管理组织中，可能同时存在多个管理层级，有效的现场控制必然由最熟悉情况的管理人员实施，这样才能保证全面深入地了解问题并提出最为切实可行的方案，这样还可以避免多头控制和越级管理。因此，由熟悉第一手情况的直接管理者实施现场管理最为有效。

3. 反馈控制

反馈控制即在计划完成后进行控制，也叫事后控制。也就是管理人员分析以前工作的执行结果，将它与控制标准相比较，发现偏差所在并找出原因，拟定纠正措施以防止偏差发展或继续存在，对那些需要重复运作的行业，为下一轮作业过程奠定控制依据。

反馈控制的优点：(1) 可行性强。对许多计划，反馈控制常常是唯一能够采用的控制手段，因为许多事件只有在发生后才能看清结果。(2) 可以稳定系统。当系统不稳定时，就应发挥反馈控制具有稳定系统的作用。例如，当员工对某些问题意见纷纷、情绪不稳定时，通过开辟对话渠道，加强领导与员工的对话，能够在一定程度上起到稳定员工情绪的作用。(3) 便于总结经验。许多事物的发展是循环往复、呈螺旋状推进的，反馈控制能给后面的工作提供信息和借鉴，以便改进工作。

反馈控制的主要缺点是时滞问题，即从发现偏差到采取更正措施之间可能有时间延迟现象，在进行更正的时候，实际情况可能已经有了很大的变化，而且往往是损失已经造成了。例如，盲目跟随潮流，总比市场发展速度慢半拍的企业，就是事后控制反馈速度滞后的典型。

以上三种控制方法虽然各有特点，但在实际中往往是交叉使用的。前馈控制虽然可以事先做好准备，防患于未然，但有些突发事件是防不胜防的，这时必须辅之于现场控制，否则，将前功尽弃。同样，不论是前馈控制还是现场控制，都要用反馈控制来检验，因为计划是否按预定执行，不是仅靠想象就行了，必须有真实的业绩支持。另外，在循环发展的过程中，对前一个阶段是反馈控制，但对另一个阶段则往往是前馈控制，而且，现场控制没有标准与积累也是难于奏效的。

(三) 正式组织控制、群体控制与自我控制

按控制源不同，可把控制分为正式组织控制、群体控制和自我控制。

1. 正式组织控制

正式组织控制一般就是由管理人员设计和建立起来的那些机构或规定来进行控制。如果管理人员想要做好组织工作，组织的结构一定要提供这样一个环境，使个人不论是现在或是在将来的工作中都十分有效地为集体目标作出贡献。正式组织控制是保证组织目标实现的重要手段。例如，企业预算和审计部门的工作属于正式组织控制的范畴。企业通过预算来控制成本，通过审计来检查部门工作是否按照规定进行，及时纠正问题。

正式组织控制具有较强的强制性，其内容通常涉及组织活动的各个方面：一是质量标准化，包括产品质量、服务质量；二是工作标准化，组织制定统一的管理标准和规范的工作流程及正式的操作规程等；三是保护组织财产不受侵犯，如记录报表、审计作业程序等预防财产的非正常损失；四是防止滥用权力，通过设计组织结构来相互制约；五是对员工进行指导与考评，促使其行为规范符合组织目标。

2. 群体控制

群体控制是基于非正式组织成员之间的不成文的价值观念和行为准则进行的控制。非正式组织尽管没有明文规定的行为规范，但组织中的成员都十分清楚这些规范的内容，都知道如果自己遵守这些规范，将得到奖励。这种奖励可能是得到其他成员的认可，也可能会强化自己在非正式组织中的地位。如果违反这些行为规范就会遭到惩罚，这种惩罚可能是遭受排挤、讽刺，甚至被驱逐出该组织。群体控制在某种程度上左右着

职工的行为，处理得好有利于组织目标的实现，如果处理不好会给组织带来很大危害，所以要对其加以正确的引导。

3. 自我控制

自我控制是个人以自我意识为基础，按某一行为规范进行活动。这种控制成本低、效果好，但它要求上级给下级以充分的信任和授权，还要把个人活动与报酬、提升和奖励联系起来。自我控制的能力取决于个人本身的素质。具有良好素质的人一般自我控制能力较强，顾全大局的人比看重自己局部利益的人有较强的控制力，具有高层次追求的人比具有低层次追求的人具有较强的控制力。

自我控制具有有助于发挥员工的主动性、积极性和创造性，减轻管理人员的负担，提高控制的及时性和准确性等优点。

以上三种控制有时是相互一致的，有时是相互抵触的。这取决于组织对其成员的教育和吸引力，或者说取决于企业文化。有效的管理控制系统应该综合利用这三种类型，并使它们尽可能和谐，防止它们发生冲突。

（四）直接控制与间接控制

按照控制所采取的手段，可把控制分为直接控制和间接控制。

1. 直接控制

直接控制是控制者与被控制对象直接接触进行控制的形式。直接控制是相对于间接控制而言的，它是着眼于培养更好的主管人员，使他们能熟练地应用管理的概念、技术和原理，能以系统的观点来进行和改善他们的管理工作，从而防止出现因管理不善而造成的不良后果。因此，直接控制的原则也就是主管人员及其下属的素质越高，就越不需要进行间接控制。这种控制方法的合理性是以下列四个较为可靠的假设为依据的：

（1）合格的主管人员所犯的错误最少；

（2）管理工作的成效是可以计量的；

（3）在计量管理工作成效时，管理的概念、原理和方法是一些有用的判断标准；

（4）管理基本原理的应用情况是可以评价的。

直接控制的优点在于在对个人委派任务时能有较大的准确性；可以促使主管人员主动地采取纠正措施并使其更加有效；可以获得良好的心理效果；由于提高了主管人员的素质，减少了偏差的发生，节约了开支。

在实际经济管理活动中，直接控制的办法往往不能使整个系统的效果最优。这是由于几个方面原因：信息反馈引起时滞现象；信息太多以致在现有的技术条件下无法全面地科学地处理；直接控制忽略了企业中人的因素，不利于下级积极性、创造性的发挥，人的潜力和能动性无法发挥出来。如上所述，直接控制的应用存在着某些界限，超出这个界限，势必会起负作用。

2. 间接控制

间接控制是指根据计划和标准考核工作的实际结果，分析出现偏差的原因，并追究责任者的个人责任以使其改进未来工作的一种控制方法，多见于上级管理者对下级人员工作过程的控制。

间接控制的优点在于它能纠正管理人员由于缺乏知识、经验和判断力所造成的管理上的失误和偏差，并能帮助主管人员总结吸取经验教训，增加他们的知识经验和判断能力，提高他们的管理水平。

间接控制的方法是建立在以下五个假设基础上的：

（1）工作成效是可以计量的，因而也是可以相互比较的。

（2）人们对工作任务负有个人责任，个人责任是清晰的、可以分割的和相互比较的，而且个人的尽责程度也是可以比较的。

（3）分析偏差和追究责任所需的时间、费用等是有充分保证的。事实上，有时上级主管人员可能不愿意花时间和费用去分析引起偏差的事实真相。

（4）出现的偏差可以预料并能及时发现。

（5）有关责任单位和责任人将会采取纠正措施。

而这些假设有时却不能成立，如有许多管理工作的成效是很难计量的，如主管人员的决策能力、预见性和领导水平等；有时即使发现了误差产生的原因，但由于大家相互推卸责任而没有人愿意采取纠正措施等。所以，间接控制并不是普遍有效的控制方法，它还存在很多不完善的地方，在实际工作中，我们常常采取直接控制的办法。

第二节　控制过程

管理中的控制是组织进行管理实践活动过程中的重要组成部分。控制就是在管理实践活动中，根据实践活动的目标和要求，提前确定控制标准，衡量工作成效并将它与标准进行对比，对出现的偏差采取必要的纠正，从而实现组织活动目标的过程。

一、制定标准

标准是一种作为规范而建立起来的测量尺度。控制标准是整个管理活动中对有关绩效进行评价的关键指标。制定控制标准是管理实践活动中控制工作的起点，是控制工作的依据和基础。要控制就要有标准，离开可比较的标准，就无法实施控制。因此，需要将制定专门的控制标准作为管理控制过程的开始。

（一）控制标准的基本要素

控制标准是控制目标的表现形式，是测定绩效的基础。对照标准，管理人员可以判断绩效的好坏和活动的进度。控制标准需要具备以下基本要素：

1. 简明性。标准的量值、单位、可允许的偏差范围要有明确的说明，表述要尽量通俗易懂，便于组织中管理人员理解和把握。

2. 适用性。建立的标准都应该有利于组织活动目标的实现。对每一项衡量标准都必须具有具体的时间幅度、具体衡量内容和要求，以便准确反映具体活动的形态。

3. 一致性。建立的标准应尽可能地体现协调一致、公平合理的原则。管理控制工作覆盖组织活动的各个方面，制定出来的控制标准实际上是一种规章制度，应该彼此协调，不可互相冲突。同时，控制标准应在所规定的范围内保持公平，如果某项控制标准适用于每个组织成员，那么就应该一视同仁，不允许个别人搞特殊化。

4. 可行性。建立的标准应该是经过活动后可以达到的。建立标准的目的，是用它来衡量实际工作，并希望工作达到标准的要求。所以，控制标准的建立必须考虑到具体工作人员的实际情况，包括他们的能力、使用的工具等。如果标准过高，人们无法通过工作而实现，将放弃努力；如果标准过低，人们的潜力和能力又不会得到完全的体现和充分的发挥。

5. 可操作性。标准要便于对实际工作绩效的衡量、比较、考核和评价；要使控制便于对组织活动中的各层次工作进行衡量，当出现偏差时，能找到相应的责任单位。如成本控制，不仅要规定总的生产费用，而且要按成本项目要求，规定各阶段具体费用标准等。

6. 稳定性。标准建立以后，应能在一段时期内保持不变，同时，标准还要具有一定的弹性，对外部环境变化有一定的适应性，特殊情况出现能够得到例外处理。

7. 前瞻性。建立的标准既要符合现实的需要，也要与外来的发展相结合。控制标准实际上是一种规范，指导实际工作按照组织活动的目标方向进行。因此，它必须与组织当前运行的需要和未来的发展方向结合起来。

（二）设立控制标准的具体流程

1. 确立控制对象

进行控制首先遇到的问题是“控制什么”，组织活动成果应该是管理控制工作的重点对象。因此，必须分析组织活动想要实现什么样的目标，并依次确定各个层次、各个分支的目标，形成一个目标体系，依次对相关绩效的完成情况进行考核控制。为了确保管理控制的预期成果，必须在成果形成之前，对影响成果的各种因素进行科学的分析研究，从中选择出重点要素作为控制的对象。

一般地，影响组织目标成果实现的主要因素有：

（1）环境特点及其发展趋势。组织在特定时期的管理活动是根据决策者对经营环境的认识和预测来计划和安排的。预期的市场环境或组织外部的环境发生了某种无法预料的变化，那么计划的活动就可能无法继续进行，从而使组织难以达到预期的结果。因此，制订计划时，依据的环境认识和各种要素应该作为控制对象，列出正常和非正常情况下的具体标准和指标。

（2）资源投入。组织经营成果是通过对一定资源的加工转换得到的。没有或缺乏资源，组织的经营活动将无法继续。投入的资源不仅在数量和质量上影响活动按期、按质、按量、按要求进行，而且影响成果的实现。因此，投入的资源必须成为控制的标准。

（3）活动过程。各种组织活动的环节，必须在不同时间和空间上利用一定技术和设备对不同资源进行加工；必须建立工作规范，明确各个部门、各个阶段的成果标准，使活动得以控制。

2. 选择关键控制点

关键控制点是对计划目标实现具有重大影响的关键点，它们可能是活动中的一些限定性的不利因素，也可能是能使计划更好地发挥作用的有利因素。对关键点的选择，一般应统筹考虑如下三个方面：

（1）会影响整个工作运行过程的重要操作与事项；

（2）能在重大损失出现之前显示出差异的事项；

（3）若干能反映组织主要绩效水平的时间与空间分布均衡的控制点。

（三）制定标准的方法

控制标准可分为定量标准和定性标准两类。定量标准便于度量和比较，定性标准是针对有关服务质量、组织形象等难以量化的方面。任何一项具体工作的衡量标准都应该从有利于组织目标实现的总要求出发来加以制定，应该有利于组织目标的实现。制定控制标准常用的方法有：

（1）统计方法。统计标准也叫历史性标准，是以分析反映企业等组织在历史各个时期状况的数据为基础，来为未来活动建立的标准。如机器的产出标准、工人操作标准、工程标准、劳动时间定额等。

（2）经验估计法。经验评估标准也称为经验标准，是对无法用数据表述的工作，根据从事过此项活动的工作经验、判断和评估来建立标准，在标准实施过程中，需要根据个人的主管经验和实际需要来逐步改进。

（3）工程方法。也称为工程标准，是以准确的技术参数和工作实际数据情况等客观定量为基础，通过分析来制定标准的方法。

二、衡量绩效

衡量工作成效是管理者按照控制标准，将组织活动的实际工作情况与拟订的标准进行比较，分析出实际工作已经达到的效果，并找出实际绩效与控制标准之间的差异，对实际绩效进行评估，以便提供纠正措施所需的最适当的根据。同时，通过衡量成绩，也能够检验标准的客观性和有效性，进而保证控制工作能够具有针对性，确保组织活动目标的实现。

（一）衡量的方法

管理者可通过如下四种方法来获得实际工作绩效方面的资料和信息：个人观察、统计报告、口头汇报和书面报告。这些信息分别有其长处和缺点，但是，将它们结合起来，可以大大丰富信息的来源并提高信息的准确程度。

个人观察提供了关于实际工作的最直接和最深入的第一手资料，是一种最简单、最普遍的测度方法。观察的目标可以是作业方法或工作的质与量，也可以是组织成员的工作态度及一般工作情况。这种观察可以包括非常广泛的内容，因为任何实际工作的过程总是可以观察到的。个人观察的显著优势是可以获得面部表情、声音语调以及怠慢情绪等，它是常被其他来源忽略的信息。例如，销售经理每年由推销员陪同拜访一两次客户，以观察推销员的成绩；又如，财务部门的经理以个人观察的方式，了解出纳员实习的表现。有人认为，这种实地观察直接目睹到的资料是其他测度方法无可替代的，只有亲临工作现场才能获得翔实的工作进展情况。

统计报告是书面报告的一种主要形式。计算机的广泛应用使统计报告的制作日益方便。这种报告不仅有计算机输出的文字，还包括许多图形、图表，并且能按管理者的要求列出各种数据，形象直观。尽管统计数据可以清楚有效地显示各种数据之间的关系，但它们对实际工作提供的信息是有限的。统计报告只能提供一些关键的数据，它忽略了其他许多重要因素。

信息也可以通过口头汇报的形式来获得，口头汇报的内容主要是说明工作的现状或成果，使上级了解真实情况。如会议、一对一的谈话或电话交谈等。例如，推销员在终日工作完毕之后向上级的报告，由各部门经理在会议上汇报各自部门的工作进展情况及所遇到的困难等。这种方式的优缺点与个人观察相似。口头报告具有实地观察和口头传递信息的双重性质，比实地观察能够获得更广泛、更完整的信息。尽管这种信息可能是经过过滤的，但是它快捷、有反馈，同时可以通过语言词汇和身体语言来扩大信息，还可以录制下来，像书面文字一样能够永久保存。

书面报告是一种正规的文字报告，对具体问题的控制很有用。统计报表能够提供大量的必要信息，但它只能提供一般的表面上的情况，无法提供特定业务的信息。因此，还需要针对某些关键的或重要的问题进行调研分析，提出专题分析报告。专题报告可以随管理人员高度重视而揭示出对改善效率有重大意义的关键问题。书面报告与统计报告相比要显得慢一些，与口头报告相比要显得正式一些。这种形式比较精确和全面，且易于分类存档和查找。

这四种形式各有其优缺点，管理者在控制活动中必须综合使用方能获得较好效果。

（二）衡量的项目

衡量什么是衡量工作中最为关键的一个问题。管理者应该针对决定实际成效好坏的重要特征项目进行衡量。如果错误地选择了标准，将会导致严重的不良后果。衡量什么还将会很大程度上决定组织中的员工追求什么。有一些控制准则是在任何管理环境中都通用的。比如，营业额或出勤率可以考核员工的基本情况；费用预算可以将管理者的办公支出控制在一定的范围之内。但是必须承认内容广泛的控制系统中管理者之间的多样性，所以控制的标准也各有不同。例如，一个制造业工厂的经理可以用每日的产量、单位产品所消耗的工时及资源、顾客退货率等进行衡量；一个政府管理部门的负责人可以用每天起草的文件数、每天发布的命令数、电话处理一件事务的平均时间等来衡量；销售经理常常可以用市场占有率、每笔合同的销售额、属下的每位销售员拜访的顾客数等来进行衡量。

如果有了恰如其分的标准，以及准确测定下属工作绩效的手段，那么对实际或预期的工作进行评价就比较容易。但是有些工作和活动的结果是难以用数量标准来衡量的。如对大批量生产的产品制定工时标准和质量标准是简单的，但对顾客订制的单件产品评价其执行情况就比较困难了。此外，对管理人员的工作评价要比对普通员工的工作评价困难得多，因为他们的业绩很难用有形的标准来衡量，而他们本身和他们的工作又恰恰非常的重要。他们既是计划的制订者，又是计划的执行者和监督者，他们的工作绩效不仅决定着他们个人的前途，而且关系到整个组织的未来，因此不能由于标准难以量化而放松或放弃对其的衡量。有时可以把他们的工作分解成能够用目标去衡量的活动；或者采取一些定性的标准，尽管会带有一些主观局限性，但这总比没有控制标准、没有控制机制要好。

(三) 确定适宜的衡量频度

管理者要考虑需间隔多长时间衡量一次工作绩效，是每时、每日、每周，还是每月、每季度或者每年？是定期的衡量，还是不定期的衡量？因为，控制过多或不足都会影响控制的有效性。这种“过多”或“不足”，不仅体现在控制对象和标准的选择上，而且表现在对同一标准的衡量次数或频度上。对影响某种结果的要素或活动过于频繁的衡量，不仅会增加控制的费用，而且可能引起有关人员的不满，从而影响他们的工作态度；而检查和衡量的次数过少，则可能使许多重大的偏差不能及时发现，从而不能及时采取措施。以什么样的频度，在什么时候对某种活动的绩效进行衡量，取决于被控制活动的性质。例如，对产品的质量控制常常需要以小时或以日为单位进行，而对新产品开发的控制则可能只需要以月为单位进行就可以了。需要控制的对象可能发生重大变化的时间间隔是确定适宜的衡量频度所需考虑的主要因素。

三、纠正偏差

纠正偏差是控制的关键。偏差包括已发生的和将要发生的两种。在实际工作中，对已发生的偏差，根据其不同原因而采取不同的纠正措施。矫正性措施是一种着眼于消除偏差发生的根源，从而使偏差得以纠正的措施；预防性措施着眼于消除未来可能出现的偏差。通过衡量实际绩效与控制标准之间的差异，来确保组织活动能够按照预期要求进行发展。如果没有差异，组织活动就继续进行。如果出现差异，则要进行必要的纠正。纠正偏差的具体实施过程如图 10－1 所示。

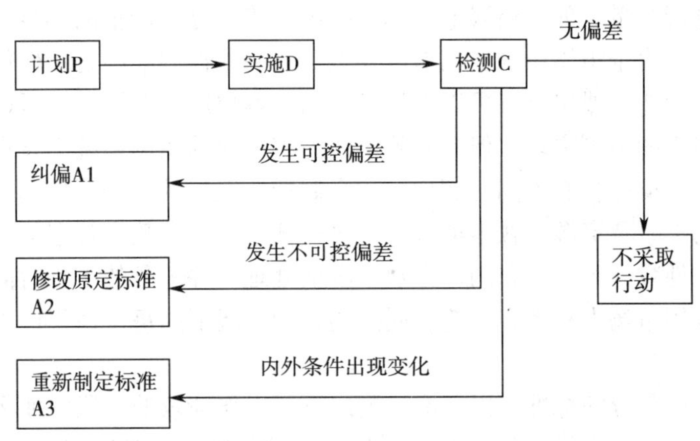

图 10－1　纠正偏差的过程

(一) 找出偏差产生的原因

解决问题首先需要找出产生偏差的原因，然后再采取措施纠正偏差。每一种可能的原因与假设都不宜通过简单的判断确定下来。而对造成偏差的原因判断得不准确，纠正措施就会无的放矢，不可能奏效。因此，首先要探寻导致偏差的主要原因。纠正措施的制定是以对偏差原因的分析为依据的。而同一偏差则可能由不同的原因造成：销售利润的下降既可能是因为销售量的降低，也可能是因为生产成本的提高。前者既可能是因为市场上出现技术更加先进的新产品，也可能是由于竞争对手采取了某种竞争策略，或是企业产品质量下降；后者既可能是原材料、劳动力消耗和占用数量的增加，也可能是由于购买价格的提高。不同的原因要求采取不同的纠正措施。要通过评估反映偏差的信息，分析影响偏差的因素，透过表面现象找出造成偏差的深层原因，在众多的深层原因中找出最主要者，为纠偏措施的制定指导方向。

（二）纠正偏差

找出偏差的原因之后，还要采取措施予以纠正，才能实现控制的目的，使工作实际执行情况不断与计划取得一致，以使组织最终实现自己的目标。

常见的纠正偏差的方法如下：

（1）调整原计划。如果在查找偏差的过程中，发现是原有的计划或者标准的安排不当造成的，或者由于外部环境的变化，计划已不再适应，就需要对计划进行调整。

（2）改进组织工作。如果偏差是由于组织机构设置的不合理、人员配备不当造成的，就需要根据计划重新进行组织的设计和人员的调配。

（3）改进生产技术。在管理过程中达不到控制标准，通常生产技术原因占很大比例，因此，采取措施，提高各方面的技术水平，才能及时处理出现的技术问题，纠正偏差，完成目标。

管理者在采取纠正行动之前，首先要决定是应该采取立即纠正行动，还是彻底纠正行动。所谓立即纠正行动是指立即将出现问题的工作矫正到正确的轨道上；而彻底纠正行动首先要弄清工作中的偏差是如何产生的，为什么会产生？然后再从产生偏差的地方开始进行纠正行动。在日常管理工作中，许多管理者常以没有时间为借口而不采取彻底纠正行动，或者因为采取彻底纠正行动会遇到思想观念、组织结构调整以及人事安排等方面的阻力，而满足于不断的救火式的应急控制。然而事实证明，作为一个有效的管理者，对偏差进行认真的分析、并花一些时间永久性地纠正这些偏差是非常有益的。

（三）修订标准

工作中的偏差也可能来自不合理的标准，也就是说指标定得太高或太低，或者是原有的标准随着时间的推移已不再适应新的情况。这种情况下，需要调整的是标准而不是工作绩效。但是应当注意的是，在现实生活中，当某个员工或某个部门的实际工作与目标之间的差距非常大时，他们往往首先想到的是责备标准本身。比如，学生会抱怨扣分太严而导致他们的低分；销售人员可能会抱怨定额太高致使他们没有完成销售计划。人们不大愿意承认绩效不足是自己努力不够的结果，作为一个管理者对此应保持清醒的认识。如果你认为标准是现实的，就应该坚持，并向下属讲明你的观点，否则，就应作出适当的修改。

控制过程其实可以看作是整个管理系统的一个组成部分，并且是和其他管理职能紧密相连的。管理者可以运用“改变航道”的原理重新制订计划或调整目标来纠偏，可以运用组织职能重新委派职务或进一步明确职责来纠偏，可以采用妥善地选拔和培训下属人员或重新配备人员来纠偏，也可以通过改善领导方式方法或运用激励政策来纠偏。控制活动与其他管理职能的交错重叠，说明了在管理者的职务中各项工作是统一的，说明管理过程是一个完整的系统。纠正偏差是控制的最后的一个环节，也是控制的目的所在，管理者应予以充分重视。在这一环节主要应注意如下两个方面的问题：首先，纠正偏差一定要及时，发现问题马上解决，不能拖拖拉拉、等问题成了堆才去解决；其次，纠正偏差的措施一定要贯彻落实，切忌将措施束之高阁。在控制实施的选择与实施过程中，管理者需要注意的问题如下：

（1）保持纠偏方案的双重优化。既要提高控制措施的效用，又要降低纠偏方案的成本。通过对各种可行的纠偏方案的比较分析，找出其中相对最优的方案，以实现追加投入最少、成本最少、解决偏差效果最好的目的。

（2）充分考虑原有计划实施的影响。管理控制的实施将会使企业经营活动方向发生大或小的调整，这类似于“追踪决策”。因此，管理者在制订和选择控制方案的时候，就需要充分考虑组织由于原有计划的实施已经造成的种种影响以及人员思想观念的转变等问题。

（3）长期目标与短期目标兼顾。短期目标治标，长期目标治本。管理者采取纠正偏差的措施，可以针对所出现的问题立即采取应急行动，也可以层层深入分析，找到彻底解决问题的突破口。

（4）注意消除组织成员的疑惑。管理控制措施的实施会在不同程度上引起组织结构、人员关系和活动方式的调整，会触及某些组织成员的利益。管理者在控制工作中要充分考虑和处理组织成员对准备采取的纠偏措施的各种态度，特别是注意消除执行者的疑虑，争取更多的人理解、赞成和支持纠正措施，避免可能出现的人为障碍。

纠正偏差的最理想方法是在偏差未产生以前预测偏差的产生，虽然在实践中有许多困难，但在理论上是可行的，即可以通过建立企业经营状况的预警系统来实现。

控制的作用在于通过反馈调节，采取控制手段，纠正目标偏差，使系统恢复到正常状态，以保证目标的实现。确立控制标准、衡量工作成效、纠正偏差是相互联系、相互制约的。没有标准就没有控制的依据；没有衡量成效找出偏差，也就没有控制的对象；没有纠正偏差的措施，也就无法进行控制。

第三节　控制方法与技术

一、预算控制

（一）预算的概念与作用

预算是用财务数字或非财务数字来表示预期的结果，以此为标准控制执行工作中的偏差的一种计划和控制手段。预算可以称作是“数字化”或“货币化”的计划，它通过财务形式把计划分解落实到组织的各层次和各部门中去，使主管人员能清楚地了解哪些资金由谁来使用、计划将涉及哪些部门和人员、多少费用、多少收入以及实物的投入量和产出量等。管理者以此为基础进行人员的委派和任务的分配，协调和指挥组织的活动，并在适当的时间将组织的活动结果和预算进行比较，若发生偏差及时采取纠正措施，以保证组织能在预算的限度内去完成计划。同时，预算可使组织的成员明确自己及本部门的任务和权责，更好地发挥作用。因此，预算应从战略和全局的角度保障组织计划顺利地执行。

（二）预算的种类

预算的种类很多，概括地可以分为以下几种。

1. 收支预算

这是以货币来表示组织的收入和经营费用支出的计划。由于公司主要是依靠产品销售或提供服务所获得的收入来支付经营管理费用并获取利润的，因此销售预测是计划工作的基石，销售预算是预算控制的基础，是销售预测的详细的和正式的说明。

2. 时间、空间、原材料和产品产量预算

这是一种以实物单位来表示的预算。因为在计划和控制的一定阶段采用实物数量单位比采用货币单位更有意义。常用的实物预算单位有直接工时数、台时数、原材料的数量、占用的平方米面积和生产量等。此外，用工时或工作日来编制所需要的劳动力预算也是很普遍的。

3. 资本支出预算

概括了专门用于厂房、机器、设备、库存和其他一些类目的资本支出。由于资本通常是企业最有限制性的因素之一，而且一个企业要花费很长的时间才能收回厂房、机器设备等方面的投资。因此，对这部分资金的投入一定要慎重地进行预算，并且应尽量与长期计划工作结合在一起。

4. 现金预算

这实际上是对现金收支的一种预测，可用它来衡量实际的现金使用情况。它还可以显示可用的超额现金量，因而可以用来编制剩余资金的营利性投资计划。从某种意义上来说，这种预算是组织中最重要的一种控制。

5. 资产负债表预算

它可用来预测将来某一特定时期的资产、负债和资本等账户的情况。由于其他各种预算都是资产负债表项目变化的资料依据，所以，此表也就验证了所有其他预算的准确性。

6. 总预算

通过编制预算汇总表，可以用于公司的全面业绩控制。它把各部门的预算集中起来，反映了公司的各项计划，从中可以看到销售额、成本、利润、资本的运用、投资利润率及其相互关系。总预算可以向最高管理层反映出各个部门为了实现公司总的奋斗目标而运行的具体情况。

（三）预算的不足与改进

尽管预算是一种普遍使用的、行之有效的计划和控制方法，但它也存在着一些不足之处。

1. 容易导致控制过细

某些预算控制计划过于繁琐，详细地列出细枝末节，以致束缚了管理者在管理本部门时所必需的自由，出现了预算工作过细过死的倾向。

2. 容易导致本位主义

有些管理者只把注意力集中在尽量使自己部门的经营费用不超过预算，而忘记了自己的首要职责是实现组织的目标。因而，部门的预算目标有时会取代组织目标。

3. 容易导致效能低下

预算通常是在上年度成果的基础上按比例增减来编制的，所以许多管理者也常常以过去所花的费用作为今天预算的依据；同时，他们知道他们的申请多半要被削减的，因此预算的申请数总要大于它的实际需要数。

4. 缺乏灵活性

这也许是预算最大的缺陷。因为实际情况常常会不同于预算，情况的发展变化可以使一个刚编出来的预算很快过时。若这时管理者还受预算约束的话，那么预算的有效性就会减弱或者消失，甚至会有碍于组织目标的实现。

为了克服预算存在的不足，使预算在控制中更加有效，有必要采用可变的或灵活的预算方案。这类预算通常是随着业务量（生产量或销售量）的变化而作出不同的安排，其编制依据是对费用项目进行分析，以此来确定各个费用项目应怎样随着业务量的变化而变化。这种预算主要适合于在费用预算中的应用。

编制可变预算的另一种方法是编制可选择的和可补充的预算。这种预算是按预测的各种不同情况，编制上、中、下三种不同经营水平的预算，使管理者可根据本部门的经营情况，灵活选择使用其中的一种。

人们还可以通过追加预算的办法来增加预算的弹性。即在中期或长期计划的基础上，通过预测该月业务量来编制每月的补充计划，这样可使每个管理者有权在基本预算的基础上，安排生产进程和所要使用的资金。

另外，还有一种以零为基础的“零基预算”，同样可以克服不灵活的缺陷。这种方法的基本思想是把组织的计划分为由目标、业务和所需要的资源等所组成的几个“分计划”，然后从零开始计算每个分计划的费用。由于每个分计划的预期费用都是以零为基础开始重新计划的，因而避免了预算控制中只注意前段时间变化的倾向。这种方法的优点在于：它迫使管理者重新安排每个分计划，这样可以从整体出发，连同新计划及其费用一起来考察现有的计划及其费用。但是，这种方法一般仅应用于一些辅助性业务领域而不适用于实际生产性企业。这是因为在实际生产性企业里，例如销售、人事、计划、财务和研究与开发等方面的大多数计划，对各项费用的安排都拥有一定的自主权。

（四）预算的编制

在编制预算之前，应首先建立一套预算制度。通过规章制度的建立，为预算的制定和执行提供保障；同时，选择预算的类型，确定预算的期限、分类等。在此基础上，可以参考下述步骤来编制预算：

（1）上层管理者将可能列入预算或影响预算的计划和决策提交预算委员会。预算委员会在综合考虑各种因素后，估计或确定未来某一时期内的业务量。根据预测的业务量、价格与成本，又可预测该时期的利润。

(2) 预算负责人向各部门管理者提出有关预算的建议并提供必要的资料。

(3) 各部门管理者根据企业的计划和拥有的资料，编制出本部门的预算，并由他们相互协调可能发生的矛盾。

(4) 企业预算负责人将各部门的预算汇总整理成总预算，并预拟资产负债表及损益表计算书，以表示组织未来预算期限中的财务状况。最后将预算草案交预算委员会和上层管理者核查批准。

预算批准后，在实施过程中，必须经常检查和分析执行情况，必要时可修改预算，使之能适应组织发展的需要。

(五) 有效预算控制的要求

如果要使预算控制很好地发挥作用，那么，管理者必须明确预算仅仅是管理的手段，而不能代替管理的工作，预算具有局限性，而且必须切合每项工作。另外，预算不仅仅是财务人员和总会计师的管理手段，而且也是所有管理者的管理手段。有效的预算控制必须注意以下几个方面的内容：

一是高层管理部门的支持。要使预算的编制和管理最有效果，就必须得到高层管理部门全心全意的支持。一方面，要给下属编制预算的工作提供在时间、空间、信息及资料等方面的方便条件；另一方面，如果公司的高层管理部门积极地支持预算的编制工作，并将预算建立在牢固的计划基础之上，要求各分公司和各部门编制和维护他们各自的预算，并积极地参与预算审查，那么，预算就会促使整个公司的管理工作完善起来。

二是管理者的参与。要使预算发挥作用的另一种方法就是高层部门的直接参与，也就是希望那些按预算从事经营管理的所有管理者都置身于预算编制工作。多数预算负责人和总会计师都有这样的感觉，即真正地参与预算编制工作是保证预算成功的必要条件。不过在实际中，参与往往变成了迫使管理者仅仅去接受预算而已，这是不足取的。

三是确定各种标准。提出和制定各种可用的标准，并且能够按照这种标准把各项计划和工作转换为对人工、经营费用、资本支出、厂房场地和其他资源的需要量，这是预算编制的关键。许多预算就是因为缺乏这类标准而失效的。一些管理者在审批下属的预算计划时之所以犹豫不决，就是因为担心下属供审查的预算申请额度缺乏合理的依据。如果管理者有了合理的标准和适用的换算系数就能审查这些预算申请，并提出是否批准这些预算申请的依据，而不至于没有把握地盲目削减预算。

四是及时掌握信息。如果要使预算控制发挥作用，管理者需要获得按照预算所完成的实际业绩和预测业绩的信息。这种信息必须及时向管理者表明工作的进展情况，应当尽可能地避免因信息迟缓导致偏离预算的情况发生。

二、非预算控制

(一) 传统的非预算控制方法

1. 视察

视察主要指上级管理人员到下级机构或岗位检查工作，它通过获取第一手资料对管理活动进行直接控制。各级管理人员通过视察，可以判断运营活动的完成进度和执行情况，了解各环节与计划是否一致，并且通过直接交流可以从下级的交谈中了解员工的真正需求与感受，及时获取他们的一些有益的建议。

基层管理者通过视察，可以判断产品产量、质量、技术参数的完成情况及了解设备运行情况与员工的工作态度情况等；职能部门的管理者通过视察，可以了解工艺规程、技术文件等是否得到贯彻，生产计划是否按规定进度执行，规章制度是否被严格遵守，运营过程中是否存在潜在的偏差等；上层管理者通过视察，可以了解到组织的方针、目标、政策是否被大家理解并执行，发现职能部门的报告是否属实，了解员工的情绪与士气及合理化建议是否被认真对待等。总之，视察可以使组织的管理者保持和不断更新自己的感觉，使他们感觉到事情是否进展顺利及组织是否运转正常，并且有利于发现人才、创造一种良好的组织气氛。

不过，管理人员的视察不能流于形式，或者引起下属的误解，将其看作是对他们工作的一种干涉与不信任，或者是看作不能充分授权的一种表现。视察也不仅仅是到各个部门走动而已，管理者还必须根据所观察到的工作情境，搜集最直接的管理活动信息，以弥补正式沟通的不足，并对活动信息作出反应。即使在计算机化信息系统盛行的时代，因为管理的对象是具有能动性的人，许多管理活动仍然需要管理者去亲自推动，视察一直是优秀管理者坚持使用的控制手段。

2. 报告

（1）投入程度。管理者需要确定他本人对管理活动的参与程度，需要确定他应该在该项活动中介入多深、花费多少时间与精力等。

（2）进展情况。管理者需要获得应该为其向上级部门或上级主管汇报的有关计划的完成情况、进度水平。例如，各项资源投入是否正常，产出是否达到预定比率等。

（3）重点情况。管理者需要在向其汇报的报告中选择出那些应该由其本人注意与决策的事项。

（4）全面情况。管理者需要了解管理活动的各环节的具体活动，判断该项活动的整体情况及该活动对其他活动的影响。

（二）典型领域的非预算控制方法

1. 库存控制

对库存进行控制主要是为了减少库存、降低各种费用、提高经济效益。管理人员使用经济订货批量模型（Economic Order Quantity，EOQ）计算最优订货批量，使所花费用达到最少。这个模型考虑三种成本：一是订货成本，即每次订货所需的费用（包括通信、文件处理、差旅、行政管理费用等）；二是储存成本，即储存原材料或零部件所需的费用（包括库存、利息、保险、折旧等费用）；三是总成本，即订货成本和储存成本之和。

经济采购批量计算公式如下：

$$Q = \sqrt{\frac{2DC1}{C2}}$$

式中，Q 为经济采购批量；D 为一定时期内采购总量；$C1$ 为每次采购费用；$C2$ 为单位商品储存费用。

当企业在一定期间内总需求量或订货量为一定时，如果每次订货的量越大，则所需订货的次数越少；如果每次订货的量越小，则所需订货的次数越多。对第一种情况而言，订货成本较低，但储存成本较高；对第二种情况而言，订货成本较高，但储存成本较低。通过经济订货批量模型，可以计算出订货量多大时，总成本（订货成本和储存成本之和）为最小。

经济采购批量运用必须符合一定的条件要求，主要包括：（1）采购需要量应当均衡稳定，计划期的采购总量是一定的，并且是已知的；（2）货源充足，库存量不允许发生短缺；（3）货品单价和运费率固定，不受采购批量大小的影响；（4）每次的采购费用和每单位货品的储存费用均为常数；（5）仓储和资金条件等不受限制。

例如，某企业计划全年销售电视机 20 000 台，平均每次的订购费用为 10 元，货物单价为 4 000 元，保管费用率为 1%，则最佳订购批量为

$$\text{最佳订购批量} = \sqrt{\frac{2DC1}{C2}} = \sqrt{\frac{2 \times 20\ 000 \times 10}{4\ 000 \times 1\%}} = 100(\text{台})$$

一般来说，企业除了最优订购批量外，库存控制还有两种控制措施：一是降低库存水平；二是“零库存”。降低库存水平是根据库存类型，采取相应策略和具体措施。“零库存”是一种特殊的库存概念，“零库存”的含义是以仓库储存形式的某种或某些种物品的储存数量很低的一个概念，甚至可以为零，即不保持库存。“零库存”是对某个具体企业而言，是在有充分社会储备保障前提下的一种特殊形式。它的基本思路是企业不储备原材料库存，一旦需要时，立即向供应商提出，由供应商保证质量按时送到，生产继续进行下去。“零库存”不是宏观的概念，而是一个微观的概念。在整个社会再生产的全过程中，“零库存”只能是一种理想，而不可能成为现实。

2. 质量控制

全面质量管理（TQM）是基于分权控制哲学的一种广为流行的方法，即为了保证产品质量符合规定标准满足用户需求，企业在生产的全过程中始终贯彻质量观念，从而全方位提升质量水平的方法。

随着国际竞争的加剧和顾客期望值的提升，越来越多的企业采用全面质量管理的方法来控制质量，把质量观念渗透到企业的每项活动中，以实现持续的改进。全面质量管理有四大特征：

（1）全过程的质量管理。质量管理不仅仅在生产过程，而且应“始于市场，终于市场”，从产品设计开始，直至产品进入市场，以及售后服务等，质量管理都应贯穿其中。

（2）全企业的质量管理。质量管理不仅仅是质量管理部门的事情，它和全企业各个部门都密切相关，因为产品质量是做出来的，不是检验出来的，故每项工作都与质量相关。

（3）全员的质量管理。每个部门的工作质量决定于每个职工的工作质量，所以每个员工都要保证质量。为此，由职工成立了很多质量小组，专门研究在部门或工段的质量问题。

（4）全面科学的质量管理方法。以统计分析方法为基础，综合应用各种质量管理方

法，工作步骤按“计划—执行—检查—处理”四步循环进行。

迄今为止，质量管理和控制已经历了三个阶段，即质量检验阶段、统计质量管理阶段和全面质量管理阶段。质量检验阶段大约发生在20世纪20年代至20世纪40年代，工作重点在产品生产出来之后的质量检验。统计质量管理阶段发生在20世纪四五十年代，管理人员主要采用统计方法作为工具，对生产过程加以控制，其目的是提高产品的质量。全面质量管理产生于20世纪50年代，它以保证产品质量和工作质量为中心，以控制的全过程、全方位和全员参与为特征，已形成一整套管理理念，风靡全球。

3. 审计法

审计是一种常用的控制方法，财务审计与管理审计是审计控制的主要内容，近年来推行以保护环境为目的的清洁生产审计。所谓财务审计是以财务活动为中心内容，以检查并核实账目、凭证、财物、债务以及结算关系等客观事物为手段，以判断财务报表中所列出的综合的会计事项是否正确无误，报表本身是否可以信赖为目的的控制方法。通过这种审计还可以判明财务活动是否符合财经政策和法令。所谓管理审计是检查一个单位或部门管理工作的好坏，评价人力、物力和财力的组织及利用的有效性。其目的在于通过改进管理工作来提高经济效益。此外，审计还有外部审计和内部审计之分。外部审计是指由组织外部的人员对组织的活动进行审计；内部审计是组织自身专门设有审计部门，以便随时审计本组织的各项活动。

4. 损益平衡分析

损益平衡分析是通过对业务量（产量、销售量、销售额）、成本、利润三者相互制约关系的综合分析，以预测利润、控制成本的一种分析方法。它是利用成本特性即成本总额与产量之间的依存关系，来指明企业获利经营的业务量界限，从而达到控制的作用。

企业中任何产品的成本都是由两部分组成的，一部分为固定成本，一部分为变动成本。固定成本包括生产该产品所需要的管理费用、基本工资、设备的折旧费用等，这些费用基本上是恒定的，不随产量的变化而变化。变动成本包括原材料费、能源费等，这些费用的增长与产品的产量成正比。在激烈竞争的市场上，产品的价格由不得一个企业自己决定，只能根据市场的价格来销售产品。由此就产生一个问题，即当产量很少时，该企业单个产品的成本就很高。这是因为固定成本不随产量变化，产量少则固定成本占总成本的比重就大。这时成本可能高于市场价格，企业发生亏损。只有当产量达到一定水平时，才能收支相抵，超过这个水平企业方可获利。产量和成本及收益的这种关系用平面坐标图表示就称为损益平衡图。

损益平衡分析在管理中有许多应用：

（1）指导决策。确定企业的临界产量，使管理者针对实际情况对扩大产品的生产还是收缩生产的规模进行决策。

（2）预测实现目标利润的销售量。根据损益平衡分析，可以确定在不同的产量水平时企业的盈亏情况如何，要实现预定的利润目标企业需要达到怎样的产量和销售量。

（3）进行成本控制。通过分析固定成本和变动成本中某些因素的变化对盈亏平衡点的影响，可以用来控制成本。

（4）判断企业经营的安全率。经营安全率是指企业的经营规模（通常指销售量）超过盈亏平衡点的程度，以此可以粗略判断企业的经营状况。经营安全率越高越安全，若在10%以下则比较危险。但需要注意的是，这种损益平衡分析的方法具有一定的局限性，它假定各种费用、产量和收入之间存在一种线性关系，而实际上只有在产量变动范围很小时此假定才成立。此外，它假定固定成本不变，是一个静态模型，因此仅在相对稳定的情况下才有价值。

5. 财务报表分析

财务报表是用于反映企业经营的期末财务状况和计划期内的经营成果的数字表。财务报表分析，也称经营分析，就是以财务报表为依据来判断企业经营的好坏，并分析企业经营的长处和短处。它主要包括三种分析：第一，利润率分析，指分析企业收益状况的好坏；第二，流动性分析，指分析企业负债与支付能力是否相适应，资金的周转状况和收支状况是否良好等；第三，生产率分析，指分析企业在计划期间内生产出多少新的价值，又是如何进行分配将其变为人工成本、应付利息和净利润的。

财务报表分析法主要有实际数字法和比率法两种。实际数字法是用财务报表分析中的实际数字来分析，但有时这种绝对的数字不能准确地反映企业的不同时期或不同企业间的实际水平，因为企业在不同的时期以及在不同的企业之间条件不同、规模大小不同、行业标准不同。比率法是求出实际数字的各种比率后再进行分析，比率不同，规模大小不同，行业标准不同，更好地体现了相对性，所以比较常用，具体参见表10－1。

表10－1　　财务报表分析法

目的	比率	计算公式	含义
流动性检验	流动比率	流动资产/流动负债	检验组织偿付短期债务的能力。
	速动比率	（流动资产－存货）/流动负债	对流动性的一种更精确的检验，尤当存货周转缓慢和难以售出时。
财务杠杆检验	资产负债比	全部负债/全部资产	比值越高，组织的杠杆作用越明显。
	利息收益倍比	纳税付息前利润/全部利息支出	度量当组织不能偿付它的利息支出时，利润会下降到什么程度。
运营检验	存货周转率	销售收入/存货	比值越高，存货资产的利用率越高。
	总资产周转率	销售收入/总资产	用于获取一定销售收入水平的资产越少，管理当局利用组织全部资产的效率越高。
盈利性	销售利润率	税后净利润/销售收入	说明各种产品产生的利润。
	投资收益率	税后净利润/总资产	度量资产创建利润的效率。

6. 网络分析法

网络分析法就是应用网络图来反映出一项计划中的任务、活动过程、工序、工期及费用的先后顺序或相互关系，通过计算确定出关键路径作为控制的重点，寻求最佳的控制方案。网络分析法可以有效地对项目中使用的人力、物力、财力等进行平衡，能够合理而经济地控制项目的进度和成本，能够在实施过程中出现偏差时找出原因和关键性的因素，并从总体上进行调整，以保证项目如期完成。从某种意义上说，网络分析法是一种前馈控制，它可以及时弥补由于前面项目拖期而造成的时间短缺，而不致影响整个工期。另外，网络分析法体现了关键点控制的原理，通过把握关键路径，可以使控制工作更加简化、经济、高效。

7. 目标管理

目标管理是由美国管理学家德鲁克在1954年正式提出的。目标管理是指把经营的目的和根本任务转化为企业的方针和目标，实现各层次的目标管理。这样，一方面激发有关人员的责任心和创造性；另一方面把总的目标层层分解，最终化为个人的目标。目标管理在本质上是一种控制。通过目标的分解使控制的标准清晰、明确，各级管理者容易作出判断；而且，目标管理强调让管理人员和工人参与制定工作目标，员工的态度和行为与组织目标更为贴近，并在工作中注重推行自我管理，这使得对人员行为的控制变得容易许多。因此，一些研究者称目标管理为“管理中的管理”。

【本章知识导图】

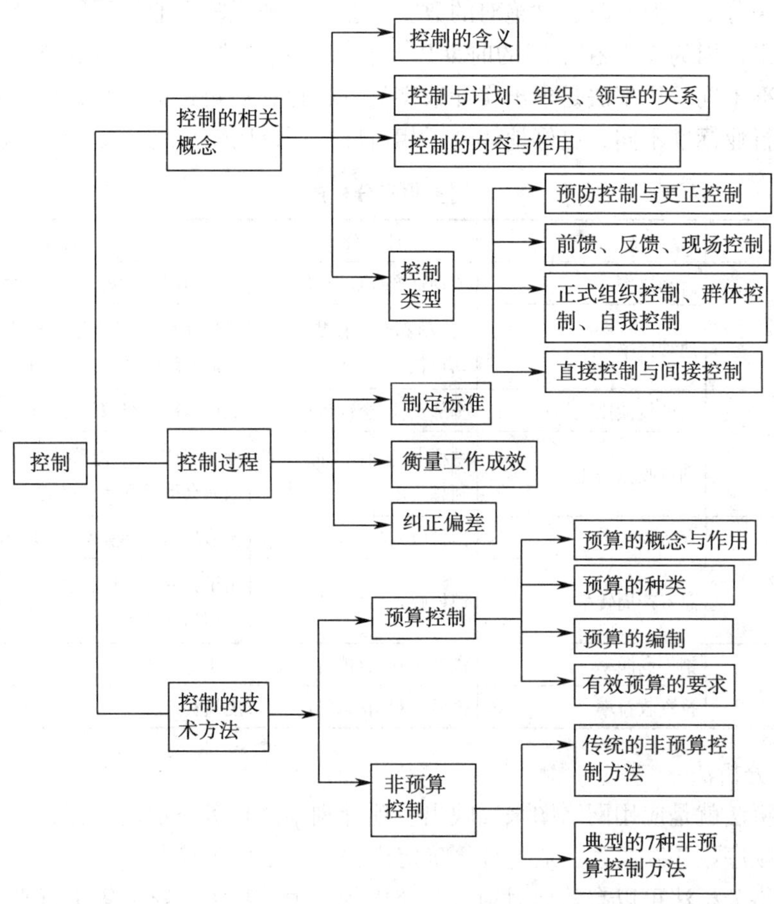

【课堂模拟实践】

你的预算控制有效吗?

游戏规则：

1. 给每位同学发一张评测表，来评测学生的预算控制能力。其内容如下：

大学读书期间，你至少可以掌管好自己的财务。你对个人预算的管理能力或许预示着你今后对公司的管理能力。请按照下面的表述回答问题，以评测你对预算的控制是否有效。

（1）钱一到手我就花光。

（2）每周（月、学期）初，我都要列出我全部的固定支出。

（3）每周（月）末，我好像从来就没有什么钱节余下来。

（4）我能支付所有的花销，但好像总是没钱用于娱乐。

（5）我用信用卡进行透支。

（6）我全部用现金支付。

（7）朋友需要时，我就会借钱给他们，即使这样做会使我的现金告急。

（8）我从不向朋友借钱。

（9）我入不敷出。

（10）我每个月存点钱，以备真正需要时使用。

2. 要求学生根据评测表判断自己的预算控制类型。如果对（1）（3）（5）（7）（9）题的回答为“是”，说明你的预算习惯非常糟糕；如果对（2）（4）（6）（8）（10）题的回答为“是”，说明你有着训练有素的预算习惯。

问题讨论：

1. 如果你有训练有素的预算习惯，那么请问你在预算中采用了哪些预算方法?

2. 如果你的预算习惯非常糟糕，请问是什么原因导致了你的习惯?

【课后案例分析】

摆梯子

在某集团生产车间的一个角落，因工作需要，工人需要爬上爬下，因此，甲放置了一个梯子，以便上下。可由于多数工作时间并不需要上下，屡有工人被梯子所羁绊，幸亏无人受伤。于是管理者乙叫人改成一个活动梯子，用时，就将梯子支上；不用时，就把梯子合上并移到拐角处。由于梯子合上竖立太高，屡有工人碰倒梯子，还有人受伤。为了防止梯子倒下砸着人，管理者丙在梯子旁写了一个小条幅：请留神梯子，注意安全。一晃几年过去了，再也没有发生梯子倒下砸着人的事。一天，外商来谈合作事宜。

他们注意到这个梯子和梯子旁的小条幅，驻足良久。外方一位专家熟悉汉语，他提议将小条幅修改成这样：不用时，请将梯子横放。很快，梯子边的小条幅就改过来了。

【问题】

1. 通过本案例，最能说明的是（　　）。

A. 越是高层管理者，控制职能越重要

B. 越是基层管理者，控制职能越重要

C. 无论管理层次高低，控制职能都很重要

D. 很多外国企业能成功，主要是善于行使控制职能

2. 属于事前控制的有（　　）。

A. 甲　　B. 乙　　C. 丙　　D. 外方一位专家

3. 属于事后控制的有（　　）。

A. 甲　　B. 乙　　C. 丙　　D. 外方一位专家

4. 控制效率最高的是（　　）。

A. 甲　　B. 乙　　C. 丙　　D. 外方一位专家

5. 本案例给我们的最重要的一个启示是（　　）。

A. 控制过程也是一个不断学习的过程

B. 事前控制的效果一般好于事后控制

C. 控制并非是投入越大，取得收益越多

D. 事前控制的成本一般高于事后控制

【参考答案】

1. C　2. D　3. BC　4. D　5. C

第十一章
现代企业管理

【本章概要】

本章主要介绍企业的起源、法律形式、现代企业制度、企业战略管理的主要内容、企业文化的要素和建设问题、人力资源管理的内容及趋势、市场营销的组织形式和具体过程。

【重点内容】

1. 企业的含义；
2. 企业的法律形式；
3. 企业战略体系；
4. 企业文化；
5. 现代人力资源管理；
6. 人力资源管理的内容；
7. 市场营销的基本任务。

【案例导入】

事件一

猴子吃香蕉实验

科学家将四只猴子关在一个密闭的房间里，每天喂食很少食物。几天后，实验者在房间上面的小洞放下一串香蕉，一只大猴子一个箭步冲向前，可是还没拿到香蕉时，就被预设机关所泼出的热水烫得全身是伤；当后面三只猴子依次爬上去拿香蕉时，一样被热水烫伤。于是众猴只好望“蕉”兴叹。

几天后，实验者换进一只新猴子，当新猴子肚子饿也想尝试爬上去吃香蕉时，立刻被其他三只老猴子制止，并告知有危险，千万不可尝试。实验者再换进一只新猴子，当这只新猴子想吃香蕉时，有趣的事情发生了，这次不仅剩下的两只老猴子制止它，连没被烫过的半新猴子也极力阻止它。实验继续，当房间内全部换成新猴子后，虽然没有猴子曾经被烫过，上面的热水机关也取消了，香蕉唾手可得，却没有猴子敢前去享用。

通过这个实验，我们可以看到群体的文化是如何形成的，又是如何发挥作用的。

（资料来源：http：//wenku. baidu. com/view/3ab0aafcalc7aa00b42acb06. html）

事件二

泰国曼谷东方饭店著名案例

一位朋友因公务经常出差泰国，并下榻在东方饭店，第一次入住时良好的饭店环境和服务就给他留下了深刻的印象，当他第二次入住时几个细节更使他对饭店的好感迅速升级。那天早上，在他走出房门准备去餐厅的时候，楼层服务生恭敬地问道："于先生是要用早餐吗?"于先生很奇怪，反问"你怎么知道我姓于?"服务生说："我们饭店规定，晚上要背熟所有客人的姓名。"这令于先生大吃一惊，因为他频繁往返于世界各地，入住过无数高级酒店，但这种情况还是第一次碰到。

于先生高兴地乘电梯下到餐厅所在的楼层，刚刚走出电梯门，餐厅的服务生就说："于先生，里面请"。于先生更加疑惑，因为服务生并没有看到他的房卡，就问："你知道我姓于?"服务生答："上面的电话刚刚下来，说您已经下楼了。"如此高的效率让于先生再次大吃一惊。于先生刚走进餐厅，服务小姐微笑着问："于先生还要老位子吗?"于先生的惊讶再次升级，心想"尽管我不是第一次在这里吃饭，但最近的一次也有一年多了，难道这里的服务小姐记忆力那么好?"看到于先生惊讶的目光，服务小姐主动解释说："我刚刚查过电脑记录，您在去年的6月8日在靠近第二个窗口的位子上用过早餐"，于先生听后兴奋地说："老位子！老位子！"小姐接着问："老菜单？一个三明治，一杯咖啡，一个鸡蛋?"现在于先生已经不再惊讶了，"老菜单，就要老菜单!"于先生已经兴奋到了极点。

上餐时，餐厅赠送了于先生一碟小菜，由于这种小菜于先生是第一次看到，就问："这是什么?"服务生后退两步说："这是我们特有的某某小菜"。服务生为什么要先后退两步呢，他是怕自己说话时口水不小心落在客人的食品上，这种细致的服务不要说在一般的酒店，就是在美国最好的饭店里于先生都没有见过。这一次早餐给于先生留下了终生难忘的印象。后来，由于业务调整的原因，于先生有三年的时间没有再到泰国去，在于先生生日的时候突然收到了一封东方饭店发来的生日贺卡，里面还附了一封短信，内容是：亲爱的于先生，您已经有三年没有来过我们这里了，我们全体人员都非常想念您，希望能再次见到您。今天是您的生日，祝您生日愉快。于先生当时激动得热泪盈眶，发誓如果再去泰国，绝对不会到任何其他的饭店，一定要住在东方饭店，而且要说服所有的朋友也像他一样选择。于先生看了一下信封，上面贴着一枚六元的邮票。六块钱就这样买到了一颗心，这就是客户关系管理的魔力。东方饭店非常重视培养忠实的客户，并且建立了一套完善的客户关系管理体系，使客户入住后可以得到无微不至的人性化服务。迄今为止，世界各国约20万人曾经入住过那里，用他们的话说，只要每年有十分之一的老顾客光顾饭店就会永远客满。这就是东方饭店成功的秘诀。

现在客户关系管理的观念已经被普遍接受，而且相当一部分企业都已经建立起了自己的客户关系管理系统，但真正能做到东方饭店这样的还并不多见，关键是很多企业还只是处在初始阶段，仅仅是上马一套软件系统，并没有在内心深处去思考如何去贯彻执行，所以大都浮于表面、难见实效。客户关系管理并非只是一套软件系统，而是以全员服务意识为核心贯穿于所有经营环节的一整套全面完善的服务理念和服务体系，是一种企业文化。在这方面，泰国东方饭店的做法值得我们很多企业去认真地学习和借鉴。

（资料来源：http：//wenku. baidu. com/view/204c855ef18583d0496459cf)

第一节　企业概论

一、企业的起源

在自然经济占统治地位的社会里，社会生产和消费以家庭或手工作坊为单位。在资本主义社会之前，虽然有些手工作坊已经具有一定的生产规模和一定数量的劳动者，但是生产的产品只是为部落、家族、奴隶主、封建皇室享用，不是为了进行商品交换，不发生经营活动。所以，从严格意义上讲，这些手工作坊并不算是企业。

到了资本主义社会时期，随着社会生产力的提高和商品生产的发展，社会的基本经济单位发生了根本的变化。商品经济初期，业主需要向别的业主购买所需要的原材料、零部件，由此就发生了许多交易费用。为了降低交易费用，业主就尝试着自己来进行所需要的零部件的生产，取代从别的业主那里购买。当生产规模达到一定程度后，会发现自己生产虽然增加了内部管理费用，但还是比在市场上购买所需要的交易费用低。这样，比家庭作坊规模大、效率高的企业就产生了。总的来说，从手工作坊过渡到企业这一基本经济单位，其变化的根本原因在于：

（1）社会上出现大量自由民，形成产业的后备军队伍；

（2）生产中广泛采用机器、设备，为机械化大生产准备了必要的物质技术条件；

（3）私有财产制度确立，资本逐渐集中；

（4）货币制度建立，银行产生，使经济组织可以在自有资金之外再筹措所需资金；

（5）市场进一步扩大，商品经济不断发展。

因此可以说，企业是社会生产力发展到一定水平的结果，是商品生产与商品交换的产物，经过一个漫长的演变过程逐渐成为社会的基本经济单位。企业是人们从事经济活动的基本经济单位，但并非任何经济单位都可称为企业。一般来说，企业总是与一定的场所相联系的，但它又不是单纯的场所概念。对企业来说，最重要的是由许多人、财、物集合在一起，建立一种组织、一种生产经营制度，面向社会生产某种产品或提供某种服务。

二、企业的演变

企业既是社会生产力发展到一定历史阶段的产物，又是一个动态变化的经济单位，它随着人类社会的进步、生产力的发展、科学技术水平的提高而不断地发展、进步。纵观企业的发展历史，大致上经历了手工业工场、机器工厂和现代公司三种主要形式。

1. 手工业工场

16 世纪到 17 世纪，西方一些国家从封建制度向资本主义制度转变，主要表现在资本主义原始积累加快、向海外殖民扩张、大规模地剥夺农民土地，从而使家庭手工业急剧瓦解，向资本主义工场手工业过渡。

以英国为例，16 世纪以前，英国的毛纺业主要是依靠半工半农的家庭手工业进行的。这些家庭手工业规模小、分散，劳动基本上没有分工协作。当时有些家庭手工业的产品由包买商收购销售，并受到包买商很大程度上的控制，但这些家庭手工业并不具备企业性质。到 16 世纪以后，特别是进入 17 世纪以来，原来半工半农的家庭手工业者由于土地丧失，脱去半农性，沦为雇佣劳动者，由包买商建立的工场手工业迅速发展起来。此时，生产者都是具有一技之长的专业劳动者。

工场手工业与家庭手工业相比，一是规模扩大，有的工场有几百个工人，成为大型工场；二是产业结构变化，在采矿、冶金、金属加工、制盐、造纸等行业，普遍建立起手工业工场；三是使用机器，1736 年，英国一家大型呢绒工场竟拥有 600 台织布机；四是工场内部形成分工，按某一产品生产要求，分解成若干个作业阶段。此时的手工业工场实际上已具有企业的雏形。

2. 机器工厂

随着资本主义制度的发展，西方各国相继进入工业革命时期，手工业工场逐步发展到建立工厂制度。工厂制度的建立，是工场手工业发展的质的飞跃，它标志着真正意义上的企业的诞生。

17 世纪 60 年代，英国资产阶级政权确立，圈地运动的发展实现了对农民土地的彻底剥夺，进一步加强了殖民扩张，积累了大量的原始资本，这一切都为工业革命准备了历史前提。在工业革命过程中，一系列新技术的出现，大机器的普遍采用，特别是蒸汽机的使用，为工厂制度的建立奠定了基础。1717 年，英国人阿克莱特在克隆福特创立了第一家棉纱工厂。到 19 世纪 30 年代，机器棉纺织代替手工棉纺织的过程基本完成，工厂制度在英国普遍建立。18 世纪，德国手工业就有了初步发展，到了 19 世纪 30 至 40 年代，建立了工厂制度。在 19 世纪 60 至 70 年代，由于资本主义制度在世界范围内确立，出现了工业化高潮，工厂大工业迅速发展，工厂制度在采掘、煤炭、机器制造、运输、冶金等行业相继建立。

机器工厂的主要特征有：

（1）资本雄厚，小型生产者不易与之抗争。

（2）机械生产，节省人力，生产效率与效益显著提高。

（3）手工业者失业或沦为雇工，形成了一批掌握生产技术和工艺的产业队伍。

（4）工厂内部劳动分工深化，生产走向社会化。

3. 现代公司

从机器工厂过渡到现代公司，乃是企业作为一个基本经济单位的最后确立和形成。1856 年，英国议会确认了注册公司只负有限责任，并且公布了第一个现代公司法，即有限责任形式的公司法，这样公司制企业就正式建立起来了。对此，美国的巴特勒评价说："有限责任公司是现代最伟大的一个发明，甚至连蒸汽机和电的发明都不如有限责任公司来得重要"。

在资本主义经济发展中，工厂制度的建立，顺应了商品经济发展的潮流，促进了生产力的大发展。特别是 19 世纪末至 20 世纪初期，随着自由资本主义向垄断资本主义过渡，工厂的发展十分迅猛，并产生了一系列变化，正是这一系列变化推动了机器工厂向现代公司的过渡。

（1）生产规模空前扩大，产生了垄断企业组织，如托拉斯、辛迪加、康采恩等。1904 年的美国在工业部门中就有 318 个托拉斯，各个重要工业部门一般都被一两个或几个大托拉斯所垄断，形成了各部门的所谓“大王”，如“汽车大王”福特、“石油大王”洛克菲勒、“钢铁大王”摩根；同时，一些世界闻名的大托拉斯，如美国钢铁公司、福特汽车公司、杜邦火药公司、通用电气公司、美国电报电话公司等，都已组成或形成一个个大型的企业集团。

（2）不断采用新技术、新设备，不断地进行技术革新，使生产技术有了迅速发展。

（3）建立了一系列科学管理制度，并产生了一系列科学管理理论。1911 年美国工程师泰勒的代表作《科学管理原理》一书的出版，标志着企业从传统经验型管理进入到科学管理阶段。

（4）管理权与所有权分离，企业里形成了一支专门的工程技术队伍和管理队伍。同时，随着职工队伍技术水平的提高，整个企业素质也有了明显提高。

（5）企业之间的竞争日益激烈，加速了企业之间的兼并，使生产进一步走向集中。同时，企业向国外发展，跨国公司开始出现，并且不断发展。

（6）企业的社会责任改变，不仅在整个社会经济生活中的作用越来越大，同时还渗透到政治、经济、军事、外交、文化等各个方面。

纵观企业发展的历史可以看出，制约和推动企业发展的因素是多方面的，但是推动和制约企业发展的根本因素是技术革命。随着世界性的新技术革命的发展，产生出一系列全新的市场需求，开拓出一系列全新的经济领域，导致一大批现代新兴企业的蓬勃崛起，代表着现代企业发展的方向，显示出无穷的生命力。

三、企业的现代含义

企业的内涵随时代的变迁而不断地被赋予新的内容，所以明确地给出企业的定义是困难的。但我们可以了解其基本含义，并通过特征分析及类型划分勾画出其基本框架。

对于企业的定义，国内外至今还没有一个统一的表述。通常所说的企业，一般是指从事生产、流通或服务等活动，为满足社会需要进行自主经营、自负盈亏、自担风险，实行独立核算，具有法人资格的基本经济单位。

按这个定义，企业可分为工业企业和商业企业两大类。工业企业乃是从事工业性生产的经济组织，它利用科学技术、合适的设备，对原材料进行加工，使其改变形状或性能，为社会提供需要的产品，同时获得利润。商业企业则是指从事商业性服务的经济实体，它以营利为目的，直接或间接地向社会供应货物或劳务，以满足顾客的需要。

四、企业的特征

企业作为一种社会和经济组织，具有一些基本性质，并有着严格的规定和规范，可以从以下六个方面来认识它。

1. 必须拥有一定的生产要素

在传统企业中，企业的生产要素主要包括土地和自然资源、劳动力、资本；而在现代企业中，则还包括技术和信息。这是企业从事生产经营活动的物质基础。

2. 满足市场需要及法律规定的条件

企业必须严格依照法律规定的程序，经由工商行政管理机关核准登记才能设立。企业要具有能够为社会提供消费者所需要的产品和服务的能力，具备相关的设施条件，如原材料、能源、交通运输等；此外，还要有符合规定的名称、经营场所、注册资金、组织结构、经营范围等，并要在规定的经营范围内进行生产经营活动，以自己的名义进行民事活动并承担责任，享有民事权利和义务。企业必须照章向国家缴纳各种相应的税金，以充实国家的财政。

3. 企业是营利性机构，其目标是获取利润

不以营利为目的的组织不是企业。这一要点把企业同那些归属于政治组织、行政组织和事业单位的政党、国家机构、军队、学校等社会组织区别开来。

由于企业是商品生产者和经营者，所以，它们生产产品或提供服务，并不是要自己享受其使用价值，而是为了实现其价值，以获取盈利。企业为社会提供的商品，也只有通过市场交换，才能使生产商品所耗费的个别劳动被社会所承认，实现商品的价值；才能使所耗费的支出得到补偿，利润得以实现。因此，企业必然是以市场为导向，以营利为主要目的而开展各种生产经营活动的经济组织。

4. 企业有经营自主权

经营自主权包括经营决策权、产品决定权、产品销售权、人事权和分配权等。除了独立法人的自主权利与责任所要求的自主行动之外，由于企业是在市场中运作，面对的是市场各种各样的需求、稍纵即逝的机会、优胜劣汰的竞争，经营决策既要有有效性，又必须强调行动高效率，这也要求企业有充分的经营自主权，不应受到其他方面的直接干预。

在市场经济条件下，企业既是市场上资本、土地、劳动力、技术等生产要素的提供者和购买者，又是各种消费品的生产者和消费者。企业可以通过转产、停产、整顿、合并、分立、解散、破产等方式自主进行产品结构和组织结构调整，从而实现企业的优胜劣汰。

5. 必须实行独立核算、自负盈亏

为了保证企业实现追求利润的目标，企业必须实行独立核算，以保证用尽可能少的投入来追求尽可能多的利润。

企业通过交换实现的商品价值，在补偿了生产经营中的各种耗费，并依法上交各种税收后，剩余部分则构成企业的盈利，由企业自主支配。若收不抵支，发生亏损，则由企业自己抵补。对生产经营中发生的债务，由企业负责清偿。当资不抵债时，企业必须以其全部财产承担清偿责任。这就可以把那些不实行自主经营、自负盈亏、独立核算的经济单位同企业严格区分开来。

不能简单地说工厂或公司就是企业。如果这家工厂或公司是自主经营、自负盈亏、独立核算的单位，那么它是企业；如果它虽然从事商品生产和经营，但并不独立核算、自负盈亏，而是由总厂、总公司等上一级组织统一核算、统负盈亏，那么，总厂或总公

司是企业，这家工厂或公司只是企业下属的一个生产单位，不能把它也称为企业。

6. 企业具有社会价值

企业通过为社会提供产品和服务，可以满足人们的需要，同时也为社会提供了就业机会和税收，这就是其社会价值的体现。

企业需要利润，同时又必须承担某些社会责任，为社会提供服务，否则企业就不可能取得生存和发展。追求利润不是企业的唯一目的，利润只是为社会提供服务的合理报酬，是服务的结果。因此，企业要把为社会提供服务作为自己的宗旨，在追求利润的同时，讲求企业生产经营之道。这一思想代表了当今企业发展的趋势。

五、企业类型的划分

在现代社会里，具有共同属性的企业，其具体形态是多种多样的。按照不同的标志，可以把企业划分为多种不同的类型。

（一）按照生产资料所有制的性质划分

在资本主义社会里，企业可以分为私营企业和国家资本主义企业。私营企业中，有独资经营企业、合伙经营企业和股份制企业。此外，还有资本主义国家机构同私人合资经营的企业。

在社会主义初级阶段，我国坚持和完善以公有制为主体、多种所有制经济共同发展的基本经济制度。因此，除了国有企业和集体企业这两种公有制的企业形式外，还有个体企业、私营企业和外商投资企业等非公有制企业。这些不同经济成分的企业还可以自愿实行多种形式的联合经营，构成各种形式的经济单位。

（二）按照企业所属行业划分

可以从两大生产部类或三个产业开始，由粗到细划分出纵向有从属关系、横向有分工协作关系的许多行业，企业据此分成不同类型。例如，把企业分为农业企业、工业企业、建筑安装企业、交通运输企业、商业企业、金融企业等；在工业企业中，又有属于原材料、能源等基础产业的企业和属于机电、纺织等加工制造业的企业。以行业为标志划分，企业还可分为单一经营的企业和跨行业经营的企业。

（三）按照企业使用的主要经营资源划分

企业可分为劳动密集型企业、资金密集型企业、技术密集型企业和知识密集型企业。由于使用的主要资源不同，企业发展的决定性因素便存在差别，这就要求人们明确各自的管理重点，并探索相应的一整套方法。

（四）按照企业规模划分

企业可以分为大型企业、中型企业和小型企业。规模不同的企业，其内部组织结构以及市场竞争中的优势和劣势各不相同，对高层管理者也有不同要求。另外，企业本身也有一个从小到大的成长过程，并力求产品生产和企业经营达到规模经济。

（五）按照企业组织形式划分

从生产力的组织形式方面考察，企业可划分为简单综合型企业、简单专业化企业、多元专业化企业和跨行业综合型企业。广义地说，还包括企业集团等企业与企业之间的联合体。从财产组织形式方面考察，企业有单个业主制企业、合伙制企业和公司制企业等类型。公司制企业还可再划分为无限公司、有限公司和两合公司三种形式，其中有限公司又包括有限责任公司和股份有限公司。企业组织形式关系到建立现代企业制度、转换企业经营机制、优化资源配置和发挥企业优势等重要问题。

（六）按照市场类型划分

市场体系是由多种类型的市场构成的。从市场交易的客体看，市场体系有商品市场、金融市场、技术市场、信息市场等多种类型。每个市场都有在其中活动的企业，从而构成不同的企业类型，如生产企业、金融企业、信息咨询企业、技术开发与贸易企业、房地产经营开发企业等。在市场活动中，由于社会分工日益发达，存在着许多专业公司，因此，按照市场经营活动的专业性划分，有投资公司、销售公司、咨询公司、广告公司、各种市场中介组织（如会计事务所、律师事务所、资产评估机构）等。按市场范围划分，还可将企业分为内向型企业、外向型企业和跨国公司。

（七）按照企业运用的主体技术划分

企业可分为传统技术企业和高新技术企业。由于技术对管理有全局性影响，它决定着管理方式，为管理提供必要的物质条件，所以从技术角度考察企业，是划分企业类型不可缺少的一个方面。

六、企业的法律形式

在市场经济条件下，企业是法律上和经济上独立自主的实体，它拥有一定法律形式下自主经营和发展所必需的各种权利。因此，无论是新建企业，还是老企业改制，都会面临企业的法律形式选择问题。按照财产的组织形式和所承担的法律责任不同，企业的法律形式有许多种选择。

（一）个体企业

个体企业是由业主个人出资兴办，由业主自己直接所有和经营的企业，所以又称为个人业主制企业或独资企业。个体企业业主享有企业的全部经营所得，同时对企业的债务负有完全责任，如果经营失败，出现资不抵债的情况，业主要用自己的个人财产来抵偿。个体企业在法律上为自然人企业，不具有法人资格。这种企业是最古老、最简单的企业形式。

个人业主制企业一般规模较小，内部管理机构简单。它的优点在于：建立和歇业的程序十分简单易行；产权能够比较自由地转让；经营者与所有者合一，经营方式灵活，决策迅速，有较强的自主性；利润归个人所得，保密性强等。它的缺点在于：多数个体企业本身财力有限，而且由于受到偿债能力的限制，取得贷款的能力较差，难以从事需要大量投资的大规模工商业活动；如果业主无意继续经营或因健康状况不佳无力继续经营，企业的业务就要中断，连续性往往较差，所以企业的生命力弱、寿命有限；企业完全依赖于业主个人的素质，素质低的业主也难以由外部人员替换；最主要的，由于经营者必须承担无限责任，经营风险较大。

在市场经济国家，个人业主制企业通常存在于零售商业、“自由职业”、个体农业、服务业等领域，如零售商店、注册医师、注册律师、注册会计师、家庭农场等。虽然这种企业形式数量庞大，在企业总数上占到大多数，但由于规模小而且发展余地有限，在整个经济中并不占据支配地位。

在我国，个体企业的设立要按照《中华人民共和国私营企业暂行条例》等有关法律规定以及国家统计局、国家工商行政管理局颁布的《关于划分企业登记注册类型的规定》进行登记，但它不能领取“企业法人营业执照”。

（二）合伙制企业

合伙制企业是由两个或两个以上的当事人联合经营的企业，合伙人按照协议共同出资、合伙经营、共同分享企业所得，并对营业亏损共同承担无限连带责任。它可以由部分合伙人经营，其他合伙人仅出资并共负盈亏，也可以由所有合伙人共同经营。多数合伙制企业规模较小，合伙人人数较少。

合伙制企业与个体企业相比有很多优点。主要的优点是企业的资金来源和信用能力有所提高，可以从众多的合伙人处筹集资本，合伙人共同承担偿还责任，减少了银行贷款的风险，所以说企业的筹资能力得到了改善，可以提高竞争能力，扩大经营领域。同时，合伙人对企业盈亏负有无限连带责任，这意味着所有合伙人都以自己的全部个人财产为企业担保，因而有助于提高企业的信誉。在一定程度上，合伙企业弥补了个体企业在资本、知识、能力等方面的缺陷，合伙企业的产生有其必然性。

合伙制企业也有其明显缺点。首先，合伙制企业是根据合伙人之间的契约建立的，每当一位原有的合伙人离开，或者接纳一位新的合伙人，都必须重新确立一种新的合伙关系，从而造成法律上的复杂性，通过接纳新的合伙人筹集增加资金的能力也就受到了限制。其次，由于所有的合伙人都有权代表企业从事经济活动，重大决策都需要得到所有合伙人的一致同意，因而很容易造成决策上的延误和差错，使企业在管理协调上增加了难度。最后，所有合伙人对于企业债务都负有无限连带清偿责任，这就使那些并不能控制企业的合伙人面临很大的债务风险。

英、美等国家不承认合伙企业为法人组织，而在法、德、日等国家以无限责任公司形式出现的合伙制企业则被承认是法人组织。我国专门制定了《中华人民共和国合伙企业法》，合伙企业与个体企业一样，都不能领取“企业法人营业执照”。

一般来说，规模较小、对资本需要量较少，而合伙人个人信誉十分重要的企业，常常采取这种组织形式，如律师事务所、会计事务所、诊疗所等。

（三）合作制企业

合作制企业也称为股份合作制企业，是以合作制为基础，实行以劳动合作与资本合作相结合，按劳分配与按股分红相结合，职工共同劳动，共同占有生产资料，利益共享，风险共担，股权平等，民主管理的企业法人组织。它可以在企业内部发行股票，筹集资金，但外部人员不能入股，因此它既不同于合伙制企业，也不同于股份制企业。合作制企业的产权分属于企业职工或合作社社员所有。

合作制企业主要适用于以劳动出资为主、本小利微、工资收入较低的城乡小型工商企业和各种服务型企业。它在市场经济发达的西方国家有着悠久的历史，在我国也有着优良的传统。我国城乡许多小型工商企业（如农村供销合作社或城市的信用、供销合作组织等）实行股份合作制，它们在理顺产权关系和推动生产发展方面发挥了积极作用。

经验证明，合作制有利于调动企业职工的积极性，有利于增强企业活力，降低成本，提高经济效益。可以认为，合作制是我国城镇小型工商企业深化改革的目标模式之一，有着很好的发展前景。

（四）公司制企业

公司制企业又称为公司，是按照较严格的法定程序成立，由数人出资举办、以营利为目的的企业法人。

公司制是现代企业中最重要、较普遍的一种企业类型，它是随着生产力的发展而产生的。最早的公司应该算是在美国出现的铁路公司。公司制是现代企业制度的典型形式。

个体企业和合伙企业具有较浓的家族色彩，被称为传统的企业制度，其缺点主要集中在三个方面，即资金问题、风险问题和管理问题。而公司制企业在这三方面有了较大的突破。首先，公司制企业一般可发行股票募集资本，从而有利于扩大生产经营规模；其次，公司制企业的股东一般以其出资额为限对公司债务承担有限责任，公司以其全部资本为限对公司债务承担有限责任，从而降低了经营风险；最后，公司制企业的所有权与经营权分离，实行专家管理，基本上冲破了家族企业的局限，使企业的经营能力不受出资者素质的影响，提高了效率，企业寿命得以延长。

由此可见，公司制企业的出现，是企业组织形式的一个重大进步，也是企业发展史上的一次重大飞跃。

在现代社会，公司的种类繁多，国际上划分公司的标准有两个：一是公司股东所负的债务责任；二是公司是否将资本平均分为股份。按照这两个标准，公司制企业又可分为无限责任公司、有限责任公司、股份有限公司和两合公司。

1. 无限责任公司

无限责任公司，是指由两个以上的股东出资兴建的，股东对公司的债务承担无限连带清偿责任的公司。所谓无限连带清偿责任，是指股东不论出资多少，对公司债务都负有以全部个人财产承担共同或单独清偿全部债务的责任。无限责任公司是否具有独立的法人地位，在各个国家的公司法中规定不一。

无限责任公司在公司内部是合伙关系，是典型的人合公司。相对资合公司而言，人合公司是指信用基础是建立在股东个人的信用之上，而不在于资本多少的公司。

一般的，如果在公司章程中没有特殊规定，每个股东都有权利和有义务处理公司的业务，对外都有代表公司的权利。公司的自有资本来自于股东的投资和公司的盈利。公司的盈余分配一般分为两个部分：一部分是按股东的投资额，以资本的利息形式分派；另一部分则按合伙协议的分配原则处理。

对股东而言，无限责任公司的风险是很大的，因为他们承担的是无限连带责任。与这种高风险相对应的，是可能得到高额的利润。由于无限公司这种形式股东所负责任太大，筹资能力有限，在国内外都没有得到大的发展。

2. 有限责任公司

有限责任公司又称有限公司，是指由两个以上股东共同出资兴建，每个股东以其出资额对公司债务承担有限责任，公司以其全部资产对其债务承担有限责任的企业法人。有限责任公司在英、美称为“封闭公司”或“私人公司”。这种公司不对外公开发行股票，股东的出资额由股东协商确定，股东出资并不要求等额，可以有多有少。股东交付股本金后，公司出具股权证书，作为股东在公司中所拥有的权益的凭证。这种凭证不同于股票，不能自由流通，必须在其他股东同意的条件下才能转让，并要优先转让给公司原有的股东。

公司股东所负责任仅以其出资额为限（有些公司以出资额倍数为限，这种公司在美国又称“担保有限公司”），即把股东投入公司的财产与他们的其他财产脱钩，这就是所谓“有限责任”的含义。与无限责任股东相比，有限责任股东所承担的风险大为降低。所以，这种公司本质上是一种资合公司，但同股份公司相比也有人合因素。

3. 股份有限公司

股份有限公司又称股份公司，是指注册资本由等额股份构成，并通过发行股票（或股权证）筹集资本，公司以其全部资产对公司债务承担有限责任的企业法人。股份有限公司在英、美称为“公开公司”或“公众公司”。

与其他类型的公司比较起来，股份有限公司是典型的资合公司，各国法律都把它视为独立的法人。公司股东的身份、地位、信誉不再具有重要意义，任何愿出资的人都可以成为股东，不受资格限制。股东成为单纯的股票持有者，他们的权益主要体现在股票上，并随着股票的转移而转移。

股份有限公司的资本总额均分为每股金额相等的股份，以便于根据股票数量计算每个股东所拥有的权益。出资多的股东占有股票的数量多，但不能单独增大每股的金额。在交易所上市的股份有限公司，其股票可在社会上公开发行，并可以自由转让，但不能退股，以保持公司资本的稳定。

股份有限公司的股东不论大小，只以其认购的股份对公司债务承担有限责任。一旦公司破产，或公司解散进行清盘，公司债权人只能对公司的资产提出还债要求，而无权直接向股东讨债。

为了保护股东和债权人的利益，各国法律都要求股份有限公司的账目必须公开，在每个财政年度终了时要公布公司的年度报告和资产负债表，以供众多的股东和债权人查询。

股份有限公司的所有权与经营权分离。公司的最高权力机构是股东大会，由股东大会委托董事会负责处理公司重大经营管理事宜。董事会聘任总经理负责公司的日常经营。此外，公司往往设立监事会，对董事会和经理的工作情况进行监督。现代的公司制有利于在所有者、经营者和劳动者之间建立起互相激励、互相制衡的机制。

股份有限公司有许多突出的优点。除了股东承担有限责任，从而减小了股东的投资风险外，最显著的一个优点是有可能获准在交易所上市。股份有限公司上市后，由于面向社会发行股票，具有大规模筹资的能力，能迅速扩展企业规模，增强企业在市场上的竞争力。此外，由于股票易于迅速转让，提高了资本的流动性。当股东认为公司经营不善时，会在证券市场上抛售股票，把资金转而投向其他公司，即所谓的“用脚投票”。

这能对公司经理人员形成强大的压力，鞭策他们努力提高企业的经济效益。

当然，股份有限公司也有缺点，如公司设立程序复杂，组建和歇业不像其他类型公司那样方便；公司营业情况和财务状况必须向社会公开，保密性不强；股东购买股票，主要是为取得股利和从股票升值中取利，缺少对企业长远发展的关心；所有权与经营权的分离，会产生复杂的委托代理关系等。

股份有限公司是现代市场经济中最适合大中型企业的组织形式，这些公司在企业总数中的比例并不大，但它们的营业额、利润和使用的劳动力在总额中都占有很大比例，从而在国民经济中占据主导地位。

4. 两合公司

两合公司是在无限责任公司基础上发展而来的，是指由负无限责任的股东和负有限责任的股东两种成员组成的公司。

一些拥有资金、只想投资获利而不愿冒较大风险的投资者和一些不怕承担风险、敢于承担无限连带责任的投资者结合起来，组成两合公司，使之兼有无限责任公司信誉好和有限责任公司易筹资的优点。无限责任公司以个人信用即人合为基础，有限责任公司以股东资本即资合为基础，两合公司同时具有人合和资合的双重性质。

在两合公司里，由于无限责任股东承担较大风险，负有无限连带责任，他们在公司经营管理决策中占主导地位，是公司的法定代表人和直接经营者。有限责任股东通常不参与公司的经营管理工作，只是在每个营业年度终了时，有权查阅公司当年的资产负债表和检查公司的营业状况与财务状况。与无限责任公司相比，两合公司易于吸收投资，但其稳定性不如无限责任公司，内部管理也比无限责任公司复杂。

另外，还存在一种同样是由负无限责任的股东和负有限责任的股东的，但有限责任部分的资本划分为若干等额股份的公司，称作股份两合公司。

七、创立新企业

每年都有数以万计的人义无反顾地去创业，但只有很少的人得到了理想的回报，绝大多数创业者身处“生不如死”的境地里，彻底失败或继续沉沦。尽管坏运气扮演了很重要的角色，然而许多失败是预先注定和可以预见的。创业前进行有效的战略思考和必要的计划至关重要。

（一）创业战略

一个可以生存的初创企业必须比其竞争者有更高的收入或更低的成本来使其收入高于支出，以保证其更强的获利能力。

对于初创企业来说，要进行细致分析通常是不可行的，甚至是没有太大用处的。创业者一般没有时间和资金去走访不同门类的潜在客户代表、分析替代品、设想出竞争者的成本结构、预期各种技术的前景等。有时，详细的研究产生许多反面意见，这些反面意见可能会扼杀创意。

1. 创业决策

一个受财富限制、仅拥有单个创业企业的创业者必须使用多重标准进行前景分析。在创业时主要考虑以下要求：

(1) 低水平的资本需求——创业企业应基本上不需要外部资本，具有高利润率，靠内生资金就能支持高增长率。

(2) 允许大误差范围——创业企业应运作简单、固定成本低，不会由于技术拖延、成本超支和销售缓慢而产生资金周转不灵。

(3) 显著回报——初创企业应具有高回报，其回报应高于创业者放弃的其他机会所产生的报酬。

(4) 低退出成本——不会因为企业关闭而给创业者带来时间、金钱和声誉的巨大损失。因此，那些可以很快就确定失败的初创企业比那些长期无法预期收益而在短期内又舍不得放弃的初创企业好。同样，投资回收期短是重要的，因为如果已经收回了投资额，那么创业者在自信、声誉和财富上的损失就会较低。

(5) 变现的选择权——可以出售或上市。缺乏流动性的企业难以变现，创业者就不易追求其他更吸引人的机会。因此，创业者应该选择那些具有持续竞争优势且其他人愿意购买的业务，比如专有技术或品牌。

2. 创意与执行能力

初创企业的竞争能力取决于基本概念的创造性和创业者的执行能力。

创造性包括创新或特殊的远见。创新改变了现有秩序，想在成熟产业掀起浪潮的创业者必须发明新的产品或工艺，从现有竞争者手中争夺生意。远见对外部变化起一种杠杆作用。创业者要想驾驭新浪潮就必须对他们欲投资领域的变化方向、生命周期和后果有深入理解。例如，历史上美国西部的"淘金潮"使数以万计的狂热者变得一贫如洗，但 Levi Strauss 嗅出机会，向淘金者出售牛仔服装，从而开始了他的传奇生涯。

创业者不能只依靠新产品或投身于新潮流，还需要有执行能力。创业者必须通过他们的热情、知识、合约、个人承诺和技能去说服顾客、投资者、雇员和供应商来支持一个不确定的企业，然后还必须很好地管理集聚的资源。当创意很容易被复制时，执行能力尤其重要。例如，如果一项创新不能获得专利或加以保密，创业者就必须具有建立品牌或阻挡模仿者获取所需资源的能力，在新兴的迅速成长的产业里更是如此。

创业者应该已经很熟悉竞争者的渠道、顾客行为、技术等方面，以判断创业企业是否具有独特优点。如果既没有任何特别的执行能力，也没有创新的或有远见的概念，这种创业企业必须放弃。

3. 可行性分析

为了节省时间和金钱，创业者必须以最小的资源考察初选后的想法。在可行性分析中，创业者应集中于可以解决并且影响其决策及发展的问题。解决少量的大问题要比研究那些大量的易于回答的问题更加重要。并不存在一个普遍适用的标准清单去分析问题，大多数值得分析的问题与初创企业的类型有关。

(1) 对于革命性的初创企业而言，市场规模和成长性是很难预测的。创业者最多只能满足于他们的创新产品或服务可以比现有产品带来更多的价值，至于它什么时候可以占领市场则只能估算。

(2) 对于空缺市场的创业企业而言，经常由于服务于特殊市场的成本高于给顾客带来的价值而失败。因此，创业者应该仔细分析进入空缺市场的附加成本，考虑缺乏规模经济且向分散的细分市场进行营销的困难。空缺市场创业企业的另一个风险是回报太低。

(3) 对于拥挤市场的创业企业而言，对竞争者和行业结构的分析没有太大价值。抓住短暂的机会并完美地加以实现的能力要比一个长期的竞争战略重要得多。尽管对长期现金流量的预期是没有用处的，但短期的现金预测和平衡点分析可以使创业者避免麻烦。一般来说，这类企业不需要太多的分析。

(4) 对于投机的创业者而言，两种分析是关键的。一种分析与购得资产的市场动态结构有关，或者更确切地说，就是为什么预计资产的价格会上升？另一种分析是创业者持有资产直至获利的能力，持有能力取决于购买资产的借款数额、融资条款以及资产产生的收益。

4. 在行动中完善计划

从零开始的创业者在行动之前无须得到所有答案。事实上，他们很难将行动和分析分开。例如，一家新餐馆的吸引力也许依赖于租约的条款，但创业者通过谈判获取优惠租约的能力通过一般的事前分析是很难判定的，他必须面对特定的户主对特定的房产进行认真的谈判。在不能判定是否能获得优惠租约前就进行大量其他的分析是在浪费时间和金钱。

在进行全面的机会分析之前采取行动有许多其他好处。具体去做事情能建立起对自己和他人的信心。核心的员工和投资者通常是紧跟着那些有行动的人，例如，放弃了工作、组建了公司或签订了租赁合约的人。通过个人承担风险，创业者向其他人表明创业将进行下去。如果没有签约，其他人可能会说走就走。尽早的行动会带来更加强健、信息更充分的战略。就一个概念进行广泛调查和对主要群体进行研究，可能引致错误的结论，因为被访的潜在顾客并不代表市场，现实和研究可能产生脱节。当潜在顾客看到真实的产品时，他们对产品的热情可能会消退或者他们并没有权力签订订单。在进行广泛的市场调研之前先建立一个实用的模型并让顾客使用，会形成更为合理完善的战略。

（二）创业计划

创业计划，就是一份阐述创业企业关键方面、基本假设和财务预测的文件。它也是一份基本文件，用于激起和吸引财务等各方面对新创业概念的支持。编写创业计划是一种珍贵的经历，因为它会迫使创业者系统地思考他的创业概念。

起草一份好的计划非常困难，原因之一就在于这一计划的多目的性。首先，创业计划是公司的蓝图，它旨在对公司的管理有所帮助；其次，创业计划主要用于吸引潜在投资者；最后，创业计划也可以作为筹集资金的法律文件。这些不同的用途始终存在一种矛盾：在一定程度上，创业计划是公司的市场营销文件，与严肃的创业分析相比，它可能表述得过于乐观，而不是严谨的经营分析。然而，从合法地筹集资金的目的出发，这份文件必须包含完整的风险披露和法律“标准用语”。因此，准确理解计划的目的和阅读对象是谁就变得至关重要。

计划书应该是一篇议论文，对所提出的每一点都要提供能支持陈述的论据，包括市场吸引力、产品定价、产品的竞争优势等。创业计划应相对较短，而且要清楚，不要假想读者都是对其感兴趣的技术或市场专家。一份完整的计划书应包括以下几个内容：

1. 计划概要

计划概要在任何创业计划中都是最重要的部分。投资者会立即翻到这一部分，形成对该创业计划的第一印象。为了保证这部分包括了所有应该包括的内容，这一部分应在最后完成。

计划概要必须清晰并简洁地说明：（1）公司的现状及其管理；（2）公司的产品或服务及其给用户带来的利益；（3）产品市场和竞争；（4）公司财务的前景概况；（5）所需资金数额及如何使用。

2. 公司

在这部分中，应当说明公司的起源、目标和管理。创业计划应该说明公司是如何组织的，谁担任什么角色以及他们的责任是什么。应提供公司创建人的背景资料，并在附录中给出更详细的简历。简要讲述公司成立的经过，以便有投资意向的人对公司的历史有所认识。这一部分还应介绍公司的现状：员工人数、销售额和利润（如果有数据的话）、产品和设施等。最后，这部分应该描绘公司的远景，以及如何实现目标——公司创业战略。

3. 产品和服务

在上一部分介绍了产品之后，这部分里，创业计划应对产品作更详细的描述。产品应满足什么样的要求，特别是与竞争对手的产品相比。如果是已经生产和使用的产品，那么详细说明用途、效果和客户反应都是很有价值的。如果产品尚未投产，描述产品的制造过程和工艺中的关键环节就很重要了。如果其中用到了专利或专有技术，在此应该予以说明（当然，专长部分不能泄露）。

4. 市场

在编写创业计划的市场营销部分时，常见错误就是一带而过。投资者希望证实公司的创建人已经研究了市场并对其有所认识，而且，的确是为了满足市场的需求而创业。为了表达这一信息，计划应当包括：

（1）目标市场的规模、增长率以及购买特征。投资者对市场细分、购买过程和如何作出购买决策很感兴趣，并希望确保创业者对此有所认识。

（2）对市场的展望。投资者会认真对待创业者对市场前景的看法。为什么你认为公司会给市场带来新东西？你认为市场发展趋势如何，将来会发生什么变化？

（3）预计的市场反应。在推出产品过程中，预计会遇到什么困难？怎样克服困难？你认为什么特征和性能会特别受欢迎？

5. 竞争

创业计划中若没有一部分内容去分析竞争公司和竞争产品的话，创业计划就是不完备的。而且，投资者也想确信创业者知道谁是自己的竞争对手。计划中应该包括竞争对手的产品、价格以及市场营销策略。

6. 销售和市场营销

在计划的这一部分里，应当说明产品的销售方式。计划应该说明怎样确定目标客户和如何通过广告、促销等方式来建立知名度。计划中还应详细说明采用什么样的分销渠道，如何销售产品——直销、通过代理商、直接邮寄等。这一部分也应该包括公司怎样将产品推向市场。这可能包括公共关系、广告、特殊的促销或确定增长目标。

7. 运营

在这一部分，创业者需要解释产品是怎样生产的：所需设施、对分包商的利用以及实际生产产品时需要的设备。一般来说，投资者希望企业在开始时购入生产所需的大部分设施或者将大部分生产任务转包出去，至少在刚开始时要这样。

8. 财务

在这部分，投资者希望能看到现实的财务预测，通常是一个五年期的预测。应该包括的信息有利润表、资产负债表、现金流预测和盈亏平衡分析。尽管五年的预测应该相对比较详尽，但还是应该突出公司财务业绩的关键指标，以总结的形式列出销售收入、利润、现金盈余（或赤字）。

至关重要的是，财务预测完全是在创业计划中描述的假设下作出的。例如，不能只作销售预测，还应给出单位产量和价格的详细假设。对于费用也要这样处理。这不仅能向投资者提供评价创业计划所需的数据，而且还能用数据说明创业者的详细思路。财务计划还应该清楚地说明所需融资额及其用途。

投资者对创业计划将怎样把他们的现金投资再转化为现金感兴趣，也就是说，投资者的可能退出路线是什么：公开上市、出售公司还是公司回购股票？在财务部分里，应该尽量让投资者对他们收回投资的方式有所了解。

9. 附录

附录中应包括关键人物的简历和他们的职责。在准备简历时，创业者应该保证团队是一个比较均衡的组合。另外，附录中还可以包括样品资料、顾客或供应商的往来信函等。

（三）公司的设立与登记

《中华人民共和国公司法》所指的公司仅指有限责任公司和股份有限公司，并不包括无限责任公司和两合公司两种类型。所以，这里只介绍有限责任公司和股份有限公司设立与登记的有关要求与程序。

1. 公司的名称、住所与经营范围

（1）公司的名称。公司的名称一般由三部分构成：一是地理范围；二是行业界限；三是法律性质。

所谓地理范围，是指公司的名称前面必须冠以公司登记的地名。如果要冠以中国、中华、全国等字样，必须经过国家工商行政管理局批准。行业界限是指公司的名称一般要标出公司的经营范围。法律性质是指公司的名称必须标明有限责任公司或者股份有限公司的字样。

（2）公司的住所。公司以其主要办事机构所在地为住所，主要办事机构在公司登记时确定。例如，公司有多个办事机构，一般以公司总部所在地为公司的住所。申请公司的住所，必须提交能够证明公司拥有该住所使用权的文件，如房屋的产权证或者房屋的租赁合同等。

（3）公司的经营范围。为了维护股东、债权人的利益和维护经济秩序，公司的经营范围要满足以下条件：公司的经营范围由章程作出规定；公司的经营范围要依法登记；经营范围中属于法律、法规规定的项目，必须经过有关部门批准（如经营金银业务必须经过人民银行批准，经营烟草业务必须经过烟草专卖局批准等）；公司超范围经营，由登记机关责令改正，并要处以1万元以上10万元以下的罚款；公司修改章程，并经过登记机关办理变更登记可以变更经营范围。

2. 有限公司的设立和登记

（1）有限公司设立的条件。设立有限公司，股东必须符合法定的人数。《中华人民共和国公司法》规定，有限公司由50人以下的股东出资设立。有限责任公司注册资本的最低限额为人民币3万元；一人有限责任公司注册资本最低限额为10万元，且股东应当一次缴足出资额。同时，还必须有股东共同制定的章程，合法的公司名称和健全的组织结构，有公司住所。

（2）有限公司的登记。股东的全部出资经过法定机构验资后，由全体股东指定的代表或者共同委托的代理人向公司登记机关申请设立登记，提交公司登记申请书、公司章程、验资证明等文件。法律、法规规定需要由有关部门审批的，应当在申请登记时提交批准文件。

公司登记机关对符合《中华人民共和国公司法》规定条件的，准予登记，颁发公司营业执照。公司营业执照签发之日，就是有限公司成立的日期。

设立有限公司的同时设立分公司的，也应当向工商登记机关申请登记，由法定代表人向公司登记机关领取分公司的营业执照。

3. 股份公司的设立与登记

（1）股份公司设立的条件。发起人符合法定的人数。股份公司的设立，应当有2人以上200人以下的发起人，其中必须有半数以上的发起人在中国境内有住所。国有企业改建股份公司，发起人可以少于5人，但应当采取募集的方式设立。发起人认购和社会公开募集的股本达到法定的最低限额。《中华人民共和国公司法》规定，股份有限公司注册资本的最低限额为500万元，股份公司的注册资本是指在公司登记机关登记时实收股本总额。发起人制定公司章程，并经创立大会通过等。

（2）股份公司的登记。董事会应当于创立大会结束30天内，向登记机关报送文件，申请登记。主要文件有批准成立公司的文件、创立大会记录、公司章程、董事会和监事会成员及其住所、法定代表人、筹资审计报告等。符合条件的公司被核准登记，颁发营业执照，公司正式成立，认股人成为公司的正式股东。营业执照签发日期，就是公司的成立日期。至此，公司法人正式成立，便可以以公司法人开展各项经营活动。

第二节　现代企业制度

一、现代企业制度概述

企业制度是企业管理的基础。关于现代企业制度，有两种不同的观点：一种是广义的理解，认为凡是有益于企业发展的制度都属于现代企业制度；而另一种狭义的理解认为，现代企业制度就是公司法人制度。第一种观点虽说有一定开拓意识，可如果把各种制度都放入企业制度的范畴显然是不合适的，这不利于抓住现代企业制度的本质。第二种观点也是值得商榷的，因为公司是多种多样的，法人也是依各国法律确立的，由于各国法律不同，公司法人的分类也就各异。因此，把公司法人制度与现代企业制度等同起来是不准确的。

要正确理解现代企业制度，必须在充分认识现代企业的特征的前提下，把握现代企业制度的基本要求和内容。

（一）现代企业的特征

现代企业不仅仅指具有现代化的生产技术，它的企业制度和企业管理也必须是现代的和先进的。与传统企业比较，现代企业的特征主要表现为以下三个方面：

1. 技术特征

现代企业是科学技术和生产力发展到一定阶段的产物，因而它的生产技术必定是现代的。在传统企业中，技术虽然也是生产要素之一，但是生产活动主要依靠劳动者的体力和技能，采取粗放经营方式。而现代企业中，技术跃居生产要素的首值，它和其他生产要素不是相加而是相乘的关系，即具有放大的作用，可以形象地表示为：

现代企业生产力 =（土地 + 自然资源 + 劳动力 + 资本）× 技术 × 科学管理

现代企业最早采用的科学技术是使用机器体系完成产品生产过程的。随着科技的发展，现代企业越来越多地采用自动化电子控制设备和机器人，同时由于计算机技术的迅速发展，生产和管理过程广泛应用了计算机，各种自动化技术日趋成熟，完全由计算机控制的自动化工厂也已经出现。

2. 制度特征

现代企业经过长期的发展形成了十分规范和完善的企业制度，包括企业的产权制度、公司组织制度和管理制度。产权制度是企业制度的核心，它不仅解决了社会资本的募集问题，满足了大量投资或企业迅速扩张的需要，同时从法律上保证了投资人的利益，打破了传统企业中投资人直接经营管理企业的管理体制，实现了所有权和经营权分离。

3. 管理特征

现代企业生产的社会化程度空前提高，其外部和内部分工协作更加细致和紧密，要求企业的生产与经营有严格的计划性和节奏性，这必须通过管理现代化来实现。企业管理现代化就是适应现代生产力发展的客观要求，运用科学的思想、组织、方法和手段，对企业的生产经营进行有效的管理，创造最佳经济效益的过程。其中，管理思想现代化是先导，管理人才现代化是关键，管理体制和管理制度现代化是保证，管理方法和管理手段现代化是条件，最终实现管理工作高效化和经济效益显著化。

（二）现代企业制度的含义

现代企业制度是指在现代市场经济条件下，以规范和完善的法人制度为主体，以有限责任制度为核心，以公司制企业为典型的产权清晰、权责明确、政企分开、管理科学的一种新型的企业制度。

1. 公司制成为现代企业制度主体的原因

（1）公司制是商品经济发展和社会化大生产的产物，适合企业集中巨额资本，扩大生产和经营规模。公司可联合许多分散的个人或法人资本，成为一个集中的股份资本的有效组织形式。

（2）公司制能保证企业所有权与经营权相分离，真正做到自主经营、自负盈亏。公司制企业是独立的企业法人，以全部的法人资产对公司的经营行为负责。公司有严密的组织体系和监督机制，在确保股东利益的同时，又赋予董事会和经理充分的经营决策权。

（3）公司制是现代经济社会中最重要的企业组织形式，是现代企业的发展趋势。在市场经济发达的美国，公司制企业仅占企业总数的15%，但其资本额却占企业总资本的85%。可见，公司制企业在现代经济中占有举足轻重的地位。

2. 公司制的特征

（1）产权特征。在公司制企业中产权关系是清晰的，企业财产的所有权属于投资者，企业拥有出资者投资形成的全部法人财产权，成为享有民事权利、承担民事责任的法人实体。

（2）责任特征。在公司制的企业中，出资者按投入企业的资本享有所有者权益，公司破产时，出资者以投入公司的资本额为限对公司债务负有限责任，同样，公司也仅以其全部资产对公司的债务承担有限责任。

（3）保值增值特征。公司制企业以其全部法人财产依法经营，自负盈亏，照章纳税，对出资者承担资产保值增值的责任。因此，公司制企业必须以资产的保值增值为主要经营目标。

（4）效益特征。公司制企业应该完全按照市场需求组织生产和经营，积极参与市场竞争。优胜劣汰是市场竞争的规则，没有效益的企业会被淘汰。效益驱动是市场经济内在的动力。

党的十四届三中全会通过的《关于建立社会主义市场经济体制若干问题的决定》中明确指出，要把现代企业制度作为国有企业改革的方向。具体地说，我国所要建立的现代企业制度就是适应社会主义市场经济要求，以规范和完善的企业法人制度为主体，以有限责任制度为核心的新型企业制度，是既符合国情，又能与国际惯例衔接的具有中国特色的现代企业制度。这是建立社会主义市场经济体制的中心环节。

（三）现代企业制度的内容

现代企业制度的基本内容包括三个方面：现代企业产权制度，即公司法人产权制度；现代企业组织制度，即公司组织制度；现代企业管理制度，即公司管理制度。

1. 现代企业产权制度

早期商品经济所要求的产权主体的明确是以所有制为基本形式的，如业主制企业就是以业主的个人财产来确定其市场主体身份的。但随着市场经济的发展，企业规模的不断扩大，所有权与经营权开始分离。这时如何保证企业产权的明晰，保证企业的市场主体地位呢？公司制就是能满足这些要求的企业组织形式。在公司法人制度下，出资人的原始所有权演化为股权，公司法人则获得了公司的法人财产权，公司法人可以像个体企业一样对公司的全部资产具有占有、使用、收益、处分的权利，参与市场交易。由此可见，公司法人制度的产权明晰化是现代企业制度不可缺少的首要内容。

2. 现代企业组织制度

由于公司制企业是由许多投资者即股东投资设立的经济组织，必须充分反映公司股东的利益要求；同时，公司作为法人应当具有独立的权利能力和行为能力，形成一种以众多股东的个人意志为基础的组织意志，以自己的名义独立开展业务活动。公司的组织制度必须体现这些要求。

3. 现代企业管理制度

现代企业制度的重要特征之一是管理科学，即科学的、有序的、规范的现代企业管理。必须强调，管理是科学，是生产力。建立现代企业管理制度，就是要求企业适应现代生产力发展的客观规律，按照市场经济发展的需要，积极应用现代科学技术成果，包括现代经营管理的思想、理论、技术和手段，有效地进行管理，以创造最佳经济效益。现代企业管理制度的主要内容包括：现代的经营理念和思想；灵活的经营战略；科学完善的领导制度；熟悉、掌握现代管理知识和技能的管理人才；适合本企业特点、高效运行的组织结构和管理制度；普遍使用现代化管理手段；良好的企业形象和有特色的企业文化等。

现代企业产权制度、现代企业组织制度和现代企业管理制度，三者相辅相成，共同构成了现代企业制度的总体框架。

产权制度确立了企业的法人地位和法人财产权，使企业真正作为自主经营、自负盈亏的法人实体进入市场；组织制度确立了权责明确的组织体系（治理结构），使企业高效率经营和长期发展有了组织保证；管理制度则通过实施现代化管理，保证企业充分利用各项资源，在竞争中立于不败之地。三者是缺一不可、相互影响的整体，片面强调某一方面是不可取的。如果管理制度搞不好，即使产权清晰了、权责明确了，也不可能真正建立起现代企业制度；反之，如果只是单纯抓管理，财产关系不清楚、权责利不明确，有效的机制建立不起来，那么管理也不可能搞好。

二、现代企业产权制度

产权是财产权的简称，它是法定主体对财产拥有的各项权能的总和。产权可以分解为所有权、使用权、收益权和处分权。

所有权可以分为终极所有权和占有权，前者是指财产的最终归属权，后者是指对财产的实际拥有权。使用权即经营权，是指在法律容许的范围内，以生产或其他方式使用财产的权利。收益权是指直接以财产的使用或转让而获取收益的权利。处分权是指通过出租或出售，将与财产有关的权利转让给他人，从中取得收益的权利。

（一）产权制度的含义

产权制度是指以产权为依托，对财产占有、使用、收益和处分过程中形成的各种产权主体的地位、权利、责任、相互关系加以规范的法律制度。

产权制度一旦形成，便会发挥一定的功能。产权制度的功能主要有界区功能、激励功能、约束功能和交易功能。从产权制度的功能可以看出，产权制度的运行最终会影响到资源配置的效果。优化资源配置，一方面是提高资源利用效率，这主要是通过产权明晰来实现的；另一方面是促进资源合理流动，这主要是通过产权交易来实现的。

我国传统的国有企业产权制度中产权关系不明晰，国有资产所有权主体缺位，企业没有独立的经营权，并且企业资产存量刚性很强、无法流动，无法适应市场经济和现代企业发展的要求，因此，建立现代企业制度是国有企业改革的方向。

（二）公司产权制度的基本内容

1. 公司拥有的法人财产

公司法人财产由公司出资者依法向公司注入的资本金及其增值和公司在经营期负债所形成的财产构成。法人财产是公司产权制度的基础。

公司法人财产从归属上讲，属于出资者（股东）。当公司解散时，公司法人财产要进行清算，在依法偿还公司债务后，所剩财产按出资者的出资比例归还给出资者。

公司法人财产和出资者的其他财产有明确的界限。公司以其法人财产承担民事责任。一旦公司破产或解散进行清算时，公司债权人只能对公司法人财产提出要求，而与出资者的其他个人财产无关；同时，一旦资金注入公司形成法人财产后，出资者不能再直接支配这部分财产，也不得从企业中抽回，只能依法转让。

公司对其全部法人财产依法拥有独立支配的权利，即公司拥有法人财产权。法人财产权是公司依法独立享有的民事权利之一，也是最重要的民事权利。

2. 公司财产权能的分离

公司财产权能的分离是指以公司法人为中介的所有权与经营权的两次分离。

（1）第一次分离是原始所有权与法人产权的分离。公司出资者的所有权转化为原始所有权，主要表现为股权。股权相对于本来意义上的所有权而言，其权能已被大大弱化。股东没有对公司直接经营的权利，也没有直接处置法人财产的权利。股东的主要权限有：对股票的处分权，可以馈赠、转让、抵押等；对公司决策的参与权，可以出席股东会议，对有关决议进行表决，可以通过选举董事会间接参与公司的管理；参与公司收益分配的权利，包括获得股息和红利的权利、在公司清算后分得剩余财产的权利等；优先购买本公司股票等其他权利。

法人产权包括对公司财产的占有权、使用权、收益权和处分权，是一种派生的所有权，是所有权的经济行为，是对公司财产的实际控制权。只要公司存在，这些权能就成为法人永久享有的权利。

可见，所有者和公司法人之间的产权关系界定十分明晰。股东作为原始所有者保留对资产的价值形态即股票占有的权利；法人享有对实物资产的占有权利。这样，虽然原始所有权与法人产权的客体是同一财产，反映的却是不同的经济法律关系。

（2）第二次分离是法人产权与经营权的分离。公司法人产权集中于董事会，而经营权集中在经理手中。在法人产权界定明确，且经营权、操作权区间给定时，经理具有独立的经营决策权。经营权与法人产权相比其内涵较小，经营权不包括收益权，而法人产权却包含收益权。另外，经营权中的财产处分权也受到限制，一般来说经理无权独立处理公司资产。

公司法人产权与经营权分离是社会生产发展的必然结果。由于公司资本所有权多元化和分散化，也由于公司规模的大型化和管理的复杂化，管理工作需要专门的人才来执行。职业经理被赋予公司的经营权，他们是以专门从事经营管理活动为职业的企业家群体。

3. 公司法人治理结构

公司是由股东会、董事会和执行机构组成的法人治理结构来控制和管理的。所谓法人治理结构，就是统治和管理公司的组织结构。公司法人治理结构的设置和运作，能明确划分权责利，形成所有者、公司法人、经营者之间相互制衡的机制。

（三）公司产权的运行

产权的运行是指各项财产权能在不同经济主体之间的转移、让渡。在市场经济条件下，公司产权的运行必须市场化，使公司股权和法人产权成为市场交易的对象；同时，公司本身作为独立的法人，也是产权市场交易的主体，参与产权的买卖。

1. 公司产权运行的市场化

公司产权运行的市场化包括原始所有权（即股权）运行的市场化和法人产权（实物形态）运行的市场化。

所有权运行的市场化表现为股权在证券市场中的运行。证券市场分为一级市场和二级市场。一级市场又称为发行市场，是企业通过投资机构出售其新股票的市场，购买新股票的投资者称为公司最初的股权持有者。二级市场又称交易市场，是已发行的有价证券的买卖场所。投资者可以在二级市场上购买或出售公司股票，以获取更多收益，避免财产损失。无数股东在证券市场上的交易行为启动了原始所有权的市场化，通过股权的形成和转移，推动了资源的重新配置。

法人产权运行的市场化表现为资产产权的转移和让渡，这以产权转让市场为中介来进行。在公司拥有独立法人产权的条件下，经营者必然以提高公司资产效率和增加公司积累、实现公司资产增值为目的，对法人资产进行运行，包括以出售、出租、抵押、交换、转让等方式处理公司的部分或全部资产，实现资源的转移。

2. 公司的产权市场交易

企业产权交易既可以是物质形态的产权，如厂房、机器设备、土地、原材料、产成品等要素的转让，也可以是企业的货币资产、债权债务、技术专利、商标等非物质形态资产的转让。

产权市场交易的方式包括兼并、合并、出售、拍卖、租赁等资产处置方式。兼并是一个公司吸收其他公司，而其他公司则丧失原有法人资格并归入存续公司的合并方式；合并是两个或两个以上的公司，依据法律规定或合同约定，合并为一个公司的行为；拍卖是指产权拥有者和需要者双方通过公开买卖方式，使产权由拥有者向需要者转移的一种产权交易方式；租赁是一个公司出租其全部和部分资产给另一个公司使用。

三、公司法人治理结构

在公司制企业中，投资者众多，资本构成是多元化的，所以不可能再像独资企业或合伙企业那样由投资者直接进行管理，而应由一个治理结构实现统治和管理。

公司法人治理结构是指公司作为一个独立的法人实体，为保证正常运转，其自身所具有的一整套组织管理体系。这套组织管理体系是由所有者（股东大会）、董事会、监事会和经理层四者组成的。

公司法人治理结构是公司制的核心，它体现的是股权、决策权、执行权和监督权在责权利关系明确划分的基础上的相互制衡关系。公司法人治理结构明确规定了公司各个参与者的权利和责任，规定了公司决策所必须遵循的规则和程序，同时提供了设置公司目标及实现目标的组织框架。良好的法人治理结构能够提供有效的激励和约束机制，促使公司参与者协调一致地去实现公司的目标，激励企业有效地利用其所拥有的资源。

我国国有企业进行公司制改造的过程中，最核心的任务就是建立起与产权制度相适应的有效的公司法人治理结构。

（一）公司法人治理结构的构成

公司制企业一般是根据权力机构、监督机构、经营机构相互分离、相互制衡、权责明确的原则，由股东组成的股东大会、由股东大会选举产生的董事会、由股东代表和职工代表等组成的监事会以及由董事会任命的经理层四个利益主体组成公司治理结构。

1. 股东大会是公司的最高权力机构

谁对公司投资，谁就是公司的股东，股东拥有所有权所赋予的权利。股东大会是由全体股东组成的公司最高权力机构，主要是就公司经济活动和与股东利益相关的重大事项进行最高决策。关于股东大会的权力，各国法律的规定都不尽相同。《中华人民共和国公司法》（以下简称《公司法》）规定，股东大会的权力包括：决定公司的经营方针、投资计划；决定公司董事、监事等主要人员的任免；审议批准董事会、监事会报告；批准公司的年度财务预决算方案、利润分配方案和弥补亏损方案；决定公司增加或减少注册资本；决定公司发行债券；决定公司分立、合并、解散等重大事宜；修改公司章程。

虽然股东大会是公司的最高权力机关，但它本身只是一个非常设的会议组织，在开会时才能发挥作用。股东大会分为例行年会和特别会议。

2. 董事会是公司的最高决策和管理机构

一个拥有众多股东的公司，不可能让所有的股东定期聚会来管理公司，因此，必须有一个小型的代表机构，代替股东们管理公司，保护和发展股东投资的价值，这就是董事会。董事会是由股东大会选出的代表全体股东利益和执行公司业务的常设权力机构，是公司的法定代表。其主要职责是：执行股东大会决议，召开股东大会；拟订公司经营计划和投资计划；拟订公司年度财务预决算方案、利润分配方案、弥补亏损方案、增减资本方案、公司债券发行方案、公司合并分立方案；任免及审定由公司经理提议的公司副经理人选；决定公司内部机构设置。

3. 经理层是公司的执行机构

公司经理层是由以公司经理为代表的管理层组成的执行机构，受董事会委托，具体负责公司经营管理活动，是公司业务活动的最高指挥中心。其主要职责是：执行董事会的决议；主持公司的生产经营管理工作；组织实施公司年度经营计划和投资方案；拟订公司内部机构设置方案；提请任免公司副总经理、财务负责人等。

4. 监事会是公司的监督机构

监事会由股东代表、职工代表等组成，国有资本投资设立的有限责任公司还应吸收适当比例的职工代表参加。监事会的主要职责是监督公司财务状况及董事会业务执行情况，对董事和经理人员的经营行为进行监督，防止董事会和经理滥用职权，危及股东、员工或第三者的利益。

监事会一般不参与公司的具体业务活动，也不干预董事会和经理层正常行使职权。监事会独立行使监督职能，处于与董事会相互独立的地位，对股东大会负责。

我国《公司法》规定，为确保监事会发挥其职能，董事、经理人员及财务负责人不能兼任监事职务。

（二）公司法人治理结构的制衡关系

股东大会、董事会、监事会、经理层四者在公司中各处于不同的地位，它们之间的关系也不相同。要完善公司法人治理结构，就要明确划分它们各自的权力、责任和利益，以便形成合理的制衡关系。所有权和管理权的分离是治理结构的核心，决定了公司法人治理结构的基本制衡关系。

1. 股东大会与董事会之间的信任托管关系

由董事组成的董事会受股东大会的信任负责经营公司的法人财产，这种关系是一种信任托管关系。股东出于信任推选董事，董事是股东的受托人，承担受托责任。

董事会一旦受托经营公司，就成为公司的法定代表人，独立从事公司的经营决策活动，股东大会对其不进行干预。同时，股东也不能因一些诸如非故意的经营失误而随意解聘董事，只可以对未尽到责任或不称职的董事不再选举其成为董事。但这种选举结果并不取决于某个股东个人，而取决于股东大会的投票结果。个别股东如不满意董事会的工作，还可选择“用脚投票”，即转让股权而离去。

在有限责任公司的情况下，由于股东的人数较少，股东（或其代表）可以是董事会成员，直接控制公司。在股份有限公司的情况下，股东人数较多，便由少数股东代表、经营专家和社会人士组成董事会。

公司的董事不同于受雇的经理人员，若董事不兼任公司经理层的职务，一般不领取报酬。

2. 董事会与公司经理人员的委托代理关系

管理公司需要专门知识，需要懂经营、会管理、具有创新精神和风险意识的专门人才。以此为标准，董事会通过招聘，任命适合于本公司的经理人员。经理人员接受董事会的委托，便有了对公司事务的管理权和代理权。从法律角度来看，公司的高层管理人员在公司内部有管理事务的权限，对外有诉讼的商业代理权限。

经理人员只是董事会的一定权限的代理人。其权限受董事会委托范围的限制，超过其权限的决策要报告董事会审定。董事会对经理人员是有偿的雇用。董事会有权对其经营情况进行监督，并据此对其作出奖惩决定。

经理人员和公司的董事会之间存在着双向选择关系，经理人员市场是董事会选择经理人员的场所，同时也是约束经理人员的外在机制，而职位、工资、奖金则是经理人员决定是否应聘的基本因素。

应该看到，委托人和代理人各自追求的目标是不一样的，作为委托人的董事会要求经理人员尽职尽责，执行好经营管理的职能，以便股东能够取得更多的盈余收入；而作为代理人的高层经理人员所追求的，则是他们的人力资本（知识、才能、社会地位）的增值和提供人力资本所取得的收入的最大化。由于这种目标差异的存在，董事会有必要建立一套有效的激励机制，根据经理人员的工作绩效，对他们实行奖励。

3. 监事会对公司董事和经理的监督制衡关系

为防止公司董事和经理人员的违法乱纪行为，维护股东的权益，执行股东大会决议和公司章程，现代公司组织结构中要建立监事会制度。监事会的制衡作用是多重的，它和股东大会的关系在正常情况下是一种从属关系，与董事会、经理人员的关系是监督关系。监事会不参与公司的经营管理，只依照法律、法规、公司章程对公司的经营管理履行监督职责。监事会对股东大会负责，按《公司法》的有关规定，对董事和经理人员执行公司职务时违反法律、法规的行为进行监督，其中必然也包括对董事、经理可能为谋取公司利益而违法经营行为的监督。由此可见，监事会的制衡作用是多么重要。

第三节 企业战略管理

“战略”一词在我国古已有之，在《左传》和《史记》中都出现过“战略”一词。战略，顾名思义，“战”指战斗、战争，“略”指方略、策略、谋略。战略的本义应该是指对战争中整体性、长期性、基本性问题的计谋。我国春秋战国时代的《孙子兵法》就是一部划时代的军事战略、战术著作。

一、企业战略

随着生产社会化和市场经济的发展以及信息技术的推广与应用，战略思想逐步进入企业经济领域。美国经济学家切斯特·巴纳德最早把战略思想引入企业管理中来，他在1938年出版的《经理的职能》一书中已开始运用战略因素分析企业组织的决策机制。美国企业经营史学家钱德勒在1962年出版的《战略结构：工业企业史的考证》一书中给企业战略下了定义：战略是决定企业的长期基本目标与目的，选择企业达到这些目标所遵循的途径，并为实现这些目标与途径而对企业重要资源进行管理。1965年，美国的安索夫发表了《企业战略》，后来又发表了《战略管理论》。从此以后，“战略”这个概念就开始在企业领域广泛使用，企业战略管理实践活动开始蓬勃发展。

企业战略也称为企业经营战略，它要回答两个问题：企业是什么？企业应该是什么？这关系着企业未来的发展方向、发展道路、发展行动等。

企业战略可以定义为：在竞争环境中，企业根据外部环境和内部条件，为求得长期生存和发展，对企业的发展目标以及达到目标的途径和手段进行总体谋划。企业战略是企业发展的行动纲领，具有全局性、长远性、基本性、计谋性和发展性等特征。

二、企业战略体系

一般来说，企业战略体系分为总体战略和分战略两个大的层次，而按照战略的侧重点和性质的差异又可以归纳为一些更细致的类型。

1. 企业总体战略

企业总体战略以企业整体为对象，是企业的战略总纲，是最高管理层指导和控制企业一切行为的最高行动纲领。企业总体战略主要涉及事业领域、成长方向、竞争态势与优势、资源配置与协调等方面的内容。

（1）事业领域。它说明企业所经营的事业属于什么特定的行业和寻求什么发展领域，这里包括研究和选择产品、市场、服务等。

（2）成长方向。它说明企业现有产品与市场结合的状况，以及企业产品的发展方向与市场的变化方向，从而引导企业找出今后经营活动的走向，以获取更大的发展空间。

（3）竞争态势与优势。企业应分析竞争的态势，分析竞争者的竞争地位和自己的比较优势，才能有针对性地制定发展战略。分析竞争态势时，必须分析同类产品的竞争者、替代产品的竞争者和潜在的竞争者，以及原材料供应的竞争情况和市场容量，谋求企业合理的定位。

（4）资源配置与协调。这里着重指企业内部人、财、物、信息和时间等经济资源的合理分配和相互协调。各职能部门之间的协调及各职能部门与相应的外部环境的协调，形成合理的企业运行机制，使资源获得有效利用，取得事半功倍的效果。

2. 企业分战略

企业分战略是指企业内部各部门或所属各单位以及针对某种领域和某个方面在总体战略指导下所制定的战略。分战略具有单一性强、针对性强、时间跨度短等特点，与总体战略的关系是局部与整体的关系。

由于不同企业的行业特点不同、企业规模不同、企业生产经营条件和能力不同，故分战略的种类及相应的内容也是不相同的。通常，从企业职能工作上分，可以有产品战略、市场战略、生产战略、技术开发战略、人力资源战略、供应战略、营销战略、财务战略等。

3. 企业战略的其他分类方法

企业应该根据自己内外部的实际情况制定战略，所以，按照战略的层次、态势、规模、竞争特性及对外联合方式等几方面的不同特点和要求可以形成不同的类型：按企业经营决策层次，一般可分为公司级、事业部级、职能级三个层次的战略；按企业经营的态势，可分为发展型战略、稳定型战略和紧缩型战略；按企业规模，可分为中小型企业经营战略和大型企业经营战略；按市场竞争特性，可以分为完全垄断、垄断竞争、寡头竞争和完全竞争等几种侧重点不同的战略；按联合方式，可分为联合经营战略、兼并战略、合资战略等。

三、企业战略的主要内容

1. 战略思想

战略思想是指企业战略制定与实施的基本思路和观念，是整个企业战略的灵魂。战略思想的确立要求企业的决策者能高瞻远瞩，具备居安思危和敢冒风险的战略头脑。战略思想大体包括以下内容：

（1）满足市场需要的思想。这是企业生产经营的出发点，也是归宿。

（2）整体性和全局性思想。企业目标是要获取企业整体的最佳经济效益和社会效益。因此，只有从系统论的观点出发，把各方面的谋划有机结合起来，才能实现企业的总目标。

（3）发展的思想。企业战略是对未来的思考，要为未来的发展指明方向和道路。因此，要从发展的观点来看待企业的得失，审时度势、权衡利弊，才能经得起困难和挫折的考验，正确地把握现在，开拓未来。

（4）竞争的思想。优胜劣汰是商品经济发展的规律。在激烈的商战中，要有竞争的意识，要敢于竞争、善于竞争，在竞争中求生存、求发展，使企业立于不败之地。

（5）依靠群众的思想。企业任何战略的制定与实施，都必须坚定地依靠企业的全体职工。因此，要看重群众的首创精神，要深入发动群众积极参与企业战略规划的制定与实施，使企业战略成为企业全体职工努力奋斗的工作纲领。同时，企业领导者要关心群众的利益和生活，充分发挥广大职工的聪明才智，这将是企业发展的永恒动力和源泉。

2. 战略目标

战略目标是企业经过战略期的努力和战略期的风险，预期达到的总体经营成果指标，具体包括：

（1）贡献目标，如资金利税率、销售利润率，还应包括承担的社会责任的目标。

（2）竞争目标，如品种、质量、成本、市场占有率等，还应包括技术竞争方面的目标。

（3）发展目标，如企业规模的扩大、生产能力的扩大、技术改造的进程、自动化水平的提高等。

（4）福利目标，如工资提高的幅度、奖金发放的水平、住房条件的改善、医疗保险制度的健全、教育条件的改善等。

（5）企业文化建设目标，如企业精神、价值观念、伦理道德、管理特色、文化生活、企业形象等。

战略目标确定的原则，首先是求生存，然后才是求发展。制定战略目标要建立在切实、可靠的基础上；同时要鲜明生动、鼓舞人心，具有激励作用；目标层次要清楚，区别总目标和分目标，区别关键目标和一般目标，并要注意把定性指标和定量指标相结合。

3. 战略方针

战略方针是战略思想的具体化，比战略思想更具有针对性。它是针对企业某一战略时期而确定的经营领域和差别优势的基本原则，即长远的战略方向。

（1）经营领域，指企业生产什么产品，提供什么劳务，市场定位在哪儿，市场规模有多大。一般在一个战略期内，企业所选定的经营领域是相对稳定的，因为销售渠道变更和生产设施调整较为困难，但是，当企业产品已进入成熟期并且在这个经营领域中已占据一定的地位时，为了继续增长，需要开拓新领域或为下一个战略期开拓新领域做好准备。当然企业不一定把自己局限于单个经营领域，因为扩大经营领域有可能带来协同效益。

（2）差别优势，指企业优于竞争对手的别具一格的相对优势，例如独有的关键资源或廉价原材料、独有的专门人才或廉价劳动力、独有的节能设施或理想装备、独有的优良技术储备、较大的增产潜力、优越的融资条件、享有免税或减税政策等。取得差别优势的潜在因素很多，但一个企业若想在一切方面都取得优势，则必然会力不从心，所以一个企业往往只能选择一个或几个最有利于企业的差别优势。

4. 战略对策

战略对策是根据战略目标制定的，用来指导企业在战略期内合理分配资源，有效达到目标的一整套手段的总称，一般涉及以下三方面内容：

（1）战略重点。战略重点指那些事关战略目标能否实现，重大而又薄弱的项目或部门。战略重点可以是一个，也可以是几个，但不宜太多。战略重点应具有长期性。如果只在短期内是重点而在较长时期来看算不上重点，这就不是战略重点，只能是战术重点。

（2）战略阶段。战略阶段是为实现战略目标，在整个战略实施期间根据特定的战略任务所明确的时间段落。每个战略阶段都有其特点和相对的独立性，各个阶段不可相互混淆和倒置；各个阶段又是相互联系和不可分割的，前一阶段是后一阶段的基础，后一阶段是前一阶段的继续。

（3）战略措施。战略措施又称战术，是为实现战略目标、创造优势和竞争的主动地位而采取的具体的制胜方式和方法，其中包括战略实施期间各种重要事件的短期决策。战略实施期间的战术活动一般包括四个过程：研究变化、捕捉战机、调整行动、改变态势。

第四节 企业文化

第二次世界大战后的日本在资源严重匮乏的情况下创造出经济增长奇迹，引起了许多美国学者的研究兴趣。20 世纪 70 年代，美国学者在考察分析了日本大量成功企业之后发现，日本经济奇迹的背后是植根于日本企业广大职工中的企业文化。

一、什么是企业文化

企业文化是指企业所有员工共有的一整套假设、信仰、价值观和行为准则等各种文化因素的总和，是企业增强内聚力、创造力、适应力和持久力的精神动力。这种文化可能是由组织的关键人物有意识地创造的，也有可能是随着时间的推移自然发展出来的，它反映了员工工作环境的关键要素。组织文化是无形的，我们看不见、摸不着它，但它确实存在，而且无所不在，就像房间里的空气一样，它环绕并影响着企业中发生的一切。由于文化是一个动态、系统的概念，它同时也受到企业中所发生的一切事物的影响。

企业文化为员工提供了组织同一性，即阐释组织所代表的一切；它也是组织稳定性和持续性的重要来源，为企业成员提供安全感；同时，企业文化的知识帮助新员工理解企业中所发生的一切，它为所有事件提供了重要的背景；更为重要的是，企业文化吸引人的注意，传达一种愿景，以高产出、有创造力的员工为楷模，有助于激励员工的工作热情。

从文化的层次上看，企业文化属于亚文化的范畴，民族文化或社会文化是企业文化的根。它为企业运作创造了丰富的环境，提供了企业行为赖以发生的复杂的法律、价值、习俗的社会系统。

企业文化之所以被人们广泛推崇，是由于其在企业管理中起到的重要作用。总体来说，企业文化具有导向、约束、凝聚、激励、调适、辐射六个主要功能。如果说泰勒倡导的科学管理是管理史上的第一次意识革命，梅奥创立的人际关系学说是管理史上的第二次意识革命，那么，威廉梅·大内等人所倡导的企业文化理论则是管理史上的第三次意识革命。科学管理理论尽管在管理上有它讲求效率、提高管理的科学程度等优点，但它过多地依靠制度、方法、标准、加薪等，即靠强制的方法提高管理水平，而不是在提高人的价值和觉悟上下工夫。人际关系、行为科学理论虽然注意到人作为社会人的情感因素、激励因素和需要因素等，但这种注意未能把人的感情调动提高到理性追求的高度来考虑问题。企业文化理论的出现，为管理学注入了新的生命力，弥补了科学管理、行为科学理论学说的一些不足，把管理理论推进到一个新的阶段。

二、企业文化的五要素

企业文化构成了一个内涵丰富的复杂系统，可以被划分为企业环境、价值观、英雄人物、文化仪式和文化网络五个要素。

1. 企业环境

企业环境主要是指企业的性质、企业的经营方向、外部环境、企业的社会形象、与外界的联系等方面。它往往决定了企业的行为。

2. 价值观

价值观指企业内成员对某个事件或某种行为好与坏、善与恶、正确与错误、是否值得仿效的一致认识。价值观是企业文化的核心，统一的价值观使企业内成员在判断自己行为时具有统一的标准，并以此来选择自己的行为。

3. 英雄人物

英雄人物是指企业文化的核心人物或企业文化的人格化。其作用在于作为一种活的样板，给企业中其他员工提供可供仿效的榜样，对企业文化的形成和强化起着极为重要的作用。

4. 文化仪式

文化仪式是指企业内的各种表彰、奖励活动，聚会以及文娱活动等。它可以把企业中发生的某些事情戏剧化和形象化，来生动地宣传和体现本企业的价值观，使人们通过这些生动活泼的活动来领会企业文化的内涵，使企业文化“寓教于乐”。

5. 文化网络

文化网络是指非正式的信息传递渠道，主要用于传播文化信息。它是由某种非正式的组织和人群以及某一特定场合所组的，它所传递出的信息往往能反映出职工的愿望和心态。

三、企业文化的构成

企业文化作为一种独特的文化，由不同层次的因素共同体现，这些因素相互联系、相互影响。可以把企业文化划分为精神层、制度层和物质层三个层次。

1. 精神层

精神层即内隐层文化，是企业内部为达到企业总体目标而一贯倡导、逐步形成、不断充实并为全体成员所自觉遵循的或沉淀于企业及员工心灵中的意识形态。它包括企业的理想、信念、目标、价值取向、行为准则等。这个层次的企业文化是企业的无形财富，是企业文化的核心，是支撑企业健康成长的脊梁，是企业赖以存在的灵魂，塑造企业文化要注重加强这个文化层次的建设。精神层是企业文化的决定因素，决定了制度层和物质层。

例如，美国的埃克森公司的价值观是高度尊重个人的创造性，相信个人的责任感。这就决定了在制度层方面表现为随便的衣着、没有等级标志、采取平等沟通方式、相互之间可以展开争论等。而另一家总部设在欧洲的麦迪公司，它的价值观是尊重资历、学识与经验，注重通过服务时间的长短、整体工作情况和个人的教育背景来评价员工，因此在制度层和物质层就表现为：一切都是规范化和正式的，大楼中各办公室都有正式标志，大厅中的静默气氛，人们在大厅中见面时周全的礼节，专门的高级经理人员餐厅，文件中使用正式的学术术语，以及注意计划、程序和正式的会议文件等。埃克森公司文化和麦迪公司文化的精神层的不同，使它们的制度层和物质层表现为完全不同的内容。

2. 制度层

制度层即中层文化，是介于表层和深层之间的那部分文化，即经营文化和管理文化。它表露在企业群体行为的规范制度上，如企业的组织形式、规章制度、生产方式、交往方式和道德规范等。它制约着员工的行为举止及表层文化的状况。制度层是精神层和物质层的中介。精神层直接影响制度层，并通过制度层影响物质层。领导者和员工根据自己的企业哲学、价值观念、道德规范等，形成和制定一系列的规章制度、行为准则来实现他们的目的，来体现他们特有的精神层内容。在推行或实现这些规章制度和行为准则的过程中，企业的领导和员工又会创造出一定的工作环境、文化设施等，从而形成独特的物质层。

3. 物质层

物质层即外显层文化，是企业中凝聚本企业精神文化的生产经营过程和产品的总和，还包括实体性的文化设施，如厂容厂貌、厂旗厂歌、产品形象、员工风貌等，也就是见之于形、闻之于声、触之有觉的文化形象。物质层是企业文化结构中最表层的部分，是人们可以直接感受到的，是从直观上把握不同企业文化的依据。这个层面从外观上体现着企业的管理水平。

物质层和制度层共同体现了精神层的要求。精神层具有隐性的特征，它隐藏在显形内容的后面，必须通过一定的表现形式来体现。物质层和制度层以其外在的形式体现了企业文化的水平、规模和特色，体现了企业特有的哲学、价值观念和道德规范等方面的内容。因此，当人们看到一个企业的工作环境、文化设施、规章制度时，就可以想象出该企业的文化精髓。大量实践表明，成功的企业大都十分重视企业文化的物质层和制度层的建设，明确企业的特征和标志，完善企业制度和规范，从而以文化的手段激发员工的自觉性，实现企业的目标。

四、企业文化的建设

（一）企业文化建设的要求

企业文化的建设对于企业发展有着十分重要的作用。为了建设优秀的企业文化，需要对企业文化建设的原则、内容、方法和程序具有足够的了解，并在实践中不断尝试和改进，探索适合企业自身特点的企业文化。

1. 企业文化建设的一般原则

虽然不同的企业对于企业文化有着不同的要求和目标，但其建设的基本原则是一致的。一般来说，企业文化建设的原则主要有以下几点：

（1）坚持正确的政治方向

企业文化必须严格遵守国家的方针政策，积极响应政府的号召，要与全社会的价值观相一致。

（2）突出个性特色

企业文化目标及其相应的文化体系，应突出企业的个性。个性是文化的力量所在，只有鲜明的、个性化的企业文化，才可能被最直接地识别。在众多的企业文化中，最易被社会大众发现并承认的必然是具有鲜明个性的企业文化。没有个性的企业文化，只能湮没在浩瀚的企业文化海洋之中。

（3）强调企业文化的群体性

企业文化是群体文化，需要全体员工对企业目标、经营哲学、价值观、企业宗旨、道德观等产生认同感。离开整体参与，企业文化将会蜕变为企业阶层文化、小团体文化。

（4）坚持企业文化的主体性

我国企业创立企业文化，完善管理机制，是在参照外国模式基础上进行的。对于舶来的理论和实例不能简单地套用，我国企业要结合自身特点和需求进行选择，承袭传统文化的精华，坚持本土文化的主体性。结合国情和企业的现实条件与基础，是我国企业创立企业文化的客观前提。企业文化的主体性，是使我们的企业文化走向世界的根本保证。

（5）结合企业体制改革同步进行

我国的企业体制改革目前仍处在实施和深化阶段，还有许多工作要做。企业文化改造和创立涉及整个企业，需要各个方面的配合。因此，把企业体制改革和企业文化建设结合起来，形成互动，协调发展，可以更有效、更迅速地发挥企业文化机制的功能。

（6）要面向时代、面向未来

未来企业之间的竞争将是企业文化的竞争，企业的成败直接受到企业员工的素质、企业文化的力量的影响。科学技术的发展使企业在“硬件”上日益接近，“软件”上的

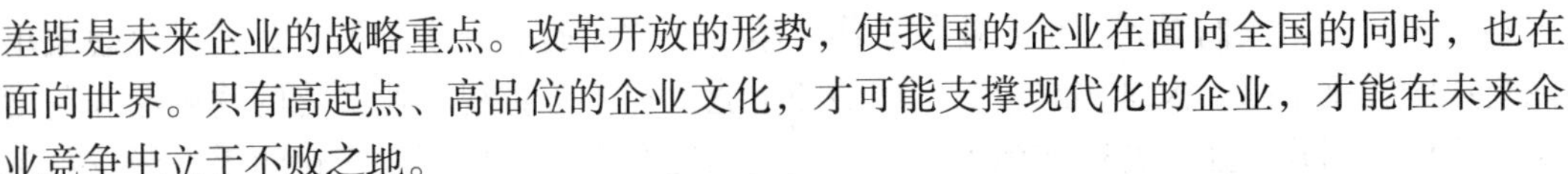

差距是未来企业的战略重点。改革开放的形势，使我国的企业在面向全国的同时，也在面向世界。只有高起点、高品位的企业文化，才可能支撑现代化的企业，才能在未来企业竞争中立于不败之地。

（二）企业文化建设的程序

企业要划分和设计适当的程序，循序渐进地推动企业文化的建立。一般来说，实施过程可以分为下述的六个阶段：

1. 调查分析阶段

企业文化的调查研究同其他社会调查不同，它是以企业发展、企业生产经营为中心，对企业文化建设的相关因素进行考察，为创立企业文化提供参考信息和决策依据。其主要考察内容包括企业文化发展史、企业文化发展的内在机制、企业员工的素质分析、企业文化发展环境分析和企业文化发展战略等。

2. 规划设计阶段

企业文化的倡导者根据企业文化现实和未来发展设想，在调查分析的基础上制订企业文化的发展方案。具体来说，提出创立企业文化的目标、宗旨及其意义，从宏观上提出未来文化发展的走向，给本企业文化定位；提出高品位的文化价值观，科学、简练、明确地让所有员工都正确理解建设企业文化对他们的要求；依据企业的个性特色，以企业价值观为中心，提出企业精神、企业科学、文化信念等精神文化目标；结合企业经营战略目标，明确物质文化将要达到的指标；提出有针对性、指导性的物质文化措施，提出切实可行的行为文化方案；强调员工的文化自觉性和自我约束力，依据企业人员的素质来确定强化或淡化制度与规定的制约机制；对企业原有文化给予客观公正的评价，并提出需要继承和发扬的文化传统。

3. 论证实验阶段

总体规划制定之后需要进行论证，并在审慎选择的范围内进行实验，从经验和实践两方面充分论证总体规划的可行性。通过论证与实验寻找创立企业文化的突破口，以较小的代价获得理想的收益。其具体内容有：选择传播宣传工具，将总体规划传达到企业基层，让文化建设接受检验；通过座谈会、抽样问卷调查、个别谈话、提合理化建议等形式收集反馈信息；确定实验区域，进行实地调查，记录数据和材料；集中所有信息进行科学分析，总结出文化的“闪光点”；修正总体规划中不符合实际的部分；将修正后的总体规划进行再一次的论证实验，直到被大多数员工认可为止。

4. 传播执行阶段

传播执行是在总体规划经过论证实验被大多数员工认可以后，将文化计划变成文化现实的过程。这一时期是最为复杂、最为多变的时期，也是最为漫长的时期。具体包括：利用企业全部的传播媒介，策划宣传攻势，将总体规划信息传播到每一个员工，不能存在信息盲区，不能让一个员工游离于影响之外；及时收集反馈信息，加以整理，将有价值的信息迅速加工，重新传播执行；通过多种方式、多种渠道，统一员工对总体规划的理解和认识，如举办辩论会、团体讨论会等；建立企业文化的倡导者和企业文化执行者之间的信息通道，让信息双向交流沟通；成立企业部门与部门之间进行协调的组织机构，解决执行过程中可能产生的冲突和矛盾；要扶正祛邪，引导支持企业文化计划和执行的舆论和行为，形成良好的企业风尚，反对否定企业主流文化的舆论和行为。

5. 评估调整阶段

评估调整是指根据文化特点、总体规划要求以及客观执行状况，对总体规划、传播执行效果等方面进行衡量、检查、评估和估计；判断其优劣，调整目标偏差，避开负效应，保证正效应，使企业文化建设工作向健康、稳定、正确的方向发展。评估工作主要是由企业文化的倡导者及其助手们来做。首先，设立评估的目标，建立理想化的参照系；其次，比较规划与现实的差异，确定调整的对象。

6. 巩固发展阶段

巩固发展是在初步建立的企业文化的基础上，稳定已取得的工作成绩，进一步突出文化个性，发挥企业文化的效能；改正存在的问题，进行文化反省。在此基础上，制订文化发展的第二步计划，寻找新文化发展的突破口，确定发展重点。

第五节　人力资源管理

人力资源管理兴起于20世纪中后期。人力资源管理的思想起源于人事管理，经过不断地完善和发展，已经形成了较为完整的理论体系。人力资源管理一般包括职务分析与设计、人力资源规划、员工招聘与选拔、绩效考评、薪酬管理、教育与培训等内容。在现代企业中，人力资源管理扮演着越来越重要的角色。

1954年，彼德·德鲁克在其著作《管理的实践》中最早提出了“人力资源”的概念并加以明确界定。他认为，所谓人力资源是指一定时期内组织中的人所拥有的能够被企业所用，且对价值创造起贡献作用的教育、能力、技能、经验、体力等的总称。人力资源的本质是人所具有的脑力和体力的总和，可以统称为劳动能力。这一能力要能够对财富的创造起贡献作用，成为社会财富的源泉。这一能力还要能够被组织所利用，这里的“组织”可以大到一个国家或地区，也可以小到一个企业或作坊。

人力资源的数量为具有劳动能力的人口数量，其质量指经济活动人口具有的体质、文化知识和劳动技能水平。一定数量的人力资源是社会生产的必要的先决条件。一般说来，充足的人力资源有利于生产的发展，但其数量要与物质资料的生产相适应；若超过物质资料的生产，不仅消耗了大量新增的产品，且多余的人力也无法就业，对社会经济的发展反而产生不利影响。在现代科学技术飞跃发展的情况下，人力资源的质量在经济发展中将起着越来越重要的作用。

一、人力资源管理的含义

人力资源管理的思想最早产生于人事管理。所谓人事管理，是对管理组织内与人员管理相关的事务的工作的总称。传统的人事管理是伴随着组织的出现而产生的，而现代意义上的人事管理是伴随工业革命的产生而发展起来的。最初，人事管理的内容主要包括人员招聘、选拔、分派、工资发放、档案管理之类琐碎的工作，后来逐渐涉及职务分析、绩效评估、奖酬制度的设计与管理、人事制度的制定、员工培训活动的规划与组织等。

从工作性质上来说，人事管理属于行政事务性的工作，活动范围有限，以短期导向为主，主要由人事部门职员执行，很少涉及组织高层战略决策。因此，在组织中往往被认为是低档的、技术含量低的、不需要特殊专长的工作，不被人们所重视，人事管理只属于执行层次的工作，无决策权力可言。

20 世纪 70 年代后，人力资源的概念被普遍接受。80 年代开始，人本主义管理的理念与模式凸显，现代人力资源管理便应运而生。

所谓人力资源管理，是指企业运用现代管理方法，对人力资源的获取（选人）、开发（育人）、保持（留人）和利用（用人）等方面所进行的计划、组织、指挥、控制和协调等一系列活动，最终达到实现企业发展目标的一种管理行为。具体来说，有以下三方面的特点：

（1）具有战略性、整体性和未来性。工作性质从由员工控制的行政事务性工作，转变为建立一个人力资源规划、开发、利用与管理的系统，以提高组织的竞争能力、实现组织目标的一系列活动。

（2）注重人力资源开发。将人看做组织的第一资源，重视对其的培训与继续教育，更具有主动性；既注重人力资源的自然性，更注重人力资源的社会属性，注重员工的社会心理，注重组织与社会的协调发展，注重员工与组织的协调发展；既着眼于生产力与效益的提高，又着眼于员工满意度与工作生活质量的提高；既注重员工在现在岗位上发挥其应有的作用，更注重让员工在最适合其潜能发挥的岗位上为组织效力。激励是人力资源管理的核心工作，目的在于激发员工的工作动机。

（3）实行人本化的管理。将满足员工自我发展的需要定为组织的首要目标，注重员工的工作满意度和工作生活质量的提高，尽可能减少对员工的控制和约束，更多地为员工提供帮助与咨询，帮助个人在组织中成长与发展。

二、人力资源管理的内容

概括起来，人力资源管理工作主要包括以下 10 方面的内容。

1. 职务分析与设计

对企业各个工作职位的性质、结构、责任、流程，以及胜任该职位工作人员的素质、知识、技能等信息进行调查分析，编写出职务说明书和岗位规范等人事管理文件。

2. 人力资源规划

把企业人力资源战略转化为中长期目标、计划和政策措施，包括对人力资源现状的分析、对未来人员供需的预测，确保企业在需要时能获得所需要的人力资源。

3. 员工招聘与选拔

根据人力资源规划和工作分析的要求，为企业招聘、选拔所需的人力资源并录用、安排到一定岗位上。选拔可以采取内部选拔、社会网络系统招聘、公开招聘等形式。招聘的基本流程包括招聘决策、制订招聘计划、发布信息、招聘测试和人事决策等。

4. 绩效考评

绩效考评又称人事评估、绩效考核、员工考核等，是指对员工在一定时间内对企业的贡献和工作中取得的绩效进行考核和评价，及时作出反馈，以便提高和改善员工的工作绩效，并为员工培训、晋升、计酬等人事决策提供依据。评估可以选取绝对标准、相对标准、客观标准作为考评基准。常用的评价方法有排序法、两两比较法、等级分配法等。

5. 薪酬管理

薪酬管理指对基本薪酬、绩效薪酬、奖金、津贴以及福利等薪酬结构的设计与管理，以激励员工更加努力地为企业工作。这里的报酬包括作为个人劳动回报而得到的各种类型的酬劳。所谓报酬系统，是指员工报酬水平结构与支付方式的整套体系，包括金钱奖励和非金钱奖励两部分。

6. 员工激励

采用激励理论和方法，对员工的各种需要予以不同程度的满足或限制，引起员工心理状况的变化，以激发员工向企业所期望的目标而努力。激励的方法又分为精神激励和物质激励等。

7. 培训与开发

通过培训提高员工个人、群体和整个企业的知识、能力、工作态度和工作绩效，进一步开发员工的智力潜能，以增强人力资源的贡献率。常见的培训项目涉及职业道德、推销技能、领导技能、人际关系技能、安全知识、产品知识、团队建设、企业文化建设等方面。

8. 职业生涯规划

鼓励和关心员工的个人发展，帮助员工制订个人发展规划，以进一步激发员工的积极性、创造性。

9. 人力资源会计

与财务部门合作，建立人力资源会计体系，开展人力资源投资成本与产出效益的核算工作，为人力资源管理与决策提供依据。

10. 劳动关系管理

协调和改善企业与员工之间的劳动关系，进行企业文化建设，营造和谐的劳动关系和良好的工作氛围，保障企业经营活动的正常开展。

三、人力资源管理的趋势

在现代企业中，人力资源管理发挥着越来越重要的作用，并在实践中不断发展、创新，呈现出以下的发展趋势。

1. 战略人力资源管理

人力资源管理部门逐渐成为能够创造价值并且维持企业核心竞争能力的战略性部门。

2. 知识工作者的管理

知识工作者已经成为企业人力资源管理的一个重要的组成部分，对知识工作者管理必须有别于传统的人力资源管理。

3. 组织学习与学习型组织

组织学习是不断提高并且持续保持适应能力的重要手段，而学习型组织则是通过持续有效的组织学习获得生存和发展机会的组织形态。人力资源管理部门必须有效地组织系统学习，建立和完善学习型组织。

4. 网络化组织

随着网络的发展，经济变成网络体系，并由变化速率和学习速率所推动。组织日益变得扁平化、开放化，组织的层次在逐步减少、充分授权、民主管理、自我管理等网络特征已经出现，以团队为基础的组织及管理方式正在形成。

5. 道德问题

随着文化的多元化趋势和价值冲突与对立加剧，企业精神价值的整合作用、企业伦理操守的激励与约束作用被越来越多的企业重视，而人力资源管理的重要任务就是正确地揭示企业价值的内涵并且有力促其传播，尊重员工个人的价值有效整合于组织伦理价值之中。

6. 文化培训和跨文化管理

经济全球化所带来的管理的文化差异和文化管理问题，已经成为人力资源管理领域的一个重要问题。克服组织内文化差异引起的文化冲突的有效途径是实行跨文化管理和跨文化培训。

7. 人力资源管理外包

人力资源管理活动的外包已经逐渐发展起来，即将组织的人力资源管理活动委托组织外部的机构承担。人力资源管理外包的工作包括工资、福利、招聘和培训等方面。

四、人才招聘和选拔

在企业人力资源管理的实际工作中，人才招聘和绩效考核是最核心的内容，需要运用正确的工作步骤和科学的分析方法。另外，从前人的管理实践中总结有益的经验也是十分重要的。“千里马常有，而伯乐不常有。”人才十分重要，找到人才、辨别人才的方法就更为重要了。招聘作为企业获得优秀人才的第一关，其关键是如何用有效的方式招聘到合格的人才。一般来说，招聘工作包括四个步骤：确立人才标准、吸引求职者、考察求职者和后招聘阶段。

1. 确立人才标准

关于人才的标准，宋代司马光有精辟的论述，他认为：“德者，才之帅也。自古以来，国之乱臣，家之败子，才有余而德不足，以至于颠覆者多矣”。他进一步对人才的类别进行了划分，指出：“才德全尽谓之圣人，才德兼亡谓之愚人，德胜才谓之君子，才胜德谓之小人。凡取人之术，苟不得圣人、君子而与之，与其得小人，不若得愚人”。著名的军事家诸葛亮也说过：“夫治国犹于治身。治身之道，务在养神；治国之道，务在举贤。是以养神求生，举贤求安。”所以，人才标准最重要的是思想品德和个人修养，然后才是结合具体岗位的业务水平要求和其他条件。

首先，要对招聘需求进行分析，收集岗位信息并加以整理。所有与岗位相关的信息可以被整合成四个方面，即岗位职责要求、工作环境特点、组织文化要求和组织发展需要。其次，在明确招聘需求的基础上，进一步确立人才招聘的具体标准。一般来说，应聘人员的技能要与岗位需求相匹配、个性要与岗位特点相匹配、价值观要与组织价值观相匹配等。例如，企业的质检等岗位，特立独行、坚持原则的人更有用武之地；财务人员则最好是谨慎、仔细和冷静的人；而推销人员则应性格外向、热情、健谈。

2. 吸引求职者

确立人才标准之后，就需要把招聘信息通过一定的渠道告知潜在的应聘者。这些渠道可以是员工推荐、职业协会、招聘会，以及报纸、电视、互联网等媒体。招聘广告的设计原则应该符合 AIDAM（Attention，Interest，Desire，Action，Memory），即引起注意原则、产生兴趣原则、激发愿望原则、采取行动原则和留下记忆原则。广告的内容主要应包括组织价值观或使命、从事业务、招聘岗位信息、需申请者提供的信息、时间信息、联系信息等。

3. 考察求职者

接收到求职者的应聘后，需要对应聘者的能力和品质等进行考察，以选拔出符合企业要求的优秀人才。这也是招聘中最为重要的环节，不仅需要人力资源管理者具有必要的知识，还需要具有足够的招聘经验。常见的选拔方法包括背景信息筛选、面试、笔试、体能测试、绩效模拟测试、推荐信等。

（1）背景信息筛选，主要指对申请者的简历进行筛选。简历筛选有助于管理者淘汰缺乏关键资格（比如学士学位）的应聘者，提高招聘效率。

（2）面试，可以分为结构化面试和非结构化面试。在结构化面试中，管理者对每一个应聘者的提问都是相同的标准化问题，测试应聘者是否具备胜任工作所需要的技能和能力。非结构化面试的过程更像是一次平常的谈话。面试者可能会随便问一些试探性的问题，而不是事先准备好的固定问题，来判断应聘者是否具备特定的能力。

（3）笔试，可以分为能力测试和个性测试。能力测试评估应聘者是否具备实现工作绩效所必需的技能，比如文字理解能力或者计算能力。例如，通用汽车公司、克莱斯勒公司和福特汽车公司雇用的汽车制造工人，一般都要接受阅读能力和数学计算能力的测试。个性测试用来测评与工作绩效相关的个性特点和特征。例如，一些零售企业对应聘工作者进行诚实测试，以确定他们是否值得信任。

（4）体能测试，对于那些需要一定体能的工作，例如消防、垃圾清理、投递包裹等，通常把体能测试作为一种甄选工具，来衡量应聘者的体力和耐力。在很多汽车制造工厂，汽车工人一般都得通过手工灵巧度测试，因为这种身体能力是获取高工作绩效所需要的一种重要技能。

（5）绩效模拟测试，用以衡量应聘者在实际工作中的绩效水平。例如，应聘秘书职位的人员，一般都会被要求完成一项打字测试，以测评他们文字录入的速度和准确度；应聘中高层管理职务的人员，有时候会被要求完成一些短期项目，这些项目反映了在实际工作中可能出现的各种情形，以测评他们的相关知识和问题解决能力。

（6）推荐信，可能来自前任雇主或其他对申请人的技能、能力及一些个性特征有全面了解的人士，比如大学的导师或者顾问。企业要求这些人士提供关于职位申请人的真实信息。

4. 后招聘阶段

确定了合适的招聘人员并不意味着招聘工作的结束。后招聘阶段是从企业确认到员工确认的过程，即企业一旦确认人选后，应该通过一些细节上的工作，真正赢得应试者的心，为其成为真正的成员做好保障。

后招聘阶段还包括新员工的培训。通过培训，让新员工对整个组织有初步的了解，理解组织文化、认同组织文化，并培养其初步的业务能力。

第六节　市场营销管理

在市场经济条件下，市场是一切经济活动的集中体现。从生产企业到消费者个人，无不与市场有着千丝万缕的联系。市场是所有企业从事生产经营活动的出发点和归宿，是不同国家、地区、行业的生产者相互联系和竞争的载体。市场营销是企业整体活动的中心环节，又是评判企业生产经营活动成功与失败的决定要素。

一、市场营销的概念

市场营销是一种社会过程，个人和团体通过创造以及与别人交换产品和价值来满足需要和欲望。市场营销意味着和市场打交道，为了满足人类需要和欲望，去实现潜在交换。我们可以从以下几个方面理解市场营销的含义：

第一，市场营销分为宏观和微观两个层次。宏观市场营销反映社会的经济活动，其目的是满足社会需要，实现社会目标；微观市场营销是一种企业的经济活动过程，它是根据目标顾客的要求，生产适销对路的产品，从生产者流转到目标顾客，其目的在于满足目标顾客的需要，实现企业的目标。

第二，市场营销与推销、销售的含义不同。市场营销包括市场研究、产品开发、定价、促销、服务等一系列经营活动，而推销、销售仅是企业营销活动的一个环节或部分，是市场营销的职能之一，不是最重要的职能。

第三，市场营销活动的核心是交换，但其范围不仅限于商品交换的流通过程，而且包括产前和产后的活动。产品的市场营销活动往往比产品的流通过程要长。

市场营销作为一种复杂、连续、综合的社会管理过程，是基于下列核心概念的运用之上的。只有准确地把握和运用市场营销的核心概念，才能深刻认识市场营销的本质。

1. 需要、欲望和需求

消费者的需要、欲望和需求是市场营销的出发点，也是市场营销活动的目的。

需要：既包括物质的、生理的需要，也包括精神的、心理的需要，具有多元化、层次化、个性化、发展化的特性。营销者只能通过营销活动对人的需要施加影响和引导，而不能凭主观臆想加以创造。

欲望：人的需要是有限的，而人的欲望是无限的，强烈的欲望能激发人的主动购买行为。

需求：当人们对某个产品或服务有购买欲望且有支付能力时就形成了需求。

2. 产品

产品泛指满足人的特定需要和欲望的商品和劳务。人们在选择购买产品的同时，实际上也在满足着某种愿望和利益。作为营销者，如果只研究和介绍产品本身，忽视对消费者利益的服务，就会犯“市场营销近视”而失去市场。

3. 效用、费用和满足

在诸多产品的购买选择中，消费者总是根据多项标准去选择提供最大效用的产品作为购买目标。效用的评价，既取决于厂商所提供的产品的实际使用效用，也取决于消费者进行的效用对比评价。

为消费所支付的直接和间接开支就是费用，既有物质方面的也有精神方面的。消费者的购买决策是建立在效用与费用双向满足的基础之上的，其购买决策的基本原则是选择用最少的货币支出换取最大效用的产品或服务，从而获得满足。

4. 交换与交易

交换是指以提供某种回报而从他人换取所需要产品的行为。交易则是指以货币为媒介、在市场上完成的交换。只有通过市场交换产品时才存在市场营销。

5. 市场

对市场的界定因人而异。对市场营销者来说，市场被认为是与卖者相对应的各类买者的总和；而对消费者来说，市场是指买卖双方聚集交易的场所，如百货商店、专卖店、摊群市场等。卖者构成行业，买者构成市场。

6. 市场营销与市场营销者

市场营销是指人与市场有关的一切活动，它是一个社会管理过程。市场营销者是指服务于目标客户市场同时又面临竞争者的公司组织。市场营销者的营销活动是在多种力量影响下进行的，它既是营销活动的主导力量，又受各种外部力量的制约。

二、营销观念的演变

营销观念是贯穿于整个营销工作的指导思想，它也反映出一个企业的经营态度和经营方式。在营销观念演变过程中，最具有代表性的有生产观念、产品观念、推销观念、市场观念、社会营销观念等。

1. 生产观念

生产观念产生于19世纪末20世纪初。由于当时社会生产力水平还比较低，商品供不应求，市场经济呈卖方市场状态，从而导致了生产观念的流行。其表现就是企业生产什么产品，市场上就销售什么产品。在这种营销观念指导下，企业的经营重点是努力提高生产效率，增加产量、降低成本，生产出让消费者买得到和买得起的产品。

生产观念是指导企业营销活动最古老的观念。美国汽车大王亨利·福特为了增加T型车的生产，最早采取了流水线的作业方式，千方百计地扩大市场占有；至于消费者对汽车款式、颜色等方面的主观偏好，他却全然不顾，车的颜色一律是黑色。这就是典型的企业只关心生产而不关心市场的营销观念。

2. 产品观念

产品观念认为，产品销售情况不好是因为产品不好，消费者喜欢质量优、性能好和有特色的产品，只要企业致力于制造出好的产品，就不愁挣不到钱。“酒香不怕巷子深”是这种观念的形象说明。

企业总是在生产更好的产品上下工夫，却常出现顾客“不识货”、不买账的情况。

这种营销观念仍是从自我出发，孤芳自赏，产品改良和创新处于“闭门造车”状态。

3. 推销观念

第二次世界大战后，由于资本主义工业化大发展，社会产品日益增多，市场上许多商品开始供过于求。企业为了在竞争中立于不败之地，纷纷重视推销工作，如组建推销组织、培训推销人员、研究推销术、大力进行广告宣传等，以诱导消费者购买产品。这种营销观念是“我们会做什么，就努力去推销什么”。

由生产观念、产品观念转变为推销观念，是企业经营指导思想上的一大变化，但仍没有摆脱“以生产为中心”“以产定销”的范畴。前者强调生产产品，后者强调推销产品，所不同的是生产观念是等顾客上门，而推销观念是加强对产品的宣传。

4. 市场观念

这是买方市场条件下以消费者为中心的营销观念。这种观念认为，实现企业目标的关键是切实掌握目标消费者的需要和愿望，并以消费者需求为中心集中企业的一切资源和力量，设计、生产适销对路的产品，安排适当的市场营销组合，采取比竞争者更有效的策略，满足消费者的需求，取得利润。

可见，市场营销观念把推销观念的逻辑彻底颠倒过来了，不是生产出什么就卖什么，而是首先发现和了解消费者的需要，消费者需要什么就生产什么、销售什么。消费者需求在整个市场营销中始终处于中心地位。它是一种以顾客的需要和欲望为导向的经营哲学，是企业经营思想的一次重大飞跃。

5. 社会营销观念

社会营销观念出现于20世纪70年代。单纯的市场营销观念提高了人们对需求满足的期望和敏感，导致了满足眼前消费需要与长远的社会福利之间的矛盾，导致产品过早陈旧，环境污染更加严重，也损害和浪费了一部分物质资源。正是在这种背景下，人们又提出了社会营销观念。

这种观念是对市场营销观念的重要补充和完善。其基本思想是：企业提供产品不仅要符合消费者的需要与欲望，而且要符合消费者和社会的长远利益；企业要关心与增进社会福利；强调要将企业利润、消费需要、社会利益三个方面统一起来。

三、营销观念的新发展

20世纪80年代以来，随着国际形势的变化，市场营销理论得到了进一步的发展，出现了许多新型的营销观念。

1. 竞争观念

竞争观念最初是由加拿大产业市场营销研究协会主席兰·戈登教授在1986年提出的。

竞争观念的基本思想是：企业要在竞争中处于有利地位，必须首先识别那些未被竞争者所满足的市场需求，或是还未被充分涉及的市场需求；其次，在盈利或符合企业目标的前提下，使企业营销活动积极参与市场竞争，采取合理合法的竞争手段，以适销的产品、合理的价格、优良的服务、及时准确的信息、有效的促销措施和良好的信誉，争夺消费者，争夺市场，争得效益。

2. 大市场营销观念

美国人科特勒首先提出这个观念。他认为，为了成功地进入特定市场，并在那里从事业务主营活动，要在策略上运用经济的、心理的、政治的和公共关系的手段，以博得外国或地方各有关方面的合作与支持。这里所讲的特定市场，主要是指贸易壁垒很高的封闭型或保护型的市场。在这种市场上，已经存在的参与者和批准者往往会设置种种障碍，使得那些能够提供类似产品，甚至能够提供更好的产品和服务的企业难以进入，无法开展经营业务。

大市场营销观念发展了市场营销观念和社会营销观念。首先，在企业与外部环境关系上，突破了被动适应观点，认为企业不仅可以通过自身的努力来影响，而且可以控制和改变某些外部因素，使之向有利于自己的方向转化。其次，在企业与市场和目标顾客的关系上，突破了过去那种简单发现、单纯适应与满足的做法，认为应该打开产品通道，积极引导市场和消费，创造目标顾客需要。最后，在市场营销手段和策略上，除原有的市场营销组合外，又加进了政治手段和公共关系两种重要手段，从而更好地保证了市场营销活动的有效性。

3. 关系营销观念

关系营销观念最早由美国营销专家巴巴拉·本德·杰克逊于1985年提出。其基本含义是：企业要与顾客、经销商创造更亲密的工作关系和相互依赖的关系，从而发展双方的连续性交往，以提高品牌忠诚度，巩固和扩大市场销售。这个观念的提出是各种社会因素共同作用的结果。首先，20世纪80年代末以来，企业面临的市场环境发生了很大变化，由于物质产品供给剧增，市场竞争激烈，在这种情况下，谁与顾客建立稳定的交易关系，谁就能拥有更多的未来销售机会。其次，企业从经济利益出发，认识到市场营销不仅要争取新顾客，而且要保持老顾客，因为保持老顾客所花费的支出比争取新顾客要少得多。因此，关系营销在实践中逐渐被认同和加以运用。

四、市场营销管理

企业确立正确的营销思想，仅是获得营销成功的先决条件之一，企业的营销成功要通过营销的管理来落实正确的营销观念。

所谓企业营销管理，是指企业把科学的管理技术和方法用于对市场营销的管理，通过营销的管理系统（包括营销情报、营销策划、营销组织和营销控制四个系统）发现、分析、选择和利用市场营销机会，以实现企业任务和预期目标的过程。

1. 市场营销的组织形式

（1）功能式组织。这是传统的市场营销组织形式，采取直线职能制结构。它是根据市场营销需要完成的工作来设立机构，由营销经理分管各营销管理部门，包括市场调研、市场信息、销售、广告宣传、产品规划、用户服务及储运等。其优点是行政管理工作简化；其缺点是由于各机构独立性较强，会强调自己功能的重要，而不利于内部协调行动。

（2）产品式组织。随着产品品种的增多，为了突出对产品的重视，把产品作为独立部门，构成由各类产品和各营销职能部门纵横交叉的矩阵式结构。其优点是所经营的所有产品都受到一视同仁的对待，使产品销售量普遍提高，同时营销专业人员负责一种或几种产品，易于熟悉产品知识和特点。其缺点是可能增加营销人员，同时会出现几个部门的人员在同一地区重复销售的状况。

（3）地区式组织。按销售区域设置独立部门，与营销职能部门构成矩阵式结构。这多是大公司、大工厂所采取的组织形式。这种形式可以根据各地区的不同特点采取不同的营销策略，以实现共同的目标，有利于扩大销售范围，同时，结构简单、分工明确、便于考核营销人员成绩。其缺点是机构分散，各地区容易各自为政，不易协调。

（4）市场式组织。市场式组织又叫“顾客式组织”，是指按照本企业产品所销售的市场（顾客）差异设立市场营销组织，由专人负责不同购买者类型的营销业务，并与营销管理职能部门形成矩阵式结构。这是当企业的市场销售种类较多且差异较大时建立的组织形式。其优点是有利于企业全面掌握不同市场的特殊营销规律，了解市场的特殊需要和发现潜在市场。缺点与产品式组织相同。

市场营销组织不论采取什么形式，其任务都是为了从组织上保证企业整个营销任务的完成，都有调研、计划、执行和服务四个方面。为了保证任务的完成，企业内部必须搞好协调，调动各方面的积极性，团结一致地全面实现企业营销目标。

2. 营销管理的基本任务

市场上的需求状态是不断变化的，可以归纳为 8 种典型的需求状态。营销管理的任务，就是针对市场上各种不同的需求情况，采取不同的营销方式来适应市场需求的变化，以取得预期的营销结果。

（1）负需求。负需求是指市场上众多顾客不喜欢某种产品或服务，即指绝大多数人对某个产品感到厌恶，甚至愿意出钱回避它的一种需求状况。如近年来许多老年人为预防各种老年疾病不敢吃甜点心和肥肉，又如有些顾客害怕冒险而不敢乘飞机，或害怕化纤纺织品有毒损害身体而不敢购买化纤服装。市场营销管理的任务是分析人们为什么不喜欢这些产品，并针对目标顾客的需求重新设计产品、制定价格，做更积极的促销；或改变顾客对某些产品或服务的信念，诸如宣传老年人适当吃甜食可促进脑血液循环，乘坐飞机出事的概率比较小等。把负需求变为正需求，称为改变市场营销。

（2）无需求。无需求是指目标市场顾客对某种产品从来不感兴趣或漠不关心的一种需求状况。如许多非洲国家居民从不穿鞋子，对鞋子无需求。市场一般对下列产品无需求：人们一般认为无价值的废旧物资；人们一般认为有价值，但在特定市场无价值的东西；消费者平常不熟悉的物品等。在无需求情况下，市场营销管理的任务是刺激市场营销，即通过大力促销及其他市场营销措施，努力将产品所能提供的利益与人的自然需要和兴趣联系起来。

（3）潜在需求。这是指现有的产品或服务不能满足许多消费者的强烈需求。例如，老年人需要高植物蛋白、低胆固醇的保健食品，美观大方的服饰，安全、舒适、服务周到的交通工具等，但许多企业尚未重视老年市场的需求。在潜在需求存在的情况下，市场营销管理的任务是开发市场，准确地衡量市场潜在的需求，开发有效的产品和服务，即将潜在需求变为现实需求。

（4）下降需求。这是指目标市场顾客对某些产品或服务的需求出现了下降趋势的一种需求状况，如近年来城市居民对电风扇的需求已饱和，需求相对减少。在下降需求情况下，市场营销者要了解顾客需求下降的原因，或通过改变产品的特色，采用更有效的沟通方法来刺激需求，即创造性地再营销；或通过寻求新的目标市场，扭转需求下降的格局。

（5）不规则需求。许多企业常面临因季节、月份、周、日、时不同，对产品或服务需求的变化，而造成生产能力和商品的闲置或过度使用。如在公用交通工具方面，在运输高峰时不够用，在非高峰时则闲置不用；又如在旅游旺季时旅馆资源紧张和短缺，在旅游淡季时，旅馆空闲。在不规则需求情况下，市场营销的任务是通过灵活的定价、促销及其他激励因素来改变需求时间模式，使物品或服务的市场供给与需求在时间上协调一致，这称为同步营销。

（6）充分需求。这是指某种产品或服务目前需求的水平和时间模式等于期望的需求的水平和时间模式，这是一种最理想的需求状况。但是，在动态市场上，消费者需求会不断变化，竞争日益加剧。因此，在充分需求情况下，企业营销的任务是改进产品质量及不断估计消费者的满足程度，通过降低成本来保持合理价格，并激励推销人员和经销商大力推销，千方百计维持目前的需求水平，这称为维持营销。

（7）过度需求。这是指市场上顾客对某些产品的需求超过了企业供应能力、产品供不应求的一种需求状况。比如，由于人口过多或物资短缺，引起交通、能源及住房等产品供不应求。在过量需求情况下，企业营销管理的任务是减缓营销，可以通过提高价格、减少促销和服务等方式暂时或永久地降低市场需求水平，或者设法降低盈利较少或服务需要不大的市场的需求水平。企业最好选择那些利润较少、要求提供服务不多的目标顾客作为减缓营销的对象。减缓营销的目的不是破坏需求，而是暂缓需求水平。

（8）有害需求。有害需求是指市场对某些有害物品或服务的需求。对于有害需求，市场营销管理的任务是反市场营销，即劝说喜欢有害产品和服务的消费者放弃这种爱好和需求，大力宣传有害产品或服务的严重危害性，大幅度提高价格，以及停止生产供应等。降低市场营销与反市场营销的区别在于，前者是采取措施减少需求，后者是采取措施消灭需求。

3. 营销管理的具体过程

（1）分析市场环境。市场环境是企业营销活动的约束力量，它既可以为企业营销提供机会，也可能对企业营销造成障碍和威胁。因此，企业应通过对市场环境深入持续的研究，自觉地识别和利用市场机会，规避环境威胁，充分发挥自身的优势，克服劣势，制定正确的营销决策，以实现营销目标。

（2）选择目标市场。通过发现和评估市场机会，往往会产生出许多新的市场开发构想。企业需要从中遴选出最能符合企业目标与开发能力的一项机会作为开发任务。为此，需要按市场需要衡量与预测、市场细分、目标市场的选择、市场定位四个步骤进行。

（3）拟订市场营销组合。企业制订出产品开发定位的计划后，便可开始策划市场营销组合的细节。市场营销组合是企业针对确定的目标市场，综合运用各种可能的营销手段，组合成一个系统化的整体策略，以便达到企业的经营目标。

（4）组织、执行和控制市场营销。为了贯彻落实营销工作，必须设立一个营销组织，由营销经理负责组织实施。在市场营销计划落实中，常常会发生很多意想不到的情况，企业需要以控制行动来保证市场营销的目标。

【本章知识导图】

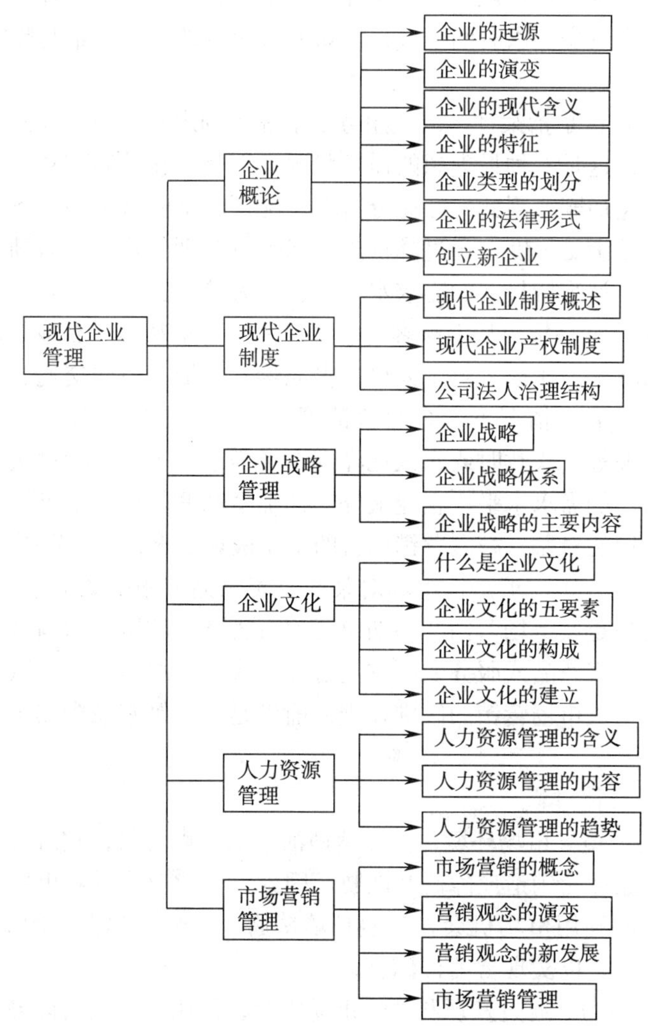

【课后思考与练习】

1. 主要概念

合作制企业　有限责任公司　创业计划　产权　企业战略　企业文化　人力资源管

理　市场营销

2. 复习思考题

(1) 企业作为一种社会和经济组织，具备哪些基本特征?

(2) 现代企业的特征有哪些?

(3) 企业文化的构成要素包括什么?

(4) 企业文化建设的一般原则。

(5) 企业文化建设的程序。

(6) 人力资源管理的内容。

(7) 在营销观念演变过程中，最具有代表性的有哪几个?

第十二章
未来管理

【本章概要】

本章主要介绍未来管理的相关内容，包括中国企业管理现状和未来的发展趋势，以及未来发展的五大智能模块。

【重点内容】

1. 中国企业管理现状；
2. 中国企业管理发展趋势；
3. 基于愿景和战略的计划职能；
4. 内外资源整合的组织职能；
5. 尊重、激励员工的领导职能；
6. 高效执行的控制职能；
7. 面向可持续增长的创新职能。

【案例导入】

各大企业愿景及使命

1. 西门子家电企业

愿景：成为行业标杆。

使命：为消费者和股东创造价值。

2. 华为

愿景：丰富人们的沟通和生活。

使命：聚焦客户关注的挑战和压力，提供有竞争力的通信解决方案和服务，持续为客户创造最大价值。

3. 绿城

“真诚、善意、精致、完美”的核心价值观，

使命：为员工创造平台，为客户创造价值，为城市创造美丽，为社会创造财富。

4. 宝洁公司

愿景：成为并被公认为提供世界一流消费品和服务的公司。

使命：每天，在世界各地，宝洁公司的产品与消费者有四十亿次的亲密接触。为现

在和未来的世世代代，宝洁人尽心尽力，确保我们的品牌实现我们对消费者的承诺：一点一滴，美化生活。

5. 联合利华

愿景：(1) 每一天，我们都致力于创造更美好的未来。(2) 我们的优质产品和服务，使人心情愉悦，神采焕发，享受更加完美的生活。(3) 我们将激发人们：通过每天细微的行动，积少成多而改变世界。(4) 我们要开创新的模式，在将公司规模扩大一倍的同时减少我们对环境的不利影响。

使命：联合利华深信，我们能够带领我们旗下的众多品牌改善人们的生活，同时履行我们的社会责任。联合利华要建立成功的可持续的企业。我们认识到，诸如气候问题等全球面临的挑战也和我们息息相关。我们必须时刻考虑自身对环境产生的影响，这一点深深植根于联合利华的根本理念中，也反映在我们的全球愿景中。

6. 百事公司

愿景：百事公司的责任是在环境、社会、经济等各个方面不断改善周围的世界，创造更加美好的未来。百事公司的可持续发展愿景是“百事公司的承诺”的基础。它表达了我们的基本信念：即只有对社会有益的行为才是企业正当的行为，这涉及整个世界的繁荣兴旺，以及公司自身的健康发展。

使命：我们立志将百事公司建成为世界首屈一指的、主营方便食品和饮料的消费品公司。在为我们的员工、业务伙伴及业务所在地提供发展和创收机会的同时，我们也努力为投资者提供良性的投资回报。诚信、公开、公平是我们所有经营活动所遵循的原则。

7. 上汽集团

愿景：为了用户满意，为了股东利益，为了社会和谐，上汽要建设成为品牌卓越、员工优秀，具有核心竞争能力和国际经营能力的汽车集团。

使命：满足用户需求，提高创新能力，集成全球资源，崇尚人本管理。

8. 英特尔公司

愿景：英特尔，超越未来。超越未来，英特尔的目光聚焦于这四个字上。我们的工作是发现并推动技术、教育、文化、社会责任、制造业及更多领域的下一次飞跃，从而不断地与客户、合作伙伴、消费者和企业共同携手，实现精彩飞跃。英特尔公司将推进技术更迅速、更智能、更经济地向前发展，使最终用户能够以前所未有的精彩方式应用技术成果，从而令其生活变得更惬意、更多彩、更便捷。

使命：成为全球互联网经济最重要的关键元件供应商，包括在客户端成为个人电脑、移动计算设备的杰出芯片和平台供应商；在服务器、网络通信和服务及解决方案等方面提供领先的关键元件解决方案。

9. 中国太平洋保险股份有限公司

愿景：面向未来，中国太平洋保险推动实施“以客户需求为导向”的战略转型，努力建设专注保险主业、价值持续增长、具有国际竞争力的一流保险金融服务集团。

第一节 中国企业管理现状

中国企业的发展也经历了近百年的时间，尤其在中国改革开放后的三十多年里，中国企业管理模式也随之发生了很大的变化，许多优秀的国有企业、集体企业和私营企业逐步形成了自己的行之有效的管理风格，当然合资企业和外商独资企业的出现也给中国企业带来了许多观念上的冲击。如果仔细研究中国企业目前的管理现状，可以发现以下这些特点。

一、管理不规范，随意性强

许多中国企业的管理体制不健全，也没有一套规范系统的管理制度，大多数企业是被动反应型的，随着新问题的出现，由经营者制定新的措施却没有进行深入的研究；或者随着其他企业新管理制度的采用而加以仿效，却很少顾及新制度与原有制度之间的逻辑关系及新制度是否适应本企业的实际情况；等等。其结果或者是管理制度之间的系统性不强，只是东施效颦而已。这一点，在许多中国企业推行 ISO 9001 标准时便暴露的非常明显。

二、企业缺乏长远的战略目标

许多中国企业忽略了企业家永续经营的最终目标，一味追求短期效益或者仅仅是利润的最大化、规模的增长；也有的企业虽然制定了战略目标，但由于战略目标的不切实际，很容易变成一纸空文，或者造成企业为实现这个战略目标而陷入多元化经营的陷阱。已经有一些企业经营者开始反思企业的战略目标，力争克服头脑发热或目光短浅的问题，逐步延长中国企业的平均生命周期，不单纯追求规模，而是在市场竞争中塑造强者的形象。

三、顾客导向还是企业导向

一些中国企业已经开始以市场的变化、顾客的需求作为企业经营策略的指南针，但大多数企业仍安于按照自己的想法进行新产品的开发和市场的开拓。这种企业导向的直接结果是以我为主的思维方式，而这种思维方式不一定能够保证生产出的产品满足顾客的需要，而不能满足顾客需要的产品也就无法转化为企业创造的价值。按照管理大师彼得·杜拉克的观点，企业的存在就是为了创造顾客。那些不断跟踪顾客需求变化的企业已经在市场竞争中尝到了长甜头，畅销的产品不仅为企业直接创造了价值，还建立了最可宝贵的顾客的品牌忠诚度。

四、人治还是法治

从 20 世纪 80 年代开始，中国开始评选出各种头衔的企业家，从国家大奖到省市地区的小奖。因此中国企业经营者越来越多地受到了社会的关注，当然其领导风格与个性也对他所管理的企业的发展产生了影响。中国大多数企业经营者，无论是国有企业，还是私营企业，都有一个共同的特点，就是经营者本人的领导权威影响极大，在一些企业中，甚至到了对其决策无人置疑的程度，而这从某种程度上，加大了企业经营的风险，因为没有人可以永远正确。面对未来多变复杂的环境，人治将很难保证企业的顺利发展和在竞争中获胜。人治色彩的浓厚，也是中国企业管理制度不健全的一个重要原因。因此，建立一套科学的决策机制，在企业管理体制上实行法治，将是中国企业面临的重要挑战。

五、用人还是培养人

许多中国企业感慨：现在越来越难留住人了！不仅是留人，在企业招聘新员工时，中国企业也很难与外资企业抗衡。也许有人会将之归为国内企业工资太低的缘故，但根本上是企业内部激励机制的问题，除了在物质激励方面受现有资源限制导致中国企业缺乏吸引力外，很重要的一个原因是大多数企业只会用人，而没有培养人。比较中外企业的人力资源管理，一个最大的区别就在于员工的培训投入上。外资企业的培训完善而系统，并且与企业文化、企业发展的实际密切相关，由于将员工视做最宝贵的人力资本，外资企业的培训投入也产生了极高的收益。反观中国企业的员工培训，似乎多为应急或被动式的，企业经营者似乎没有把培训作为投资来看待，而只用不培养也无法建立员工与企业间的归属关系，更不要说企业凝聚力或学习型组织的形成了。

六、企业文化建设有待深入

中国许多优秀企业非常关注企业文化的建设，也投入了相当大的人力、物力和财力去策划企业文化。但在企业文化建设过程中却存在着一些误区，例如重视企业文化的物质层建设，而忽略企业核心价值观的作用；重视策划人员的创意，忽视企业的实际情况，致使企业文化只是花瓶，无法获得员工的认同；企业文化千篇一律，缺乏个性，重视文字的工整，忽略企业特性的表达，等等。当然，还有相当一批企业仍没有进行企业文化建设，没有企业的核心价值观，这些都对企业应对未来环境和企业员工的潜力发挥不利。因此，中国企业的文化建设还有待于进一步深入。

第二节　中国企业管理发展趋势

中国企业面临的将是一个经济一体化、国内经济工业化和工业现代化及迅速城市化的环境和不容乐观的管理现状。这些意味着竞争的激烈、消费者不断增长的需求、以及大量素质不高的员工。如何在这种环境中创造和保持竞争优势，对所有企业管理者是一种挑战。根据中国企业目前的管理现状和将来的经济环境及国外发达国家的管理经验，中国企业管理未来的发展趋势应包括管理科学化、民主化、分权化、制度化、教育化。

一、管理科学化

管理科学化是贯彻在工业化社会中所有组织，尤其是企业组织中的一条主线，而且在发达国家是已经完成得比较好的一项工作。在这项工作过程中，我们有以下几项任务需要完成。

1. 所有者和经营者的分离

对于国有企业的改革目标，我们提出了政企分开、产权明晰、责任明确、管理科学的方向。这个方向其实就是科学化的过程。资本所有者从企业经营管理领域逐步退出，技术官僚作为日常管理者，其地位也逐渐上升，并随着经营管理的职业化而固定下来，这种职业化趋势逐步演变为相对独立的经理市场。职业经理是一个具有职业独立性的要素，经营管理是他的职业，因而他不得不追求企业的长期目标。

2. 科学管理思想的贯彻

科学管理思想的精髓是严格、精确、自律和试验。这些思想要贯彻到管理职能的所有方面，包括计划过程和由此产生的制度、程序、政策、战略和目标、组织过程和组织结构以及激励和领导。跨国管理、复杂性管理、创新管理等新的课题离不开科学管理思想的贯彻。尤其是自律，因为它是一种很高的自觉境界，是一种能够持久地激发人的自我意识的制度环境。我们不反对“企业人道主义”或“人本化管理”，但是我们应该认识到“人本化管理”是在科学管理基础上实施的，是在员工和管理者能自觉地贯彻了科学思想之后才能行之有效的。没有科学管理作基础，“人本化管理”必将是无本之木。

二、管理制度化

管理制度化是与管理科学化紧密相联的，它是伴随着企业规模的扩大和企业所有权与经营权的分开，以及面临着越来越多的经营风险而逐步被认识和强化的。要适应复杂的市场和残酷的竞争，我们必须通过科学的制度和程序，确立互相协调的目标的优先顺序，而不是通过管理者的随意性或某种妥协来达到。在制度化过程中，将有以下方面的工作需要加强。

1. 确立制度的权威性

确立制度的权威性，主要是针对制度的执行问题而言的。在企业中，制度一旦建立，组织内所有成员无论是制度制定者本人，还是普通员工，必须不折不扣地加以贯彻执行，而不允许任何特权和例外的存在。如若不然，必然造成制度形同虚设，而且也将降低企业管理者本身的权威性。

2. 制度制定的科学合理性

当然，制度得以执行的重要前提是制度本身是科学合理的。在制度的制定过程中，必须考虑执行的问题。制度应该是针对企业的实际情况，真实准确地反映某一方面的问题和需要，具体详备地提供解决的途径或方案。既不能脱离现实，也不能抽象泛泛。而且在制度的制定中，应该与各层次员工充分沟通，征求其意见和建议，确保制度得以贯彻执行。

3. 制度的完善性

由于企业是一个复杂的系统，企业的管理制度也必然是一个复杂的系统。任何一个制度的实施，都有可能由于相关方面制度的不完善或缺失而造成负面的影响。因此，管理制度本身应该是完善的，涵盖企业管理系统的方方面面，并且随着企业内外环境的变化，不断地加以补充、修订和加强。

三、分权化

分权化伴随着整个工业现代化过程，因为企业规模和企业的业务范围在不断扩大，同时技术和顾客需求的变化速度也在加快，另外企业外部和内部信息量都在成倍增长。这些都使企业的高层管理者不可能最快捷和最准确地进行相关方面的决策，这就导致了分权化的发展。同样与之适应的是，这个时期企业中层管理者的素质有了很大提高，他们完全有能力处理自己职权范围内的一切事情。在分权化过程中有以下方面的管理工作需要加强。

1. 充分授权

充分授权是建立在对员工的充分信任基础上的。充分授权包括事、权、责三位一体的同时授予，也就是说，赋予相应的权力和责任以实现目标。但充分授权不等于放任自流，有所不为而有所为，对于企业经营者来说，哪些权力下放，哪些权力控制在自己的掌握中是一个重要的课题。

2. 合理组织

分权化的结果就是产生相应的分权化的组织结构。无论是事业部制的初期分权，还是战略事业单位制以及扁平化的组织结构的产生，都是响应分权的管理潮流而出现的。这就需要企业的经营者根据企业的发展战略和现状合理地进行企业组织结构的变革。新的组织结构不仅能够使决策的重心下移到适当的层次，而且还能对组织目标的实现有所贡献，高层管理者对战略的实施有所控制和把握。

3. 以合作促进竞争

分权化不仅体现在企业内部，还要体现在企业外部。通过在组织内部建立企业所需要的职能服务和零配件供应，把这些部门置于完全的命令和控制范围内的思想观念是产生“大而全”“小而全”现象的主要原因；而分权化思想则要求采用其他方法来影响，进而控制这些服务和供应商。他们可以用参股、控股或提高自己知名度等方法，而不再简单地利用完全并入的方法；要逐步建立通过与别人的合作来提高自己竞争力的思想和方法。

四、民主化

民主化是由于信息量的加大和所需技术的日益复杂所产生的后果，同时也是激励员工的一种重要手段。当物质激励越来越不能满足员工的需求时，以让员工有充分的参与权力为本质的目标管理成为新的选择。

1. 决策的民主化

如果说分权化是决策重心发生变化的话，那么民主化则是针对决策过程而言的。决策的民主化体现在影响决策制定的人员范围扩大了，决策的民主化可以通过在不同层次、不同决策内容等方面建立决策制度加以保证，而员工真正的参与则有赖于民主的企业文化氛围。如果没有这样的文化基础，决策的民主化也不会得到员工的响应。

2. 全员参加

全员参加在目标管理的实施过程中格外重要。企业内部各个层次的员工都参与自己目标的设定，参与对组织目标的决策，有利于充分调动每个员工的积极性、创造性和责任感。在企业管理中，能否发现问题是关键。通过全员参加，动员企业所有力量去发现问题、分析问题、解决问题，有利于企业竞争力的提高，也有利于形成企业内部的凝聚力。通过共同的事业，对共同目标的追求和实现，员工对企业的归属感也可以大大增强。目前，在企业中流行的全面质量管理（TQC）就是以全员参加为哲学基础的。

3. 职务扩大化

职务扩大化或职务柔性化，是在实际工作中促进员工学习并且提高他们工作愿望的方法。在职务扩大化中，可以减少员工之间在沟通上的障碍，加快信息的流动，进而保证各项决策的顺利实施。同时，职务扩大化可以使一人多能，提高人力资源的利用率。

五、教育化

教育化是伴随着竞争激烈致使技术或技能不能适应需要而日益受到重视的。同时，在教育过程中，公司的宗旨、价值观、政策能够形成共识，这保证了分权能够得以很好地进行。教育还是对于员工的一种重要激励。未来的竞争将是人才的竞争、技术的竞争、知识的竞争，在这里人才是关键；而中国目前的人力资源状况并不乐观，因此教育就显得更加重要。在教育化过程中，我们要加强以下方面的工作。

1. 注重培训

注重培训，首先要端正对人力资源的正确认识。对员工的培训，无论是对素质高的员工，还是素质低的员工来讲，都是提高人力资本投资回报率的过程。人力资本素质提高后，通过人所生产和提供的产品和服务的质量也将随之提高。其次，注重培训，还要规划和设计一套与企业实际情况和发展战略相适应的培训体系，无论从培训科目的设计、培训计划的拟订和实施，还是培训效果的考核和评估都要注重企业目标的实现。

2. 终身学习

学习型员工、学习型组织，是未来企业在竞争环境中最具有竞争优势的因素。原因不仅在于通过学习掌握了先进的科学技术，更重要的是在于保持一种学习的能力。只有这种终身学习的能力，才可能适应不断变化的外部竞争环境，才可能使企业和员工永远保持不败。活到老、学到老，这种终身学习的动力不仅来源于环境的压力，还来源于不断追求进步、追求创新的企业文化。

3. 培养企业文化

企业文化的建设，在于提高企业的凝聚力。通过企业文化的塑造，使员工的价值观与企业的核心价值观趋同，从而保证了企业战略的实施有充分的执行基础。企业文化的培养，应该重实质而不拘泥于形式，应该获得企业上下的认同，应该表现企业日常活动的行为模式并充分反映企业的经营理念。培养企业文化，关键在于企业的高层管理者。

总之，未来的环境对我国企业的发展提供了很多机遇，同时也面临很多挑战。要想抓住机遇，战胜挑战，从而使一批中国企业立于世界优秀企业之林，就必须从现在起，真正在管理科学化、民主化、制度化、分权化、教育化方面做实实在在的努力，而不能幻想凭借一些不切实际的新观念、一些哗众取宠的包装来立足市场。市场竞争是实际的和残酷的，只有虚华的外表，没有真正的功底，在未来竞争中是无法取胜的。

中国经济的发展，离不开中国企业的发展。提高管理水平，提高中国企业竞争力，是每个企业管理者担负的历史重任。

第三节 未来管理五大职能模块

管理大师彼得·德鲁克认为，在知识型社会中，最基本的经济资源不再是资本、自然资源和劳动力，而应该是知识。然而，由于发展的不平衡，中国众多的企业仍需要接受科学管理的启蒙，传统管理中的计划、组织、领导、控制等职能仍需保留，但内涵和本质有不同程度的提升。因此，未来管理可分为计划、组织、领导、控制、创新五大职能模块。

一、基于愿景和战略的计划职能

计划职能是管理的首要职能，但必须基于美好的愿景和长远的战略。企业如何构筑愿景、产生战略、实施计划，是管理工作的重心。

（一）基于愿景的计划职能

愿景是最高层次的计划，代表的是组织的最终理想与目标，是组织价值观的体现。愿景是计划的终极灵魂，而计划是愿景的工具与寄托。

愿景是愿望看见的景色。该词以前在港台地区使用较多。在中国大陆，它最初出现在2005年4月29日胡锦涛与国民党原主席连战的会谈公报中，后收录于《现代汉语大词典》第5版。企业愿景又译企业远景，简称愿景（Vision），或译做远景、远见，在20世纪90年代盛行一时。所谓愿景，由组织内部的成员所制定，借由团队讨论，获得组织一致的共识，形成大家愿意全力以赴的未来方向。所谓愿景管理，就是结合个人价值观与组织目的，透过开发愿景、瞄准愿景、落实愿景的三部曲，建立团队，迈向组织成功，促使组织力量极大化发挥。愿景目前已经成为企业领导者所必需的一种职业期许，企业领导者具备并树立了自己的愿景才能让员工更好地得到一种发展的设想与空间，才能更好地建立团队稳定性与战斗力，从一定程度上延长团队寿命。

愿景形成后，组织负责人应对内部成员作简单、扼要且明确的陈述，以激发内部士气，并应落实为组织目标和行动方案，具体推动。一般而言，企业愿景大都具有前瞻性的计划或开创性的目标，作为企业发展的指引方针。在西方的管理论著中，许多杰出的企业大多具有一个特点，就是强调企业愿景的重要性，因为唯有借助愿景，才能有效地培育与鼓舞组织内部所有人，激发个人潜能，激励员工竭尽所能，增加组织生产力，达到顾客满意的目标。

企业的愿景不只专属于企业负责人所有，企业内部每位成员都应参与构思制定愿景与沟通共识，透过制定愿景的过程，可使得愿景更有价值，企业更有竞争力。

企业愿景是企业领导者对企业前景和发展方向的一种高度概括。它是一个企业的领导用以统一每个企业员工的思想和行动的有力武器。它由企业的核心理念和未来的展望两部分所组成。愿景是推动企业超越环境的动力，可能涉及企业的创新战略。企业愿景是企业战略发展的重要组成部分。愿景是描绘企业期望成为什么样子的一幅图景，从广义上讲，就是企业最终想实现什么。因此，愿景宣言清晰地描述了企业的理想状况，使企业的未来更加具体化。换言之，愿景指明了企业在未来想要前进的方向。愿景是一幅充满激情的“巨大的画面”，帮助企业员工意识到在企业中他们应该去做的事情。如果企业的愿景简单、积极并充满感情，人们就能够意识到他们将要做什么，但是一个好的愿景也会给人以压力和挑战。

（二）基于战略的计划职能

战略就是一种长期计划，其视角比一般计划更为长远，更加接近愿景的要求，它通过跨越更深广的时间和空间来为愿景服务。战略是组织在市场竞争中，在总结历史经验、调查现状、预测未来的基础上，为谋求生存和发展而作出的长远性、全局性的谋划或方案。战略管理则是企业为实现战略目标、制定战略决策、实施战略方案、控制战略绩效的一个动态管理过程。

美国哈佛大学商学院教授安德鲁斯认为，“战略是一种决策模式，这种模式决定和揭示企业的目的与目标，以及达到这些目标的重大方针和计划。从而界定企业正在从事的或者应该从事的经营业务，以及界定着企业所属的或应该属于的经营类型。”

美国达梯莱斯学院的管理学教授魁因认为，“战略是一种模式或计划，它将一个组织的主要目的、政策与活动按照一定的顺序结合成一个紧密整体。有效的正式战略包括三个基本因素：（1）可以达到的最主要的目的与目标；（2）指导或约束经营活动的重要政策；（3）可以在一定条件下实现预定目标的重要活动程序或项目。”在此定义中，确立一个组织的目标是战略制定过程中的一个不可分割的部分。

安索夫根据自己在美国洛克希德飞机公司等大型多种经营公司里多年的管理实践以及在大学里的教学和咨询经验，于 1965 年出版了著名的《企业战略》一书，提出了自己的企业战略观。他认为，“企业战略是贯穿于企业经营与产品和市场之间的一条共同经营主线，其决定着企业目前所从事的或者计划要从事的经营业务的基本性质。这条共同经营主线由四个要素构成（管理学界把它称为战略管理的 4 大要素）：产品与市场范围、增长向量、竞争优势、协同作用。

共同经营主线即企业目前的产品与市场组合和未来的产品与市场组合之间的关联。有了这条经营主线，企业内外人员就可以了解企业经营的方向和产生作用的力量。详细描述如下：

（1）产品—市场范围。它说明企业属于什么特定行业和领域。许多企业将自己的经营范围定得过宽，造成经营方向模糊。为了清楚地表达企业的经营方向和范围，产品—市场范围常常需要分行业来描述。

（2）增长向量，又称为成长方向。它说明企业从现有产品—市场范围向未来产品—市场范围移动的方向，即企业经营方向。①市场渗透是通过目前的产品与市场的市场份额增大达到企业成长的目的的。②市场开发是为企业产品寻找新的消费群，以此作为企业成长的方向。③产品开发是创造新的产品，以替代现有产品，从而保持企业成长。④多种经营则独具特色，它的产品与市场都是新的，换言之，企业步入了一个新的经营领域。

（3）竞争优势。它表明企业某一产品的市场组合与众不同的特殊属性，凭此可给企业带来强有力的竞争地位。一个企业能获得竞争优势，或寻求兼并，谋求在新行业或原行业中占有重要位置；或选择具有专利保护的某个经营领域；或进行产品开发，生产出具有突破性、创新性的新产品，以替代旧产品。上述三个要素描述了企业在外部环境里的产品与市场道路，而第四个要素则从企业内部的协调角度来考虑。

（4）协同作用。它指明了一种联合作用的效果。安索夫指出，协同作用涉及企业与其新产品和市场项目相配合所需要的特征。在管理文献中，协同作用常常被描述为

"1 + 1 > 2"的效果，意味着企业内各经营单位联合起来所产生的效益要大于各个经营单位各自努力所创造的效益总和。

协同作用是衡量企业新产品与市场项目的一种变量。如果企业的共同经营主线是进攻型的，该项目则应运用于企业最重要的要素，如销售网络、技术等；如果经营主线是防御型的，该项目则要提供企业所缺少的关键要素。同时，协同作用在选择多种经营战略上也是一个关键的变量，它可以使各种经营形成一种内在的凝聚力。

整合的观点认为，对于企业战略这样一个复杂的管理范畴，不可能从一个方面下一个简单的定义，例如"企业战略是企业最高层管理者为实现企业的宗旨和目标所制定的方针和计划"。企业战略需要从多个而不是一个方面进行定义，才能接近真实地反映各个学派的观点和企业战略本身的性质和特点。在从整体的观点来定义企业战略的尝试中，著名管理学者亨利·明兹伯格所提出的五个"P"的观点最具代表性。

1. 战略是一种计划（Plan）

大多数人将战略看作一种计划，即它是一种有意识的、有预计的行动程序，一种处理某种局势的方针。根据这个定义，战略应具有两个基本特征：一是战略须在企业经营活动之前制定，以备人们使用；二是战略是有意识、有目的地开发和制定的。总之，从本质上讲，战略是行动之前的一种概念。如杜拉克所说，"战略是一种统一的、综合的、一体化的计划，用来实现企业的基本目标。"

2. 战略是一种计谋（Plot）

这是指在特定的环境下，企业将战略作为威胁和战胜竞争对手的一种具体手段。这种威胁通常是由企业发出的一些"市场信号"所组成的。一些市场信号可能见诸于行动，而更多的只是对竞争对手的一种恫吓手段。譬如，一个企业在得知竞争对手想要扩大生产能力占领更多市场时，便提出自己的战略是增加研究与开发费用，以推出更新、更尖端的产品占领市场。竞争对手在得知这种"信号"后，深知该企业资金雄厚、产品质量差异化好，为避免竞争升级，竞争对手采取放弃的态度，该企业却并没有将开发新产品的战略付诸实施。因此，这种战略称为一种计谋，以对竞争对手构成威胁。

3. 战略是一种模式（Pattern）

钱德勒在其《战略与结构》一书中认为，战略是企业为了实现战略目标，进行竞争而进行的重要决策、采取的途径和行动以及为实现目标对企业主要资源进行分配的一种模式。这种定义将战略体现为一系列的行为。这就是说，无论企业是否事先对战略有所考虑，只要有具体的经营行为，就有战略。战略作为一种计划与战略作为一种模式的两种定义是相互独立的。实践中，计划往往可能在最后没有得到实施，这样计划的战略或设计的战略就变成了没有实现的战略。战略模式的概念将战略视为行动的结果，这种行动可能事先并没有设计的战略，但最后却形成了，因此成了已实现的战略。在已设计的战略与已实现的战略之间是准备实施的战略。这是指那些已经设计出来，即将实现的战略。而自发形成的战略则是指那些预先没有计划、自发产生的战略。

4. 战略是一种定位（Position）

战略是一个企业在自身环境中所处的位置或在市场中的位置。这里战略实际上成为企业与环境之间的一种中间力量，使得企业的内部条件与外部的环境更加融洽。值得指出的是，战略为定位的概念引进了“多方竞争”以及超越竞争的含义。也就是说，企业在活动中既可以考虑与单个竞争对手在面对面的竞争中处于何种位置，也可以考虑在若干个竞争对手面前自己在市场中所处的地位，甚至企业还可以在市场中确定一个特殊的地位，使得对手们无法与之竞争。

5. 战略是一种观念（Perception）

这种定义强调战略是一种概念的内涵，即所有的战略都是一种抽象的概念，它存在于需要战略的人们的头脑之中，体现于战略家们对客观世界固有的认识方式。例如，有的企业是进取的、开拓的，创造新技术、开发新市场；而有的企业则一成不变，固守于早已建立的市场上。这说明企业的经营者对客观世界的不同认识会产生不同的经营效果。战略是一种观念的重要实质在于，它同价值观、文化、理想等精神内容一样为企业成员所共享。因此，研究一个企业的战略，需要了解和掌握该企业的期望如何在成员间分享，以及如何在共同一致的基础上采取行动。

以上五种对战略不同的定义，有助于对战略的深刻理解。不同的定义只能说明人们对战略的特性的不同认识，不能说明哪种战略定义更为重要。值得强调的是，尽管战略定义多种多样，但对于具体企业来说，战略仍只有一个，五个定义只不过是从不同角度对战略加以阐述。

计划是决策的组织落实过程，扮演着执行者的角色，以实现愿景所描绘的理想状态，它像一座桥梁，把我们所处的此岸和我们要去的彼岸连接起来。制订一个完整的计划不仅需要对组织的宗旨、使命有深刻的认识，还需要有效的目标及实现目标的途径。

因此，有效的管理应该构建有层次性的规划，构建“愿景—战略—计划”三个层次的组织规划体系。

二、内外资源整合的组织职能

组织是管理的第二职能。组织设计必须基于企业的愿景和战略。在组织设计中，传统的思路关注内部组织结构的设计，以保证人与部门的匹配。然而，这常常使组织只关注小团队利益而无视组织的整体利益，增加部门之间的争权夺利。于是，强调组织流程的设计日显重要，以促使各部门之间精诚合作。

资源整合是系统论的思维方式。就是要通过组织和协调，把企业内部彼此相关但却彼此分离的职能，把企业外部既参与共同的使命又拥有独立经济利益的合作伙伴整合成一个为客户服务的系统，取得“1 +1 >2”的效果。

资源整合，是企业战略调整的手段，也是企业经营管理的日常工作。整合就是要优化资源配置，就是要有进有退、有取有舍，就是要获得整体的最优。资源整合是指企业对不同来源、不同层次、不同结构、不同内容的资源进行识别与选择、汲取与配置、激活和有机融合，使其具有较强的柔性、条理性、系统性和价值性，并创造出新的资源的一个复杂的动态过程。

以中国企业的跨国并购为例，如何使文化背景差异很大的两个企业融合到一起，和谐运作，实现协同效应，除了必需的资源保障，防止竞争对手的攻击，同时还需要有效地控制整合过程。

第一，有效的并购整合不是始于宣布并购之后，而应始于尽职调查阶段。在尽职调查时，不但要了解资源、业绩、客户等，更要研究文化、历史，必须对协同效应的真正来源、实现的途径作出可靠的评估。并购者必须检验假设的可靠性。

第二，愿景和使命是企业文化的核心，是企业信仰系统中的灵魂，也是所有并购活动的出发点，是凝聚优秀员工、留住有价值客户的重要基础。并购不过是实现公司愿景、达成公司使命的一个手段。所以，如果中国企业希望成为一个国际化的企业，愿景、使命陈述中那些具有地域色彩、国家色彩的内容必须作出适当的调整。比如，如果一个走国际化的中国企业的使命是“产业报国”，目标企业的员工很容易将这个“国”理解为中国。至少在现阶段，很难让一个其他国家的员工发自内心地认同这一点。

第三，必须有清晰明确的经营战略，即在竞争性环境中实现愿景的基本指导思想、路径，以及一系列连续的一致的集中的行动。在并购前，并购者就必须仔细筹划哪些业务必须合并，哪些业务将独立运作，哪些业务将取消；哪些资源和能力将发生转移；哪些运作流程、策略将被改善或优化；进行这些整合需要付出多少成本；这些合并、优化、转移将创造多少价值。如果并购前没有对这些作出评估，并购者显然就是不知道为了什么而付钱！如果不能清晰地说明新公司在整个产业价值链中如何更加富有竞争力，刻画出在哪里产生竞争收益，优势互补、强强联合、就是空话。

第四，并购者必须为防止可能的文化冲突，特别是权力冲突以及由此而导致的对公司竞争力的损害做好充分的准备；在保存目标公司的文化和为了实现并购目标而促进双方建立相互依赖关系之间，保持必要的平衡。

除了组织内部管理，在知识经济的今天，企业最重要的管理任务已经从组织内转向组织外，如何配置组织外部资源成为构建竞争优势的重要一环。与工业化时代风行的纵向一体化相反，知识经济时代的很多组织努力识别出自己的核心能力，并把其他的非核心部分外包出去，从而更好地打造和提升自己的核心竞争力。另有不少企业广泛地开展开放式创新，与供应商、客户、研究机构结成紧密的创新网络。

按照企业之间整合资源的方式不同，可以把资源整合分为三种形式：纵向整合、横向整合和平台式整合。

1. 纵向整合

纵向整合是处于一条价值链上的两个或者多个厂商联合在一起结成利益共同体，致力于整合产业价值链资源，创造更大的价值。传统的“原材料供应—设计制造—产品分销”就是一条典型的纵向价值链，企业在其中要考虑的问题是：自己是否处于价值链上最有利的位置？自己是否在做最适合自己、最能发挥自己优势的工作？如果不是，自己在哪些环节上没有相对优势？而应整合哪些具有相对优势的资源？又如何整合？

2. 横向整合

横向整合是把目光集中在价值链中的某一个环节，探讨利用哪些资源，怎样组合这些资源，才能最有效地组成这个环节，提高该环节的效用和价值。它与纵向资源整合不同，纵向资源整合是把不同的资源看做是位于价值链上的不同环节，强调的是每个企业要找准自己的位置，做最有比较优势的事情，并协调各环节的不同工作，共同创造价值链的最大化价值。横向整合的资源往往不是处于产业链内，而是处于本产业链外。

3. 平台式整合

不论是纵向还是横向资源整合，都是把企业自己作为所整合资源的一部分，考虑怎样联合别的资源得到最佳效果。而平台式资源整合却不同，它考虑的是，企业作为一个平台，在此基础上整合供应方、需求方甚至第三方的资源，同时增加这双方的收益或者降低双方的交易成本，自身也因此获利。阿里巴巴就是一个典型的搭建平台整合资源的例子。它整合了供应商和需求方的信息，打造了一个信息平台。供应商和需求商可以通过它交换信息、互通有无，达到最佳的交易效果，而阿里巴巴则通过收取服务费而营利。类似的成功的例子还有携程网等。

因此，对组织发展来说，如何管理外部组织已经变得与管理内部员工同等重要，成功的企业必须关注内在能力的协同与外部资源的获取这一新的组织要求。

三、尊重、激励员工的领导职能

在此基础上，领导起到了统领的作用，因为管理就是引领未来、计划落实的过程。构建并推广愿景、制定并实施战略与计划以及在此过程之中的决策，都是领导这一管理功能所要解决的问题。

正如汤姆·里格（Tom Rieger）所认识到的，管理者的任务是移去组织内部的隔阂，给予员工足够的尊重和自由，赋予鼓励、能力、承诺和支持。员工在某个组织获得的不应只是工资和奖金，还应用生存能力的提升和改变世界的机会，并在追求经济价值的同时，也能追求公平和正义。

管理中的领导职能，就是这样一个新的诉求，它要求管理者放弃“胡萝卜”和“大棒”的激励方式，而将尊重员工、释放员工的创造力、提高员工的生理勇气和道义勇气作为激励的本质内容，正如心理学家马斯洛所言，企业员工需要的是做人的权利。

如果企业能在基本提供相当甚至高于社会平均报酬水平的同时，也能不断满足员工对尊重的需要，这种精神上的激励甚至比物质上的激励更来得持久、有效。尊重，包括尊重自己和尊重别人，或者称为自尊和尊人。什么是自尊呢？自尊就是自我尊重，表现为人对自我行为的价值和能力被他人及社会承认或认可的主观要求，是个人对自我价值和尊严的追求。自尊既包括对获得信心、能力、本领、成就、独立和自由等的愿望，也包括来自他人的敬重，例如威望、承认、接受、关心、名誉地位和赏识等。尊人，是指尊重他人、社会和自然。这里体现出尊重的二重性，即人不能独立于社会而存在，因而确定了个人与社会的统一性，也就是体现了自尊和尊人的互动性。人要想得到尊重、得到发展，就必须不断地调整自己和社会的关系，例如社会认识关系、社会实践关系，而其本质就是价值关系。

要满足员工对尊重的需要，就是使员工所从事的工作能反映其个人价值，满足其“天生我材必有用”的观念，从而得到同事和上司的赞赏，甚至于社会的认同，那就是令其享受这种精神上的满足而达到激励的目的。这可是善用资源、提高收益、减低成本的激励法宝。

在管理实践中，我们要运用“满足员工对尊重的需要”的激励手段，去提升员工的主观能动性。首先，企业必须要有尊重的氛围，也就是要建立一种尊重每一个员工的存在价值的企业文化。企业文化是企业领导人个人特质的一种反映，即需要企业所有者或其所托者要有较高的道德修养使然，使这种文化糅合到管理实践的行为中去。

企业发展，人才是不可或缺的资源。东汉时期，刘邦被困巴蜀之时，筑台拜将，极大地满足了韩信的自尊心，终于在韩信的辅助下，杀出蜀中，取得天下。企业招贤纳士好比刘邦拜将，尊重才是取得圣贤归的良方。在企业的招聘行为中，一个好的招聘环境，认真而专业的考核程序，平等而友善的交流，没有歧视，没有质问，给慕名而来的求职者充分的礼遇和尊重，这一切会影响着人才对企业的认识，左右着他们的选择。或者企业不可能录用所有的应聘者，但企业礼贤下士的美名却会随求职者流传业界，这不失为企业形象建立的重要举措。

如果企业能了解员工的才能，人尽其才地进行任命，那才是对员工能力和价值的承认，也是对员工的莫大的尊重。而员工的涌泉以报，正是老板所期待的。三国时期，诸葛孔明能为刘备和刘禅鞠躬尽瘁、死而后已，正是报刘备屈尊枉驾、三顾茅庐的知遇之恩。这正说明了尊重的二重性和互动性。老板对员工价值体现需求的尊重，同时员工也尊重企业使命，为公司贡献自己的价值。

企业应将员工视为合作伙伴而不是下属，给他们足够的空间自由发挥，直面挑战，实现员工自我的价值。尤其是对于知识员工，要相信他们不光是被雇用来从早上九点干到下午五点的，而是要干出成效。明白这个道理的老板，就能吸引、留住人才，并且激励他们成为最佳员工。尊重是激励员工的法宝，而不尊重则走向了另一个极端。

具体来讲，尊重和激励员工可以从以下几方面展开：

1. 对员工的工作和能力表示认可

一个人的行为在发生后，得到的评价对今后的行为有强化作用，得到赞扬会重复增加这种行为，得到漠然会慢慢淡化这种行为，得到批评会放弃这种行为；这就是外界对个体行为的影响。在尊重需要这一层次中，渴望得到其他人的认可，所以这种认可态度和认可方式对个人的激励作用是巨大的。认可表现为对员工的工作和能力表示重视和承认两个方面。在工作上、生活中，甚至在娱乐中，可以交给员工重要的工作和表现的机会，可以细致周到地关心员工的生活，可以给员工创造放松娱乐的机会。对于员工提出的问题要及时积极反馈，不宜长时间拖拉；针对员工工作中的优秀表现，管理者要亲自并立即给予表扬。表扬是一种经济而有效的奖励，正如行为科学家斯金纳等人所说的那样，受到奖赏的行为就易于持久，也易于成为习惯性的行为。企业为激励个人，可根据企业内部领导层、管理层、监督层、操作层不同层次所给予的不同的权力和要求，设立个人荣誉奖，如对领导层可设公仆奖、开拓精神奖；在管理方面，可设决策创新奖、管理创新奖、组织能力奖、有效建议奖；在技术方面，可设技术革新奖、创新奖、发明创造奖；在生产方面，可设生产标兵奖、劳动技能奖、操作能手奖等。适当的情况下，某些奖项还可以以企业员工的名字命名，使企业员工得到更大的精神激励。

2. 对员工表示信任

信任可以作为一种重要的激励资源用于员工的精神激励。信任就是要给予相信和敢于托付、重用，从而使激励对象有一种信任感，焕发出内在精神力量。信任激励是指企业内经营者与员工之间，员工相互之间，上、下级之间相互信任和由此产生出来的精神上的优势作用，这种精神力量不仅可以使人们结成一个坚强的战斗集体，而且能极大地激发个人的积极性和创造性，“信任就是力量”。

信任是对员工人品、能力的尊重，相互间的信任可以更好地配合工作，下级对上级的信任可以更好地执行公司的决策，上级对下级的信任可以激发员工的工作热情。强化信任的主要原则是：多与员工交流，增进相互的信任；听到有对某员工不公正的非议时，要站出来为他辩护，表示对他的信任，也号召其他员工要信任同事；在公开的场合，将重要的工作任务慎重地交给某员工或某团队，让受任者感到是对他的极大信任；信任员工的工作能力，在工作上给他适当的发挥空间，并且尽量少干涉；当下属的工作失误时，给他不过分的安抚，更多地鼓励下属大胆干，不要有思想负担。“疑人不用，用人不疑”，就是要给正在任用的人才充分的信任，相信他们的人格，相信他们的能力，将工作交给值得信赖的人。

3. 提升员工在企业中的地位

地位也是决定受到尊重程度的一个重要因素，当主体的位置不同时，他行为的积极性、所起的作用是不同的。为了调动员工的工作热情，要逐步提高员工的地位，常用的方法有职位的晋升、让职工参与管理等。职位的提升是对工作认可的一个重要方面，也是大多数人在职业生涯中所追求的重要目标。绝大多数人都渴望能获得更高的职位，这不但是对工作成绩的承认，也是地位的象征，因此要建立完善合理的企业晋升制度。晋升制度是否合理，应该看是否公平、公开、公正。公平，就是机会是公平的、评价标准是公平的；公开，就是在公司的职位变迁政策应该是公开的，调动的原因、依据、过程和结果都是透明的，员工都可以监督，也让员工更进一步地了解公司政策；公正，就是一切的变动都是有理由的，不是某个领导凭空决定的，也不是某个领导暗中决定，只要是职位变动，都应该让员工感到决策是公正的。正因为职位是地位的象征，所以它具有极大的诱惑力。让员工参与管理就是通过一系列制度和措施，让员工广泛地参加企业的民主管理，让他们切实实现主人翁的权利，增强主人翁的责任感、自豪感，激发起当家做主、创优争先、争作贡献的积极性。发挥工会组织在维护员工合法权益的作用；吸收管理人员和工人直接参加生产经营目标的制定工作，让员工切实感受到在为实现自己所定的目标而工作。

4. 尊重员工个人的思想、感情和行为习惯

人是渴望得到别人尊重的，尊重的内容包括很多方面，比如尊重习惯、喜好、品质、情感、隐私、观点、经验、知识、能力、成果、行为等，归纳地说，就是要尊重别人的思想、感情和行为。在工作中，职位的不同只是工作的内容责任不同，人人是平等的，没有贵贱之分。所以，企业必须同等地尊重每一个人。每个人在公司是平等的，尊重每一个人的思想、感情和行为，尊重有特殊贡献的人。尊重个人更多地表现是一种企

业精神，而不是某种制度政策，所以它是贯穿在企业的管理中的。

四、高效执行的控制职能

组织必须实现既定的目标，因此要十分关注运营工作。组织运营的目的是在已有组织体系的基础上尽心改进，以提升组织效率。为此，组织关注如何提高生产质量、实现零库存管理、优化供应链设计以及实现精益生产等。

知识管理要求企业实现知识的共享，运用集体的智慧提高企业的管理效率，并构筑组织层面的创造能力。

为了确保组织目标的顺利实现，管理者必须不断地检核工作进展与组织目标之间的偏差，并采取有力的措施予以纠正，这就是管理的控制职能。

组织的所有者与经营者之间、经营者与下属管理人员之间，管理人员与一般员工之间存在着代理关系。为了防范代理问题发生，现代公司必然强化公司治理，包括内部控制。

企业的成功，三分靠战略模式，七分靠执行。可见执行力的重要性。事实的确如此，没有执行力的有效支撑，单纯讲战略模式只能是“纸上谈兵”，说起来好听，看起来好看，就是无法执行。战略的正确并不能保证企业的成功，成功的企业一定是在战略方向和执行力两个方面都做到位，因战略模式而失败的企业并不多，更多的企业是在几乎相同的战略模式指引下在竞争中拉开了距离。其原因就在于各个公司的战略执行力强弱不同，在模式相同或相似的情况下，执行力的作用就显得更为关键。优秀的执行能力不仅可以保证战略模式的推行实施，而且可以在执行过程中巩固、优化模式的方向细节，形成模式和执行之间的良性双向互动。看来，执行力的确是非常非常重要的。

企业成败的关键是执行力，有没有执行力，能不能取得效益，关键有四大要素。

1. 人员是前提

有一则寓言故事，说某地的一群老鼠，深为一只凶狠无比、善于捕鼠的猫所苦，于是老鼠们聚集一堂，讨论如何解决这个心腹大患。老鼠们颇有自知之明，并没有猎杀猫儿的雄心壮志，只不过想探知猫的行踪，早做防范。大家讨论了三天，开了三天会，最后才想出一个自认为的好办法：在猫的身上挂个铃铛。这个建议一提出，立即赢得一片叫好声，可是突然有一只不识时务的老鼠说，这个决策好是好，但我有一个问题，我想问一问大家，由谁去给猫挂铃铛。谁来挂铃铛，就是由谁去“做”，也就是执行。当然对于老鼠们来说，完成这样的任务是有相当难度的，甚至是一个不可能完成的任务。

公司管理层在制定战略模式时，首先要想到的是自己的员工是否执行得了战略方案中的要求，只有战略模式和员工能力相匹配的，战略才会得到有效的执行，否则就不会有实际效果。

员工执行能力取决于两个方面，一是“愿干”，二是“能干”。第一类愿干又能干的，被称为“人财”，是公司的宝贵财富，这种员工是可遇不可求的。第二类态度好能力差些，被称为“人材”，愿干而不能干，可以通过培训，让他们变得能干。第三类态度差能力强，被称为“人才”，对于能干而不愿干的人员，很多老板很重视心态素养培训，甚至寄托在传统文化及宗教思想上，这样做也是需要的，但仅此还是不够的。试想员工都是成年人，自己的价值观和行为方式都是经过多年塑造而成的，改变他是很难的，所以关键还要设计能合作共赢的价值观、管理机制和协作流程，让其自动自发地变得愿干。第四类，既不愿干又不能干，态度差能力差，被称为“人裁”，这类员工一般是被裁员的对象。

提高执行力，首先要选对人，把执行力强的员工招聘进来，然后让他变得更优秀。中国著名企业家、联想的前董事长柳传志先生对执行的看法是这么一句话，他说，积极选拔合适的人到恰当的岗位上，还要锻炼员工队伍的执行能力。

2. 服从是根本

军队新兵入伍第一件事情就是要做列队，训练走步。军队之所以训练新兵走队形的原因就是要训练新兵的一种服从的习惯，让你立正你就要立正，要你齐步走你就齐步走，要你稍息你就稍息。然后有一天要打仗了，冲锋号一吹，大家就冲了上去，这就是服从。军队的管理优秀是因为它有执行力，可以说执行力最好的地方就是军队，因为它有一个理念，叫作服从是军人的天职。而我们告诉员工说你去办一件事，什么什么样的事？他会问为什么要去办呢，不办可以吗，我晚一点办好不好啊，我怎么样可以做到啊？军队里没有这些，命令一下，他首先说什么？他说“是”，声音小了都不行，得大声说。

服从也应当是员工的第一美德，任何发展战略、营销模式都要建立在员工服从的基础之上，每一位员工都必须服从上级领导的指挥安排，服从是执行的第一步。一个团队，如果员工不能无条件服从经理的命令，那么在达成共同目标中，肯定会产生障碍；反之，则会发挥出超强的执行力，使团队胜人一筹。所以执行很简单，就是要抓服从，从服从抓起，然后才能谈别的。

3. 管理是动力

有效的管理把复杂的事情简单化，执行没有这么复杂，其实执行很简单，就一个字“做”，说到就要做到、做到就要做好。执行就是做，不言而喻，提高执行力就是提高做事的能力，员工不做你希望的事情，只会做你检查的事情。对待执行力，检查到还要奖励到，你奖励什么，就会得到什么。

能够提高执行力的管理动作必须具备三个要素：标准、制约、责任。也就是说，事情怎么做必须要制定标准，要关注细节，要有人检查，形成监督和制约。最后，事情做的好与坏一定要追究责任，好的奖，坏的罚。

有一天，一个渔夫看到船边有一条蛇，口中衔着一只青蛙，看到垂死挣扎的青蛙，渔夫觉得它很可怜，便把青蛙从蛇的口中救出来放走了。但随后，渔夫又对那条将要挨饿的蛇动了恻隐之心，便想给那只蛇一点东西吃。因为身边只有酒了，渔夫便滴了几滴在蛇的口中。蛇喝过酒后，高兴地游走了，青蛙也为获救而高兴，渔夫则为自己的善举感到快乐。他认为这真是一个皆大欢喜的结果。仅仅过了几分钟，渔夫听到有东西在叩击他的船板，他低头一看，几乎不敢相信自己的眼睛，他看见那条蛇又回来了，而且嘴里咬着两只青蛙——正等着渔夫给它酒的奖赏。

这个寓言说明了什么呢？人们奖励什么样的行为，就会得到更多这样的行为。渔夫对蛇捕捉青蛙的行为给予了几滴酒的奖励，这使得蛇意识到它的这种行为是有利可图的。在这则寓言中，如果渔夫只救走青蛙，而不给予蛇奖赏的话，那么除非这条蛇的思维有问题，否则它是不会再咬着青蛙回到渔夫身边的。

实际上，任何人都只会做那些他们认为有利可图的事。如果把这一理论运用到具体的管理中去，就会得出一个这样的结论：管理者会得到他所奖励的，而不一定会是他所期望的。这个结论，提醒管理者，如果希望员工作出某种行为，就不能只停留在思维上，而要对这种行为作出诱导性的行动——奖励这种行为，才会得到所希望的效果。

你奖励了执行，执行就会得到提倡；相反，你奖励了说空话，说空话就会在你的团队里成风。什么叫奖励“说空话”，你喜欢被奉承、提拔“光说不练”的人，你的团队就不会有执行力。

有效管理，要激励一个人去执行某事，只有让他了解做这件事最终会对他有好处，他才会努力去做。你所说的激励的话、目标等，也许会使员工在某一时段热血沸腾地工作。但是，这些精神上的激励，必须建立在物质基础上才能长久地发挥作用。引导员工自觉地去“做”事，重要的就是制定“有效的游戏规则”，即制定科学的管理机制。“两人分饼”如何做到皆大欢喜，规则就是“你先切，我先拿”。借助当事人的利益追求和利益博弈，将其执行的方向导向预定要求，借风使船、顺水推舟，自动自发地去执行。

4. 文化是核心

一个具有高效执行力的团队，必须是员工能够自动自发去执行工作的团队。只要当高效执行的行为成为规范、成为员工共同遵守的价值观，也就是说团队形成了高执行力的文化，才能称之为高执行力的团队。

要想使你的公司富有执行力，就必须将执行力形成一种文化，使其成为文化的一个组成部分，才能使企业中每一个人都理解并深入实践执行力，只有这样，执行力才能充分发挥作用。因为，在一个公司中，仅有少数员工具有执行力是远远不够的，公司发展壮大需要一大批执行力强的经理、员工，需要全员的执行理念。因此，必须将执行力融入到公司文化中，将其渗透到公司的价值观和行为准则当中去。

所以，打造执行力团队，重要的是建立起执行力文化，企业文化也就是全体员工所共享的价值观念、信念态度和行为规范的总和。建立执行力文化，首先要强化员工执行力的行为。美国的心理学家詹姆斯认为，人的行为影响人的思想和态度，改变人的行为就能够轻松改变他们的想法和态度。简单的理解就是“人不是因为快乐而微笑，而是由于微笑才快乐”。通过有效管理养成高执行力行为，行为成为习惯，习惯形成高执行力价值观，价值观形成后又会反过来影响、指导行为。团队形成了高效执行的风气和氛围，人人以高效执行为荣，以偷懒拖拉为耻，团队自然会产生强大的战斗力，无论何时何地，即刻就能投入工作，成为“招之能来、来之能战、战之能胜”的铁军。

五、面向可持续增长的创新职能

创新将成为未来组织可持续发展的关键。在知识经济时代，创新是企业在不确定的复杂环境中获胜的法宝，是管理的新的重要职能。党的十八大以来，习近平总书记对创新发展提出了一系列重要思想和论断，把创新发展提高到事关国家和民族前途命运的高度，摆到了国家发展全局的核心位置。党的十八届五中全会提出“五大发展理念”，排在首位的就是“创新发展”。创新是指以现有的思维模式提出有别于常规或常人思路的见解为导向，利用现有的知识和物质，在特定的环境中，本着理想化需要或为满足社会需求，而改进或创造新的事物、方法、元素、路径、环境，并能获得一定有益效果的行为。创新是引领发展的第一动力。

熊彼特（Joseph A. Schumpeter）在1912年出版的《经济发展理论》（*Theory of Economic Development*）中第一次提出了“创新理论”，他强调“创新”是生产要素在生产过程中的新组合，包括生产的新产品、新方法、原材料新来源、新市场和生产新组织，但他把创新局限在了生产过程中的新变化，仅仅突出了新技术的商业应用。这种“创新”具有一定的局限性，或仅为经济学意义上的“创新”。

在互联网时代，市场的全球化以及数字化、科技和自动化的迅猛发展给现代管理带来了新的挑战，通过产品创新、工艺创新带来的竞争优势稍纵即逝，企业产品生命周期不断缩短，规模变得不再重要，企业在复杂多变的环境中获胜的唯一法宝是改变企业创造价值的基本逻辑，及进行商业模式创新乃至管理创新。

要有效地组织系统的创新活动，就必须研究和揭示创新的规律，并在组织管理活动中灵活地运用创新原则。

（一）对创新活动过程的把握

总结众多成功企业的经验，成功的创新要经历“寻找机会、提出构思、迅速行动、坚持不懈”这样几个阶段的努力。

1. 寻找机会。

创新活动是从发现和利用旧秩序内部的一些不协调现象开始的。旧秩序中的不协调既可存在于系统的内部，也可产生于对系统有影响的外部。就系统的外部说，有可能成为创新契机的变化主要有技术的变化、人口的变化、宏观经济环境的变化和文化与价值观念的转变等。就系统内部来说，引发创新的不协调现象主要有生产经营中遭遇到瓶颈、企业意外的成功和失败等。

2. 提出构想

敏锐地观察到了不协调现象的产生以后，还要透过现象究其原因，并据此分析和预测不协调的未来变化趋势，估计它们可能给组织带来的积极或消极后果，并在此基础上，努力将威胁转换为机会，将危机转换为商机，采用头脑风暴、特尔菲、畅谈会等方法提出多种解决问题、消除不协调、使系统在更高层次实现平衡的创新构想。

3. 迅速行动

创新成功的秘密主要在于迅速行动。提出的构想可能还不完善，甚至可能很不完善，但这种并非十全十美的构想必须立即付诸行动才有意义。“没有行动的思想会自生自灭”，这句话对于创新思想的实践尤为重要，一味地追求完美，以减少受讥讽、被攻击的机会，就可能坐失良机，把创新的机会白白地送给自己的竞争对手。创新的构想只有在不断地尝试中才能逐渐完善，企业只有迅速地行动，才能有效地利用“不协调”提供的机会。

4. 坚持不懈

构想经过尝试才能成熟，而尝试是有风险的，是不可能“一打就中”的，是可能失败的。创新的过程是不断尝试、不断失败、不断提高的过程。因此，创新者在开始行动以后，为取得最终的成功，必须坚定不移地继续下去，决不能半途而废，否则便会前功尽弃。

（二）对创新活动的组织引导

系统的管理者不仅要对自己的工作进行创新，而且更主要的是组织下属的创新。组织创新，不是去计划和安排某个成员在某个时间去从事某种创新活动——这在某些时候也许是必要的，但更重要的是为部属的创新提供条件、创造环境，有效地组织系统内部的创新。

1. 正确理解和扮演“管理者”的角色

管理人员往往是保守的，他们往往自觉或不自觉地扮演现有规章制度的“守护神”的角色。为了减少系统运行中的风险，防止大祸临头，他们往往对创新尝试中的失败吹毛求疵，随意惩罚在创新尝试中遭到失败的人，或轻易地奖励那些从不创新、从不冒险的人等，这样显然是不行的。管理人员必须自觉地带头创新，并努力为组织成员提供和创造一个有利于创新的氛围与环境，积极鼓励、支持、引导组织成员不断进行创新。

2. 大力促进创新的组织氛围的形成

促进创新的最好方法是大张旗鼓地宣传创新、鼓励创新、激发创新，树立“无功便是有过”的新观念，使每一个成员都能奋发向上、努力进取、跃跃欲试、大胆尝试。要造成一种人人谈创新、时时想创新、无处不创新的组织氛围，使那些无创新欲望或有创新欲望却无创造行动、从而无所作为者自己感觉到在组织中无立身之处，使每个人都认识到组织聘用自己的目的，不是要自己简单地用既定的方式重复那也许重复了许多次的操作，而是希望自己去探索新的方法、找出新的程序，只有不断地去探索、去尝试才有继续留在组织中的资格。

3. 制订有弹性的计划

创新意味着打破旧的规则，意味着时间和资源的计划外占用，因此，创新要求组织的计划必须具有弹性。创新需要思考，思考需要时间。把每个人的每个工作日都安排得非常紧凑，对每个人在每时每刻都实行“满负荷工作制”，则创新的许多机遇便不可能发现，创新的构想也无条件产生。同时，创新需要尝试，而尝试需要物质条件和试验的场所。要求每个部门在任何时间都严格地制订和执行严密的计划，则创新会失去基地，而永无机会尝试的新构想，就只能留在人们的脑子里或图纸上，不可能给组织带来任何实际的效果。因此，为了使人们有时间去思考、有条件去尝试，组织制订的计划必须具有一定的弹性。

4. 正确地对待失败

创新的过程是一个充满着失败的过程。创新者应该认识到这一点，创新的组织者更应该认识到这一点。只有认识到失败是正常的，甚至是必需的，管理人员才可能允许失败、支持失败，甚至鼓励失败。当然，支持尝试，允许失败，并不意味着鼓励组织成员去马马虎虎地工作，而是希望创新者在失败中取得有用的教训，学到一点东西，变得更加明白，从而使下次失败到创新成功的路程缩短。

5. 建立合理的奖酬制度

要激发每个人的创新热情，还必须建立合理的评价和奖惩制度。创新的原始动机也许是个人的成就感、自我实现的需要，但是如果创新的努力不能得到组织或社会的承认，不能得到公正的评价和合理的奖酬，则持续创新的动力会渐渐削弱甚至消失。未来企业应高度关注管理的这五项职能，特别理解和把握所包含的新的要求和内涵，竭力实现高品质发展。

【本章知识导图】

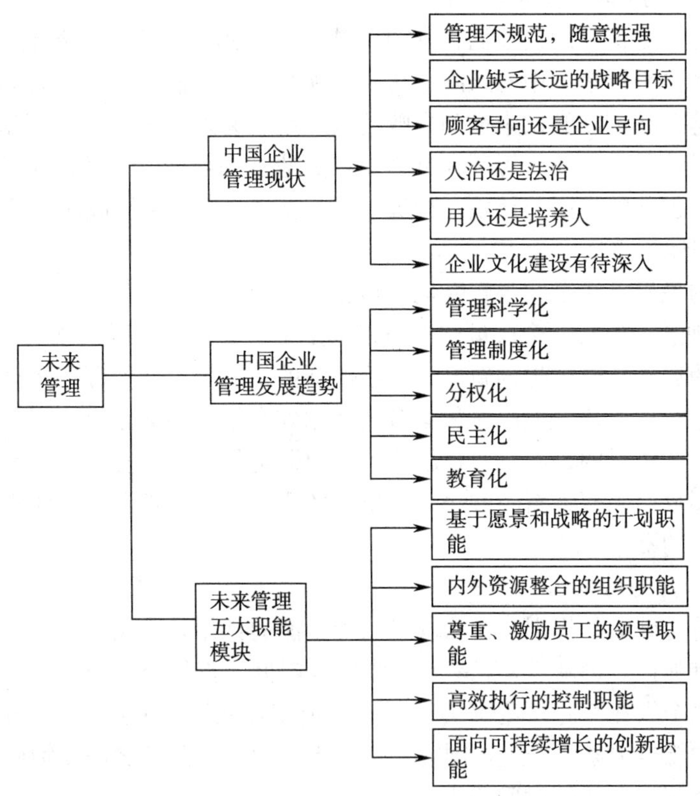

参考文献

［1］单凤儒．管理学基础（第三版）［M］．北京：高等教育出版社，2008.

［2］史秀云．管理学基础与实务［M］．北京：中国金融出版社，2012.

［3］吕实．管理学［M］．北京：清华大学出版社，2010.

［4］冯国珍．管理学［M］．上海：复旦大学出版社，2011.

［5］杜慕群．管理沟通案例［M］．北京：清华大学出版社，2013.

［6］周三多．管理学原理与方法［M］．上海：复旦大学出版社，2013.

［7］杨锐，殷晓彦．管理学原理［M］．北京：人民邮电出版社，2012.

［8］陈阳，禹海慧．管理学原理［M］．北京：北京大学出版社，2013.

［9］芮明杰．管理学——现代的观点［M］．上海：复旦大学出版社，2009.

［10］孙焱林．实用现代管理［M］．北京：北京大学出版社，2009.

［11］刘秋华．管理学［M］．北京：高等教育出版社，2010.

［12］孙彤，李悦．现代组织学［M］．北京：中国物资出版社，2010.

［13］哈罗德·孔茨，海因茨·韦里克．管理学（第10版）［M］．北京：经济科学出版社，1998.

［14］斯蒂芬·P·罗宾斯．管理学（第11版）［M］．北京：中国人民大学出版社，2012.

［15］里基·W·格里芬．管理学（第九版·精要版）［M］．北京：中国市场出版社，2011.